The
Complete Works
of
Yu Wujin

俞 吾 金 全 集

第 1 卷

思考与超越

哲学对话录

俞吾金 著

北京师范大学出版集团
BEIJING NORMAL UNIVERSITY PUBLISHING GROUP
北京师范大学出版社

俞吾金教授简介

俞吾金教授是我国著名哲学家，1948 年 6 月 21 日出生于浙江萧山，2014 年 10 月 31 日因病去世。生前任复旦大学文科资深教授、哲学学院教授，兼任复旦大学学术委员会副主任暨人文学术委员会主任、复旦大学学位委员会副主席暨人文社科学部主席、复旦大学国外马克思主义与国外思潮研究中心（985 国家级基地）主任、复旦大学当代国外马克思主义研究中心（教育部重点研究基地）主任、复旦大学现代哲学研究所所长；担任教育部社会科学委员会委员、教育部哲学教学指导委员会副主任、国务院哲学学科评议组成员、全国外国哲学史学会常务理事、全国现代外国哲学学会副理事长等职；曾任德国法兰克福大学和美国哈佛大学访问教授、美国 Fulbright 高级讲座教授。俞吾金教授是全国哲学界首位长江学者特聘教授、全国优秀教师和国家级教学名师。俞吾金教授是我国八十年代以来在哲学领域最具影响力的学者之一，生前和身后出版了包括《意识形态论》《从康德到马克思》《重新理解马克思》《问题域的转换》《实践与自由》《被遮蔽的马克思》等在内的 30 部著作（包括合著），发表了 400 余篇学术论文，在哲学基础理论、马克思主义哲学、外国哲学、国外马克思主义、当代中国哲学文化和美学等诸多领域都有精深研究，取得了令人瞩目的成就，为深入推进当代中国哲学研究做出了杰出和重要的贡献。

《俞吾金全集》主编

汪行福　吴　猛

《俞吾金全集》编委会（按姓名拼音排序）

柴　杰	陈利权	陈立旭	方　珏	葛欢欢
郝　鹏	胡云峰	江雪莲	蒋小杰	孔　慧
李革新	李　欣	李昕桐	李　元	梁卫霞
林　晖	刘　芳	刘　珂	鲁绍臣	马迎辉
潘非欧	阮　凯	史凯峰	汪俊昌	汪行福
汪秀丽	王凤才	文学平	吴　猛	奚颖瑞
徐英瑾	杨　威	郁建兴	岳泽民	曾德华
张　娜	张双利	张雪魁	张艳芬	张云凯
赵明哲	赵青云	钟　锦		

本卷编校组

文学平

序　言

　　俞吾金教授是我国哲学界的著名学者，是我们这一代学人中的出类拔萃者。对我来说，他既是同学和同事，又是朋友和兄长。我们是恢复高考后首届考入复旦大学哲学系的，我们住同一个宿舍。在所有的同学中，俞吾金是一个好学深思的榜样，或者毋宁说，他在班上总是处在学与思的"先锋"位置上。他要求自己每天读 150 页的书，睡前一定要完成。一开始他还专注于向往已久的文学，一来是"文艺青年"的夙愿，一来是因为终于有机会沉浸到先前只是在梦中才能邂逅的书海中去了。每当他从图书馆背着书包最后回到宿舍时，大抵便是熄灯的前后，于是那摸黑夜谈的时光就几乎被文学占领了。先是莎士比亚和歌德，后来大多是巴尔扎克和狄更斯，最后便是托尔斯泰和陀斯妥耶夫斯基了。好在一屋子的室友都保留着不少的文学情怀，这情怀有了一个共鸣之地，以至于我们后来每天都很期待去分享这美好的时刻了。

　　但是不久以后，俞吾金便开始从文学转到哲学。我们的班主任老师，很欣赏俞吾金的才华，便找他谈了一次话，希望他在哲学上一展才华。不出所料，这个转向很快到来了。我们似乎突然发现他的言谈口吻开始颇有些智者派的风格了——这一步转得很合适也很顺畅，正如黑格尔所说，智者们就是教人熟悉思维，以代替"诗篇的知识"。还是在本科三年级，俞吾金就在《国内哲学动态》上发表了他的哲学论文《"蜡块说"小考》，这在班里乃至于系里都引起了不小的震动。不久以后，他便在同学中得了个"苏老师"（苏格拉底）的雅号。看来并非偶然，他在后来的研究中曾对智者派（特别是普罗泰戈拉）专门下过功夫，而且他的哲学作品中也长久地保持着敏锐的辩才与文学的冲动；同样并非偶然，后来复旦大学将"狮城舌战"（在新加坡举行的首届国际华语大专辩论赛）的总教练和领队的重任托付给他，结果是整个团队所向披靡并夺得了冠军奖杯。

本科毕业后我们一起考上了研究生，1984年底又一起留校任教，成了同事。过了两年，又一起考上了在职博士生，师从胡曲园先生，于是成为同学兼同事，后来又坐同一架飞机去哈佛访学。总之，自1978年进入复旦大学哲学系以来，我们是过从甚密的，这不仅是因为相处日久，更多的是由于志趣相投。这种相投并不是说在哲学上或文学上的意见完全一致，而是意味着时常有着共同的问题域，并能使有差别的观点在其中形成积极的和有意义的探索性对话。总的说来，他在学术思想上始终是一个生气勃勃地冲在前面的追问者和探索者；他又是一个犀利而有幽默感的人，所以同他的对话常能紧张而又愉悦地进行。

作为哲学学者，俞吾金主要在三个方面展开他长达30多年的研究工作，而他的学术贡献也集中地体现在这三个方面，即当代国外马克思主义、马克思哲学、西方哲学史。对他来说，这三个方面并不是彼此分离的三个领域，毋宁说倒是本质相关地联系起来的一个整体，并且共同服务于思想理论上的持续探索和不断深化。在我们刚进复旦时，还不知"西方马克思主义"为何物；而当我们攻读博士学位时，卢卡奇的《历史与阶级意识》已经是我们必须面对并有待消化的关键文本了。如果说，这部开端性的文本及其理论后承在很大程度上构成了与"梅林—普列汉诺夫正统"的对立，那么，系统地研究和探讨国外马克思主义的立场、观点和方法，就成为哲学研究(特别是马克思主义哲学研究)的一项重大任务了。俞吾金在这方面是走在前列的，他不仅系统地研究了卢卡奇、科尔施、葛兰西等人的重要哲学文献，而且很快又进入到法兰克福学派、存在主义的马克思主义、弗洛伊德主义的马克思主义、结构主义的马克思主义，等等。不久，哲学系组建了以俞吾金为首的当代国外马克思主义教研室，他和陈学明教授又共同主编了在国内哲学界影响深远的教材和文献系列，并有大量的论文、论著和译著问世，从而使复旦大学在这方面成为国内研究的重镇并处于领先地位。2000年，教育部在复旦建立国内唯一的"当代国外马克思主义研究中心"(人文社会科学重点研究基地)，俞吾金自此一直担任该基地的主任，直到2014年去世。他组织并领导了内容广泛的理论引进、不断深入的学术研究，以及愈益扩大和加深的国内外交流。如果说，40年前人们对当代国外马克思主义还几乎一无所知，而今天中国的学术界已经能够非常切近地追踪到其前沿了，那么，这固然取决于学术界同仁的共同努力，但俞吾金却当之无愧地属于其中的居功至伟者之一。

当俞吾金负责组建当代国外马克思主义学科时，他曾很热情地邀请我加入团队，我也非常愿意进入到这个当时颇受震撼而又所知不多的新领域。但我所在的马克思主义哲学史教研室却执意不让我离开。于是他便对我说：这样也好，"副本"和"原本"都需要研究，你我各在一处，时常可以探讨，岂不相得益彰？看来他对于"原本"——马克思哲学本身——是情有独钟的。他完全不能满足于仅仅对当代国外马克思主义的各种文本、观点和内容的引进介绍，而是试图在哲学理论的根基上去深入地理解它们，并对之开展出卓有成效的批判性发挥和对话。为了使这样的发挥和对话成为可能，他需要在马克思哲学基础理论的研究方面获得持续不断的推进与深化。因此，俞吾金对当代国外马克思主义的探索总是伴随着他对马克思哲学本身的研究，前者在广度上的拓展与后者在深度上的推进是步调一致、相辅相成的。

在马克思哲学基础理论的研究领域，俞吾金的研究成果突出地体现在以下几个方面。第一，他明确主张马克思哲学的本质特征必须从其本体论的基础上去加以深入的把握。以往的理解方案往往是从近代认识论的角度提出问题，而真正的关键恰恰在于从本体论的层面去理解、阐述和重建马克思哲学的理论体系。我是很赞同他的这一基本观点的。因为马克思对近代哲学立足点的批判，乃是对"意识"之存在特性的批判，因而是一种真正的本体论批判："意识在任何时候都只能是被意识到了的存在，而人们的存在就是他们的现实生活过程。"这非常确切地意味着马克思哲学立足于"存在"——人们的现实生活过程——的基础之上，而把意识、认识等等理解为这一存在过程在观念形态上的表现。

因此，第二，就这样一种本体论立场来说，马克思哲学乃是一种"广义的历史唯物主义"。俞吾金认为，在这样的意义上，马克思哲学的本体论基础应当被把握为"实践—社会关系本体论"。它不仅批判地超越了以往的本体论(包括旧唯物主义的本体论)立场，而且恰恰构成马克思全部学说的决定性根基。因此，只有将马克思哲学理解为广义的历史唯物主义，才能真正把握马克思哲学变革的实质。

第三，马克思"实践"概念的意义不可能局限在认识论的范围内得到充分的把握，毋宁说，它在广义的历史唯物主义中首先是作为本体论原则来起作用的。在俞吾金看来，将实践理解为马克思认识论的基础与核心，相对于近代西方认识论无疑是一大进步；但如果将实践概念限制在认识论层面，就会忽视其根本而首要的本体论意义。对于马克思来说，至为关键的是，只有在实践的本体论层面上，人们的现实生活才会作为决定性的存在进入到哲学的把握中，从而，人们的劳动和交往，乃至于人们的全部社会生活和整个历史性行程，才会从根本上进入到哲学理论的视域中。

因此，第四，如果说广义的历史唯物主义构成马克思哲学的实质，那么这一哲学同时就意味着"意识形态批判"。因为在一般意识形态把思想、意识、观念等等看作是决定性原则的地方，唯物史观恰恰相反，要求将思想、意识、观念等等的本质性导回到人们的现实生活过程之中。

在此意义上，俞吾金把意识形态批判称为"元批判"，并因而将立足于实践的历史唯物主义叫做"实践诠释学"。所谓"元批判"，就是对规约人们的思考方式和范围的意识形态本身进行前提批判，而作为"实践诠释学"的历史唯物主义，则是在"元批判"的导向下去除意识形态之蔽，从而揭示真正的现实生活过程。我认为，上述这些重要观点不仅在当时是先进的和极具启发性的，而且直到今天，对于马克思哲学之实质的理解来说，依然是关乎根本的和意义深远的。

俞吾金的博士论文以《意识形态论》为题，我则提交了《历史唯物主义的主体概念》和他一起参加答辩。答辩主席是华东师范大学的冯契先生。冯先生不仅高度肯定了俞吾金对马克思意识形态批判理论的出色研究，而且用"长袖善舞"一词来评价这篇论文的特点。学术上要做到长袖善舞，是非常不易的：不仅要求涉猎广泛，而且要能握其枢机。俞吾金之所以能够臻此境地，是得益于他对哲学史的潜心研究；而在哲学史方面的长期探索，不仅极大地支持并深化了他的马克思哲学研究，而且使他成为著名的西方哲学史研究专家。

就与马哲相关的西哲研究而言，他专注于德国古典哲学，特别是康德、黑格尔哲学的研究。他很明确地主张：对马克思哲学的深入理解，一刻也离不开对德国观念论传统的积极把握；要完整地说明马克思的哲学革命及其重大意义，不仅要先行领会康德的"哥白尼式革命"，而且要深入把握由此而来并在黑格尔那里得到充分发展的历史性辩证法。他认为，作为康德哲学核心问题的因果性与自由的关系问题，在"按照自然律的因果性"和"由自由而来的因果性"的分析中，得到了积极的推进。黑格尔关于自由的理论可被视为对康德自由因果性概念的一种回应：为了使自由和自由因果性概念获得现实性，黑格尔试图引入辩证法以使自由因果性和自然因果性统一起来。在俞吾金看来，这里的关键在于"历史因果性"维度的引入——历史因果性是必然性的一个方面，也是必然性与自由相统一的关节点。因此，正是通过对黑格尔的精神现象学、法哲学和历史哲学等思想内容的批判性借鉴，马克思将目光转向人类社会发展中的历史因果性；但马克思又否定了黑格尔仅仅停留于单纯精神层面谈论自然因果性和历史因果性的哲学立场，要求将这两种因果性结合进现实的历史运动中，尤其是使之进入到对市民社会的解剖中。这个例子可以表明，对马克思哲学之不断深化的理解，需要在多大程度上深入到哲学史的领域之中。正如列宁曾经说过的那样：不读黑格尔的《逻辑学》，便无法真正理解马克思的《资本论》。

就西方哲学的整体研究而言，俞吾金的探讨可谓"细大不捐"，涉猎之广在当代中国学者中是罕见的。他不仅研究过古希腊哲学（特别是柏拉图和亚里士多德哲学），而且专题研究过智者派哲学、斯宾诺莎哲学和叔本华哲学等。除开非常集中地钻研德国古典哲学之外，他还更为宏观地考察了西方哲学在当代实现的"范式转换"。他将这一转换概括为"从传统知识论到实践生存论"的发展，并将其理解为西方哲学发展中的一条根本线索。为此他对海德格尔的哲学下了很大的功夫，不仅精详地考察了海德格尔的"存在论差异"和"世界"概念，而且深入地探讨了海德格尔的现代性批判及其意义。如果说，马克思的哲学变革乃是西方哲学范式转换中划时代的里程碑，那么，海德格尔的基础存在论便为说明这一转换提供了重要的思想材料。在这里，西方哲学史的研究再度与马克思哲学的研究贯通起来：俞吾金不仅以哲学的当代转向为基本视野考察整个西方哲学史，并在这一思想转向的框架中理解马克思的哲学变革，而且站在这一变革的立场上重新审视西方哲学，特别是德国古典哲学和当代西方哲学。就此而言，俞吾金在马哲和西哲的研究上可以说是齐头并进的，并且因此在这两个学术圈子中同时享有极高的声誉和地位。这样的一种研究方式固然可以看作是他本人的学术取向，但这种取向无疑深深地浸染着并且也成就着复旦大学哲学学术的独特氛围。在这样的氛围中，当代国外马克思主义的研究要立足于对马克思哲学本身的深入理解之上，而对马克思哲学理解的深化又有必要进入到哲学史研究的广大区域之中。

今年 10 月 31 日，是俞吾金离开我们 10 周年的纪念日。十年前我曾撰写的一则挽联是："哲人其萎乎，梁木倾颓；桃李方盛也，枝叶滋荣。"我们既痛惜一位学术大家的离去，更瞩望新一代学术星丛的冉冉升起。十年之后，《俞吾金全集》由北京师范大学出版社出版了——这是哲学学术界的一件大事，许多同仁和朋友付出了积极的努力和辛勤的劳动，我们对此怀着深深的感激之情。这样的感激之情不仅是因为这部全集的告竣，而且因为它还记录了我们这一代学者共同经历的学术探索道路。一代人有一代人的使命，俞吾金勤勉而又卓越地完成了他的使命：他将自己从事哲学的探索方式和研究风格贡献给了复旦哲学的学术共同体，使之成为这个共同体悠长传统的组成部分；他更将自己取得的学术成果作为思想、观点和理论播洒到广阔的研究领域，并因而成为进一步推进我国哲学学术的重要支点和不可能匆匆越过的必要环节。如果我们的读者不仅能够从中掌握理论观点和方法，而且能够在哲学与时代的关联中学到思想探索的勇气和路径，那么，这部全集的意义就更其深远了。

吴晓明

2024 年 6 月

主编的话

一

2014 年 7 月 16 日,俞吾金教授结束了一个学期的繁忙教学工作,暂时放下手头的著述,携夫人赴加拿大温哥华参加在弗雷泽大学举办的"法兰克福学派对资本主义的批判"的国际学术讨论会,并计划会议结束后自费在加拿大作短期旅游,放松心情。但在会议期间俞吾金教授突感不适,虽然他带病作完大会报告,但不幸的是,到医院检查后被告知脑部患了恶性肿瘤。于是,他不得不匆匆地结束行程,回国接受治疗。接下来三个月,虽然复旦大学华山医院组织了最强医疗团队精心救治,但病魔无情,回天无力。2014 年 10 月 31 日,在那个风雨交加的夜晚,俞吾金教授永远地离开了我们。

俞吾金教授的去世是复旦大学的巨大损失,也是中国哲学界的巨大损失。十年过去了,俞吾金教授从未被淡忘,他的著作和文章仍然被广泛阅读,他的谦谦君子之风、与人为善之举被亲朋好友广为谈论。但是,在今天这个急剧变化和危机重重的世界中,我们还是能够感到他的去世留下的思想空场。有时，面对社会的种种不合理现象和纷纭复杂的现实时，我们还是不禁会想：如果俞老师在世，他会做如何感想，又会做出什么样的批判和分析！

俞吾金教授的生命是短暂的，也是精彩的。与期颐天年的名家硕儒相比，他的学术生涯只有三十多年。但是，在这短短的三十多年中，他通过自己的勤奋和努力取得了耀眼的成就。

1983年6月，俞吾金与复旦大学哲学系的六个硕士、博士生同学一起参加在广西桂林举行的"现代科学技术和认识论"全国学术讨论会，他们在会上所做的"关于认识论的几点意见"（后简称"十条提纲"）的报告，勇敢地对苏联哲学教科书体系做了反思和批判，为乍暖还寒的思想解放和新莺初啼的马克思主义哲学新的探索做出了贡献。1993年，俞吾金教授作为教练和领队，带领复旦大学辩论队参加在新加坡举办的首届国际大专辩论赛并一举夺冠，在华人世界第一次展现了新时代中国大学生的风采。辩论赛的电视转播和他与王沪宁主编的《狮城舌战》《狮城舌战启示录》大大地推动了全国高校的辩论热，也让万千学子对复旦大学翘首以盼。1997年，俞吾金教授又受复旦大学校长之托，带领复旦大学学生参加在瑞士圣加仑举办的第27届国际经济管理研讨会，在该次会议中，复旦大学的学生也有优异的表现。会后，俞吾金又主编了《跨越边界》一书，嘉惠以后参加的学子。

俞吾金教授1995年开始担任复旦大学哲学系主任，当时是国内最年轻的哲学系主任，其间，复旦大学哲学系大胆地进行教学和课程体系改革，取得了重要的成果，荣获第五届全国高等学校优秀教学成果一等奖，由他领衔的"西方哲学史"课程被评为全国精品课程。在复旦大学，俞吾金教授是最受欢迎的老师之一，他的课一座难求。他多次被评为最受欢迎的老师和研究生导师。由于教书育人的杰出贡献，2009年他被评为上海市教学名师和全国优秀教师，2011年被评为全国教学名师。

俞吾金教授一生最为突出的贡献无疑是其学术研究成果及其影响。他在研究生毕业后不久就出版的《思考与超越——哲学对话录》已显示了卓越的才华。在该书中，他旁征博引，运用文学故事或名言警句，以对话体的形式生动活泼地阐发思想。该书妙趣横生，清新脱俗，甫一面世就广受欢迎，成为沪上第一理论畅销书，并在当年的全国图书评比中获"金钥匙奖"。俞吾金教授的博士论文《意识形态论》一脱当时国内博士论文的谨小慎微的匠气，气度恢宏，新见迭出，展现了长袖善舞、擅长宏大主题的才华。论文出版后，先后获得上海市哲学社会科学优秀成果一等奖和国家教委首届人文社会科学优秀成果一等奖，成为青年学子做博士论文的楷模。

俞吾金教授天生具有领军才能，在他的领导下，复旦大学当代国外马克思主义研究中心 2000 年被评为教育部人文社会科学重点研究基地，他本人也长期担任基地主任，主编《当代国外马克思主义评论》《国外马克思主义研究报告》《国外马克思主义与国外思潮译丛》等，为马克思主义的国际交流建立了重要的平台。他长期担任复旦大学哲学学院的外国哲学学科学术带头人，参与主编《西方哲学通史》和《杜威全集》等重大项目，为复旦大学成为外国哲学研究重镇做出了突出贡献。

俞吾金教授的学术研究不囿一隅，他把西方哲学和马克思哲学结合起来，提出了许多重要的概念和命题，如"马克思是我们同时代人""马克思哲学是广义的历史唯物主义""马克思哲学的认识论是意识形态批判""从康德到马克思""西方哲学史的三次转向""实践诠释学""被遮蔽的马克思""问题域的转换"等，出版了一系列有影响的著作和文集。由于俞吾金教授在学术上的杰出贡献和影响力，他获得各种奖励和荣誉称号，他是全国哲学界首位"长江学者奖励计划"特聘教授，在钱伟长主编的"20 世纪中国知名科学家"哲学卷中，他是改革开放以来培养的哲学家中的唯一入选者。俞吾金教授在学界还留下许多传奇，其中之一是，虽然他去世已经十年了，但至今仍保持着《中国社会科学》发文最多的记录。

显然，俞吾金教授是改革开放后新一代学人中最有才华、成果最为丰硕、影响最大的学者之一。他之所以取得令人瞩目的成就，不仅得益于他的卓越才华和几十年如一日的勤奋努力，更重要的是缘于他的独立思考的批判精神和"为天地立心、为生民立命"的济世情怀。塞涅卡说："我们不应该像羊一样跟随我们前面的羊群——不是去我们应该去的地方，而是去它去的地方。"俞吾金教授就是本着这样的精神从事学术的。在他的第一本著作即《思考与超越》的开篇中，他就把帕斯卡的名言作为题记："人显然是为了思想而生的；这就是他全部的尊严和他全部的优异；并且他全部的义务就是要像他所应该的那样去思想。"俞吾金教授的学术思考无愧于此。俞吾金教授以高度的社会责任感从事学术研究。复旦大学的一位教授在哀悼他去世的博文中曾写道："曾有几次较深之谈话，感到他是一位勤奋的读书人，温和的学者，善于思考社会与人生，关注现在，更虑及未来。记得 15 年前曾听他说，在大变动的社会，理论要为长远建立秩序，有些论著要立即发表，有些则可以暂存书箧，留给未来。"这段话很好地刻画了俞吾金教授的人文和道德情怀。

正是出于这一强烈担当的济世情怀，俞吾金教授出版和发表了许多有时代穿透力的针砭时弊的文章，对改革开放以来的思想解放和文化启蒙起到了推动作用，为新时期中国哲学的发展做出了重要贡献。但是，也正因为如此，他的生命中也留下了很多遗憾。去世前两年，俞吾金教授在"耳顺之年话人生"一文中说："从我踏进哲学殿堂至今，30 多个年头已经过去了。虽然我尽自己的努力做了一些力所能及的事情，但人生匆匆，转眼已过耳顺之年，还有许多筹划中的事情没有完成。比如对康德提出的许多哲学问题的系统研究，对贝克莱、叔本华在外国哲学史上的地位的重新反思，对中国哲学的中道精神的重新阐释和对新启蒙的张扬，对马克思哲学体系的重构等。此外，我还有一系列的教案有待整理和出版。"想不到这些未完成的计划两年后尽成了永远的遗憾！

二

俞吾金教授去世后，学界同行在不同场合都表达了希望我们编辑和出版他的全集的殷切希望。其实，俞吾金教授去世后，应出版社之邀，我们再版了他的一些著作和出版了他的一些遗著。2016 年北京师范大学出版社出版了他的《哲学遐思录》《哲学随感录》《哲学随想录》三部随笔集，2017 年北京师范大学出版社出版了《从康德到马克思——千年之交的哲学沉思》新版，2018 年商务印书馆出版了他的遗作《新十批判书》未完成稿。但相对俞吾金教授发表和未发表的文献，这些只是挂一漏万，远不能满足人们的期望。我们之所以在俞吾金教授去世十年才出版他的全集，主要有两个方面的原因。一是俞吾金教授从没有完全离开我们，学界仍然像他健在时一样阅读他的文章和著作，吸收和借鉴他的观点，思考他提出的问题，因而无须赶着出版他的全集让他重新回到我们中间；二是想找个有纪念意义的时间出版他的全集。俞吾金教授去世后，我们一直在为出版他的全集做准备。我们一边收集资料，一边考虑体例框架。时间到了 2020 年，是时候正式开启这项工作了。我们于 2020 年 10 月成立了《俞吾金全集》编委会，组织了由他的学生组成的编辑和校对团队。经过数年努力，现已完成了《俞吾金全集》二十卷的编纂，即将在俞吾金教授逝世十周年之际出版。

俞吾金教授一生辛勤耕耘，留下 650 余万字的中文作品和十余万字的外文作品。《俞吾金全集》将俞吾金教授的全部作品分为三个部分：(1)生前出版的著作；(2)生前发表的中文文章；(3)外文文章和遗作。

俞吾金教授生前和身后出版的著作(包含合著)共三十部，大部分为文集。《俞吾金全集》保留了这些著作中体系较为完整的 7 本，包括《思考与超越——哲学对话录》《问题域外的问题——现代西方哲学方法论探要》《生存的困惑——西方哲学文化精神探要》《意识形态论》《毛泽东智慧》《邓小平：在历史的天平上》《问题域的转换——对马克思和黑格尔关系的当代解读》。其余著作则基于材料的属性全部还原为单篇文章，收入《俞吾金全集》的《马克思主义哲学研究文集（上、下）》《外国哲学研究文集（上、下）》以及《国外马克思主义研究文集（上、下）》等各卷中。这样的处理方式难免会留下许多遗憾，特别是俞吾金教授的一些被视为当代学术名著的文集（如《重新理解马克思》《从康德到马克思》《被遮蔽的马克思》《实践诠释学》《实践与自由》等）未能按原书形式收入到《俞吾金全集》之中。为了解决全集编纂上的逻辑自洽性以及避免不同卷次的文献交叠问题（这些交叠往往是由于原作根据的不同主题选择和组织材料而导致的），我们不得不忍痛割爱，将这些著作打散处理。

俞吾金教授生前发表了各类学术文章 400 余篇，我们根据主题将这些文章分别收入《马克思主义哲学研究文集（上、下）》《国外马克思主义哲学研究文集》《外国哲学研究文集（上、下）》《马克思主义中国化研究文集》《中国思想与文化研究》《哲学观与哲学教育论集》《散论集》（包括《读书治学》《社会时评》和《生活哲思》三卷）。在这些卷次的编纂过程中，我们除了使用知网、俞吾金教授生前结集出版的作品和在他的电脑中保存的材料外，还利用了图书馆和网络等渠道，查找那些散见于他人著作中的序言、论文集、刊物、报纸以及网页中的文章，尽量做到应收尽收。对于收集到的文献，如果内容基本重合，收入最早发表的文本；如主要内容和表达形式略有差异，则收入内容和形式上最完备者。在文集和散论集中，对发表的论文和文章，我们则按照时间顺序进行编排，以便更好地了解俞吾金教授的思想发展和心路历程。

除了已发表的中文著作和论文之外，俞吾金教授还留下了多篇已发表或未发表的外文文章，以及一系列未发表的讲课稿（有完整的目录，已完成的部分很成熟，完全是为未来出版准备的，可惜没有写完）。我们将这些外文论文收集在《外文文集》卷中，把未发表的讲稿收集在《遗作集》卷中。

三

《俞吾金全集》的编纂和出版受到了多方面的支持。俞吾金教授去世后不久，北京师范大学出版社就表达了想出版《俞吾金全集》的愿望，饶涛副总编辑专门来上海洽谈此事，承诺以最优惠的条件和最强的编辑团队完成这一工作，这一慷慨之举和拳拳之心让人感佩。为了高质量地完成全集的出版，出版社与我们多次沟通，付出了很多努力。对北京师范大学出版社饶涛副总编辑、祁传华主任和诸分卷的责编为《俞吾金全集》的辛勤付出，我们深表谢意。《俞吾金全集》的顺利出版，我们也要感谢俞吾金教授的学生赵青云，他多年前曾捐赠了一笔经费，用于支持俞吾金教授所在机构的学术活动。经同意，俞吾金教授去世后，这笔经费被转用于全集的材料收集和日常办公支出。《俞吾金全集》的出版也受到复旦大学和哲学学院的支持。俞吾金教授的同学和同事吴晓明教授一直关心全集的出版，并为全集写了充满感情和睿智的序言。复旦大学哲学学院原院长孙向晨也为全集的出版提供了支持。在此我们表示深深的感谢。

《俞吾金全集》的具体编辑工作是由俞吾金教授的许多学生承担的。编辑团队的成员都是在不同时期受教于俞吾金教授的学者，他们分散于全国各地高校，其中许多已是所在单位的教学和科研骨干，有自己的繁重任务要完成。但他们都自告奋勇地参与这项工作，把它视为自己的责任和荣誉，不计得失，任劳任怨，为这项工作的顺利完成付出自己的心血。

作为《俞吾金全集》的主编，我们深感责任重大，因而始终抱着敬畏之心和感恩之情来做这项工作。但限于水平和能力，《俞吾金全集》一定有许多不完善之处，在此敬请学界同仁批评指正。

汪行福　吴　猛
2024 年 6 月

谨以此书纪念先母楼芝芬，一位平凡而睿智的女性

我的心完全和海一样，

有潮汐也有风雨，

并且在它的深处

蕴藏着许多明珠。

——[德]海涅：《还乡曲》

目　录

导　论　为思想而生

> 人显然是为了思想而生的；这就是他全部的尊严和他全部的优异；并且他全部的义务就是要像他所应该的那样去思想。
>
> ——[法]帕斯卡尔

在普通人的眼光中，哲学始终是一门玄虚高妙的学问。人们面对着它，如同面对着不可测度的深渊，会产生深深敬畏的感觉。古罗马哲学家西塞罗就曾说过：

> 真正的哲学是满足少数评判者的，它有意地避免群众。因为对于群众，哲学是可厌的、可疑的。所以假如任何人想要攻击哲学，他是很能够得到群众赞许的。[①]

尽管西塞罗的见解不无偏激之处，我们却不得不承认，它正确无误地揭示出横亘在哲学与普通人之间的难以逾越的心理屏障。无论是有志于终生在哲学大厦中探宝的人，还是偶尔去游览这座大厦的人，心中升起的第一个疑问通常是：

---

① [古希腊]西塞罗：《图斯科兰讨论集》，转引自[德]黑格尔：《小逻辑》，贺麟译，商务印书馆 1980 年版，第 24 页。

What is philosophy(什么是哲学)？众所周知，philosophy 这个词源于古希腊文 φιλοσοφια，其中 φιλο-表示"爱"，而-σοφια 则表示"智慧"，合起来就是"爱智慧"(love of wisdom)的意思。

众所周知，西方人称作 philosophy 的学问，在古代中国通常被称为"玄学""元学""理学"或"道学"。自明代以降，以利玛窦为代表的欧洲天主教耶稣会的一批传教士来中国传道布教，他们既带来了西方的宗教、科学、技术和艺术，也带来了西方 philosophy 的不同流派的思想。然而，当时的 philosophy 在中国的译名尚未取得统一，它曾被译为"理科""理学""性学""爱知学""智学"和"格致学"等各种不同的名字。尽管这些译名在中国学术界流传一时，却从未得到过研究者们的普遍认同。在 philosophy 这个术语的翻译上，日本学者西周起了关键性的作用。1870年，西周在其生前未发表的、由学生整理的讲演笔记《百学连环》中最早使用了"哲学"这个译名。1874 年，"哲学"这个译名首次出现在西周公开出版的著作《百一新论》中。当时，这个译名也没有为日本哲学界所普遍接受，不少日本学者仍然以"理学"对译西方的 philosophy。19 世纪 80年代初，日本学者井上哲次郎在编撰日本第一部《哲学字汇》时采用了西周的"哲学"这一译法。从此，这一译名逐渐成为日本哲学界普遍接受的名称。

人们也许会奇怪，"哲"和"学"都是汉字，为什么日本学者西周要用汉字来译西方人的 philosophy？因为从历史上看，很长一段时间以来，汉字是日本人使用的唯一文字，而现代日语就是由汉字和假名共同构成的。日本人在使用汉字的过程中经常用已有的汉字来造新词。明治维新时期，由于大量新思潮从欧美涌入日本，亟须用相应的译名把它们的含义准确地传达出来。于是，像西周这样的思想先驱便在传统的汉字的基础上造出了"哲学"这个新词。尽管在汉语中"哲"和"学"这两个字早已存在，但中国学者从未像西周那样把它们合成为一个新词。众所周知，在《诗经》中有"维此哲人，谓我劬劳""哲夫成城，哲妇倾城"这样的诗句，而在古代中国人的心目中，"哲"是通晓事理、聪明睿智的意思。有趣的是，日本学者西周用中国字创制出来的译名"哲学"又返回中国，成了中国学者普遍接受的对西方人的 philosophy 的定译。①

其实，为了把握哲学和哲学思维的根本特征，我们还可以对哲学的"哲"字做进一步的探究。文字学和文献学的研究表明，在古代甲骨文中还未出现"哲"字，"哲"字最早出现在金文中，写作𢢽，在小篆中写作𥁕。细心的读者一定会发现，在金文中，"折"字下面是个"心"字；而在小篆中，"哲"字下面则是个"口"字。这一细微而重大的变化或可以使我们注意到：一方面，从心到口的演化显示出人们的某种冲动，他们希望把自己心中的某些东西外化，即表达出来，让自己周围的人理解；另一方面，表达者的嘴巴，即"口"能否准确地传达出表达者的情感、愿望或思想，似乎也是有疑问的。事实上，中国人历来有"有口无心"的说法，表明口与心之间还是有距离的。在我看来，哲学研究要克服当前存在的种种浮躁的心态和情绪，或许应该从"哲学"返回到"悊学"。这样做至少表明，我们用各种方式表达出来的哲学见解决不是游谈无根的"群聊"，而是用心思索的结果。

还需注意的是，"哲"字上半部分为"折"。许慎说："折，断也，从斤断草。""折"字在甲骨文中写作𣂒，在金文中写作𣂤，在小篆中写作𣂭。转义为"下决断"（make decision）、"下判断"（make judgment）之意。从字源上看，哲学思维和哲学智慧的根本特征充分体现在准确地下判断上，按照德国哲学家康德的说法，就是把个别性准确地归并到某类普遍性之下。②

毋庸讳言，经过两千多年的演化，哲学这个词的含义已经发生了巨大的变化：一方面，它以古老悠久的传统、刨根究底的沉思和石破天惊的见解吸引着一代又一代的追随者；另一方面，它曾一度被尊为权势显

① 参见陈启伟：《哲学译名考》，《哲学译丛》2001 年第 3 期。
② 参见俞吾金：《哲学何谓》，《文汇报》2012 年 3 月 19 日。

赫的"科学之女皇"（queen of sciences），但随后又从高高在上的荣誉的宝座上跌落下来。它广袤的领地不断地被各门实证科学所蚕食，以至于最终不得不像英国小说家笛福笔下的鲁滨孙那样，困守在"绝望之岛"（the island of despair）上。尽管世事沧桑，命运骤变，守土有职的哲学家们仍然像思子心切的祥林嫂那样，不断地追问自己：什么是哲学？这种有趣的现象，不禁使我们想起莎士比亚笔下的薇奥拉的名言：

　　　　除了我背熟了的以外，我不能说别的话。①

　　如果说，充满学究气的哲人爱用晦涩的语言替哲学编织光怪陆离的外套，那么，用健全常识武装起来的普通人则更乐于接受希腊古贤的懵懂之见。他们不仅把哲学理解为"爱智慧"，还在心灵的天平上把智慧与知识等同起来，认定学习哲学的目的就是向雄踞于人心之外的世界索取知识的贡品。于是，他们像罗马统帅恺撒一样，傲慢地对世界喊道：

　　　　我来，我看见，我征服。②

　　不幸的是，他们陷入了双重的误解之中：
　　一方面，知识并不等同于智慧。在某种意义上，智慧是创造的动力，而知识则是记忆的堆积。事实上，古希腊哲学家赫拉克利特早已指出：

　　　　博学并不能使人智慧。③

---

　　① 薇奥拉是莎士比亚戏剧《第十二夜》中的人物。参见《莎士比亚全集》第4卷，朱生豪译，人民文学出版社1947年版，第22页。
　　② 参见《莎士比亚全集》第3卷，朱生豪译，人民文学出版社1978年版，第187页。
　　③ 《古希腊罗马哲学》，生活·读书·新知三联书店1957年版，第22页。

毋庸置疑，如果知识与智慧可以等同的话，那么人的大脑就成了简单的接受容器了。提起知识，人们很容易联想起十年浩劫中流行的那句箴言——"知识越多越反动"（The more knowledge you have，the more counter-revolutionary you are）。这句箴言的宗旨大概是想让人们返回到刀耕火种、结绳而治的蒙昧社会中去。然而，有趣的是，当历史翻过了这异常灰暗的一页之后，取而代之的却是另一些箴言，如"开卷有益"（Reading is always beneficial）、"知识就是力量"（Knowledge is power），等等。许多怀着强烈求知欲的青年人工工整整地把这些箴言抄录在自己的笔记本上，用以勉励自己。然而，在不知不觉中，他们的思想就像钟摆似的滑向另一个极端。

毋庸讳言，在英国哲学家弗兰西斯·培根生活的那个时代，"知识就是力量"的呼喊曾经起过伟大的启蒙作用，然而，在今天，在 21 世纪初，我们还能无思考地、简单地重复同样的格言吗？历史和实践一再启示我们，开卷可能获益，也可能受害；知识可能使一个人获得巨大的精神力量，也可能使他丧失理智和判断力。全部问题在于，你试图获得或已经获得的究竟是什么样的知识？从哲学上看来，如果你孜孜以求的不过是那些早已脱离现实生活的僵化的知识，你还能获得向前探索的勇气和力量吗？你还会像西班牙小说家塞万提斯笔下的堂吉诃德那样满怀信心地叫道："我的服装是甲胄，我的休息是斗争"吗？

实际上，知识永远是一把双刃剑。它既可以造就一个人，也可以毁掉一个人；它使人天然不羁的性格得到陶冶、使人憧憬美好的未来，但也可能导致他道德上的沦丧和精神上的委顿；它使人类把卫星和飞船送上广袤无垠的天际，但也在地球上埋下了仇恨的种子和可以使整个人类毁灭的 TNT（一种烈性炸药）。每当我们想起法国哲学家卢梭在《论科学与艺术》这篇不朽的杰作中发出的警告时，我们的内心就会剧烈地震颤起来。无论如何，对知识抱单纯乐观主义的态度在几个世纪之前就已经是一种谬见了。

此外，无数事实表明，一个人的智慧和他所获得的知识决不是成正比例的。对知识的追求不光有一个量的问题，还有一个质的问题，因而需要对知识做出选择。凡是读过《歌德谈话录》的人都不难感受到，歌德曾经反复强调选择和自我限制在求知中的重要性。他多次告诫他的秘书爱克曼：

> 你得随时当心不要分散精力，要设法集中精力。①

晚年歌德在回顾自己的学习、创作生涯时，不无遗憾地指出：

> 假如我没有在石头上费过那么多的功夫，我就很可能把最珍贵的金刚钻拿到手了。②

事实上，歌德在年轻时曾经广泛涉猎各门学科，为了表示自己与牛顿在颜色理论上的不同见解，他曾经撰写了一部长达一千多页的著作来阐发自己的观点。到了晚年，歌德才清醒地意识到，自己在不怎么擅长的领域里竟然浪费了那么多的时间。但对他来说，一切都已经晚了，如果还能做什么的话，就是把自己的经验教训传递给后辈学人。德国哲学家黑格尔深得歌德治学的要旨，他进一步概括并发挥了歌德的求知方法。他告诫我们：

> 一个志在有大成就的人，他必须如歌德所说，知道限制自己。反之，那些什么事都想做的人，其实什么事情都不能做，而终归于失败。世界上有趣味的东西异常之多：西班牙诗、化学、政治、音乐都很有趣味，如果有人对这些东西感觉兴趣，我们决不能说他不对。但一个人在特定的环境内，如欲有所成就，他必须专注于一

---

① ［德］爱克曼辑录：《歌德谈话录》，朱光潜译，人民文学出版社 1982 年版，第 48 页。
② 同上书，第 80 页。

事，而不可分散他的精力于多方面。①

　　或许可以说，正是出于这样的原因，真正有哲学修养的人总是牢牢地占据着自己的研究领域，从不旁驰博骛，从不在自己不怎么熟悉的领域里显耀自己的学识，因为这样做本身就是一种无智慧的浅薄，就等于把自己逐出哲学的领地之外。

　　另一方面的误解在于，当古希腊的先贤们把哲学理解为"对智慧的热爱"时，就已经自觉地或不自觉地把哲学置于智慧之外了。因为"爱智慧"这个用语表达的只是人们对智慧的热爱，而热爱不过是一种感情，感情是决不能取代智慧本身的。这就启示我们，哲学家和哲学史家们都不应该简单地从 φιλοσοφια 这个词的词源上去理解并阐释哲学的本质，因为这种理解和阐释方式极易使他们误入歧途。在我看来，哲学不啻是"对智慧的热爱"，它本身就是智慧的化身。易言之，从事哲学研究（do philosophy），也就是追求智慧本身。

　　这样一来，问题的关键就转向对智慧的理解。那么，究竟什么是智慧呢？遗憾的是，答案是不可能在流俗的哲学辞典或教科书中被找到的，因为在通常的情况下，辞典和教科书陈述的不过是常识，甚至是过时的常识，而这里讨论的却是作为哲学之化身的智慧，两者是判然有别的。法国文学家罗曼·罗兰曾经用下面的意象来刻画智慧：

　　　　智慧是一座岛屿，被人间的波涛侵蚀了，淹没了，直要等大潮退落的时候，才重新浮现。②

　　毋庸置疑，罗曼·罗兰看重的是智慧的独立性，而在我看来，智慧更多地表现为一种穿透性的思想力量，它使人们不迷失于种种流行的、

---

① ［德］黑格尔：《小逻辑》，贺麟译，商务印书馆1980年版，第174页。
② ［法］罗曼·罗兰：《约翰·克利斯朵夫》第4册，人民文学出版社1985年版，第13页。

肤浅的，甚至虚假的观念，而是直奔这些观念的前提，找到问题的关键、事件的真相或事物的本质，使真理或真相按照自己的方式显现出来，从而把人们的思想引领到一个新的高度或新的起点上。在我看来，哲学上的智慧表现为一种超卓的思想力量。它使人在精神上独立不倚地站立起来，既浸淫于丰富多彩的现实生活和汗牛充栋的理论著作，又随时可以超拔出来，不为所乱。这种智慧主要是由以下两个要素构成的：

一是思考(thinking)，独立不倚的思考。正如俄国著名批评家赫尔岑所说的：

> 作为科学的哲学，其前提是自我思维必须发展到相当的地步，做不到这点就无法上升到哲学境界中来。①

显然，在无思考的地方也就无智慧，无哲学。经常有人谈到所谓"马克思主义的信仰危机"(the crisis of Marxist faith)问题，事实上，这一提法本身就是用语上的混乱。人所共知，马克思主义是以理性思考作为自己的基础和出发点的。马克思本人就说过：

> 哲学并不要求人们信仰它的结论，而只要求检验疑团。②

事实上，在彻底地运用理性思维的地方，是不存在信仰的，信仰不过是迷信和神学的伴生物。因此，把马克思主义与信仰联系起来，本身就是对马克思主义的误解和亵渎。信仰与思考的根本区别在于：前者使站立着的精神瘫痪下去，后者使瘫痪的精神站立起来；前者使人唯唯诺

---

① ［俄］赫尔岑：《科学中华而不实的作风》，李原译，商务印书馆1981年版，第5页。

② 《马克思恩格斯全集》第1卷，人民出版社1956年版，第123页。然而，在马克思主义已经成为官方意识形态的场所，把它信仰化的危险正在逼近。在这个意义上可以说，维护马克思主义的本真精神，就是用理性的态度去对待它。其实，马克思早已预感到这种危险，针对19世纪70年代法国的追随——他曾经说过一句名言："我只知道我自己不是马克思主义者。"（《马克思恩格斯选集》第4卷，人民出版社1995年版，第695页）

诺、人云亦云，后者则使人热爱真理、独立不倚。总之，哲学不培养信徒，信徒不属于哲学。

在某种意义上，坚持独立不倚的思考，也就是坚持"批判性的思维"（the critical thinking）①。而在通常的情况下，批判性的思维的宗旨乃是引导学生形成准确地、严格地进行思维的习惯。然而，在哲学上倡导的批判性思维却与此不同，它的任务不是纠缠于对某些具体观念的分析，而是直奔这些观念或理论体系得以可能的前提。通过对其前提的解构，这些观念的基础就被抽去了。于是，某些观念或理论体系也就轰然倒塌了，正如德国诗人席勒所描绘的：

> 旧的正在崩溃，时代正在嬗递，
> 废墟上正茁壮地迸出新的生命。②

我认为，哲学上的批判性的思维表现为功力深厚的去蔽意识或清理意识。在通常的情况下，当人们沾沾自喜地表示自己学到了多少新知识时，实际上等于承认，他们已经在多大的程度上迷失了方向，失去了自我。换言之，他们的"自我"实际上已成了他们所学习的对象的俘虏。这样的情形常常发生在缺乏独立见解的研究生群体中。他们研究康德，就成了康德思想的俘虏；研究尼采，就成了尼采思想的俘虏；研究海德格尔，就成了海德格尔思想的俘虏。总之，研究什么，就崇拜什么；探索什么，就迷失于什么之中。对于他们来说，"探究"（investigation）仿佛成了"信仰"（faith）的别名。总之，他们在自己的对象世界中迷失了方向、丢失了自我。直到有一天，当他们中有人表示："我已经知道尼采错在什么地方了"，如果他确实言之有据，那么他的"自我"（ego）才真正开始

---

① 俞吾金曾经连续五年为硕士生和博士生开设过题为《当代思维方法批判》的课程（作为"复旦大学名师课程系列"之一）。今后如有余暇，将把课程笔记整理出版。

② ［德］席勒：《威廉·退尔》，钱春绮译，人民文学出版社 1956 年版，第四幕，第146 页。

浮现出来。也就是说，只有批判意识和独立思想才会使真正的哲学思维变得可能，而习惯于人云亦云的人，就像藤类植物一样，永远无法挺起自己的枝干，独立生长。法国思想家帕斯卡尔曾经说过：

思想形成人的伟大。①

他甚至把人比作会思想的芦苇，并肯定人的全部尊严就在于他能思想。在宇宙中，人不过是一个物质的微粒，小到可以略去不计，但人的大脑却能包容并思考整个宇宙：

由于空间，宇宙便囊括了我，并吞没了我，有如一个质点；由于思想，我却囊括了宇宙。②

当捷克小说家米兰·昆德拉说"人一思考，上帝就发笑"（Man Thinks, God Laughs）时，他显然没有在人类的思维中区分出渺小和伟大。当人类的思维局限于鼻子底下的蝇头小利时，确实是令人发笑的。然而，人类也拥有自己伟大的思维。在《实践理性批判》的"结论"中，康德就曾这样写道：

有两样东西，我们愈经常愈持久地加以思索，它们就愈使心灵充满始终新鲜不断增长的景仰和敬畏：在我之上的星空和居我之中的道德法则。③

不用说，在这段妇孺皆知的名言中，我们感受到的唯有思想的凝重和伟大。据说，在第二次世界大战结束后，德国不少城市成了废墟。当

---

① ［法］帕斯卡尔：《思想录》，何兆武译，商务印书馆1985年版，第157页。
② 同上书，第158页。
③ ［德］康德：《纯粹理性批判》，韩水法译，商务印书馆1999年版，第177页。

德国人在忏悔中开始自己的新生活时，他们不但在窗台上放满了鲜花，而且开始重印康德的《纯粹理性批判》。事实上，早在康德之前，法国哲学家笛卡尔已经表示，一个民族最值得骄傲的事情莫过于它拥有自己伟大的思想家。英国历史学家卡莱尔甚至认为，世界历史就是伟大人物的传记：

> 伟人永远是出自上天的火种；其他人像燃料一样地期待着他，这样他们也会燃烧起来。①

卡莱尔表示，在所有的伟人中，他最崇拜的是思想家：

> 不管一个思想家在哪里出现，在他的思考中都有一种贡献和增益，都会产生一种变化或革命。②

尽管思想本身是看不见摸不着的，但它的作用却是无所不能、无所不至的。作为有思想、有目的的存在物，人除了处于睡眠、醉酒、昏迷、精神分裂等边缘状态中，他的哪一个行动是不受思想或观念的支配的？德国诗人海涅在《论德国宗教和哲学的历史》中曾经告诫我们：

> 记住吧，你们这些骄傲的行动者！你们不过是思想家们不自觉的助手而已。这些思想家们往往在最谦逊的宁静之中向你们极其明确地预示了你们的一切行动。马克西米安·罗伯斯庇尔不过是卢梭的手而已，一只从时代的母胎中取出一个躯体的血手，但这个躯体的灵魂却是卢梭创造的。使让·雅克·卢梭潦倒终生的那种不安的焦虑，也许正是由于卢梭在精神里早已预料到他的思想需要怎样一

---

① [英]卡莱尔：《英雄和英雄崇拜》，张峰等译，上海三联书店 1988 年版，第124 页。
② 同上书，第 37 页。

个助产士才能降生到这个世界上来，而产生的吧?①

思想的伟大不仅表现在它为行动提供了理由和方向，而且它本身犹如从天而降的洪流，是无法阻遏的。赫尔岑就曾说过：

> 思想的性质是光辉灿烂的，普照大地的；它渴望普及，它冲入所有的孔隙，从指缝间漏出去。思想的真正实现并不是在特殊集团之中，而是在人类之中。②

既然思想的传播和渗透是无法阻遏的，那么我们就不应该像老丰腾纳尔那样去做蠢事，相反，应该向海涅学习，决不做"思想的狱吏"：

> 也许老丰腾纳尔是对的，他说："假如我把世界上一切思想都掌握在自己手里，那我就要警惕，不放走它们。"但我另外有自己的想法。假如在我手中掌握了世上所有思想的话——那里我也许会请求你们立即砍掉我这只手；无论如何我决不把它们长期地关闭起来。我是不宜于去做思想的狱吏的。凭上帝发誓！我要把它们放出去。③

总之，我们应该成为思想的守护者和传播者。

二是超越(transcending)，改弦易辙的超越。西方哲学家们对"超越"这个术语有着迥然各异的理解和阐释。如果说，康德倾向于把超越理解为思维逸出感觉经验范围，黑格尔和马克思倾向于把超越理解为从单纯理论活动向实践活动的转变，那么，胡塞尔则更倾向于把超越理解为意识对意识之外的东西的把握。批判地综合这些想法，我认为，从哲

---

① 张玉书编选：《海涅选集》，人民文学出版社 1983 年版，第 291 页。
② ［俄］赫尔岑：《科学中华而不实的作风》，李原译，商务印书馆 1981 年版，第 47 页。
③ 张玉书编选：《海涅选集》，人民文学出版社 1983 年版，第 291 页。

学上看，超越主要有以下两个含义：

其一，从可感觉、可经验的领域向超感觉、超经验的领域跃升。康德对这个问题有过经典性的论述。他把前一个领域称作"现象界"（king-dom of phenomenon），它以感觉经验为对象，形成的是数学和自然科学方面的知识；他又把后一个领域称作"本体界"（kingdom of nomenon），以"灵魂"（Soul）、"世界"（World）和"上帝"（God）这三个"自在之物"（thing-in-itself），即超感觉经验的存在物为对象，形成的是超验的形而上学的知识。在康德看来，人们只能认识现象界中的对象，却不能运用认识现象界中的对象的方式去认识本体界中的对象。一旦他们进行越界思考，他们的思想便会陷入种种谬误之中。比如，人们替基督塑造了巨大的立像（如巴西里约热内卢的耶稣立像），表明他们试图运用空间这种先天直观的纯粹形式去规定基督；同样地，当他们确信基督永恒存在时，他们也试图运用先天直观的另一种纯粹的形式——时间去规定基督，歌颂他在时间上的无限性。然而，他们并不了解，在康德的语境中，所有这类做法都是无效的，因为空间和时间只能规范现象界，不能规范本体界。也就是说，空间和时间这两种先天直观的纯粹形式根本不能用到基督的身上去。如果一定要用上去，那也只能造成情感上的满足和思维上的混乱。我们发现，在康德那里，现象界与本体界被打成了冰炭不相容的两截。其实，这个传统一直可以追溯到柏拉图。众所周知，柏拉图区分了以下两个不同的世界："可见的世界"（the visible world），即感性的、变动不居的世界和"可知的世界"（the knowable world），即静止的、抽象的"理念"（idea）世界。深受柏拉图思想影响的教父哲学家奥古斯丁则融入了基督教的元素，从而区分出"世俗之城"（the Secular City）和"上帝之城"（the City of God）。在他那里，人类的整个生活世界仍然被打成了两截。事实上，康德并没有摆脱这个传统，不过他是从感觉经验领域和超感觉经验领域的分离出发去划分两个世界的。不管如何，西方人习惯于把思维从感觉经验领域向超感觉经验领域的跃升理解为超越。

其二，从单纯的理论探索向实践活动的跃升。众所周知，我们前面提到的柏拉图的思想路线，即舍弃变动不居的感性世界、追求静止不动的理念世界，长期以来在西方哲学发展中占据着主导性地位，以至于海德格尔干脆把形而上学称作"柏拉图主义"。然而，对于柏拉图哲学来说，最困难的问题莫过于如何把变动不居的感性世界与静止不动的理念世界贯通起来。在某种意义上，这个问题成了柏拉图哲学的"阿基里斯之踵"。作为柏拉图的学生，亚里士多德试图提出一种新的理论来弥合这两个世界之间的裂痕。在《尼各马可伦理学》第六卷中，亚里士多德提出了灵魂把握真理的五种能力，其中最值得注意的是第三种能力，即"实践智慧"（phronesis/practical wisdom）。实践智慧主要涉及人在政治、道德事务中信奉的根本原则和应变能力。正是通过这个概念，亚里士多德在感性世界和理念世界之间架起了一座桥梁。事实上，这个概念的意义不仅远远高于亚里士多德当初赋予它的那个层次，而且也远远高于后来的哲学史家们估价它的价值时达到的那个层次。在今天看来，它的作用远不止于破解柏拉图的理念论面临的难题，更重要的是，为了弥合感性世界和理念世界的裂痕，亚里士多德在西方哲学史上开辟出一个与柏拉图完全不同的路向，即实践智慧和实践哲学的路向。

自笛卡尔以降，随着自我意识和主体意识的不断增强，人们对亚里士多德的实践哲学有了越来越多的认同。康德不但区分了"理论理性"（theoretical reason）和"实践理性"（practical reason），而且充分肯定了后者的优先性：

> 我们根本不能向纯粹实践理性提出这样的过分要求：隶属于思辨理性，因而颠倒次序，因为一切关切归根到底都是实践的，甚至思辨理性的关切也仅仅是有条件的，只有在实践的应用中才是完整的。①

---

① ［德］康德：《实践理性批判》，韩水法译，商务印书馆1999年版，第133页。

然而，从总体上看，康德哲学仍然停留在主观性上，正如黑格尔所嘲讽的：

> 没有人会愚蠢到像康德哲学那样。当他感到饥饿时，他不会去想象食物，而是去使自己吃饱。一切行动都是一个还没有存在的观念，但是这个观念的主观性正在被扬弃中。①

在理论与实践的关系上，黑格尔不但像康德那样，把实践置于更高的地位，而且他强调，概念非但不与感性个别性相对立，相反，它正是个别性、特殊性和普遍性的统一：

> 概念是完全具体的东西。②

黑格尔不但推进了康德在判断中强调的个别性和普遍性的统一，也弥合了柏拉图以来感性世界和理念世界的裂痕。自黑格尔以降，马克思不仅创立了"实践唯物主义"（practical materialism）的学说，而且形成了我称之为"实践诠释学"（practical hermeneutics）的新思路。③ 在这一新思路中，马克思的《关于费尔巴哈的提纲》起着奠基性的作用。尤其是"提纲"的第八条宣布：

> 全部社会生活在本质上是实践的。凡是把理论引向神秘主义的神秘东西，都能在人的实践中以及对这个实践的理解中得到合理的解决。④

---

① ［德］黑格尔：《哲学史讲演录》第 4 卷，贺麟等译，商务印书馆 1981 年版，第284 页。
② ［德］黑格尔：《小逻辑》，贺麟译，商务印书馆 1980 年版，第 334 页。
③ 俞吾金：《马克思实践诠释学初探》，《复旦学报》1995 年第 3 期。
④ 《马克思恩格斯选集》第 1 卷，人民出版社 1995 年版，第 56 页。

马克思以实践作为基础和出发点，形成了一种全新的理解和解释理论，并先于海德格尔完成了诠释学发展史上的"本体论转折"（ontological turn），而"提纲"第十一条更是对以单纯的理论思维为基础的全部传统哲学的超越：

哲学家们只是用不同的方式解释世界，问题在于改变世界。①

这句伟大的箴言也被镌刻在英国海格特公墓马克思的墓碑上，激励着每一个瞻仰者的哲学思维。在马克思之后，海德格尔在马堡大学曾经开设了关于亚里士多德的《尼各马可伦理学》第六卷的研讨班，重点讲解了实践智慧概念②，从而复兴了对这一领域的研究。海德格尔的学生伽达默尔把实践智慧视为哲学诠释学的重要思想资源。在《真理与方法》中，他明确表示：

从亚里士多德关于 Phronesis（实践智慧）的分析里我们可以引出整个一堆论点来答复这一问题。③

在海德格尔的直接或间接的影响下，汉娜·阿伦特、哈贝马斯等都对实践哲学进行了深入的探讨。

有趣的是，以亚里士多德作为肇始人的实践哲学的思想路线却与以实用理性为标识的中国传统哲学的思想路线庶几近之。在我看来，中国传统哲学具有以下三个基本特征：第一，确立了以对事物和观念的有用性的探索为核心的生存哲学。与苏格拉底、柏拉图偏重于抽象思维的进

---

① 《马克思恩格斯选集》第 1 卷，人民出版社 1995 年版，第 57 页。
② ［德］伽达默尔：《真理与方法》（下卷），洪汉鼎译，上海译文出版社 1999 年版，第 776 页。
③ ［德］伽达默尔：《真理与方法》（上卷），洪汉鼎译，上海译文出版社 1999 年版，第 407 页。

路不同，中国哲学在其开端处就十分重视人的实际活动，而人为了应付周围的环境，就必须按照"有用的/有害的"这一两分法把各种事物和观念区分开来。在这里，对事物和观念的有用性的探索和检验构成了中国人生存活动的主要内容。"神农尝百草"的传说印证的正是这样的生存哲学。第二，确立了道器合一、儒道互补的哲学文化精神。就道器合一来说，中国的哲学文化迥异于西方的哲学文化，没有现象界与本体界、感性世界与理念世界的抽象的对立，一切都统一于以有用性为基础的实用理性中。庄子说："道在屎溺中"，强调道并不高高在上，而是通过日常生活中的各种现象显现出来。第三，确立了"经""权"相辅、灵活变通的践行方法。所谓"经"是指人们信奉的观念(包括道德观念)，"权"则是在实际生活中贯彻这些观念时所采取的变通的方式。比如儒家信奉"男女授受不亲"的道德观念，但如果一个儒生看到一个妇女溺水，他就会伸出手去把她拉上来，决不会置之不理。一个"权"字充分体现出中国人思想方式和行为方式上的灵活性。换言之，中国人讲究践行，不愿作蹈空之论。

假如人们认同亚里士多德的实践哲学和中国传统哲学的思路①，就会对在柏拉图语境中形成并发展起来的超越概念形成不同的看法。也就是说，只要他们认可实践是沟通感性世界和理念世界最根本的桥梁，那么从感觉经验领域到超感觉经验领域的跃升就无须通过超越的环节来完成，因为无论是感觉经验领域，还是超感觉经验领域；无论是现象，还是本体，本来就是一个东西。它们是你中有我、我中有你，不可分离地贯通在一起的。在这个意义上可以说，哲学上的超越并不是刻意地摆脱现实生活和感性个别性，去追求空洞的、超感觉经验的普遍性。恰恰相反，真正的普遍性正蕴含在感性个别性之中。换言之，普遍性并不远离个别性而存在，它恰恰隐藏在个别性中，恰恰在人们的眼皮底下。正如

---

① 当然，中国传统哲学也有其缺失面，有待于改造和提升，参见俞吾金：《从实用理性到实践智慧》，《杭州师范大学学报》2014 年第 3 期。

传记作家阿尔森·古留加在谈到叔本华对康德的揶揄时所说的：

> 他把康德比作一个在化装舞会上为了找对象而去向素不相识的美女献殷勤的人。在晚会结束时这位舞伴摘下假面具，原来就是他的妻子。①

本书之所以取名为《思考与超越》，正是基于对哲学智慧的上述理解。然而，遗憾的是，在一些人中间，却滋长出一股浅薄空疏的习气。他们不过读了一两本哲学概论，就断言自己已经深入哲学智慧的堂奥，并一心想建立自己的思想体系了。作为哲学系的教师，笔者浏览过不少这样的"体系"草图。这种压倒千古大哲的虚骄之气，不禁使我回想起赫尔岑的箴言：

> 在哲学里面正像在海洋里面一样，既没有坚冰，也没有水晶，一切都在运转，流动，生气勃勃，每一点都同样的渊深；在它的里面，正像在熔炉里面一样，熔解着落在它的无始无终的循环之中的一切坚硬的、石化了的东西，但同时，却又像海洋一样，它的表面光滑、平静、明亮、一望无际，并倒映着青天。由于这个视错觉，华而不实的人就勇猛地走上前去，对真理毫无敬畏之情，对于工作了约三千年的才达到目前发展的人类的劳动毫无敬意。②

还有一些人，自恃有了一些自然科学的知识，便来奚落哲学，摆出了一副目空一切的神态。他们以为，只有侮辱哲学、蹂躏哲学，才能显

---

① ［苏］阿尔森·古留加：《康德传》，贾泽林等译，商务印书馆1981年版，第168页。

② ［俄］赫尔岑：《科学中华而不实的作风》，李原译，商务印书馆1981年版，第11页。

示自己的高超和卓越。殊不知，恩格斯在《自然辩证法》一书中早已告诫我们：

> 不管自然科学家采取什么样的态度，他们还是得受哲学的支配。[①]

纵观科学发展史，不难发现，像牛顿、马赫、爱因斯坦、海森堡这样的科学巨匠，不同时也是哲学家吗？事实上，任何蔑视哲学思维的科学家都不可能成为一流的大家。谁蔑视哲学的智慧，谁就不得不受到惩罚。这就是历史的公正的结论。

浅薄空疏的人自以为站立着，其实只是在幻想中站立着。说得刻薄一点，只不过是一种头足倒置式的站立。就像查尔斯·狄更斯的小说《老古玩店》中的那个小厮汤姆·斯考特，总是喜欢倒立着走路。要知道，"光荣的路是狭窄的"[②]，哲学思维的劳作是极其艰辛的。

据说，柏拉图曾七次修改他的国家学说。有鉴于此，黑格尔声明，只要自己有自由的余暇，也愿意对《逻辑学》这样的哲学著作做 77 次修改。哲学大家尚且如此，刚进入哲学殿堂的初学者就更没有理由自命不凡、夜郎自大了。事实上，谁爱好哲学，谁就从精神上选择了一条苦行僧的道路；谁想摘取哲学之树上的果实，谁就必须坚持不懈地锤炼自己的思维。总之，哲学之路并不像彼得堡的涅瓦大街那样平坦而笔直，等待着我们的是崎岖坎坷的山路和荒无人烟的沙丘。犹如马克思早已告诫我们的：

> 在科学的入口处，正像在地狱的入口处一样，必须提出这样的要求：

---

① 恩格斯：《自然辩证法》，人民出版社 1971 年版，第 187 页。
② 参见莎士比亚戏剧《特洛伊罗斯与克瑞西达》中俄底修斯的台词。参见《莎士比亚全集》第 7 卷，朱生豪译，人民文学出版社 1978 年版，第 187 页。

"这里必须根绝一切犹豫；

这里任何怯懦都无济于事。"①

　　让我们重新回到对哲学智慧的理解上来吧！如前所述，哲学智慧的根本标志就是思考和超越。在这个改革开放的时代，明白这一点尤为重要。从五光十色的现实生活到万花筒般的思想观念，都处于急剧嬗变的过程中，犹如席勒在《威廉·退尔》一剧中所描绘的：

　　听，深渊在怒吼，急喘在狂啸，

　　在这溪壑里从没有过这样的咆哮！②

　　显然，置身于这样的时代中，没有哲学上的非凡智慧，是难以识别并驾驭形形色色的思想潮流的。比如，有些人把蜂拥而来的西方思潮视作洪水猛兽，主张退回到大清帝国时期的那种墓穴式的、木乃伊般的思想状态中去，难道这是可以接受的吗？在驳斥那些敌视最新哲学思潮的虔诚教徒时，马克思曾经说过：

　　就好像汽锅爆炸（结果使一些乘客血肉横飞）这种个别情形不能成为反对力学的理由一样，某些人不能消化最新的哲学并因这种消化不良而死亡的情形，也不能成为反对哲学的理由。③

　　其实，这种哲学上的"消化不良症"正是缺乏批判性思维的必然结果。那么，怎样去锻炼、培植这种可贵的批判精神呢？去读一两本哲学入门书吗？显然是远远不够的。事实上，德国哲学家叔本华早已告诫我们：

① 《马克思恩格斯选集》第 2 卷，人民出版社 1995 年版，第 35 页。
② ［德］席勒：《威廉·退尔》，钱春绮译，人民文学出版社 1956 年版，第129 页。
③ 《马克思恩格斯全集》第 1 卷，人民出版社 1956 年版，第 124 页。

只有从那些哲学思想的首创人那里，人们才能接受哲学思想。因此，谁要是向往哲学，就得亲自到原著那肃穆的圣地去找永垂不朽的大师。①

黑格尔之重温柏拉图、皮尔士之重温康德，犹如歌德之重温拉斐尔、尼采之重温索福克勒斯，都是为了从前辈导师那里汲取巨大的灵感和超卓的启迪。这是一方面，另一方面，对话和讨论正是锻炼批判性思维、超越性思维的最适宜的舞台。正是基于后一种考虑，本书采用了对话的方式。

凡是熟悉哲学史的人都知道，在哲学探索中，对话具有永久的魅力。柏拉图的著作几乎全都是用对话写成的。在这些脍炙人口的对话中，美丽的神话、生动的事实和深刻的思辨交织在一起，不知不觉地，读者被引入哲学大厦的深处而流连忘返。谁都不会否认，柏拉图的对话是古代世界流传下来的最美好的思想礼物之一，以至于英国哲学家怀特海发出了如下的感叹：全部西方哲学不过是柏拉图思想的注脚。在柏拉图之后，也有一些哲学家运用对话形式进行写作，如意大利哲学家布鲁诺、英国哲学家贝克莱、法国哲学家狄德罗等，尤其是狄德罗的名作《拉摩的侄儿》，成了哲学厅堂中永垂不朽的瑰宝。当代哲学诠释学的著名代表伽达默尔主张，哲学诠释学推崇的是"对话式"的逻辑，也就是在解释者(哲学家)和被解释者(以前的哲学典籍)之间展开的永远开放的对话。历史和实践都表明，对话的根本优点在于，它既有利于反复诘难和论证，也有利于平等的讨论和探索。在这个意义上，它是展示批判性思维和超越性思维的最恰当的形式。记得法国哲学家拉·梅特利曾经说过：

---

① ［德］叔本华：《作为意志和表象的世界》，石冲白译，商务印书馆1982年版，第19页。

每个人都有他照耀自己的火炬。①

　　本书对哲学的理解及对一系列理论问题的探索都是多年来思考的结晶，尽管它们的光芒是微弱的、飘忽不定的，但它们毕竟是笔者亲手点燃起来的火种。即使它不能照亮别人，至少还能照亮自己。本书既无压倒千古大哲的虚骄之气，也无一味取悦于读者的卑贱之心。本书只是诚实地记录笔者走过的思想之路，如同出生于奥地利的英籍哲学家维特根斯坦所说的：

　　我应该只是一面镜子，因为我的读者可以通过这面镜子看到他的思想的全部缺陷，从而借助这个途径将思路端正。②

　　笔者将怀着极大的热忱欢迎来自各方面的善意的批评和指正。但宽容永远是向着善敞开的，对于恶意的攻击和嘲讽，笔者是决不会后退的，倒愿意像席勒笔下的卡尔一样宣布：

　　我要忠实地停留在我自己的这个世界上……我就是我自己的地狱和天堂。③

----

　　① ［法］拉·梅特利：《人是机器》，顾寿观译，商务印书馆 1959 年版，第 9 页。
　　② ［英］维特根斯坦：《文化与价值》，黄正东等译，华中科技咨询公司 1984 年版，第 25 页。
　　③ ［德］席勒：《强盗》，杨文震等译，人民文学出版社 1956 年版，第 126—127 页。

一、哲学与实在世界

A　让演员主宰舞台
——哲学与时代

> 时代是彼此相等的。但天才永远在时代
> 之上。
>
> ——[英]布莱克

黎明：我很高兴从"哲学与时代"这一主题着手来实施我们的整个讨论计划。尽管不少人自信在这个问题上已经获得明白无误的见解，但哲学的反思并不因此而退却。或许可以这样说，它的使命正在于动摇那些未经充分的思索而获致的结论。它的永恒的箴言是：

这里是罗陀斯，就在这里跳跃吧！①

大卫：我为我们的系列讨论有这样一个出发点而感到欣喜。尽管我对叔本华的思想有许多保留，但我还是同意他说出来的这句庄严的格言：

①　参见《说大话的人》，载《伊索寓言》，周启明译，人民文学出版社 1955 年版，第28 页。

只有真理是我的北斗星。①

但愿我们的任何讨论都不去迁就世俗的谬见。

黎明： 我完全赞同你的见解，但在开始这一讨论之前，我希望我们有时间简要地回顾一下科学史和哲学史上的某些有趣的轶事。我敢断定，这些轶事对我们准确地理解并解答欲加以讨论的问题是大有裨益的。

大卫： 你指的是哪个方面的轶事？

黎明： 科学家或哲学家与他们置身于其中的时代相比，究竟哪一方拥有更多的真理性？

大卫： 这倒不失为一个有趣的问题。

黎明： 我们不妨先来考察一下意大利科学家伽利略与他所生活的那个时代之间的纠葛。众所周知，由于伽利略拥护波兰天文学家哥白尼提出的"日心说"（the heliocentric theory），遭到了当时的宗教裁判所的残酷迫害。据说，宗教法庭在传讯他时，强迫他在下列誓词上签字：

> 本人名伽利略，年 70 岁，亲自到法庭，双膝下跪，双目注视神圣福音书，双手按捺书上，并本于正直的心和真实信仰，发誓否认、憎恨、诅咒地球运转的学说，这是不合理的、错误的、异端的学说。②

然而，作为科学家，伽利略心中却默诵着如下的真理："地球仍然在转动（The earth is still turning）。"毋庸讳言，在今天看来，在伽利略与他的时代之间发生的激烈冲突中，他比他的时代站得更高、看得更准、

---

① ［德］叔本华：《作为意志和表象的世界》，石冲白译，商务印书馆 1982 年版，第 14 页。

② 转引自［德］黑格尔：《法哲学原理》，范扬、张企泰译，商务印书馆 1979 年版，第 278 页。

把握着更多的真理。马克思就曾用赞叹的口吻说过下面这句意味深长的话：

> 有一个时候曾经命令人们相信地球不是围绕太阳运转。伽利略是不是因此就被驳倒了呢？①

再看法国著名的天文学家、《天体力学》的作者拉普拉斯。有一次，法国皇帝拿破仑问他：

> 拉普拉斯先生，有人告诉我，你写了这部讨论宇宙体系的大著作，但从不提到它的创造者。

拉普拉斯以殉道者的口吻不假思索地回答道：

> 陛下，我用不着那样的假设。②

可见，拉普拉斯的思想在很大程度上超越了他所生活的那个时代的狭隘眼界和精神氛围。

大卫：这样的轶事，我也能说上几件。比如，康德在其晚年出版的重要著作《单纯理性范围内的宗教》中，对基督教，尤其是《圣经》中的某些基本学说进行了批判性的阐释，从而激怒了当时普鲁士的国王腓特烈·威廉二世。国王立即写信指责康德，命令他放弃自己的见解。康德马上回信，提出了六点申诉意见，并在一张小纸片上写下了这样一段话：

---

① 《马克思恩格斯全集》第 1 卷，人民出版社 1956 年版，第 43 页。
② ［英］丹皮尔：《科学史》，李珩等译，商务印书馆 1979 年版，第 259 页。

放弃自己内心的信念是卑鄙的，而在目前这种情况下保持沉默却是臣民的义务。①

腓特烈·威廉二世死后，康德立即宣布，他不再受原来承担的义务的约束了。在《学科间的纷争》一书中，他重新回到了对《圣经》的批判性的阐释中。从这件轶事可以看出，康德不仅比他的时代站得更高，而且他以自己的批判哲学开辟了一个新时代。又如，德国哲学家黑格尔在青年时期致女友的一封信中说：

我对教堂总是过门而不入。②

同样表现出他对自己置身于其中的时代氛围和时代精神的蔑视。

黎明：据说，俄国革命的伟大导师列宁还是孩子时，就跑到院子里，把挂在脖子上的十字架扯下来，丢到地上。青年时期的列宁在喀山念大学时，由于积极参与政治活动，被警察局抓了起来。警察吓唬他说：

你前面是一堵墙！

他毫无惧色地回答道：

不过是一堵朽墙，只要一推就会塌的。③

这充分表明，列宁对他置身于其中的时代也具有非凡的洞察力。这些轶事启迪我们，伟人们常常高于他们的时代。请原谅，大卫，我们在

---

① ［苏］阿尔森·古留加：《康德传》，贾泽林等译，商务印书馆 1981 年版，第 241 页。
② 苗力田译编：《黑格尔通信百封》，上海人民出版社 1981 年版，第 194 页。
③ 参见［苏］沃林：《列宁在伏尔加河流域》，沈颖译，人民出版社 1956 年版，第 68 页。

这些轶事上停留得太久了。哲学不能满足于罗列现象，它的任务是发掘出隐藏在现象深处的东西来。在这样做时，它必须像俄国讽刺作家果戈理笔下的"大人物"一样，提出如下的要求：

严格严格再严格。①

当然，这个要求主要不是对别人的，而是对自己的。让我们言归正传吧，或者说，让我们开始艰难的理论探险吧。

大卫：根据我的看法，在哲学与时代关系的问题上，人们似乎很少像我们上面所谈论的那样，去探索哲学家或哲学学说高于时代的方面。相反，他们的思想通常受制于流行的"时代决定论"（determinism of times），习惯于把哲学看作时代之手放出的一架竹制的风筝。麻烦的是，这种谬见常常混杂在一些正确的见解中，很难加以识别。

黎明：难道哲学的一个重要的使命不正是识别各种错误的见解吗？

大卫：正是这样。所以我们决不回避困难。我认为，在哲学与时代关系的问题上，理论界最流行的见解是：哲学是时代的产物。或者说，哲学是听命于时代的，它的内容是时代所赋予的。与此略有不同的另一种见解是：哲学是时代精神的精华。或者说，哲学是时代精神中最根本的元素。我依稀觉得，这两种见解似乎都源自黑格尔这个西方哲学的巨擘。

黎明：

火罐正好放在接血的地方。②

---

① 参见果戈理短篇小说《外套》，载上海文艺出版社编：《外国短篇小说》下册，上海文艺出版社 1978 年版。

② 参见《铁手葛兹·冯·贝利欣根》，载《歌德戏剧集》，钱春绮等译，人民文学出版社 1984 年版，第 30 页。

的确，我们的讨论应该从黑格尔开始。让我们先来审视一下"哲学是时代的产物"这一见解吧。为不至于误解黑格尔的本意起见，我们把他在《法哲学原理》和《哲学史讲演录》中的两段重要的论述抄录如下：

> 就个人来说，每个人都是他那时代的产儿。哲学也是这样，它是被把握在思想中的它的时代。妄想一种哲学可以超出它那个时代，这与妄想个人可以跳出他的时代，跳出罗陀斯岛，是同样愚蠢的。如果它的理论确实超越时代，而建设一个如其所应然的世界，那么这种世界诚然是存在的，但只存在于他的私见中，私见是一种不结实的要素，在其中人们可以随意想象任何东西。①

> 每一哲学都是它的时代的哲学，它是精神发展的全部锁链里面的一环，因此它只能满足那适合于它的时代的要求或兴趣。②

大卫： 这两段论述确实非常典型，也对黑格尔以后的哲学界产生了广泛而持久的影响。然而，从理论上细致地剖析它们，对我说来，却是一个过重的负担。我还担心，如果有人坚信这些话是对的，并不无愤慨地责问我们：难道哲学思想竟然能够在时代之外形成或诞生吗？我们又该如何应对呢？

黎明： 你的担忧使我记起了法国诗人雨果的一句名言：

> 人如果不是在某方面确有理由，是不会愤慨的。③

---

① ［德］黑格尔：《法哲学原理》，范扬、张企泰译，商务印书馆 1979 年版，第 12 页。

② ［德］黑格尔：《哲学史讲演录》第 1 卷，贺麟等译，商务印书馆 1981 年版，第 48 页。

③ 参见［法］雨果：《悲惨世界》第 1 册，李丹译，人民文学出版社 1978 年版。

可惜的是，人们滥用了自己的愤慨，因为他们误解了我们的意思。毋庸讳言，就任何个人、任何哲学思想都必须存在于一定的时空中而言，它们都只能是时代的产物。在这一点上，我们与黑格尔之间并不存在任何分歧。问题在于，黑格尔越过了适度性，他赋予自己的见解以过多的含义。在他看来，任何哲学思想都不过是为适合其时代的要求或兴趣而产生出来的。换言之，时代永远决定着并支配着哲学思想，而哲学思想充其量不过是时代的分泌物，一种蜂蜜式的、消极的分泌物而已，犹如莎士比亚笔下的里昂提斯所感叹的：

　　　　我是一片羽毛，什么风都可以把我吹动。①

　　显而易见，在哲学与时代的关系中，黑格尔看到的只是时代对哲学的单向关系，却忽略了哲学对时代的另一重关系，忽略了哲学家们思想的原创性、超前性和引导性。如果说，哲学始终只能扮演"时代的分泌物"的角色，那么，它确实像"一片羽毛一样"，变得轻飘飘的了。由此可见，按照黑格尔的思路演绎下去，最终导致的必然是时代宿命论，即把任何哲学思想都仅仅视作它赖以产生的那个时代的"囚徒"。就像莎士比亚笔下的西西里皇后赫米温妮的女儿，一出生就成了国王里昂提斯的囚徒。② 在这里，我们所要反对的，正是潜伏在黑格尔哲学思想深处的那种强烈的"时代宿命论"（fatalism of times）的倾向。

　　大卫：听你这么一说，我心中的疑惑去掉了一大半。然而，我还是不太明白，像黑格尔这样高度重视精神力量的哲学家，怎么会在这个问题上陷入消极的时代宿命论？

　　黎明：大卫，我希望你没有忽略下面这个重要的细节，即《法哲学

---

　　① 参见莎士比亚戏剧《冬天的故事》，里昂提斯是剧中的西西里国王。见《莎士比亚全集》第 4 卷，朱生豪译，人民文学出版社 1978 年版，第 134 页。
　　② 参见莎士比亚戏剧《冬天的故事》。见《莎士比亚全集》第 4 卷，朱生豪译，人民文学出版社 1978 年版。

原理》是黑格尔的晚期著作，而晚年黑格尔在思想上是十分保守的，可以说与其青年时期的思想倾向形成了鲜明的对照。比如，青年黑格尔在致青年谢林的一封信中就曾雄心勃勃地宣布：

> 为塑造我们的时代尽自己最大的力量。①

这是何等伟大的雄心和气概！当时的黑格尔才 25 岁，他把哲学看作改造世界、塑造时代的巨大精神力量，而比黑格尔还小 5 岁的谢林，其雄心大志丝毫不逊于黑格尔。他在致黑格尔的一封信中也豪情满怀地宣称：

> 我在哲学里生活和编织着现代。②

并扬言要和黑格尔一起，向旧时代的根本原则挑战。

明眼人很容易发现，在黑格尔的早期思想与晚期思想之间存在着明显的裂痕。在他的晚期著作中，保守、调和的思想倾向明显地占了上风，正如恩格斯所评价的：

> 黑格尔是一个德国人，而且和他的同时代人歌德一样，拖着一根庸人的辫子。歌德和黑格尔在各自的领域中都是奥林波斯山上的宙斯，但是两人都没有完全摆脱德国庸人的习气。③

如果晚年黑格尔在这方面拥有强烈的自我意识的话，他一定会像《第十二夜》中的薇奥拉一样发出如下的慨叹：

---

① 苗力田译编：《黑格尔通信百封》，上海人民出版社 1981 年版，第 52 页。
② 同上书，第 34 页。
③ 《马克思恩格斯选集》第 4 卷，人民出版社 1995 年版，第 218—219 页。

我不是我自己。①

大卫：你的意思是，只有把黑格尔早期和晚期的观点综合起来，进行批判性的考察，才能对他的见解获得比较全面的认识。

黎明：一点也不错。在我看来，哲学与时代的关系，好比演员与舞台的关系，任何一方都离不开对方。没有舞台，演员无法演出；反之，没有演员，舞台也会失去其存在的价值。在以晚年黑格尔为代表的传统哲学观念中，人们重视的是舞台对演员的支配作用，而我则更倾向于主张：演员是舞台的灵魂，应该让演员来主宰舞台。当然，我决不会像俄国小说家屠格涅夫笔下的巴威尔·彼得洛维奇那样，疯狂地喊道：

我为什么要依靠时代？还不如让时代来依靠我。②

毋庸讳言，我与巴威尔·彼得洛维奇不同，我想肯定的只是哲学对时代的巨大影响和能动作用，因为恰恰是问题的这一个方面几乎完全被人们所忽视了。

我认为，哲学对时代的作用是一个异常复杂的问题，大致可以归结为以下三种不同的情况。第一种情况是：哲学与时代的要求正好是一致的。至于这种一致性究竟是积极的还是消极的，则完全取决于哲学所赖以产生的那个时代是处于生机勃勃的、向上发展的道路上，还是处于落日余晖般的、逐渐衰亡的过程中。在前一种情况下，它是积极的、生气勃勃的，对时代的发展起着推波助澜的作用；而在后一种情况下，它则是消极的、矫揉造作的，因为它的宗旨不过是让已经丧失生命的木乃伊在空气里保存更长的时间。然而，正如黑格尔所指出的：

---

① 参见《莎士比亚全集》第 4 卷，朱生豪译，人民文学出版社 1978 年版，第 55 页。薇奥拉是剧中人物。

② 参见［俄］屠格涅夫：《父与子》，耿济之译，商务印书馆 1922 年版。

把木乃伊带到活人里面去是不能在那里支持很久的。①

大卫：我猜想，你要说的第二种情况是：哲学对时代的叛逆与冲突。

黎明：完全正确，大卫。这种叛逆与冲突是应该加以肯定，还是必须加以否定，同样取决于这个时代的机体是处于健康成长的喜悦中，还是处于行将就木的悲哀中。按照我的看法，在前一个场合，这种叛逆与冲突应该予以否定；而在后一个场合，则必须加以肯定。然而，不管是在哪个场合，当哲学与时代发生冲突时，常常会酿成悲剧。在这个方面，古希腊哲学家苏格拉底和意大利学者布鲁诺是最典型的悲剧人物。众所周知，苏格拉底把思维着的人作为万物的尺度，他像牛虻一样不断地叮咬着昏昏欲睡的雅典人，试图唤醒他们心中的自主意识和独立意识。与此同时，他也试图从精神上摧毁他们所信奉的法律制度和道德观念。尽管苏格拉底的哲学具有重大的现实意义，但他置身于其中的那个时代却从根本上误解了他，把他视为将雅典人引向堕落的破坏性的精神力量。于是，充满智慧的哲学家被推上了被告席。尽管他理直气壮、滔滔雄辩，却无法摆脱历史预先给他安排好的悲剧性的命运。同样地，布鲁诺为了捍卫哥白尼和伽利略的"日心说"，竟然被活活地烧死在罗马的鲜花广场上。显而易见，这两位伟大的哲学家都被他们置身于其中的平庸的时代所吞没。想起他们遭遇的不公待遇，每一个有良知的后人都会扼腕长叹！

大卫：说得太好了。第三种情况呢？

黎明：第三种情况是：哲学对时代的超越。如前所述，黑格尔认为，哲学是不可能超越自己的时代的，犹如任何个人不能超越自己的皮肤一样。即使皮肤上长了一个肿块，肿块的表面仍然被包裹在皮肤下

---

① ［德］黑格尔：《哲学史讲演录》第 1 卷，贺麟等译，商务印书馆 1981 年版，第 49 页。

面。在黑格尔看来，如果一定要讲"超越"，那也只能是幻想意义上的超越。好比土耳其的国王可以幻想自己将来可能成为梵蒂冈的教皇一样。尽管这种幻想注定是不可能实现的，但在逻辑上却是可能的。在我看来，晚年黑格尔关于时代与哲学关系的见解，不过是他的调和主义、保守主义思想倾向的集中表现罢了。诚然，我们并不否认，哲学的超越要借助于创造性的想象力，其中或多或少地包含着幻想的成分，但这并不等于说，这种超越只是"侏儒国年鉴"①上记载的虚无缥缈的故事。

大卫：我完全同意你的观点，人类的相当一部分幻想不是虚无缥缈的，而是拥有现实的精神力量的，不过它们是夸大了的、变形了的精神力量而已。

黎明：其实，哲学超越时代的现象早已受到哲学家们的关注。比如，康德在他生命的最后几年里，就曾说过：

> 我和我的著作早来了一百年，一百年以后，人们才会正确地理解我，然后我的书才会重新被研究和认可！②

在海德格尔看来，康德说出这番话，既不表示他的自以为是，也不表示他因未被同时代人理解而处于绝望的状态之中，而是表示他对哲学的思考达到了前所未有的深度。按照海德格尔的见解，同时代人之所以难以理解他的《纯粹理性批判》，是因为：

> 由于其提问之高度，由于其概念建构之严格，由于其对问题的远见卓识的划分，由于其表述的新颖性及其重要目标而超出了所有习以为常的东西。康德知道，他对此非常清楚，他的著作在全部规划和方法方面都违背时代的兴趣，康德本人曾把他的时代流行的兴

---

① 参见歌德小说《新爱露茜娜》，载［德］歌德等：《德国古典短篇小说》，刘德中译，上海译文出版社 1978 年版，第 1—19 页。

② ［德］海德格尔：《物的追问》，赵卫国译，上海译文出版社 2010 年版，第 51 页。

趣描画为，力图把哲学上规定诸物之艰难，想象成轻而易举的事情。①

事实上，康德的传记作家阿尔森·古留加在其名著《康德传》中就曾明确断言：

康德超越了那个时代。②

众所周知，在康德之后，叔本华也以类似的口吻说过：

我的哲学如果也要适合讲台的话，那就得另有一个完全不同的时代事先成长培育起来才行。③

尽管叔本华的口气是十分傲慢的，但历史表明，他的思想确实远远地超越了他所生活的时代。众所周知，当他的代表作《作为意志和表象的世界》问世时，一年半时间只卖出 140 本，出版商不得不把其余的书统统报废。然而，28 年之后，德国却出现了姗姗来迟的"叔本华热"。叔本华的思想迅速地风靡了整个德国哲学界，这部著作也因此而洛阳纸贵。

又如，德国哲学家卡西尔也曾经说过，伟大的思想家

常常不得不以超越和反对他们时代的方式进行思考。没有这种理智上和道德上的勇气，哲学是不可能完成它在人类文化和社会生

---

① ［德］海德格尔：《物的追问》，赵卫国译，上海译文出版社 2010 年版，第 52 页。
② ［苏］阿尔森·古留加：《康德传》，贾泽林等译，商务印书馆 1981 年版，第 67 页。
③ ［德］叔本华：《作为意志和表象的世界》，石冲白译，商务印书馆 1982 年版，第 21 页。

活中的使命的。①

而维特根斯坦则干脆断言：

假如某人仅仅超越了他的时代，时代总有一天会追上他。②

言下之意，卓越的思想家不但可以超越他自己生活的时代，甚至可以超越更多的时代。

大卫：这样的见解确实具有振聋发聩的作用，也充分体现出哲学家们的自信。事实上，这些见解也是我在阅读哲学家们的著作时特别留心的内容之一。记得法国哲学家卢梭曾经说过：

在各个时代中，总有一些人生来就是受他们的时代、国家与社会的见解束缚的。……要想超越自己的时代，就决不能为这样的读者而写作。③

毋庸置疑，在卢梭看来，如果一个作者要为未来的读者进行写作，他就必须具有"超越自己的时代"的眼光。有趣的是，现代控制论的创始人、美国数学家维纳也直言不讳地道出了自己的感悟：

很多人的直觉远远超越了他们的时代，在数学物理方面也确实如此。④

---

① ［德］卡西尔：《国家的神话》，1946 年英文版，第 296 页（E. Cassirer, *The Myth of State*, New Haven: Yale University Press, 1946, p. 296——编者注）。

② ［英］维特根斯坦：《文化与价值》，黄正东等译，华中科技咨询公司 1984 年版，第 12 页。

③ ［英］卢梭：《论科学与艺术》，何兆武译，商务印书馆 1963 年版，第 3 页。

④ 《维纳著作选》，钟韧译，上海译文出版社 1978 年版，序言第 6 页。

黎明：只要你不感到厌烦，这样的例子还可以举出不少。当然，在哲学与时代关系上涉及的超越概念，与前面《导论》中论及的超越概念是有差别的。这里的超越概念只是表明，与老年黑格尔不同，不少哲学家不愿意把哲学理解为时代或时代精神的消极的分泌物，而是主张积极地、能动地去理解并阐释哲学对时代的作用和影响。

大卫：黎明，你能对哲学与时代关系中的超越概念做一些具体的阐释吗？

黎明：我试图从当代美国哲学家托玛斯·库恩的"规范"（paradigm）概念出发去理解并阐释我们在这个特定的语境中遭遇到的超越概念，即把它理解并阐释为对旧有的哲学规范的超出。众所周知，规范既可以被理解为一个科学共同体的基本信念，也可以被理解为一个理论体系的基础性的、核心的观念。超出旧有的规范，并不是在原有的科学共同体或理论体系的内部做零星的修补工作，而是对其基本信念或基础性的、核心的观念提出质疑、挑战，甚至加以颠覆，以便建立起新的理论规范。

大卫：看来，你的意思是，超越主要着眼于性质上的转变，而不是单纯数量上的增减。

黎明：正是。我认为，在哲学与时代的关系上，超越概念主要具有以下两种不同的表现形式：一种是向后回溯，即返回到更古老的传统和规范中去。比如，在西方，马克思曾以如下的方式批评了柏拉图心目中的理想国：

> 在柏拉图的理想国中，分工被说成是国家的构成原则，就这一点说，他的理想国只是埃及种姓制度在雅典的理想化。①

在中国，孔子也曾明确表示：

---

① 《马克思恩格斯全集》第 44 卷，人民出版社 2001 年版，第 424 页。

郁郁乎文哉，吾从周。①

试图恢复已经衰微的周代政治文化规范，而老子的复古倾向更为突出，他憧憬的远古社会的景象则是：

邻国相望，鸡犬之声相闻，民至老死不相往来。②

事实上，无论是《礼记·礼运篇》，还是太平天国的《天朝田亩制度》或康有为的《大同书》，都体现出同样的复古情怀。另一种超越则是向前跨越，即创造新的理论规范。这正是我希望在这里重点加以讨论的内容。

大卫：人们常说，哲学思维就是把简单的问题复杂化，我现在对此似乎有了切身的感受。

黎明：但在我看来，你的感受并不是完整的。事实上，在另一些场合下，哲学思维又倾向于把复杂问题简单化。然而，不管采用哪种方法，都是为了更好地理解并阐释所要探讨的对象。记得席勒笔下的威廉·退尔曾经说过：

一个人要是顾虑太多，就做不出什么事情。③

我们必须把思想的触角继续伸展开去！

大卫，我想，你一定不会忽略，从历史上看，无论是英国学者托马斯·莫尔的《乌托邦》、弗兰西斯·培根的《新大西岛》和意大利学者康帕内拉的《太阳城》，还是法国学者梅叶的《遗书》、摩莱里的《自然法典》和马布利的《法律原理》；无论是法国的空想社会主义者圣西门、傅立叶，

---

① 《论语·八佾》。
② 《老子》第八十章。
③ ［德］席勒：《威廉·退尔》，钱春绮译，人民文学出版社1956年版，第19页。

还是英国的欧文，都以自己独特的方式批判了现实社会，并以丰富的想象力向我们展示出未来理想社会的绚丽画卷。事实上，作为西方人文主义传统的伟大继承者，马克思从这些思想前辈的著作中受益良多，而他关于未来共产主义社会的恢宏理想无疑也是植根于这些重要的思想资源的。

大卫：说到马克思，很容易联想起他在《路易·波拿巴的雾月十八日》这部史学名著的结尾处做出的惊人的预言：

> 如果皇袍终于落在路易·波拿巴身上，那么拿破仑的铜像就将从旺多姆圆柱顶上倒塌下来。①

大约 20 年后，在 1871 年的巴黎公社起义中，旺多姆圆柱顶上的拿破仑铜像果然被颠覆下来了，马克思的预言得到了辉煌的证实。

黎明：这充分表明，哲学并不总是扮演黑格尔笔下的"等到黄昏到来时才起飞的密纳发的猫头鹰"②的角色。诚如马克思所倡导的，哲学更应扮演"高卢雄鸡"的角色，因为高卢雄鸡是在早晨啼叫的，它面对的并不是黄昏和黑夜，而是白天和未来。我们上面所举的例子表明，哲学对时代的超越不仅是可能的，而且是现实的。事实上，哲学史上经常出现的所谓"复兴现象"（phenomenon of renaissance）也可以印证我们的这一结论。

大卫：你说的"复兴现象"究竟指什么？

黎明：一种没有为同时代人所理解和接受的哲学思想，在被冷落了数十年，甚至数个世纪之后，突然出现了复兴。比如，德国哲学家莱布尼茨提出的数理逻辑和理想语言方面的设想，直到 2 个世纪以后，经过英国哲学家罗素的深入发掘和探索，才引起了人们的普遍重视；又如，

---

① 《马克思恩格斯选集》第 1 卷，人民出版社 1995 年版，第 688—689 页。
② ［德］黑格尔：《法哲学原理》，范扬、张企泰译，商务印书馆 1979 年版，第 14 页。

丹麦哲学家、存在主义的先驱克尔凯郭尔的思想在 19 世纪几乎湮没无闻，但自 20 世纪初以降却获得了巨大的哀荣，以至于西方国家突然掀起了所谓"克尔凯郭尔热"，哲学史家们纷纷追认他为 19 世纪最伟大的哲学家之一，甚至把他的名字与恩格斯戏称为"奥林匹斯山上的宙斯"的黑格尔并列在一起。再如，奥地利心理学家弗洛伊德撰写的重要著作《梦的解释》，刚出版时几乎卖不出去，连出版商都差一点破产。然而，10 年以后，这部著作却洛阳纸贵，成了学术界的第一畅销书，而弗洛伊德本人也被推崇为人类文明发展史上的划时代的伟大人物。不用说，这样的例子还可以举出不少。大卫，你怎么看待这种现象？

大卫：正如莎士比亚笔下的亨利四世所说的：

> 我的白昼已经昏暗了。①

请原谅，黎明，我还没有来得及对这个问题做出深入的思考。假如按照流行的观点，这种复兴现象通常是由新时代的理论需要引发的。比如，许多哲学史家告诉我们，叔本华的悲观主义哲学之所以在其诞生时受到冷落，但在 19 世纪 40 年代却受到德国乃至整个欧洲哲学界的普遍青睐，因为它迎合了 1848 年欧洲革命失败后人们普遍陷入的悲观主义情绪的需要。在我看来，这样的解释方式有一定的道理，但似乎又缺少了什么东西。至于究竟缺了什么，我又说不清楚。你怎么看待这种见解呢？

黎明：我认为，这种被哲学史家们奉为圭臬的流行见解是片面的，因为它只是从客观方面，即时代对某种哲学理论的需要的角度出发去解释复兴现象，完全忽略了问题的主观方面，即伟大的哲学家们的卓越洞察力和预见能力对时代的塑造作用。毋庸置疑，只要人们认同上述流行

---

① 参见［英］莎士比亚：《亨利四世》下篇。见《莎士比亚全集》第 5 卷，朱生豪译，人民文学出版社 1978 年版，第 208 页。

的见解，哲学家们思想的原创性和超前性便有可能被埋没，至少会被大大地降低。事实上，在我看来，这种复兴现象既是新时代理论需要的某种体现，又是哲学家们思想超前性的某种确证。记得当代英国马克思主义者佩里·安德森在谈到马克思思想在当今世界的遭遇时，曾经正确地指出：

> 如果马克思当初不是有时超越了他所生活的 19 世纪后半叶的话，他就不可能在 20 世纪后半叶在政治上和理论上仍这样重要。①

毋庸讳言，时代的发展是连续的，下一个时代的理论需要不可能不在上一个时代中显露出某种端倪。只要露出来，哪怕只有一点点，也会被目光深邃的哲学家们捕捉住，并把它上升为重大的思想课题。犹如中国南宋诗人杨万里在题为《小池》一诗中所描绘的：

> 泉眼无声惜细流，
> 树阴照水爱晴柔。
> 小荷才露尖尖角，
> 早有蜻蜓立上头。

因此，当哲学家们的著作遭到冷遇时，决不能简单地断言他们的思想是荒谬的，甚至是无根基的。历史的反讽常常启示我们，真正无根基的东西倒可能是芸芸大众的低劣的鉴赏力。一般说来，大众的思想总是远远地落后于哲学家们的思想的，尼采甚至认为：

> 天才与其时代的关系，犹如强与弱、年老与年轻的关系，比较

---

① ［英］佩里·安德森：《西方马克思主义探讨》，高铦等译，人民出版社 1981 年版，第 141 页。

之下，时代总是年轻、单薄、未成年、不可靠、稚嫩得多。①

大卫：你认为这个世界上存在着"先知先觉"吗？

黎明：在回答你的问题之前，我先反问你：难道世界上所有的人都是在同一个瞬间意识到同一个重大的理论问题的吗？

大卫：那当然是绝对不可能的。否则，牛顿和莱布尼茨就没有必要为谁先发现微积分的问题而争论不休了。

黎明：那就是说，你也承认，先知先觉是存在的。事实上，人们平时称道某人为"先驱者""奠基者""创始人"，或赞扬某人在事业上"筚路蓝缕""开风气之先""发前人之所未发"等，无非都是在印证先知先觉的存在。说得激烈一点，如果这个世界上没有先知先觉的话，那就根本不可能有伟大人物。

大卫：然而，不幸的是，有时候，先知先觉竟然沦为大批判的靶子。显然，这不过是庸众向天才发泄出来的怨恨而已。

黎明：在我看来，否定先知先觉的存在，非但无损于先知先觉的羽毛，反而促成了否定者的自我毁弃。当然，决不应该把先知先觉曲解为"生而知之"。如果世界上真有生而知之者，那么教育事业就变得多余的了。

大卫：如果我没有记错，歌德笔下的皮拉得斯曾经说过：

我们心灵想要完成的事业真是毫无止境。②

黎明，还是回到我们原先讨论的题目上来吧。你刚才分析了哲学赋予时代的巨大影响，使我感到困惑不解的是，你究竟希望从中引申出什么结论来呢？

---

① ［德］尼采：《偶像的黄昏》，周国平译，湖南人民出版社 1987 年版，第 107 页。

② 参见［德］歌德：《伊菲革涅亚在陶里斯岛》，皮拉得斯为剧中人物，载《歌德戏剧集》，钱春绮等译，人民文学出版社 1984 年版，第 284 页。

黎明：不用担心，大卫。我的语言并不含有不应赋予它的含义，我想阐明的只是，哲学既不是旧时代的消极的分泌物，也不是新时代的被动的追随者。如果说，时代约束哲学，那么，哲学也塑造时代；如果说，时代修正哲学，那么，哲学也改造时代。事实上，汉语中的形容词"划时代的"对应于西文中的 epoch-making，而 epoch-making，也可照字面直译为"创造时代的"。众所周知，在自然科学的发展史上，人们常用"划时代的"这个修饰词去阐明哥白尼、伽利略、牛顿、爱因斯坦等伟大科学家的理论贡献；同样地，在宗教观念的发展史上，人们也常用这个修饰词去阐明马丁·路德、加尔文等人的理论贡献；而在哲学思想的发展史上，人们则常用这个修饰词去说明苏格拉底、柏拉图、笛卡尔、康德、马克思、胡塞尔、海德格尔、维特根斯坦等人的理论贡献。此外，谁又会否认，马克思和恩格斯合著的《共产党宣言》在精神生活上开创了整整一个新时代。事实上，列宁早已告诉我们：

> 人的意识不仅反映客观世界，并且创造客观世界。[1]

如果连这一点都不承认，哲学思想不是显得过于谦卑了吗？

大卫：说得太好了，黎明。我想，我们对上述问题的讨论似乎应该告一个段落了。事实上，在探讨哲学与时代的关系时，我们还没有触及下面这个核心问题，即如何看待"哲学是时代精神的精华"这个流行的观念。在这个问题上，我们也必须回到黑格尔那里去吗？

黎明：一点也不错。正如配力克里斯在历尽艰险，见到自己的女儿玛丽娜时，曾经激动地表示：

> 即使在毫无疑惑的时候，真理也是不厌反复证明的。[2]

---

[1] 列宁：《哲学笔记》，人民出版社 1960 年版，第 228 页。
[2] 参见莎士比亚戏剧《泰尔亲王配力克里斯》，见《莎士比亚全集》第 10 卷，朱生豪译，人民文学出版社 1978 年版，第 357 页。

事实上，正是黑格尔，曾经充满自信地宣告：

> 政治史、国家的法制、艺术、宗教对于哲学的关系，并不在于它们是哲学的原因，也不在于相反地哲学是它们存在的根据。毋宁应该这样说，它们有一个共同的根源——时代精神。①

也就是说，时代精神是贯穿于哲学、政治、法律、艺术、道德、宗教、科学等各个文化部门中的特定的本质，是在冥冥中起作用的一只看不见的手。而在所有这些文化部门中，哲学则充当着时代精神的精华的特殊角色。借用黑格尔的语言来表达，哲学"乃是对时代精神的实质的思维"，是精神世界"最盛开的花朵"②。事实上，也正是在黑格尔的影响下，青年马克思在《第 179 号"科伦日报"社论》中写下了下面这段名言：

> 因为任何真正的哲学是它的时代精神的精华(jede wahre Philosophie die geistige Quintessenz ihrer Zeit ist)，所以必然会出现这样的时代：那时哲学不仅从内部即就其内容来说，而且从外部即就其表现来说，都要和自己时代的现实世界接触并相互作用。③

大卫，不知道你注意到没有，在马克思与黑格尔的观点之间，存在着两个明显的差别：第一，就"时代精神"（Zeitgeist）这一概念来说，青年马克思更多关注的是时代，他讲的是时代精神，而黑格尔更多关注的

---

① ［德］黑格尔：《哲学史讲演录》第 1 卷，贺麟等译，商务印书馆 1981 年版，第 56 页。

② 同上书，第 56—57 页。

③ 《马克思恩格斯全集》第 1 卷，人民出版社 1956 年版，第 121 页。然而，中央编译局却把我们上面用德语标出的句子译为："任何真正的哲学都是自己时代精神的精华。"这样译的不妥之处在于，原文中的 jede wahre Philosophie 和 ist 均为单数，但现在被汉译中的"都是"复数化了。其实，与"都是"对应的应该是德语动词 sein 的复数形式 sind。显然，中央编译局的译文没有尊重青年马克思本人的原意。Sehn K. Marx and F. Engels, *Werke*（*Band 1*），Berlin：Dietz Verlag，1970，s. 97。

则是精神，他讲的是时代精神；第二，在青年马克思看来，只有真正的哲学才是时代精神的精华，而黑格尔则笼统地把哲学阐释为时代精神的精华。

大卫：你认为，黑格尔的这种阐释方式会造成什么样的结果呢？

黎明：思想的模糊不清。在这里，我们似乎接触到欧洲大陆哲学家们的一个通病，即通常不能明晰地表达自己的思想。我想，以罗素和维特根斯坦为代表的英美分析哲学之所以应运而生，与对大陆哲学思维方式的反拨显然有某种内在的联系。尽管我不赞成分析哲学家们的哲学观，但对他们十分推重的分析方法（analytic method）却赞赏有加。① 如果你不介意，我试着运用分析的方法，提出以下三个问题，请你解答。

---

① 当然，我们这里提及的"分析方法"主要涉及对概念、短语、句子或命题的字源、含义、差异、语境等语义学的和语用学的分析。这种分析方法显然不同于以康德和黑格尔为代表的古典的分析方法。康德在《未来形而上学导论》中指出："与综合方法相反，分析方法完全不同于构成分析命题本质的东西。它只是意味着，我们从一个被观察到的、既定的东西出发，由此上升到使这个东西成为可能的独特的条件。在这种方法中，正如在数学分析中一样，我们经常只使用综合命题。更好的方式是把分析方法称作逆溯法（regressive），这样一来，它就与综合方法或前进法（progressive）区分开来了。此外，分析方法也是逻辑学中的一个主要部分，意指同辩证法相反的真理的逻辑，而不考虑属于这一范围的知识究竟是分析的，还是综合的。"See I. Kant, *Prolegomena*, translated by Paul Carus, Chicago：Open Court Publishing Company，1902，p. 27。显然，在康德那里，分析方法或是指由果溯因的思考方式，或是指逻辑学中与辩证法相对应的那个部分。黑格尔在《小逻辑》第38节中对分析方法做了如下的论述："为了形成经验起见，经验主义必须主要地运用分析方法。在知觉里，我们具有一个多样性的具体的内容，对于它的种种规定，我们必须一层一层地加以分析，有如剥葱一般。这种分解过程的主旨，即在于分散并拆散那些集在一起的规定，除了我们主观的分解活动外，不增加任何成分。但分析乃是从知觉的直接性进展到思想的过程，只要把这被分析的对象所包含的联合在一起的一些规定分辨明了，这些规定便具有普遍性的形式了，但经验主义在分析对象时，便陷于错觉：它自以为它是让对象呈现其本来面目，不增减改变任何成分，但事实上，却将对象具体的内容转变成为抽象的了。这样一来，那有生命的内容便成为僵死的了，因为只有具体的、整个的才是有生命的。"（［德］黑格尔：《小逻辑》，贺麟译，商务印书馆1980年版，第113页）黑格尔还进一步阐明了分析方法的特征："分析从具体的材料出发，有了具体的材料，自然比起旧形而上学的抽象思维略胜一筹。分析坚持着事物的区别，这点关系异常重要。"（同上书，第114页）在这里，黑格尔强调了分析方法的具体性和差异性，这和我们谈论的当代分析方法倒有某些切合之处。

大卫：当然不介意，犹如莎士比亚所吟诵的：

> 我这莽撞的艇，尽管小得可怜，
> 也向你茫茫的海心大胆行驶。①

黎明：那好吧。我的第一个问题是：如果在同一个时代中并存着几种相互对立的哲学学说，我们能把每一种哲学学说都称作时代精神的精华吗？

大卫：当然不能，我们只能把其中代表时代发展方向的哲学学说称之为时代精神的精华，至于那些与之对立的、教条化的、僵死的哲学学说则根本没有资格僭称为时代精神的精华。有鉴于此，马克思才会说："每一种真正的哲学是它的时代精神的精华。"

黎明：说得好极了，大卫。我的第二个问题是：当某种哲学学说成为时代精神的精华时，它是否表现为一个历史的过程？

大卫：哦，黎明，难道你连这一点也怀疑吗？在我看来，它当然表现为一个历史的过程。

黎明：既然是一个历史过程，它必定会有自己的兴衰起落。当它随时代的衰败而陨落，但仍不失为时代精神中的支配性力量时，如果有一种代表新时代的需求，但当时还很弱小的哲学学说起来反对它，这种新的弱小的哲学学说究竟是不是时代精神的精华呢？如果是，它本身恰恰是反对当时占主导地位的时代精神的；如果不是，它又代表了新时代的理论需要。这种进退两难的局面，丝毫不逊于亨利·波林勃洛克与理查王之间的对话：

> 波林勃洛克：你愿意放弃你的王冠吗？

---

① 《莎士比亚全集》第 11 卷，十四行诗部分，朱生豪译，人民文学出版社 1978 年版，第 238 页。

理查王：是，不，不，是。①

大卫：真想不到这个问题会变得这样复杂，就像莎士比亚笔下的罗密欧所感叹的：

我已经遗失了我自己。②

黎明：按照我的看法，在这样的困局中，我们应该把同情和支持的目光更多地投向那种代表新时代理论需求的哲学学说上去。诚如英国诗人雪莱所吟诵的：

他们都曾和时代的衰风为敌，
在逝去的事物中，唯有他们不会逝去！③

我的第三个问题是：在哲学、文学艺术、道德、宗教、科学、政治等各种文化形式中，哲学在任何时候都能够无条件地垄断时代精神精华这个地位吗？

大卫：在我看来，尽管哲学是探究时代精神的本质的，但这并不能保证它一劳永逸地占据时代精神的王座。事实上，在欧洲中世纪，哲学充其量不过是神学的婢女。换言之，在那个黑暗时期中，唯有神学才高踞于时代精神的皇座之上。德国诗人海涅在其名著《论德国哲学和宗教的历史》中提到那个黑暗的时代时，曾经这样写道：

---

① 参见莎士比亚戏剧《理查二世》，波林勃洛克和理查王（即理查二世）都是剧中人物，见《莎士比亚全集》第 4 卷，朱生豪译，人民文学出版社 1978 年版，第 376 页。
② 参见莎士比亚戏剧《罗密欧与朱丽叶》中罗密欧的台词，见《莎士比亚全集》第 8 卷，朱生豪译，人民文学出版社 1978 年版，第 13 页。
③ 《雪莱抒情诗选》，查良铮译，人民文学出版社 1958 年版，第 295 页。

甚至连一只夜莺也要遭受诬陷，当它歌唱时，人们便在自己身上画十字。真正的基督徒就这样战战兢兢，闭目塞听，活像一个抽象的阴魂，漫游在鲜花盛开的大自然中。①

黎明：在我看来，大仲马笔下的法利亚长老对爱德蒙·邓蒂斯说得更加直白：

哲学——它就是基督踏在脚下升上天去的五色祥云。②

在我看来，不仅是中世纪，即便在文艺复兴时期中，时代精神的精华也不是哲学，而是文学艺术。

大卫：这一点恐怕我不敢苟同，黎明，你应该注意到，在文艺复兴时期中，哲学已经苏醒过来，并开始反省自己在精神世界中的卑微地位了。

黎明：然而，大卫，你也应该意识到，这种反省毕竟还刚刚起步。从漫漫长夜中苏醒过来的哲学，有点像冈察洛夫笔下的奥勃洛莫夫，总是穿着睡衣，趿着拖鞋，伸着懒腰，打着哈欠，完全缺乏新生活的创造者所应有的那份自信。另外，我们也不能忽略下面这种倒错的情形：由于文学艺术是虚构的，因而它反倒可以毫无顾忌地说出真理，即使是那些蓄意打压文学艺术的人，也不愿意被嘲讽为热衷于与风车作战的堂吉诃德。与此相反，哲学常以真理的追求者而自诩，结果却不得不说假话，如果不这么做，它恐怕会连自己的生存权利也被剥夺掉。然而，匪夷所思的是，应该说假话的，说出来的却是真理；而应该说真理的，说出来的却是假话。这真是辛辣的讽刺，却不失为生活世界的真相。正如席勒笔下的斐迪南·瓦尔特所说的：

---

① 张玉书编选：《海涅选集》，人民文学出版社 1983 年版，第 214 页。
② ［法］大仲马：《基督山恩仇记》第 1 册，蒋学模译，人民文学出版社 1978 年版，第 261 页。

如果真理得到信任这么难，那谎话就一定是这里通行的货币了。①

这样一来，我们就明白了，为什么在当代中国社会改革开放的进程中，哲学仍然无法在时代精神中担任"第一小提琴手"，而这个重要的角色实际上也经常是由崇尚虚构的文学艺术来担任的，因为正是这种虚构性为文学艺术打开了广阔的思想空间。与之相反，由于哲学背负着"追求真理""说出真相"这个沉重的十字架，哲学家们反倒战战兢兢，如履薄冰，最后竟成了马雅可夫斯基笔下的可怜的空谈家：

> 那些空谈家们，
> 到磨坊去吧！
> 去做个磨坊工人！
> 用空话的水流旋转起磨盘。②

无论如何，在我看来，真正的哲学思想就像气质高雅的兰花，需要有适应于自己成长的肥沃土壤和自由空气。没有这样的条件，哲学是无法跃升为时代精神的精华的，也是不可能成为精神世界"最盛开的花朵"的。

大卫：记得法国皇帝拿破仑行加冕礼时，当时的教皇双手托着皇冠向他走去。然而，拿破仑并没有伸出脑袋去接受教皇赐予他的皇冠，相反，他一把从教皇手中夺过皇冠，戴到自己的头上。不管如何，哲学家们应该向拿破仑学习，应该像他那样清醒地意识到，哲学的皇冠不是被赐予的，而是依靠自己的努力去争得的：

---

① ［德］席勒：《阴谋与爱情》，廖辅叔译，人民文学出版社 1955 年版，第 103 页。
② 《马雅可夫斯基选集》第 1 卷，人民文学出版社 1957 年版，第 119 页。

走向权威之路并不康庄，

更有狂风暴雨君临着高处。①

黎明：说得太棒了，大卫。在结束我们对哲学与时代关系的讨论之前，我想再把上面提到过的一个想法重复一下。我在前面已经指出，青年马克思提出的那个观点：jede wahre Philosophie die geistige Quintessenz ihrer Zeit ist 不应该被中央编译局译为"任何真正的哲学都是自己时代精神的精华"，而应该按照我的方式译为"每一种真正的哲学是它的时代精神的精华"，因为这里的"都是"非但不符合原文中的 ist 的含义，而且把 jede wahre Philosophie 这一单数形式复数化了，因为与"都是"（sind）相涉的只可能是处于复数状态中的主语。在批评中央编译局翻译上存在错误的同时，我也想进一步指出，青年马克思本人的提法 jede wahre Philosophie（每一种哲学）也是有语病的，因为这种提法本身已经蕴含着把哲学复数化的倾向，它的理论预设是：世界上存在着各种不同的，即复数形式的哲学。而在我看来，哲学作为一门学科，永远是唯一的，即以单数方式存在的，能够成为复数的应该是下面这些表达式，如哲学理论、哲学学说、哲学观点、哲学思想、哲学家、哲学流派等。

大卫：按照你的意思，青年马克思不应该说"每一种真正的哲学是它的时代精神的精华"，因为这个表达式蕴含着把哲学复数化的倾向，而应该说"每一种真正的哲学学说是它的时代精神的精华"，因为"哲学学说"必定会以复数的方式而存在。

黎明：妙极了，大卫。你领悟之快，真出乎我的意料。看来，在哲学与时代关系问题的讨论上，我们之间并不存在实质性的分歧。尽管我们都乐于承认，时代对哲学具有重要的约束作用，但我们并不想成为黑格尔的"时代决定论"的拥趸，我们更注重的是哲学塑造时代的功能。记得歌德曾经说过：

---

① 《雪莱抒情诗选》，查良铮译，人民文学出版社 1958 年版，第 211 页。

每个人都可以问问自己，他能够和愿意如何来影响他的时代。①

大卫：记得德国哲学家雅斯贝尔斯也曾要求我们：

决不要降低我们的潜力来迁就时代的最低水平，不要使我们屈从于我们的时代，而是要竭力依靠对时代的解释，达到这样的境地，使我们能脱离根本的源泉而生活。②

黎明：显然，只适应于一个时代的哲学是不可能高瞻远瞩的，也是不可能承担起雅斯贝尔斯期待我们完成的下述使命的：

把历史变为我们自己的，我们遂从历史进入永恒。③

B　沉浮于生活的激流中
——哲学与现实

失去现实生活联系的分子，也就失去了自己生存的意义。

——[印]泰戈尔

大卫：在《伊索寓言》中，有一个非常有趣的故事。

黎明：你能简要地介绍一下吗？

---

① 《歌德的格言和感想录》，程代熙等译，中国社会科学出版社 1982 年版，第 65 页。
② 田汝康等选编：《现代西方史学流派文选》，上海人民出版社 1982 年版，第 46 页。
③ 同上书，第 46 页。

大卫：Of course（当然）。一个天文学家每天晚上到外面去观测星相。有一回，他聚精会神地注视着天空，不留神掉进了一口井里。一个过路人调侃他说：

> 朋友，你用心观察天上的情况，却看不见地上的东西。①

黎明：我明白了，你是想借用这个故事来讽喻那些沉湎于经院式争论，而丝毫不关心现实生活的哲学家。

大卫：正是这样。从历史上看，这样的哲学家实在太多了。他们终其一生思索着宇宙、上帝、灵魂以及诸如此类的问题，甚至热衷于争论诸如"一根针尖上究竟可以站多少个天使？""把一头猪牵到市场上去的究竟是一个人的手，还是他手中握着的绳子？"这类无聊的问题，对现实生活却一无所知。简直与俄国小说家契诃夫笔下的"套中人"无异：他使自己与周围世界完全绝缘。

黎明：且慢下结论，大卫。我并不同意《伊索寓言》中记载的那个过路人对天文学家的批评。事实上，这个故事完全是从关于古希腊的第一位哲学家——泰利士的传说中演绎出来的。根据第欧根尼·拉尔修的记载：

> 有一次，一个老妇人把他(指泰利士——引者注)赶出房外，让他去看星星，结果他掉进了沟里，便大声呼救，却招来了这位老妇人的斥骂："泰利士啊，你连脚前的东西都看不清楚，还想知道天上的事情吗？"②

---

① 参见《天文学家》，载《伊索寓言》，周启明译，人民文学出版社 1955 年版，第 35 页。

② [古希腊]第欧根尼·拉尔修：《名哲言行录》，徐开来等译，广西师范大学出版社 2010 年版，第 31 页。

在我看来，这位老妇人的斥骂也是毫无道理的，眼光深邃的黑格尔就表达过自己的不同观点：

> 人们嘲笑这样的事只有这样一个好处，就是哲学家们不能使他们知道天上的事物，他们不知道哲学家们也在嘲笑他们不能自由地跌入坑内，因为他们已经永远躺在坑里出不来了，——因为他们不能观看那更高远的东西。①

事实上，在古代希腊，天象与当年秋季农作物究竟是丰收还是歉收之间存在着密切的关系。在这个意义上可以说，泰利士注重对天象的观察，恰恰表明，他比任何其他人都更关注当时的现实生活和人们的生存状态。至于他不小心掉进坑里，非但不能说明他的愚蠢，反而印证了他作为一个自然科学家，在观察天象时是何等的专心致志，以至于竟然没有意识到自己脚下的危险。老妇人对泰利士的嘲笑不禁使我们联想起黑格尔关于"佣仆心中无英雄"的浩叹。或许罗素下面的记载有助于我们重新认识泰利士的智慧：

> 据这个故事说，他（指泰利士——引者注）由于精通天象，所以还在冬天的时候就知道来年的橄榄要有一场大丰收；于是他以他所有的一点钱作为租用丘斯和米利都的全部橄榄榨油器的押金，由于当时没有人跟他争价，他的租价是很低的。到了收获的时节，突然间需要许多榨油器，他就恣意地抬高价钱，于是赚了一大笔钱；这样他就向世界证明了只要哲学家们愿意，就很容易发财致富，但是他们的雄心却是属于另外一种。②

---

① [德]黑格尔：《哲学史讲演录》第 1 卷，贺麟等译，商务印书馆 1981 年版，第 179 页。

② [英]罗素：《西方哲学史》上卷，何兆武、李约瑟译，商务印书馆 1981 年版，第 52 页。

大卫，请原谅我说了那么多。尽管我不同意你借用《伊索寓言》中的那个故事来阐明你试图加以阐明的观点，但你对以下的倾向——某些哲学家只是停留在抽象的思想世界里，不愿下降到现实生活中——的批评我是举双手赞成的。事实上，马克思早已指出：

> 对哲学家们说来，从思想世界降到现实世界是最困难的任务之一。①

大卫：你对天文学家故事的颠覆性的阐释令我折服。然而，不少哲学家身上显现出来的那种脱离现实生活、完全沉湎于思想世界的倾向，确实也应该引起我们的高度警惕。众所周知，法国唯物主义哲学家狄德罗在批评英国唯心主义哲学家贝克莱时，曾经以嘲讽的口气写道：

> 在一个发疯的时刻，有感觉的钢琴曾以为自己是世界上存在的唯一的钢琴，宇宙的全部和谐都发生在他的身上。②

而海涅也在《论德国宗教和哲学的历史》中叙述了德国唯心主义哲学家费希特的遭遇：有人曾用一幅漫画来讽刺费希特所倡导的自我哲学：漫画上出现了一只费希特式的鹅，它有一个巨大的肝，这个肝大到分不清究竟是鹅还是肝，上面写着"我＝我"。许多人还把费希特所说的"自我"（普遍的思想之我）误解为费希特本人。"多么无耻！"善良的人们喊道，"这个人不相信我们存在着"，那些贵妇人甚至以愤怒的语调发问：

> 难道他连他太太的存在也不相信吗？怎么？难道费希特太太竟会允许这种事吗？③

---

① 《马克思恩格斯全集》第 3 卷，人民出版社 1960 年版，第 525 页。
② 《狄德罗哲学选集》，陈修斋等译，生活·读书·新知三联书店 1956 年版，第 130 页。
③ 张玉书编选：《海涅选集》，人民文学出版社 1983 年版，第 308 页。

黎明：这样的遭遇真令人啼笑皆非！尽管让哲学家们蒙受这样的误解是不公正的，但平心而论，在相当程度上，哲学家们的这类遭遇是咎由自取的。虽然他们十分清楚地意识到，自己生活在现实之中，然而他们在表述自己的思想时，却常常对现实生活采取鸵鸟政策，甚至干脆把它推进了硫酸池，使之化作一缕轻烟。这种有趣的情形不禁使我联想起俄国讽刺作家果戈理笔下的乞乞科夫，一谈到死魂灵，他总会情不自禁地喊道：

　　一个真正的空虚！这有什么价值？这有谁要?!①

大卫：事实上，在许多场合下，远离现实生活成了哲学家们的通病。它不仅出现在唯心主义哲学家那里，某些唯物主义哲学家似乎也不能免俗。比如，尽管德国唯物主义哲学家费尔巴哈喜欢谈论自然界和人，但正如恩格斯所批评的：

　　在他那里，自然界和人都只是空话。无论关于现实的自然界或关于现实的人，他都不能对我们说出任何确定的东西。②

这种情况常常使我困惑不解。黎明，你能不能告诉我，为什么哲学家们的思想总是停留在半空中，就像法国哲学家萨特笔下的俄瑞斯忒斯所感叹的：

　　我并不比一根蛛丝分量更重，我生活在空中。③

黎明：这种现象的形成当然有各种各样的原因，但在我看来，一个

---

① ［俄］果戈理：《死魂灵》，鲁迅译，人民文学出版社1977年版，第113页。
② 《马克思恩格斯选集》第4卷，人民出版社1995年版，第240页。
③ ［法］萨特《苍蝇》，载《萨特戏剧集》上，袁树仁译，人民文学出版社1985年版，第17页。

根本的原因在于，哲学本身就是离开现实生活最远的一门学科。所以一谈到哲学，哲学家们的思想就会像热气球一样，飘升到空中。大卫，你不妨听听下面这段有趣的对话：

> 狄德罗：你允许我把时间提前千万年吗？
> 达朗贝：为什么不可以？时间对于自然不算一回事。
> 狄德罗：你同意我把我们的太阳熄灭掉吗？
> 达朗贝：更不在乎，反正太阳不是第一个熄灭的。①

大卫：哲学家们的想象力可真够丰富的，甚至可以说是疯狂的。这使我想起维特根斯坦说过的一句名言：

> 只有甚至比哲学家们还更加疯狂地进行思维，你才会解决他们的问题。②

黎明：说得棒极了，大卫。也许是出于这方面的原因吧，在普通人的心目中，哲学家们全都是一些思想怪僻、不食人间烟火的学究。我们都知道，马克思本人曾经激烈地反对哲学的经院化倾向，主张哲学家们应该无条件地投入现实生活中去，倾听现实生活的呼声，反映现实生活的诉求。然而，这种哲学上的学究气或书呆子气是极难克服的，所以马克思主张，应该知其不可而为之：

> 所有的德国哲学批判家们都断言：观念、想法、概念迄今一直统治和决定着人们的现实世界，现实世界是观念世界的产物。这种

---

① 《狄德罗哲学选集》，陈修斋等译，生活·读书·新知三联书店1956年版，第126页。
② [英]维特根斯坦：《文化与价值》，黄正东等译，华中科技咨询公司1984年版，第113页。

情况一直保持到今日，但今后不应继续存在。①

大卫： 黎明，如果你希望我说什么，就请想想孟德斯鸠笔下的亚隆吧：

> 我投身于你的目光注视的范围。②

也许我天生就不是一个适合于从事哲学研究的人，因为我从未感到马克思所说的"从思想世界降到现实世界"有什么困难。如果说，希腊神话中的巨人安泰总是牢牢地站立在他的母亲——大地盖亚之上，从而获得源源不断的力量，那么，我似乎和他一样，并不费力就能把自己的思想置于现实生活的基础上。在我看来，周围世界中的一切都是看得见、摸得着的，只要我坚持从实际出发，实事求是，努力从个别事物中去探寻一般性的、普遍性的东西，那么，我的任何思考都是不可能暌离现实生活的。

黎明： 你的自信不禁使我想起了《阿尔托纳的隐居者》中尤哈娜说过的那句名言：

> 每个人都在做与他愿望相反的事情。③

在我看来，坚持从实际出发、实事求是、从个别上升到一般或普遍等，并不像你所想象的那么容易。恰恰相反，在人们认识实在世界的过程中，最难达到的恐怕就是这些要求了。

大卫： 哦，黎明，我真不明白你的意思。难道我应该像《第十二夜》

---

① 《马克思恩格斯全集》第 3 卷，人民出版社 1960 年版，第 16 页注①。
② ［法］孟德斯鸠：《波斯人信札》，罗大冈译，人民文学出版社 1984 年版，第 37 页。
③ ［法］萨特：《阿尔托纳的隐居者》，载《萨特戏剧集》下，袁树仁译，人民文学出版社 1985 年版，第 918 页。

中的薇奥拉一样坦承：

> 我并不是我所扮演的角色。①

黎明：少安毋躁，大卫。你一定记得，柏拉图在《泰阿泰德篇》中、亚里士多德在《形而上学》中，都曾把人的心灵比喻为"蜡块"（κηρός）。无独有偶，近代英国哲学家洛克也曾把人的心灵比喻为与蜡块类似的"白板"（Tabula Rasa）。然而，自从康德建立了先验唯心论哲学体系，这种以朴素的反映论为前提的蜡块说或白板说便一蹶不振了。

大卫：使我迷惑不解的是，为什么马克思主义哲学教科书至今仍然坚持如下的谬见，即把"反映论"（the theory of reflection）视为认识论中唯一正确的理论呢？

黎明：因为谬见是不肯轻易退出历史舞台的，我想借用叔本华最喜欢引用的歌德的一段话来回答你的问题：

> 谬误和水一样，船分开水，水又在船后立即合拢；精神卓越的人物驱散谬误而为他们自己空出了地位，谬误在这些人物之后也很快地自然地又合拢了。②

在我看来，反映论正是马克思主义哲学教科书的编写者们在批判唯心主义认识论时滑向的另一个极端。正如艾帕曼特斯在批评泰门时所说的：

> 你只知道人生中的两个极端，不曾度过中庸的生活。③

---

① 参见莎士比亚戏剧《第十二夜》，见《莎士比亚全集》第 4 卷，朱生豪译，人民文学出版社 1978 年版，第 22 页。
② ［德］叔本华：《作为意志和表象的世界》，石冲白译，商务印书馆 2010 年版，第 564 页。
③ 参见莎士比亚戏剧《雅典的泰门》，见《莎士比亚全集》第 8 卷，朱生豪译，人民文学出版社 1978 年版，第 185 页。

大卫：中国人欢喜讲"四个不择"，即饥不择食、贫不择妻、病不择医、慌不择路。我想，这大概是慌不择路的结果吧。

黎明：任何人只要认真地反思一下自己的认识过程，立即就会发现，我们的心灵根本不可能是被动的、消极的蜡块或白板，事实上，在任何认识过程开始之前，我们的心灵中已经存在着两套东西：一套是形式化的东西，即康德的先验唯心论哲学所揭示的、作为先天直观的纯粹形式的时间和空间、十二个知性范畴、先验想象力、先验图式和先验统觉等。这套形式化的东西之所以是必要的，因为通过我们的感官所接受的感性杂多必须经过这些形式的梳理，才能形成统一的知识；另一套是内容性的东西，笛卡尔曾经错误地把它们理解并阐释为"天赋观念"(innate ideas)，即与生俱来的观念。事实上，这些观念并不是与生俱来的，而是人们在从事实践活动和受教育的过程中形成并发展起来的。一旦这些观念经过先验统觉的选择、加工和综合而被统一起来，就形成了相应的"信念"(belief)，人们也常常把这种信念称之为"先入之见"(predijuce)。

大卫：我明白了。假如用哲学上的术语来表示，也可以把这类信念或先入之见称作"世界观"(outlook of world)。

黎明：事实上，你上面提到的这些概念之间的差异并不像人们原先设想的那么大。我想说的是，现在我们有条件来分析你前面提到的那些观念了。你不是说要"从实际出发"(to start anything in view of reality)吗？

大卫：难道我说错了吗？

黎明：不，你并没有说错。但问题的症结在于，你很难把从实际出发的观念真正地贯彻到你的认识过程中去。如前所述，既然你并不否认，任何人在认识启动之前已有先入之见，那么，他的真正的出发点就可能是他的先入之见，而不是他所认同的"实际"。换言之，"从实际出发"极有可能蜕变为一个形式化的口号。何况，在实在世界中并不存在着与任何个人的认识过程相分离的、抽象的、中立化的"实际"，它总是以不同的内涵显现于不同的个人的先入之见中。这就深刻地启示我们，要真正做到从实际出发并不是很容易的，因为任何人在启动自己的认识过程之前，假如不对自己的先入之见做一番批判性的反思，就极有可能被自己的先入之见所误导。

大卫：那么，"实事求是"（to seek truth from facts）的观念呢？难道它也包含着某种不确定因素吗？

黎明：我当然不会像雨果笔下的窝苏斯那样狂妄地宣称：

> 我是纠正世间错误的导师。①

我只是想表明，"实事求是"这个被清代考据学派视之为座右铭的用语，并不像看上去那样简单。从字面上分析，"实事"就是我们所面对的现实，"求是"就是从对这种现实的认识中去发现它所遵循的客观规律。正如人们不能抽象地谈论"从实际出发"的观念一样，他们也不能抽象地谈论"实事求是"这个观念。

大卫：妙极了，黎明。你使我想起了席勒笔下的华伦斯坦发出的感慨：

> 世界是狭隘，头脑是宽广。
> 思想们虽然容易同居，
> 而在空间则实物与实物必然相撞。②

黎明：看来，华伦斯坦的感慨并不是没有理由的。"实事求是"与"从实际出发"一样，也面临着被形式化、被抽象化的巨大危险。在这里，我们发现，归根到底起作用的是认识主体已然拥有的先入之见。易言之，一个人拥有怎样的先入之见，就会对"实事"做出切合先入之见的相应的理解，从而规定他所言说的"实事求是"的实际内涵究竟是什么。

---

① ［法］雨果：《笑面人》下册，郑永慧译，人民文学出版社 1979 年版，第 355 页。
② ［德］席勒：《华伦斯坦》，郭沫若译，人民文学出版社 1955 年版，第 271 页。

大卫：黎明，你的分析使我折服，就如高尔斯华绥笔下的芙蕾所叹息的：

　　人总是会向事实妥协的。①

　　然而，使我百思不得其解的是，假如人们努力"从个别事物出发去探寻一般性的或普遍性的东西"（to explore what is general or universal from individual things），难道他们也会在认识上犯错误吗？

　　黎明：在我看来，努力"从个别事物中去探寻一般性的或普遍性的东西"，就像坚持"从实际出发"、坚持"实事求是"一样，本身并没有错，问题的关键在于，认识主体是否可能以无中介的，即直接的方式去面对个别事物？我认为是不可能的。事实上，在认识主体和个别事物之间还有一个中介者，即认识者已然拥有的先入之见。也就是说，认识者是在自己的先入之见的引导下去观察、思考个别事物的，而先入之见不是别的，正是关于个别事物的一般性的或普遍性的知识。这样一来，认识主体的出发点就有可能从原来设定的"个别事物"不知不觉地被置换为"一般性的或普遍性的东西"。也就是说，认识主体原来所谋划的、理想的认识路线是"从个别到一般"，但实际上真正被采纳的认识路线却是"从一般到个别"。这就深刻地启示我们，以为自己的认识路线始于个别事物的想法并不一定是靠谱的，因为任何人都是无例外地带着自己的先入之见去观察、接触个别事物的。在这个意义上，逻辑上在先的往往不是个别事物，而是关于个别事物的某种一般性的或普遍性的先入之见。

　　大卫：我总算明白你的意思了。按照你的看法，假如一个人的先入之见是不正确的，比如说是具有唯心主义倾向的，那就会阻挠他看到真正的个别事物。乍看起来，他尊重事实、关切个别性，实际上，他仍然

---

　　① ［英］高尔斯华绥：《福尔赛世家》，周煦良译，上海译文出版社1978年版，第202页。

漂浮在先入之见的海洋上，犹如屠格涅夫笔下的罗亭所感叹的：

我生来就是无根的浮萍。①

黎明：棒极了，大卫。我想你一定不会忘记恩格斯在《在马克思墓前的讲话》中留下的那段重要论述：

正像达尔文发现有机界的发展规律一样，马克思发现了人类历史的发展规律，即历来为繁芜丛杂的意识形态所掩盖着的一个简单事实：人们首先必须吃、喝、住、穿，然后才能从事政治、科学、艺术、宗教等等。②

大卫：哦，黎明，你是不是想通过恩格斯的这段论述告诉我，尽管唯心主义哲学家们与普通人一样，天天都在经历着"吃、喝、住、穿"这样的"简单的事实"，但他们的先入之见，即唯心主义的信念或世界观，总是阻挠他们看到这一简单的事实。

黎明：正是如此。大卫，你有没有注意到，中国人常常使用的成语"视而不见"其实是蕴含着深意的。在我看来，这个成语中的"视"字有以下两种不同的含义：一是指"肉眼之视"（the sight of eyes）。某人注视着对象 A，但他的思维却完全系于其他的对象，如 B 上。在这样的情况下，尽管他的眼睛自始至终地注视着 A，但对 A 却视而不见。二是指"心灵之视"（the sight of soul）。这里的心灵也就是指人的意识，而心灵之视则是意识上的先入之见。也就是说，凡是意识上的先入之见不允许某人看到的东西，他是永远看不到的。即使这些东西不断地出现在观察者的眼帘前，他仍然是看不到的，因为肉眼之视始终是服从心灵之

---

① ［俄］屠格涅夫：《罗亭》，陆蠡译，人民文学出版社 1957 年版，第 155 页。
② 《马克思恩格斯选集》第 3 卷，人民出版社 1995 年版，第 776 页。

视的。

大卫：说得直白一些，有什么样的先入之见，就会看到什么样的事实。或者说得更确切一些，世界上根本就没有自在的、中立的事实，事实只存在于不同认识主体的阐释过程中，正如尼采早已意识到的：

> 反对实证主义，它总是停留在现象上，认为"只有事实"；而我会说：不对，恰恰没有事实，而只有阐释。我们不能确定任何"自在的"事实（Factum）：有此类意愿，也许是一种胡闹罢。①

黎明：由此可见，无论是"实事"（things），还是"事实"（facts），都不应该撇开具体的语境和先入之见，抽象地加以谈论。

大卫：记得奥丽维亚的侍女玛利丽曾经充满自信地表示：

> 思想是无拘无束的。②

现在我对这一点却失去了自信。我不得不承认，你的想法及其引申出来的结论是富有冲击力的，但如果哲学家们都像尼采那样透彻地思考，他们还能有效地从事哲学研究活动吗？不管如何，你的想法打动了我的耳朵，但在我心灵中似乎仍然存在着某种抗拒力，就像《托尔夸托·塔索》中的公主对列奥诺拉所说的：

> 你所说的，几乎只能打动我的耳朵，却还不能深入我的内心。③

---

① ［德］尼采：《权力意志》上卷，孙周兴译，商务印书馆 2007 年版，第 362 页。
② 莎士比亚戏剧《第十二夜》，见《莎士比亚全集》第 4 卷，朱生豪译，人民文学出版社 1978 年版，第 11 页。
③ ［德］歌德：《托尔夸托·塔索》，载《歌德戏剧集》，钱春绮等译，人民文学出版社 1984 年版，第 279—380 页。

黎明，你能举个具体的例子来阐释你的观点吗？

黎明：尽管举例并不是论证，但我还是乐意为你效劳。就以青年黑格尔派作为例证吧。你知道，以布·鲍威尔为代表的青年黑格尔派自始至终是站在黑格尔哲学的基地上来谈论哲学的。换言之，他们的思想从未啄破以黑格尔为代表的德意志意识形态的外壳。尽管他们宣称自己正在努力与现实进行斗争，但实际上，他们只不过是与"现实的影子"作斗争罢了。马克思曾以辛辣的口吻嘲笑了青年黑格尔派脱离现实生活的唯心主义倾向：

> 有一个好汉一天忽然想到，人们之所以溺死，是因为他们被关于重力的思想迷住了。如果他们从头脑中抛掉这个观念，比方说，宣称它是宗教迷信的观念，那末他们就会避免任何溺死的危险。①

而马克思之所以最终成为马克思主义者而不是黑格尔主义者，就是因为他啄破了德意志意识形态的外壳，超越了它的主导性的规范和语境。事实上，马克思的一系列著作，如《黑格尔法哲学批判》、《神圣家族》、《德意志意识形态》等，都是这方面努力的结晶。

大卫：在你看来，究竟马克思是从哪里获得力量来突破这种以黑格尔为代表的唯心主义的先入之见的？

黎明：我认为，这不是在单纯的思想批判的语境内可以做出完整的解释的。事实上，马克思是在参与现实斗争的过程中，在深入研究国民经济学和彻底批判德意志意识形态的过程中，才最终突破以黑格尔为代表的唯心主义的先入之见的。法国哲学家阿尔都塞主张把马克思思想上的突破称作"认识论的断裂"（epistemological break）。在我看来，"断裂"这样的提法显然不妥，因为它会割裂青年时期的马克思与成熟时期的马克思之间的思想联系，我更倾向于借用托玛斯·库恩的术语，把这种突

---

① 《马克思恩格斯全集》第 3 卷，人民出版社 1960 年版，第 16 页。

破理解并阐释为"范式转换"（transformation of paradigm）。

大卫：且慢，黎明。我发现，在你的陈述中似乎隐藏着一个"循环论证"（circular argument）：一方面，你认为，哲学家们为了接触到真正的，而不是虚假的现实，必须先突破自己的先入之见；另一方面，你又强调，他们为了突破自己的先入之见，又不得不先去接触真正的现实。这就像"先有鸡，还是先有蛋"的争论，到底应该先从哪里着手去破解这个难题呢？请原谅，黎明，我总算把你造成的困难还给你自己了。

黎明：犹如歌德笔下的魏斯林根对葛兹所说的：

> 葛兹，忠实的葛兹，你把我交还给了我自己。①

然而，大卫，请不要激动。《亨利六世》中的克莱伦斯早已告诫过我们：

> 并不是每块乌云都能引起一场风暴。②

事实上，只要你像亚历山大大帝那样改变一下自己的思维方式，这个"戈尔丁之结"（Gordian Knot）也就可以解开了。③ 或许你会感到惊奇，然而在现实生活中，一切都处于循环状态之中：一方面，哲学家们必须不断地接触生活、深入生活，从思想世界降到现实世界；另一方面，他们又必须通过批判性的反思，不断地清理自己大脑中的先入之见。不言而喻，只有同时在上述两个方面做出不懈的努力，才能既确保哲学思维

---

① ［德］歌德：《铁手葛兹·冯·贝利欣根》，载《歌德戏剧集》，钱春绮等译，人民文学出版社 1984 年版，第 37 页。

② 参见莎士比亚戏剧《亨利六世》下篇，见《莎士比亚全集》第 6 卷，章益译，人民文学出版社 1978 年版，第 318 页。

③ 在古代西方有一个传说：谁能够解开"戈尔丁之结"，谁就能够统治亚洲。面对这个难解的"结"，大家都一筹莫展，但智勇过人的亚历山大大帝却用自己的宝剑劈开了这个"结"。

的前沿性和灵活性，又确保它与现实生活之间的亲和性与互动性。

至于你提到的"先有鸡，还是先有蛋"的争论，在我看来，这个提法本身就显露出思维方式上的凝固和僵化，因为它的理论预设是：世界上必定存在着始终不变的"鸡"和"蛋"，而它们中间必有一个在时间上是领先的。然而，这个理论预设本身就是相当可疑的。当我们从时间上不断地进行回溯时，完全可能在某个历史阶段上曾经存在过这样的现象，即那时既没有鸡，也没有蛋，但可能存在的是某个"第三者"（the third），而这个第三者已经蕴含着今后可能分化出来鸡和蛋的某些功能。终于，在某个时间节点上出现了鸡以及可以与鸡分离的蛋。在这个意义上可以说，"先有鸡，还是先有蛋"这个提法本身就是错误的，因为它预先假定，鸡和蛋这两个存在物是亘古如此、从不变化的，而这个假定完全是缺乏思想基础的，就像维特根斯坦在《论确定性》一书中所发现的：

有牢固基础的信念的基础是没有基础的信念。①

大卫：你真行，黎明，看来，我只好用《第十二夜》中的薇奥拉的名言来回敬你了：

我以为你以为你不是你自己。②

黎明：请别打岔，大卫。有趣的是，"先有鸡，还是先有蛋"的提问方式常使我们联想起咖啡店里侍者的提问方式：coffee or tea（您要咖啡，还是要茶）？其实，侍者的提问方式同样显示出他们思想的僵化，因为他们已有如下的先入之见，即顾客进入咖啡馆，要么选择咖啡，要么选

---

① 转引自［美］穆尼茨：《当代分析哲学》，吴牟人等译，复旦大学出版社 1986 年版，第 398 页。

② 参见莎士比亚戏剧《第十二夜》，见《莎士比亚全集》第 4 卷，朱生豪译，人民文学出版社 1978 年版，第 55 页。

择茶，不可能两样东西都要。然而，正是这个错误的先入之见封闭了顾客选择的多样性。也就是说，只要他们不为自己的经验所误导，愿意抛弃这种固定不变的思维方式，顾客消费的多样性立即就会呈现出来：顾客可以既要茶，也要咖啡；也可以既不要茶，也不要咖啡，但要一杯牛奶；也可以只要一份果汁或只要一盘水果或只要一份小点心；等等。总之，顾客进入咖啡馆后，在选择上的可能性上是无限的，为什么侍者要用自己僵化的思维模式去规定顾客的消费方式呢？

大卫：妙极了，黎明。你的见解精彩纷呈，使我越来越认同于弥尔顿笔下的那位神子的愿望：

　　　我要用更好的思想来充饥。①

也就是说，我对我们的对话的期望值变得越来越高了。不过，现在我敢断言，我们关于哲学与现实关系的讨论已经没有任何实质性的障碍了。换言之，我们前面应该是一片坦途了。

黎明：不，大卫，我可没你那么乐观，也许我们前面越过的还只是第一道屏障。

大卫：你在吓唬我吗？

黎明：丝毫没有这样的意思。我倒更愿意像但丁笔下的浮吉尔，用庄严的口吻对你下达温和的命令：

　　　现在让我们走下幽冥的世界去吧，
　　　我将在前面走，你跟在后面。②

---

① ［英］弥尔顿：《复乐园》，朱维之译，人民文学出版社1957年版，第63页。
② ［意］但丁：《神曲·地狱篇》，朱维基译，上海译文出版社1984年版，第26页。

如果你不介意，我就先向你提一个问题：究竟什么是"现实"（actuality）？

大卫：这还不简单吗？在我看来，现实就是人们的实际生活中正在发生的所有事情的总和。

黎明：唉，大卫，你又跌入我布下的陷阱中去了。正如《魔鬼与上帝》中的格茨对海因里希所说的：

> 只要我走错一步，我肯定会看到你。①

要知道，现实作为本质与实存的统一，乃是一个有机的整体，而对于有机的整体来说，整体总是大于各个部分的总和的。因此，当你试图从"正在发生的所有事情的总和"的角度出发去看问题时，你已经把活生生的现实肢解为一堆无生命的东西。犹如魏斯林根对玛丽亚所说的：

> 你是个天上的天使，却带来了地狱的痛苦。②

大卫：我承认，把现实看作"正在发生的所有事情的总和"确有欠妥之处，但请告诉我，你又怎么从现实的整体出发呢？假如你拿起一个苹果，你能把它整个儿吞下去吗？你总得从苹果的某个地方咬下去，总得通过具体的事情来了解整个现实。

黎明：没错，大卫，但问题在于，在了解具体事物之前，胸中有无整个现实（全局）是大不一样的。没有全局，你看到的东西就像一口袋马铃薯，它们胡乱地堆放在一起，相互之间缺乏任何联系。反之，有了全局，具体的东西之间就有了内在联系，有了贯通于其中的生命力。你知道，中国人喜欢使用"窥一斑而知全豹"这个谚语，但在我看来，这个谚

---

① ［法］萨特：《魔鬼与上帝》，载《萨特戏剧集》，人民文学出版社1985年版，第511页。

② ［德］歌德：《铁手葛兹·冯·贝利欣根》，载《歌德戏剧集》，钱春绮等译，人民文学出版社1984年版，第121—122页。

语却是经不起推敲的。既然"全豹"（整体）大于各"斑"（部分）的总和，怎么可能从"一斑"去推知"全豹"呢？显然，这个谚语代表了某种流行的、错误的思维方法，即试图以一孔之见或局部的经验去揣度全局性的东西。在我看来，正确的思维方式是从逻辑上先行地把握整个全局。事实上，也只有全局在胸，才能正确地认识作为局部的具体事物的存在价值和意义。庖丁解牛之所以游刃有余，历 19 年而不伤刀刃，就是因为他在解牛之前，对牛的整个结构已经了然于胸。他曾对梁惠王说：

> 始臣之解牛之时，所见无非牛者；三年之后，未尝见全牛也。方今之时，臣以神遇而不以目视，官知止而神欲行。[1]

庖丁所说的"三年之后，未尝见全牛也"，表明"全牛"已经在他心中。后面提到的"臣以神遇而不以目视，官知止而神欲行"乃是一种更高的认知境界。由此可见，只有全局或整体在胸的人，才能更好地处理局部的、具体的事务。

大卫：请原谅，黎明。我发现，我们前面的讨论似乎还显得粗糙，缺乏深入细致的分析。比如，我们不应该笼统地谈论并运用"整体"（whole）这个概念，因为在现实生活中它可以指涉以下两类不同的整体：一类是"无机的整体"（inorganic whole），比如一堆砖头、一口袋马铃薯。这类整体不多不少，就是每个部分的总和；另一类是"有机的整体"（organic whole），比如一个人、一头牛。毋庸讳言，这类整体显然是大于各个部分的总和的，因为作为整体的这个人、这头牛是有生命的。谁都不会否认，把被肢解的人体或牛体的各个部分拼接在一起，是决不可能产生一个活人、一头活牛的。正是在这个意义上，亚里士多德曾经说过，一只被砍下来的手已经不再是原来意义上的手了，因为它已与有生命的整体分离，从而丧失了自己的生命特征。总之，我同意你把现实理

---

[1] 庄子：《养生主》。

解为有机的整体，而不是前面所说的"正在发生的所有事情的总和"。现在，我们面前还有难以逾越的障碍吗？

黎明：大卫，尽管我赞同你对整体概念的讨论所做的重要补充，但我总觉得你显得过于自信，我倒更愿意像《约翰王》中的市民甲那样表示：

> 让疑惑作我们的君王。①

事实上，要真正进入现实的堂奥，必须把目光停留在现实的基础性层面，即经济关系的层面上。假如人们忽略了这层关系，即使他们喋喋不休地谈论着现实，现实的真相仍然不可能真正进入他们的眼帘。比如，在《小拿破仑》一书中，雨果曾把路易·波拿巴发动的政变描绘成晴天霹雳。这充分表明，他对当时法国现实的理解还是相当肤浅的。与雨果不同，在《路易·波拿巴的雾月十八日》一书中，马克思从当时法国现实的经济关系层面出发，准确地、惟妙惟肖地刻画出整个政变过程，以至于恩格斯由衷地称赞道：

> 这幅图画描绘得如此高明，以致后来每一次新的揭露，都只是提供出新的证据，证明这幅图画是多么忠实地反映了实际。他对活生生的时事有这种卓越的理解，他在事变刚刚发生时就对事变有这种透彻的洞察，的确是无与伦比。②

由此可见，正确地理解并把握现实，是哲学面临的最困难的使命之一。

大卫：记得冯友兰曾把自己研究哲学的方法概括为"使复杂问题简单化"，而把金岳霖的方法概括为"使简单问题复杂化"。这样看来，你

---

① 参见莎士比亚戏剧《约翰王》中市民甲的台词，见《莎士比亚全集》第 4 卷，朱生豪译，人民文学出版社 1978 年版，第 233 页。

② 《马克思恩格斯选集》第 1 卷，人民出版社 1995 年版，第 582 页。

的研究方法似乎是更接近金岳霖先生的，你正在使我们讨论的问题变得越来越复杂。此刻，我特别认同的倒是康斯坦诺式的感慨：

> 我不愿梳理我头上的乱发，因为我的脑海里是这样紊乱混杂。①

黎明：或许你会感到失望，因为我并不同意冯友兰的上述观点。我认为，无论是"使复杂问题简单化"，还是"使简单问题复杂化"，都不应该脱离具体的语境，抽象地加以论定。也就是说，在这两种方法中，应该使用哪一种，是由具体的语境确定的。至少在我看来，在某些场合下，用简单化的眼光去看待这个复杂的世界，只能表示我们自己稚气未脱；而在另一些场合下，当紧迫的形势要求当事人必须从错综复杂的线索中迅速理出头绪、做出决断时，又需要把复杂问题简单化。就对"现实"概念的探讨而言，复杂的情况还在后面。大卫，千万不要泄气，探讨真理之路从不坦荡。为此，我倒更愿意像但丁那样提醒你：

> 循这条路走的时候，
> 必得紧扣住我们眼睛的缰绳，
> 因为只要稍不留心就会失足。②

其实，你很容易发现，我们刚才谈论的还只是日常语言中使用的现实概念，无论是就它的外延还是内涵来说，其界限都是不明确的。在我看来，要准确地把握这个概念，就必须转换到严格的哲学含义上去。

大卫：怎么转换？

黎明：记得莎士比亚笔下的艾帕曼特斯曾经说过：

---

① 参见莎士比亚戏剧《约翰王》中康斯坦诺的台词，见《莎士比亚全集》第 4 卷，朱生豪译，人民文学出版社 1978 年版，第 259 页。

② ［意］但丁：《神曲·地狱篇》，朱维基译，上海译文出版社 1984 年版，第 201 页。

人们对于一个没落的太阳是会闭门不纳的。①

然而，在哲学上，尽管黑格尔早已成了"一个没落的太阳"，但人们却不得不经常回到他那里去，就像征服了庞培的恺撒依然跌倒在庞培的塑像前一样。为了不至于出现孟德斯鸠所担心的那样的局面：

使读者一直厌倦到云端上去。②

我将尽可能扼要地陈述自己的观点。你当然知道，黑格尔在《法哲学原理》一书中曾经说过：

凡是合乎理性的东西都是现实的，
凡是现实的东西都是合乎理性的。③

大卫：在你看来，黑格尔在这里提到的"现实"才是严格的哲学意义上的现实？

黎明：难道你不这么认为？

大卫：但据我所知，在日常生活中，人们常常把黑格尔的上述命题曲解为：

凡是合乎理性的都是存在的，
凡是存在的都是合乎理性的。

① 参见莎士比亚戏剧《雅典的泰门》，见《莎士比亚全集》第8卷，朱生豪译，人民文学出版社1978年版，第135页。

② [法]孟德斯鸠：《波斯人信札》，罗大冈译，人民文学出版社1984年版，第25页。

③ [德]黑格尔：《法哲学原理》，范扬、张企泰译，商务印书馆1979年版，第11页。

真是荒谬至极！难道张三头上长出一个肿块，这个肿块也是"合乎理性"的？难道李四喜欢吸毒，吸毒也是"合乎理性"的？难道王五有种种恶习，而这些恶习也都是"合乎理性"的？

黎明：你的驳斥总是那么有力，这很容易使我联想起大仲马笔下的基督山伯爵说过的名言：

> 我到这个世界上是为惩罚而来的。①

你仿佛也因惩罚而生。但事实上，黑格尔早已意识到并预先驳斥了这种可能发生的曲解：

> 在日常生活中，任何幻想、错误、罪恶以及一切坏东西、一切腐败幻灭的存在，尽管人们都随便把它们叫做现实。但是，甚至在平常的感觉里，也会觉得一个偶然的东西不配享受现实的美名。②

并告诫人们：

> 真正的现实性就是必然性，凡是现实的东西，在其自身中是必然的。③

大卫：显然，在黑格尔看来，存在着的东西并不一定就是现实的，只有具有必然性的东西才真正是现实的。

黎明：说得好极了，大卫。在我看来，要领悟黑格尔的现实概念，

---

① ［法］大仲马：《基督山恩仇记》，蒋学模译，人民文学出版社 1978 年版，第 1586 页。
② ［德］黑格尔：《小逻辑》，贺麟译，商务印书馆 1980 年版，第 44 页。
③ ［德］黑格尔：《法哲学原理》，范扬、张企泰译，商务印书馆 1979 年版，第 280 页。

就得连带把握另外两个重要的概念：一个是"存在"（das Sein），即所有存在物的整体；另一个是"现存"（das Besteht），即虽然存在着、但已失去了必然性的存在物。正是这两个概念的引入，使现实概念的含义变得明晰起来。所谓"现实"（die Wirklichkeit），即存在着、同时又拥有必然性的存在物。

大卫：我明白了，上面三个概念的关系应该是：存在＝现存＋现实。黑格尔认为，在所有存在着的东西中，只有具有必然性的现实的东西才是合乎理性的，而失去了必然性的现存的东西则是不合乎理性的。尽管黑格尔是一个唯心主义者，但他把存在区分为现实和现存，并坚定不移地维护现实的东西，确实是卓有见地的。由此可见，不懂得上面三个概念关系的人，是不可能真正把握现实概念的。诚如英国诗人布莱克所说：

> 思想的伟大须以思想的谨严为基础。①

黎明：看来，我们对现实概念的认识越来越深入了。然而，遗憾的是，我们还没有涉及当代语境中无法绕过去的一个重要话题……

大卫：等一下，黎明，让我猜猜，你说的这个话题是不是指"虚拟现实"（virtual reality）？

黎明：正是。请原谅，听起来真像乔叟笔下的魔鬼的自白：

> 我是一个魔鬼，我的家就是地狱。②

20世纪后半叶以来，人类文明的发展已经出现了如此巨大的变化，以至于我们可以毫不夸张地说，人类已经进入电子时空和网络的时代。

---

① 《布莱克诗选》，查良铮等译，人民文学出版社1957年版，第174页。
② 《乔叟文集》，方重译，上海文艺出版社1962年版，第477页。

电脑和网络可以虚拟出各种现实的情景或效果。与虚拟现实相伴随的，不仅有"虚拟空间""虚拟人""虚拟关系""虚拟家庭"，甚至还有"虚拟财富"和"虚拟资本"等。有趣的是，所有这类虚拟的东西非但不比非虚拟的东西更缺少实在性，反而显现出更切近的在场的特征，从而对人类的日常生活、精神生活和整个文明发生不可低估的影响。

大卫：在某种意义上，被人们无限地加以夸大的唯心主义与唯物主义之间的对立似乎正在消失，正如列宁在《哲学笔记》中早已暗示我们的：

> 聪明的唯心主义比愚蠢的唯物主义更接近于聪明的唯物主义。①

看来，我们今天的讨论快接近尾声了。

黎明：说实话，大卫，你的感觉确实很敏锐，但有时候却缺乏准确性。事实上，我们迄今为止所做的讨论还没有触及哲学与现实关系这个核心问题。记得英国诗人拜伦曾经表示：

> 我永远用我的头碰撞目前，过去或未来状况上面的某一只尖角。②

如果说，拜伦是诗人，那么我们则是哲学研究者。我们的"头"应该怎样去"碰撞"现实呢？

大卫：请原谅，黎明，在这个问题上，除了大家熟悉的那些老生常谈，我实在想不出什么新的招数。记得郁西安娜曾对关伯仑说：

> 你的脸就是我的灵魂。③

---

① 列宁：《哲学笔记》，人民出版社 1960 年版，第 305 页。
② ［英］拜伦：《唐璜》下，朱维基译，上海译文出版社 1978 年版，第 944 页。
③ ［法］雨果：《笑面人》下册，郑永慧译，人民文学出版社 1979 年版，第 569 页。

我倒想对你说：你的见解就是我的财富。

黎明：不要使我难堪，大卫。事实上，狄德罗早已告诉我们：

> 每一个心灵都有它的望远镜。①

为什么你偏偏要扮演谦谦君子的角色呢？我对这个问题的看法是：哲学既要融入现实，又要超越现实；既要置身于生活的激流之中，又要从中超脱出来，保持自己独立的批判意识。借用冯友兰的话来说，哲学应该在入世与出世之间保持必要的张力。

大卫：这倒不失为一个新见解，愿闻其详。

黎明：按照我的观点，哲学融入现实与哲学超越现实是同一个使命的两个侧面，这两个侧面是不可分割地关联在一起的。如果只讲融入，不讲超越，哲学就会成为苏东坡眼中的庐山——"不识庐山真面目，只缘身在此山中"，哲学家们也会蜕变为事务主义者或实证主义者；反之，如果只讲超越，不讲融入，哲学又会把自己禁锢在象牙塔中，哲学家们也有可能蜕变为幻想主义者或空谈主义者。德国哲学家谢林曾经表示：

> 超脱凡俗现实只有两条出路：诗和哲学。前者使我们身临理想境界，后者使现实世界完全从我们面前消逝。②

毋庸讳言，我并不赞成谢林把哲学视作现实世界的消蚀剂。在我看来，哲学超越现实的前提既不是回避现实，也不是漠视现实，而是正视现实、融入现实。

大卫：我想知道，你这里说的"超越现实"究竟是什么意思？

黎明：那就是哲学在联系现实、融入现实的同时，不失去自己高瞻

---

① 《狄德罗哲学选集》，陈修斋等译，生活·读书·新知三联书店 1956 年版，第 13 页。

② ［德］谢林：《先验唯心论体系》，梁志学等译，商务印书馆 1977 年版，第 17 页。

远瞩的目光，不丧失自己的科学性、完整性和独立性。我们在前面曾经提到，哲学是离开经济层面最远的意识形式，它与现实的关系是通过一系列中介环节才得以实现的。在这个意义上，哲学的发展与现实的发展并不是严格地一一对应的，它可能超前，也可能滞后。比如，从18世纪后半叶到19世纪上半叶，德国的现实是非常糟糕的，不仅国家四分五裂，而且经济极端落后，但它的哲学在欧洲却起着第一小提琴的作用。这充分表明，哲学与现实之间应该保持某种距离。不承认或故意否认这种距离，哲学就很难像高贵的兰花那样，显现出超然卓立的气质，而极有可能蜕变为现实生活的管家婆。

大卫：你能谈谈哲学超越现实的具体表现吗？

黎明：我认为，哲学对现实的超越主要表现在以下两个方面：一方面，哲学不能对现实中出现的事情匆忙下结论，随后又去更改或推翻这些结论；不能把自己降低为现实生活的简单附庸或现行政策的辩护者；更不能沦为缺乏独立见解的事务主义者。马克思早已告诫我们：

透过玻璃看东西，太近了就会碰上自己的脑袋。①

在某种意义上，哲学离开现实太近，反而会看不清现实。经验主义者就是这样一些目光短浅的人。在十年浩劫中，哲学研究的一个惨痛教训是，人们只强调它与现实生活的密切联系，从而使它堕落成替各种政治见解作论证的驯服工具，完全忽视了它作为一门古老的学科所具有的科学性和独立性。不管现实生活多么矛盾、多么丑陋，哲学都卑躬屈膝地替它辩护。不用说，哲学为此而付出了极为惨重的代价，它不但丧失了自己的灵魂，牺牲了自己的科学性，而且在民众的心目中成了"诡辩"的代名词。另一方面，当哲学运用自己的结论去指导现实、开创新生活时，一定要慎之又慎，就像莎士比亚笔下的爱诺巴勃斯对安东尼所说的：

① 《马克思恩格斯全集》第1卷，人民出版社1956年版，第82页。

好，好，我就做一块小心翼翼的石头。①

如果今天主张这样，明天又主张那样，势必导致现实生活的混乱。实际上，现实生活中的无序性常常是由理论思考中的无序性引起的。由此可见，哲学想保持自己的尊严、维护自己的科学性和独立性，就必须拥有高瞻远瞩的目光：既要深入现实生活，与现实生活打成一片；又要从现实生活中超拔出来，保持自己的独立思想和学科尊严。

大卫：今天的讨论太有启发了，现在我能体会古希腊哲学家德谟克利特说过的那句名言了：

只找到一个原因的解释，也比成为波斯人的王还好。②

C　横看成岭侧成峰
——哲学与历史

"告诉我，爸爸，历史有什么用？"几年前，我十分宠爱的小儿子居然向他身为历史学家的父亲提出这样的问题……可在我看来，这个质问切中了要害，童言无忌，他的发问恰恰是针对史学存在的理由而言的。

——[法]马克·布洛赫

大卫：在我们面对的实在世界中，历史无疑是最重要的组成部分。说得极端一点，除去此刻正在发生的事情和将来尚未发生的事情，其他

---

① 参见莎士比亚戏剧《安东尼与克莉奥佩特拉》，见《莎士比亚全集》第 10 卷，朱生豪译，人民文学出版社 1978 年版，第 32 页。
② 《古希腊罗马哲学》，生活·读书·新知三联书店 1957 年版，第 75 页。

一切都从属于历史。在这个意义上甚至可以说，历史是世界万象的收容所。

黎明：你对历史的重要性的认识令我动容，使我自然而然地联想起莎士比亚笔下的薇奥拉。当她代表奥西诺公爵向奥丽维亚求婚时，与奥丽维亚之间展开了一段有趣的、睿智的对话：

> 奥丽维亚：你的经文呢？
> 薇奥拉：在奥西诺的心头。
> 奥丽维亚：在他的心头！在他的心头的哪一章？
> 薇奥拉：照目录上排起来，是他心头第一章。①

大卫，你确实已经把历史放在"心头第一章"了，但在我看来，你对历史的本质及其重要性的认识似乎还是远远不够的，就像《理查三世》中的克莱伦斯所批评的：

> 听你嗓子象雷鸣，看你样子很低微。②

事实上，当你试图把历史与"此刻正在发生的事情和将来尚未发生的事情"（At the moment what is happening and will not happen）区分开来时，你对历史的误解已经开始了。

大卫：有这么严重吗？

黎明：也许比你想象的更严重。因为当你做这样的区分时，也就等于把历史与"此刻正在发生的事情和将来尚未发生的事情"割裂开来，并打成两截了。美国哲学家杜威曾经指出：

---

① 参见莎士比亚戏剧《第十二夜》，见《莎士比亚全集》第 4 卷，朱生豪译，人民文学出版社 1978 年版，第 23 页。

② 参见莎士比亚戏剧《理查三世》中克莱伦斯的台词（对一个刺客讲的话），见《莎士比亚全集》第 6 卷，章益译，人民文学出版社 1978 年版，第 366 页。

> 历史讨论过去，但这个过去乃是当下的历史。①

又说：

> 历史的真正出发点始终是某个包含其问题在内的当下处境。②

意大利历史哲学家克罗奇说得更直白：

> 一切历史都是当代史。③

这就深刻地启示我们，尽管历史记载的是过去的东西，但它的本质和灵魂是面向当下和将来的，换言之，历史的意义和价值是植根于当下和将来的。在某种意义上，历史乃是现在、将来与过去之间的永远开放的对话。

大卫：真抱歉，黎明，现在我才意识到，我前面提出的见解是多么轻率！

> 我说不清我怎样走进了那座森林，
> 因为在我离弃真理的道路时，
> 我是那么睡意沉沉。④

经你这么一说，我也想起来了，法国年鉴学派的大师马克·布洛赫就曾表示过类似的观点：

---

① 《杜威全集·中期著作》第 9 卷，俞吾金、孔慧译，华东师范大学出版社 2012 年版，第 176 页。
② 同上书，第 176 页。
③ [意]克罗齐：《历史学的理论和实际》，傅任敢译，商务印书馆 1982 年版，第 2 页。
④ [意]但丁：《神曲·地狱篇》，朱维基译，上海文艺出版社 1984 年版，第 3 页。

人们有时说，历史是一门有关过去的科学，在我看来，这种说法很不妥当。①

黎明：英国批判史学的肇始人布拉德雷甚至认定：

过去乃是随着现在而在变化着的，并且永远都不可能不是这样，因为它永远都是它所依赖的那个现在。那个现在是它所预先设定的，而且还是它必要的先行概念（pre-conception）。②

这就提示我们，作为历史学研究对象的"过去"决不是与"现在或当下"相分离的纯粹的过去，仿佛历史学家们只是出于怀旧的热情才去缅怀历史、修复原初的蜡像的。实际上，不管他们是否意识到，他们真正的出发点始终是现在或当下。

大卫：也就是说，历史的秘密不在过去，而在现在或当下。在这一点上，也许克罗齐比任何其他的历史学家都更富有洞察力。他告诉我们：

显而易见，只有现在生活中的兴趣方能使人去研究过去的事实。因此，这种过去的事实只要和现在的生活兴趣打成一片，它就不是针对一种过去的兴趣而是针对一种现在的兴趣的。③

黎明：作为历史唯物主义理论的创始人，马克思比这些历史学家们站得更高、看得更远，他以更生动、更凝练的语言表达出自己对历史本

———————————

① ［法］马克·布洛赫：《为历史辩护》，张和声等译，中国人民大学出版社 2006 年版，第 18 页。

② ［英］布拉德雷：《批判历史学的前提假设》，何兆武等译，北京大学出版社 2007 年版，第 28 页。

③ ［意］克罗齐：《历史学的理论和实际》，傅任敢译，商务印书馆 1982 年版，第 2 页。

质的理解。

> 人体解剖对于猴体解剖是一把钥匙。反过来说，低等动物身上表露的高等动物的征兆，只有在高等动物本身已被认识之后才能理解。因此，资产阶级经济为古代经济等等提供了钥匙。①

在这里，马克思不仅肯定历史的秘密在现在或当下，而且强调，只有自觉地、先行地反思并理解现在或当下，才可能正确地阐释过去。

请原谅，大卫，如果我们在这个问题上不再有什么原则性的分歧，就继续往下讨论吧！

大卫：太好了，这也正是我的愿望。

黎明：你有没有注意到，当你查阅任何一本英汉词典时，都会发现，history 这个名词既可解释为"历史"，又可解释为"历史学"，有的词典为了节约篇幅，甚至干脆把上面两种解释合写为"历史（学）"。请告诉我，你怎么看待这个现象？

大卫：让我想想，黎明。我认为，这样解释似乎也没有什么坏处，记得英国历史学家 W. H. 沃尔什谈到这一现象时，甚至还表示：

> 这种模糊性是很重要的，因为它为历史哲学同时打开了两个可能的领域。②

黎明：遗憾的是，我并不认为沃尔什的观点是合理的，何况，他提倡的是历史哲学中的分析的部分，批判的是历史哲学中的思辨的部分。假如他能容忍这种"模糊性"，岂不完全退回到传统的思辨的历史哲学那里去？在我看来，真正的分析的历史哲学的兴起，首先就应该从区分

---

① 《马克思恩格斯全集》第 46 卷上册，人民出版社 1979 年版，第 43 页。
② ［英］W. H. 沃尔什：《历史哲学导论》，何兆武等译，北京大学出版社 2008 年版，第 6 页。

"历史"和"历史学"这两个基本概念开始。当然，我对"历史哲学"（philosophy of history）这个用语是有保留的，我会在适当的地方阐明我的观点。

大卫，你想过没有，如果"历史"是指与当下或现在有关的、真实地发生过的一切，那么"历史学"就是对历史的记录和研究，就是文本化的历史。怎么可以用同一个名词 history 来指称两个性质完全不同的对象呢？你对沃尔什观点的无原则的认同，不禁使我想起弥尔顿笔下的撒旦发出的呼喊：

> 须速醒，须速兴，
> 否则沉沦无止境。①

大卫：等一下，黎明，你是不是想告诉我，以往历史研究的病根就在于没有把历史和历史学这两个基本概念严格地区分开来？

黎明：说得对，大卫，但必须指出，首先阐明这两个基本概念之间差异的并不是我，而是德国哲学家海德格尔。海德格尔区分了两个德语名词：一个是 Geschichte（历史），源自动词 geschehen（发生），指真实地发生过的一切；另一个是 Historie（历史学），指历史学家们对历史的记录和研究。

大卫：真没想到，作为大陆哲学家，海德格尔对分析方法的运用也到了炉火纯青的地步。

黎明：如果你知道他如何分析"本体论差异"（ontological difference）的话，那就不会这么惊奇了。当然，海德格尔只是我们的引导者，下面还有一系列概念需要做细致的分析，否则，我们就不可能在哲学与历史的关系上说出任何新的东西来。大卫，如果你不介意的话，下面我们分析的第一组概念就将是"历史事实"（historical fact）与"非历史事实"（un-

---

① ［英］弥尔顿：《失乐园》，傅东平译，人民文学出版社 1958 年版，第 18 页。

historical fact)之间的关系。

大卫：当然不会介意。既然历史事实是历史的基础，也是历史学的出发点，我们的分析当然应该从这里起步。记得英国历史学家 E. H. 卡尔在《历史是什么?》一书中就已经提出了区分历史事实与非历史事实的标准问题。他这样写道：

> 什么是历史事实？这是一个我们必须更加仔细研究的至关重要的问题。①

黎明：不瞒你说，我也注意到了卡尔这方面的论述。他认为，历史事实是由历史学家从成堆的发生过的事实中筛选出来的。比如，西方几乎所有的历史学读本都把"公元前49年，恺撒率领军队越过了卢比康河"视为历史事实。

大卫：就像中国几乎所有的历史学读本都把"公元前221年，秦王政完成了统一大业"作为历史事实一样。

黎明：但值得追问的是，在恺撒率领军队越过卢比康河之前或之后的一些日子里，也有一些当地人或渔夫越过了这条河。那么，这些人的行为算不算历史事实呢？如果不算，理由又是什么呢？

大卫：这个问题提得好，但我发现，卡尔似乎完全是从历史学家的主观性的角度出发去解答这个问题的，他告诉我们：

> 过去常说，让事实本身说话。当然，这话是不确切的。只有当历史学家要事实说话的时候，事实才会说话：由哪些事实说话、按照什么秩序说话或者在什么样的背景下说话，这一切都是由历史学家决定的。我想，这犹如皮兰德娄剧中一位人物所说的，事实像一

---

① [英]E. H. 卡尔：《历史是什么?》，陈恒译，商务印书馆2007年版，第91页。

只袋子——假如你不放进一些东西，袋子就不会站起来。①

黎明：历史学家当然是历史学的要素之一，但这种要素不应该被无限地夸大。事实上，历史学家要使自己编写的历史学读本受到读者的欢迎，他就必须有效地约束自己的主观性，而去追求历史的客观性。为什么"公元前49年，恺撒率领军队越过了卢比康河"几乎成为所有西方历史学读本共同认可的历史事实？因为他们不得不去追求历史的客观性。

大卫：你对卡尔的驳斥似乎使我们的讨论重新返回到下面的问题上，即区分历史事实与非历史事实的标准究竟是什么？

黎明：我认为，这个标准应该是：只有那些可能对历史发展进程产生实质性影响的事实，才可以算作历史事实。而扣除了这些历史事实，余下来的就是非历史事实了。尽管历史学家们在筛选历史事实时具有某种主观任意性，但这种主观任意性却不得不无条件地服从这个标准。

大卫：你使我想起了狄德罗的名言：

> 天平从来不是平的，要想不偏向我们认为最近乎真实的一边，是不可能的。②

黎明，接下来你打算分析哪组概念呢？

黎明：乍看起来，"历史事实"这个概念是十分明确的，但细加分析，立即就会发现，它的含义仍然是模糊不清的。按照我的看法，我们至少可以区分出以下两种不同的历史事实：一种是"历史学家亲历的历史事实"（the historical fact experienced by historian）。比如，古希腊著名的历史学家修昔底德就曾亲身经历过伯罗奔尼撒战役，他的《伯罗奔尼撒战役》就一直被誉为历史学著作的典范；另一种是"没有被历史学家亲

---

① ［英］E. H. 卡尔：《历史是什么？》，陈恒译，商务印书馆2007年版，第93页。
② 《狄德罗哲学选集》，陈修斋等译，生活·读书·新知三联书店1956年版，第132页。

历的历史事实"（the historical fact not experienced by historian）。比如，当德国历史学家斯宾格勒、英国历史学家汤因比或任何一位其他的当代历史学家撰写古代历史时，都不可能去亲历古代的历史事实。换言之，他们只能通过流传下来的"历史资料"（historical material）去甄别并确定古代的历史事实。

大卫：我想，这就是你以分析的方法提出来的第二组概念了。在对这组概念的阐释中，你是否想暗示我，"历史学家亲历的历史事实"比"未被历史学家亲历的历史事实"更加可靠呢？

黎明：在通常的情况下或许是这样，但不幸的是，我试图暗示你的却是相反的观点，即前一种历史事实并不一定比后一种历史事实更可靠。事实上，当一个历史学家亲历某个历史事件时，他亲历的或许只是这个事件的某些片断，而并未对它的全局及其成因获得透彻的了解。此外，他也可能因为没有有效地约束自己的主观性而导致陈述失真。比如，尽管修昔底德因为亲历了伯罗奔尼撒战役而对它做出了生动的描述，但却由于对雅典政治家克莱昂的厌恶而对当时的政治史做出了不正确的叙述。[1] 马克·布洛赫在谈到历史事实时甚至发出了如下的感慨：

> 事实上，大多数人对周围事物的认识就像一架蹩脚的照相机。严格地说，作证就是回忆，印象失真，记忆必错。一位年老的法官早就斥责过"随意"而"圆滑"的记忆。[2]

大卫：此外，当一个历史学家编写自己亲历的历史事件时，由于这个事件还没有完全冷却下来，不但会有许多情感因素的纠结，而且构成整个历史事件的某些至关重要的历史事实可能还处于"犹抱琵琶半遮面"

---

[1] 参见［英］W. H. 沃尔什：《历史哲学导论》，何兆武等译，北京大学出版社2008年版，第98页。

[2] ［法］马克·布洛赫：《为历史辩护》，张和声等译，中国人民大学出版社2006年版，第86—87页。

的暧昧状态中。在这种情况下编写历史，反而有事倍功半的危险。

黎明：平心而论，当历史学家依据非亲历的历史资料来编写古代史时，尽管更易保持价值上的中立性和取材上的客观性，但却更需要区别历史资料真伪的洞察力和评价历史人物功过得失的批判力。

大卫：显然，通过对第二组概念的考察，我们关于历史事实的认识进一步得到了深化。我想，现在我们有条件来探讨第三组概念了。

黎明：在我看来，第三组概念应该是"历史知识"（historical knowledge）与"视角主义"（perspectivism）之间的关系。

大卫：真有你的，黎明，竟然一下子提出了两个新概念。你能对它们的含义做一些必要的说明吗？

黎明：我想说明的是，从概念的外延上看，历史知识显然要大于历史事实。正如沃尔什所说的：

> 史实本身并不就是史学，它只是史学的原料，正如一大堆砖瓦并不就是一座大厦，而只是建筑大厦的原料。①

无论是对流传下来的历史资料的真伪做出批判性的鉴别与选择，还是按照某种理论上的原则把历史事实关联起来，甚至在历史资料缺失的情况下，借助想象力而把完整的历史事件叙述出来，都需要历史学家在研究、编写历史，尤其是古代历史时，融入某些不可或缺的新的元素，如判断、推理、论证、类比、想象、描述、叙述、阐释和评价等。只有当这些元素与历史事实结合起来时，才可能形成真正的历史知识，而与历史知识对应的则是历史学家所拥有的理论视角。

大卫：如果我没有记错的话，沃尔什在1951年出版的《历史哲学导论》中就曾使用过"视角主义"（perspectivism，也可译为"透视主义"）的用语。

---

① ［英］W. H. 沃尔什：《历史哲学导论》，何兆武等译，北京大学出版社2008年版，第224页。

黎明：没错。然而，从这个概念的发生史上来看，最早赋予它重要含义的是尼采。在《快乐的科学》第 374 节中，尼采曾经表示：

> 我们不能绕过我们的角落环视四周。①

也就是说，尼采把人理解并阐释为"角落站立者"，即人总是从自己站立的角落出发去观察和思考问题。

大卫：其实，这种与视角主义类似的理论，从哲学史上看，一直可以追溯到柏拉图的"洞穴之喻"（allegory of Cave）；就近代哲学史来看，也可追溯到培根提出的"四假相"（four Idols）说。我想，中国人所说的"坐井观天"也具有类似的含义。

黎明：说得好，大卫，但我们必须注意到，同样是比喻，不同的人在使用它们时却完全可以拥有不同的出发点。对于其他人来说，站在角落里似乎是一种应该加以克服，甚至加以避免的消极现象，而对于尼采来说，站在角落里进行观察和思考却是积极的，是应该加以肯定的现象。他甚至认为，这正是人类在自己的认识活动中必定会遭遇到的历史命运。在《权力意志》第 636 条中，他这样写道：

> 透视主义（存在者的透视机制）乃是这样一个东西，借助于它，每一个力量中心——而不光是人类——都从自身出发来构造其余的全部世界，这就是说，凭藉自身的力量来测试、触摸、赋形……

又说：

> 谁若想跳出这个透视世界，就会走向灭亡。②

---

① ［德］海德格尔：《尼采》上卷，孙周兴译，商务印书馆 2002 年版，第 368 页。
② 同上书，第 740 页。

大卫：经你这么一说，我也记起来了，美国语言哲学家约翰·塞尔也曾经引述过 B. 费伊在《当代社会科学的哲学》一书中关于视角主义的描述：

> 视角主义是当代理智生活的占统治地位的认识方式。视角主义是这样一种观点，它认为一切知识本质上都是带有视角性的，也就是说，知识的要求和知识的评价总是发生在一种框架之内，这种框架提供概念手段，在这些概念手段中、并通过这些概念手段，世界得到了描述和解释。按照视角主义的观点，任何人都不会直接观察到作为实在本身的实在，而是以它们自己的倾向性来接近实在，其中含有他们自己的假定及先入之见。①

黎明：看来，你也早就开始关注视角主义了。既然 B. 费伊认为它是当代"占统治地位的认识方式"，沃尔什把它引入历史哲学也就不值得大惊小怪。按照这种理论，历史知识并不是凭空产生的，而是在不同历史学家所拥有的不同的理论视角中得以构成并发展起来的。

大卫：平心而论，视角主义确实可以解释以往历史研究中说不通的一些现象，但有一点我仍然不明白：既然历史知识总是在不同的历史学家的视角中显现出来的，就像我们前面讨论过的"实事"或"事实"总是在不同的认识主体的"先入之见"中显现出来一样，那么历史知识也就只具有相对的价值，就像中国人所说的"公说公有理，婆说婆有理"，谁也不可能拥有绝对真理。但这么一来，历史知识的"客观性"（objectivity）岂不成了一个多余的，甚至是虚假的观念？

黎明：尽管你的担忧并非空穴来风，但在思想基础上却被错置了。也就是说，你所理解的客观性是以祛除"主观性"（subjectivity）为前提的。

---

① ［美］约翰·塞尔：《心灵、语言和社会》，李步楼译，上海译文出版社 2001 年版，第 21 页。

事实上，这样的客观性根本就不存在。从哲学上看，正如"上"与"下"、"大"与"小"、"左"与"右"等概念都是相反相成的一样，没有主观性，也不会有客观性。由此可见，任何真正的客观性总是以主观性的存在为前提的，而理论视角则是从属于主观性的。

大卫：也就是说，只要客观性不是虚假的，它就必定是奠基于历史学家的主观性（理论视角）之上的。然而，使我迷惑的是，既然历史学家们的理论视角是迥然各异的，为什么他们又能就某些历史知识达成共识呢？

黎明：这类共识就如前面讨论的客观性一样，并不意味着它们已经摆脱了所有历史学家的主观性，尤其是他们的理论视角，而是意味着，不同的历史学家的理论视角之间存在着接近的，甚至是重叠的部分。

大卫：这下我明白了，无论是客观性，还是共识，都不意味着对主观性（包括理论视角）的祛除，而是表明，在不同的主观性中，有相当一部分是相互重叠的。哦，黎明，我过去的想法是多么肤浅！现在，我急于想知道，我们欲加以讨论的第四组概念究竟是什么？

黎明："自由意志"（freewill）与"客观规律"（objective law）的关系。大卫，我希望你不会像萨特笔下的丽瑟那样跺着脚说：

> 腻烦死了！腻烦死了！腻烦死了！①

大卫：当然不会。事实上，随着讨论的深入，我对历史问题越来越着迷了。面对它们，就像面对一个神秘而美丽的东方女性一样：

> 她启齿微笑的时候，
> 像一串均匀的珠玉，
> 像一阵透明的冰雹，

---

① 《萨特戏剧集》，袁树仁译，人民文学出版社1985年版，第261页。

也像芬芳的甘菊。

她的头发仿佛是漆黑的夜，

她的容貌竟然羞退了晨曦。①

黎明，你刚才提到了自由意志，这很容易使我联想起恩格斯在 1890 年 9 月 21 日致约·布洛赫的信中写下的那段名言：

> 历史是这样创造的：最终的结果总是从许多单个的意志的相互冲突中产生出来的，而其中每一个意志，又是由于许多特殊的生活条件，才成为它所成为的那样。这样就有无数互相交错的力量，有无数个力的平行四边形，由此就产生出一个合力，即历史结果，而这个结果又可以看作一个作为整体的、不自觉地和不自主地起着作用的力量的产物。因为任何一个人的愿望都会受到任何另一个人的妨碍，而最后出现的结果就是谁都没有希望过的事物。所以到目前为止的历史总是像一种自然过程一样地进行，而且实质上也是服从于同一运动规律的。但是，各个人的意志——其中的每一个都希望得到他的体质和外部的、归根到底是经济的情况（或是他个人的，或是一般社会性的）使他向往的东西——虽然都达不到自己的愿望，而是融合为一个总的平均数，一个总的合力，然而从这一事实中决不应作出结论说，这些意志等于零。相反地，每个意志都对合力有所贡献，因而是包括在这个合力里面的。②

显然，恩格斯暗示我们，全部社会历史活动都是以单个意志的活动为基础的，但他又常常强调，社会历史中的客观关系是"不以人的意志为转移"的。黎明，你认为，这两个说法在逻辑上是自洽的吗？

---

① 《一千零一夜》第 1 册，纳训译，人民文学出版社 1979 年版，第 50 页。
② 《马克思恩格斯选集》第 4 卷，人民出版社 1995 年版，第 697 页。

黎明：在我看来，这两个说法在逻辑上是有矛盾的。既然恩格斯在致约·布洛赫的信中强调，全部社会历史活动都奠基于单个意志之间的交互作用之上，那么在这些活动中形成起来的客观关系当然是以人的意志为转移的。换言之，撇开所有人意志的活动，根本就不会有任何社会历史活动，当然更不可能形成相应的客观关系。大卫，你发现没有，在上面这段话中，恩格斯区分出两类不同的意志：一类是"单个意志"（individual will），另一类是"作为合力的意志"（will as resultant force）。其实，作为合力的意志体现的正是社会历史中的客观关系，又怎么能笼统地使用"不以人的意志为转移"去规范它呢？

大卫：黎明，我在想，如果把"不以人的意志为转移"置换成"不以某个人的意志为转移"，那么在逻辑上就不可能发生冲突了。因为某个人的意志作为单个意志在与其他单个意志打交道时，经常会被转移，甚至被否定，以至于我们可以这样说，经常被转移或被否定，这就是某个人的意志的命运。

黎明：大卫，你的想法很好，但你的结论未免下得太轻率了。要知道，我们的思维就像一条"轻舟"，需要一定的压舱物才能使它成行。你很快就会发现，某个人的意志这个用语也是笼统的、抽象的，它又可以进一步细分为以下两类：一类是"某个伟大人物的意志"（will of certain great man），另一类是"某个普通人的意志"（will of certain ordinary man）。

大卫：我明白了，你的意思是，这两类不同的单个意志在历史上起作用的方式是迥然各异的。

黎明：的确如此。比如，社会历史中的各种客观关系，包括客观规律，肯定是不以某个普通人的意志为转移的。

大卫：对不起，黎明，我不同意你的观点，此刻，我很愿意把《尼伯龙根之歌》中哈根对克琳希德所说的话赠送给你：

> 我什么也没有给你带来！
> 我带得很充分的东西只有我的盾牌

和我的锁甲：我腰间所带的宝剑，

　　以及这雪亮的头盔……①

　　难道你忘了，马克思的历史唯物主义理论从来就主张，人民群众
是历史的真正的创造者，普通个人的意志在历史进程中起着基础性的
作用……

　　黎明：我知道，没有充分的理由你是不会愤怒的。此刻的你，真有
点像歌德笔下的魔鬼靡菲斯特菲勒斯：

　　和你共事每每莫名其妙，

　　你总是一切的障碍之父。②

　　且听我慢慢解释，大卫。其实，我的结论与马克思的历史唯物主义
的观点并不矛盾。历史唯物主义所说的"人民群众"或"普通个人的意志"
乃是指所有普通个人意志的总和，而我这里说的是"某个普通人的意
志"，而某个普通人不过是人民群众中的一个片断，他的意志自然是无
力去改变历史进程中的各种客观关系，包括客观规律的。

　　大卫：原来如此，看来是我错怪你了。你对"某个伟大人物的意志"
又有什么新见解吗？

　　黎明：我认为，某个伟大人物的意志与某个普通人的意志在历史进
程中的作用是不能相提并论的。布克哈特就曾说过：

　　历史似乎有这样一个嗜好，那就是突然间浓缩到一个人身上，
结果，几乎整个世界都围绕着他转。③

---

　　①　参见《尼伯龙根之歌》第 2 部，钱春绮译，人民文学出版社 1959 年版，第 350 页。

　　②　[德]歌德：《浮士德》第 2 部，郭沫若译，群益出版社 1947 年版。

　　③　[瑞士]布克哈特：《世界历史沉思录》，金寿福译，北京大学出版社 2007 年版，
第 218 页。

比如，埃及女皇克拉利佩特奥拉有倾城倾国之姿，当时罗马的统帅庞培、恺撒、安东尼等都曾拜倒在她的石榴裙下，几乎整个世界都围绕着她而旋转。法国哲学家帕斯卡尔曾在其《思想录》中提出过一个有趣的假设：

> 克拉利佩特奥拉的鼻子，如果它生得短一些，那么整个大地的面貌都会改观。①

有趣的是，按照莎士比亚的剧本《安东尼与克拉利佩特奥拉》，当克拉利佩特奥拉爱上安东尼时，曾经这样表示：出征在外的安东尼每天都将收到她写的一封示爱的信件：

> 要不然，我要把埃及全国的人都打发去为我送信。②

大卫：那么，帕斯卡尔提到的、关于克拉利佩特奥拉的鼻子"生得短一些"究竟是什么意思呢？

黎明：无非是说，如果克拉利佩特奥拉长得难看一些，世界历史的进程便会大大地改观。大卫，你发现没有，在《思想录》中，还有一段类似的话也十分精彩，不妨抄录如下：

> 克伦威尔要践踏整个的基督教世界：王室被推翻了，而他自己的王朝则是永远强盛的；只是有一小块尿沙在他的输尿管里形成了。就连罗马也在他的脚下战栗；然而这一小块尿沙既经在那里面形成，于是他就死了，他的王朝也垮台了，一切又都平静了，国王

---

① ［法］帕斯卡尔：《思想录》，何兆武译，商务印书馆1985年版，第79页。

② 参见莎士比亚戏剧《安东尼与克拉利佩特奥拉》，见《莎士比亚全集》第10卷，朱生豪译，人民文学出版社1978年版，第25页。

又复辟了。①

　　大卫：精彩极了。上面两个例子表明，某个伟大人物的意志，甚至他的容貌或疾病，都有可能在历史进程，尤其是具体的历史事件中发挥重要的，甚至决定性的作用。这样看来，你把某个伟大人物的意志与某个普通人的意志区分开来加以论述，并不是随意的。正像雨果笔下的关伯仑所说的：

　　　　人不过是一个波浪，人类却是海洋。②

　　但我们对第四组概念的讨论似乎只聚焦于"自由意志"，还完全没有触及"客观规律"呢！

　　黎明：在历史进程是否具有客观规律这个问题上，历来存在着两种截然相反的观点。比如，雅斯贝尔斯就矢口否认历史发展是有规律可循的，他甚至抱怨道：

　　　　历史不时表现为一团乌七八糟的偶然事件，像急转的洪流一样。它从一个骚动或是一个灾祸紧接到另外的一个，中间仅间隔短暂的欢乐，就是瞬息间出现的一些小岛，它们终究也必然会被吞没的。一切正如马克斯·韦伯所说的那样，一条被恶魔铺满了毁坏的价值的道路。③

　　在我看来，雅斯贝尔斯至少不是一个思想严谨的哲学家。
　　大卫：何出此言？
　　黎明：如果正像他所描绘的，历史不过是"一团乌七八糟的偶然事

---

　　① ［法］帕斯卡尔：《思想录》，何兆武译，商务印书馆 1985 年版，第 84 页。
　　② ［法］雨果：《笑面人》下册，郑永慧译，人民文学出版社 1979 年版，第 589 页。
　　③ 田汝康等选编：《现代西方史学流派文选》，上海人民出版社 1982 年版，第 37 页。

件"，为什么他要提出所谓"轴心时代"（die Achsenzeit）的理论来呢？反之，如果在公元前 8 至公元前 2 世纪，在印度、中国和希腊确实存在着各自创造文明规范的轴心时代，那么历史就决不会是"一团乌七八糟的偶然事件"。

大卫：妙极了，黎明。与此相反的另一种观点呢？

黎明：恐怕没有比恩格斯下面这段话说得更明白的了：

> 历史进程是受内在的一般规律支配的。因为在这一领域内，尽管各个人都有自觉预期的目的，总的说来在表面上好像也是偶然性在支配着。人们所预期的东西很少如愿以偿，许多预期的目的在大多数场合都互相干扰，彼此冲突，或者是这些目的本身一开始就是实现不了的，或者是缺乏实现的手段的。这样，无数的单个愿望和单个行动的冲突，在历史领域内造成了一种同没有意识的自然界中占统治地位的状况完全相似的状况。行动的目的是预期的，但是行动实际产生的结果并不是预期的，或者这种结果起初似乎还和预期的目的相符合，而到了最后却完全不是预期的结果。这样，历史事件似乎总的说来同样是由偶然性支配着的。但是，在表面上是偶然性在起作用的地方，这种偶然性始终是受内部的隐蔽着的规律支配的，而问题只是在于发现这些规律。①

大卫：在这个问题上，我是赞同恩格斯的观点的。事实上，如果历史研究至多只能描述个别性的、特殊性的东西，那么历史学就根本不可能获得科学的尊严。

黎明：毋庸讳言，我也是倾向于恩格斯的观点的，但我认为，他的观点还需要一定程度上的"软化"（softening）……

大卫："软化"？这倒是一个新奇的用语，愿闻其详。

---

① 《马克思恩格斯选集》第 4 卷，人民出版社 1995 年版，第 247 页。

黎明：人们通常把"规律"（law）理解并阐释为必然如此的趋势，或者干脆称作"必然性"（necessity）。假如换个角度加以理解，必然性也就是必定如此、没有例外的意思。其实，从哲学上看，存在着两类不同的必然性：一类是"硬的必然性"（hard necessity），即没有任何例外的必然性，出现在演绎逻辑、数学和先验哲学中；另一类是"软的必然性"（soft necessity），即可能存在例外的必然性，这类必然性出现在与感觉经验相关的学科（包括历史学）中。

大卫：我明白了，你的意思是，历史学所探讨的历史发展的客观规律是属于软的必然性的，而这种必然性是可能出现意外的。

黎明：正是如此，如果换一个角度，我们就应该从趋势（tendency）和概率（probability）的含义上去理解并阐释历史发展中的客观规律或必然性。显然，这样的软化处理有利于我们以更复杂、更灵活的眼光去看待历史。比如，传统的马克思主义哲学教科书总是强调，社会主义必然会取代资本主义，但对苏联和东欧的社会主义国家向资本主义国家的退行却又采取了鸵鸟政策，装作什么也没有看见。

大卫：其实，这种从社会主义向资本主义退行的现象本身就已经蕴含着软化历史规律或必然性的理论诉求。黎明，你所说的软化还有其他含义吗？

黎明：当然有，那就是拒斥历史哲学理论对客观规律的普遍性的盲目崇拜和追求。当俄国民粹主义理论家米海洛夫斯基试图把马克思在《资本论》第一卷中描述西欧资本主义起源的历史概述套用到俄国资本主义起源的历史进程中去时，马克思极其严肃地批评道：

> 他一定要把我关于西欧资本主义起源的历史概述彻底变成一般发展道路的历史哲学理论，一切民族，不管他们所处的历史环境如何，都注定要走这条道路，——以便最后都达到在保证社会劳动生产力极高度发展的同时又保证人类最全面的发展的这样一种经济形态。但是我要请他原谅。他这样做，会给我过多的荣誉，同时也会

给我过多的侮辱。①

大卫：你前面提到自己对历史哲学有所保留，是否与此有关？

黎明：正是。为什么罗马的平民在被剥夺了生活资料和生产资料后，变成了无所事事的游民，却没有变成现代意义上的雇佣工人？马克思是这样加以解答的：

> 极为相似的事情，但在不同的历史环境中出现就引起了完全不同的结果。如果把这些发展中的每一个部分分别加以研究，然后再把它们加以比较，我们就会很容易地找到理解这种现象的钥匙；但是，使用一般历史哲学理论这一把万能钥匙，那是永远达不到这种目的的，这种历史哲学理论的最大长处就在于它是超历史的。②

显然，在马克思看来，历史哲学理论总是热衷于"硬化"（hardening），即扩大历史进程中的客观规律或必然性的适用范围，从而忽视了不同地理区域或不同历史阶段中人类经验的差异性与相对性。

大卫：说得太好了，黎明，这组概念的讨论使我受益匪浅。现在我关心的是，接下去将讨论的第五组概念究竟是什么？

黎明：看来，你和历史问题已经变得难舍难分了，就如歌德笔下的浮士德之于海伦：

> 谁认识了她，谁就不能和她分离。③

我们欲加以讨论的第五组，也是最后一组概念是"历史主义"（historicism）与"历史意识"（historical consciousness）的关系。

---

① 《马克思恩格斯全集》第 19 卷，人民出版社 1963 年版，第 130 页。
② 同上书，第 131 页。
③ ［德］歌德：《浮士德》第 2 部，郭沫若译，群益出版社 1947 年版。

大卫：在我的记忆中，历史主义是一个指称很宽泛、褒贬也不一致的概念。我担心，如果我们事先没有就这个概念的含义形成某种共识，讨论是很难进行下去的。

黎明：我完全赞同你的意见。我读过意大利学者卡洛·安东尼的《历史主义》，也读过哈佛博士黄进兴的《历史主义与历史理论》。比较起来，我更倾向于接受后者关于历史主义给出的综合性的定义：

> 所谓"历史主义"，即相信历史知识为人类活动最重要的指标，借助历史，人类可以评价、了解生活的一切，因此社会与个人的经验皆可规范到历史领域来；也就是说，任何事物的性质可由其历史发展的过程来掌握，任何事物的价值可由本身的历史来判断。[1]

大卫：从这个定义看，历史主义也就是历史偶像主义，即把历史当作偶像加以崇拜的一种思潮。

黎明：不过，卡洛·安东尼还注意到了历史主义蕴含的另一个截然不同的维度：

> 历史主义试图理解过去，理解过去的制度、信仰和创造并为之辩护，这种努力使得历史主义走到了历史相对论和虚无主义的边缘，一切原则都可能在怀疑论中消解。[2]

综合起来看，历史主义的重心和目光始终落在过去，我把它的口号概括为："不懂得过去，就不能理解现在（Do not know the past，will not be able to understand the present）。"

大卫：概括得好，黎明。由此看来，你似乎倾向于把历史主义理解

---

[1]　黄进兴：《历史主义与历史理论》，陕西师范大学出版社 2002 年版，第 7 页。
[2]　［意］卡洛·安东尼：《历史》，黄艳红译，格致出版社 2010 年版，第 12 页。

并阐释为一种褒义的思潮。

黎明：哦，大卫，你下判断时一定要谨慎，我倒更愿意像席勒笔下的特克拉一样对你说：

这儿决不是希望所栖息的舞台。①

恰恰相反，我认为，无论是历史主义，还是历史主义的口号，都是站不住脚的。

大卫：为什么？

黎明：假定我们给"当代"（contemporary）一个足够长的时段，如从今天向过去回溯80年，并把生活在这个时段中的人都称作"当代人"（contemporary person）的话，那么很容易发现，唯一活着的就是当代人这个世代。当然，当代人是一个流动性的概念，再过一些年，我们这个世代也从属于历史了，我们的子孙后代作为新的当代人取代了我们，而当代人总是有着了解过去的强烈的愿望……

大卫：这一点我完全赞同，记得后期印象派画家高更就曾给自己创作的、关于塔希提岛生活的油画标注了以下三个问题：

我们从哪里来？我们是谁？我们往哪里去？

黎明：这三个问题中的第一个问题是指向过去的，然而，当代人总是被自己的幻觉所欺骗。他们以为自己可以回到过去、懂得过去，其实，一进入诠释学的处境，他们就应该明白，他们可以回到并懂得的只可能是"现在的过去"（the present past），而不可能是"纯粹的过去"（the pure past）。这就启示我们，向一个当代人提出"懂得过去"的要求，本来就是不切实际的奢望。既然纯粹的过去是退不回去的，因而"不懂得

---

① ［德］席勒：《华伦斯坦》，郭沫若译，人民文学出版社1955年版，第175页。

过去，就不能理解现在”的口号实际上只是一个形式化的、虚假的口号。就像马克思在《黑格尔讽刺短诗》中所写的：

> 我给你揭示一切，
> 我献给你的仍是一无所有！①

大卫：难道“现在的过去”的落脚点不正是“过去”吗？

黎明：不，我的看法是，“现在的过去”的落脚点始终是“现在”。卡尔曾经明确地表示：

> 我们只有以当下的眼光看待过去，才能理解过去。②

也就是说，我们理解过去的过程，就是把过去现在化的过程。这样一来，历史主义的口号“不懂得过去，就不能理解现在”实际上就被颠倒过来了。正确的和真正可能的口号应该是：“只有理解现在，才能阐释过去(Only to understand now, can explain the past)。”我认为，这就是我们以后将加以讨论的历史意识所倡导的口号，而这个口号与我们前面谈到过的马克思的重要命题“人体解剖对于猴体解剖是一把钥匙(Human anatomy contains a key to the anatomy of the ape)”是完全一致的。请原谅，大卫，按照我们原先确定的讨论程序，我们不得不回到历史主义这个主题上来。

大卫：我总算弄明白了，你对历史主义是抱批判态度的。黎明，我们能否换一个角度来继续我们的讨论：你能对历史主义的主要表现形式做一些具体的阐发吗？

黎明：Certainly(当然)。在我看来，历史主义的第一种主要的表现

---

① 《马克思恩格斯全集》第 40 卷，人民出版社 1982 年版，第 651 页。
② [英]E. H. 卡尔：《历史是什么？》，陈恒译，商务印书馆 2007 年版，第 109 页。

形式是对历史起点和过程的崇拜。

大卫：钱锺书在世时，有个读者特别喜欢他的作品，因而打电话给他，说想见见他。据说，钱先生以十分幽默的方式委婉地拒绝了那位读者：你在吃鸡蛋时有没有想过一定要见见生下这个鸡蛋的母鸡呢？

黎明：假如作者是作品的起点、母鸡是鸡蛋的起点，那也算是对起点的崇拜了。当西方国家的父母对孩子们讲述上帝创造世界的故事时，孩子们常常会天真地追问：那么，上帝又是谁创造出来的呢？这个刨根究底的问题常常使父母们无言以对。有趣的是，在世界上不同种族的人群中，程度不同地存在着对历史起点的崇拜。比如，几乎每个种族的人都热衷于维护自己种族在科学发现和技术发明上的优先性。众所周知，英国人和德国人就曾为了谁(牛顿还是莱布尼茨)最先发现微积分而争得不可开交。

大卫：比较起来，中国人崇拜历史起点的热情更高。农家祠堂里总是摆放着祖先的牌位，先富起来的农民立即修起了族谱和家谱，这也许就是曾子所说的"慎终追远，民德归厚矣"。

黎明：更值得注意的是，这种崇拜历史起点和过程的思维方法对人们的思维方式也产生了巨大的影响。中国人探讨任何问题，首先关注的总是问题的起源和问题演化的过程。比如，中国人撰写学术著作，通常会花四分之三，甚至更多的篇幅去回顾自己提出的问题的历史，即这个问题最早是在何处、在什么时候、由谁提出来的，它后来又是如何演化的，等等。结果，令人啼笑皆非的是，通篇著作只是对问题的起源和演化过程的回溯，而对问题本身却缺乏真正的思考和解答。就好像卡夫卡笔下的土地测量员，只是围绕城堡打转，却从未进入城堡！

大卫：在我看来，历史主义的思维方法常常"把对问题本身的研究"置换成"对问题历史的回溯"。结果自然只能是"王顾左右而言他"了。叔本华曾经嘲讽这种思维方法乃是拿出一套空碗碟来请人吃饭，它根本无法使我们洞见人之本质：

历史使我们看到人类，好比高山上的远景使我们看到自然一

样，我们一眼就看到了很多东西，广阔的平原，庞然的大物，但是什么也不明晰，也无法按其整个的真正本质来认识。①

历史主义就像一只松鼠，不断地向起点奔跑，而它真正感兴趣的并不是奔跑的目的地在何处，而是整个奔跑的过程。在这个意义上，它不能帮助我们思索并解决任何问题，犹如华伦斯坦的妹妹对她哥哥所做的批评：

> 你只在计划时是虎，
> 而实行时是鼠。②

黎明：尼采也无情地嘲笑了那些记忆中装满历史知识的现代人，称他们为"走动着的百科全书"：

> 现代的人最后随身拖曳着一大堆不消化的知识石块，这些石块随后遇有机会也正式在身体内倾轧作响，像是童话里所说的一般。③

当然，话得说回来，在探讨任何问题时，简略地回顾问题的起源和发展的过程是必要的，具备一定的历史知识也是必要的，关键在于不应该使部分知识膨胀为学术著作的主要部分。说得难听一点，不少学术著作，如果去掉其历史回顾的部分，这些著作恐怕也就消失了；同样地，不少学术论文，如果去掉其历史回顾的部分，这些论文恐怕也就不复存在了。这些所谓学术论著，架子搭得很大，"水分"也很多，真正研究性

---

① ［德］叔本华：《作为意志和表象的世界》，石冲白译，商务印书馆 2010 年版，第 342 页。

② ［德］席勒：《华伦斯坦》，郭沫若译，人民文学出版社 1955 年版，第 255 页。

③ ［德］尼采：《历史对于人生的利弊》，姚可崑译，商务印书馆 1998 年版，第 24 页。

的心得却寥若晨星，犹如大山分娩，生出来的却是一只老鼠！为什么中国学者写不出像维特根斯坦的《逻辑哲学论》这样的著作？这部著作译成汉语大约只有五万多字，其中只有逻辑分析，几乎没有任何问题史的回顾，而它却是 20 世纪公认的经典著作。

大卫：说得妙极了，黎明。我想知道，历史主义的第二种主要表现形式又是什么？

黎明：对历史，尤其是对具有实质性意义的历史事件的厌倦。

大卫：我一向知道，你在用语上是十分严格的。请告诉我，"有实质性意义的历史事件"究竟是指什么样的历史事件？

黎明：借用克罗齐探讨黑格尔哲学的术语来表述，历史事件可以区分为"死的事件"（dead events）和"活的事件"（living events）。所谓死的事件是指在当代已经失去任何意义的历史事件，就像墨涅拉俄斯提起海伦时所说的：

　　　　别提起她，她是一个死了的题目。①

所谓活的事件则是指对当代人仍然具有实质性意义的历史事件。这里所说的"具有意义"（to have meaning）蕴含着双重维度，即具有"积极意义"（positive meaning）的历史经验或具有"消极意义"（negative meaning）的历史教训。

大卫：你能举个具体的例子加以说明吗？

黎明：1958 年的"大跃进"就是一个具有实质性意义的历史事件，因为它启示我们，小资产阶级的狂热性会对现代化的建设造成多么严重的后果。

大卫：说得好，黎明。正如马克思告诫我们的：

---

① 参见莎士比亚的戏剧《特洛伊罗斯与克瑞西达》，见《莎士比亚全集》第 7 卷，朱生豪译，人民文学出版社 1978 年版，第 213 页。

黑格尔在某个地方说过，一切伟大的世界历史事变和人物，可以说都出现两次，他忘记补充一点：第一次是作为悲剧出现，第二次是作为笑剧出现。①

　　黎明：这样的笑剧在日常生活中更多。比如，新闻媒体经常报道，某地区、某单位提出了"超常规发展"（the ultra conventional development）的口号。我们不妨仔细地推敲一下：什么叫"超常规"？难道让火车脱离轨道、让飞机脱离航线、让轮船脱离航路才是超常规吗？在我看来，常规就是常规，是我们在生活和工作中必须加以遵循的规则。

　　大卫：不用说，这类口号都是小资产阶级狂热性的表现形式。黎明，我还想追问的是，你说的"厌倦"（weariness）究竟是什么意思？

　　黎明：从最低程度上看，就是对历史和历史学的麻木和冷漠。事实上，在应试教育的背景下，学生们真正感兴趣的不再是"如何学历史"（How to learn history），而是"如何考历史"（How to test history）。一旦他们获得了历史课的成绩，他们书包里的历史课本就流向以下三个方向：垃圾筒、废品回收站或低年级尚未学过历史的学生。也就是说，一旦他们获得了历史课的成绩，就赶紧把历史知识从自己的大脑中驱逐出去。

　　国王的盛宴就此以痛苦收场，

　　世界上的快乐，到头来总是变成忧伤。②

　　大卫：黎明，我真不明白：一方面，中国是一个具有悠久历史的国家，中国人也常常以此而自豪；另一方面，在当代中国人中间又蔓延着一种普遍的历史厌倦症。你不认为这是时代精神分裂的一种征兆吗？

---

　　① 《马克思恩格斯选集》第 1 卷，人民出版社 1995 年版，第 584 页。
　　② 《尼伯龙根之歌》，钱春绮译，人民文学出版社 1959 年版，第 499 页。

黎明：在《精神现象学》中，黑格尔曾以法国哲学家狄德罗笔下的拉摩的侄儿为范例，分析了启蒙时期法国精神所处的分裂状态：

> 分裂意识则是颠倒的意识，而且这颠倒是绝对的颠倒。①

毋庸讳言，黑格尔对启蒙精神的分析对我们来说是富有启发性的。如果借用斯宾格勒和汤因比倡导的"文化形态学"（cultural morphology）的思路，就会发现，今天的中国与启蒙时期的法国实际上是"同时代的"（simultaneous），因而今天的中国也为时代精神的分裂而苦恼。在某种意义上，朦胧派诗人顾城的悲剧性命运就是对这种精神分裂症的一个经典性的诠释。

大卫：那么，这种普遍的历史厌倦症究竟是怎么造成的呢？

黎明：正是我们自己造成的，因为我们缺乏直面历史事件的勇气。在历史研究中追求真实，并不像人们通常设想的那么容易。

大卫：在我看来，历史学的生命正是通过对具有实质性意义的历史事件的探索而得以延续的。就像西巴斯辛对薇奥拉所说的：

> 我的确是一个灵魂，可是还没有脱离我的生而具有的物质的皮囊。②

如果我们试图把这些历史事件都放逐到我们的记忆之外，那么我们就无异于剥夺了历史学的灵魂，而与无灵魂的历史学结伴同行的，只能是普遍的历史厌倦症。黎明，请继续我们的讨论，历史主义的第三种主要表现形式又是什么呢？

黎明：沉湎于历史的泡沫中。

---

① ［德］黑格尔：《精神现象学》下卷，贺麟等译，商务印书馆1981年版，第66页。
② 参见莎士比亚的戏剧《第十二夜》，见《莎士比亚戏剧全集》第4卷，朱生豪译，人民文学出版社1978年版，第92页。

大卫：何谓"历史的泡沫"（bubbles of history）？

黎明：在我看来，历史的泡沫是指王公大臣的机巧权术、公主王孙的儿女私情、宫闱内院的窥探隐私、侠士刺客的血腥暴力等。近年来，武侠小说、历史小说和历史剧泛滥成灾，其中大部分作品充斥着这类历史的泡沫。它们的使命只有一个，即迎合相当一部分受众的低级趣味和票房价值，甚至通过"戏说""水煮""穿越"等方式，强迫历史学穿上了小丑的彩衣。如果历史学有知，一定会像莎士比亚笔下的小丑一样做出自我申辩：

> 我身上虽然穿着愚人的彩衣，可是我并不一定连头脑里也穿着它啊。①

大卫：几乎可以说，在所有的历史小说和历史剧中，关于狄仁杰、包拯的题材是最受受众青睐的，因为这些题材关涉当代社会生活中最敏感的那根神经——社会公正。然而，就连演绎这样重要题材的作品也都被无知的编导们泡沫化了。编导们不但使这类作品浸淫于王权至上、等级观念、男尊女卑、江湖义气等传统观念的糟粕之中，而且又加上了性、暴力等种种浇头，从而给受众留下了这样的印象，即无论是包公离开南侠展昭，还是狄仁杰离开李元芳，都将一事无成，甚至他们连自己的生命都保不住……

黎明：对不起，大卫，我想打断一下，你喜欢金庸的武侠小说吗？

大卫：喜欢。有趣的是，对中国的大学生和中学生来说，记住物理学、化学和数学中的公式往往是困难的，但对金庸武侠小说中出现的名字却能倒背如流，娓娓道来，如数家珍。

黎明：这也难怪，因为中国学校奉行的是应试教育制度，家长们为了让自己的子女"不输在起跑线上"，把所有的周末都变成了他们的学习

---

① 《莎士比亚戏剧全集》第 4 卷，朱生豪译，人民文学出版社 1978 年版，第 18 页。

日。为此，学生们的书包变得越来越重。于是，他们希望以"胜利大逃亡"的方式，逃到一个没有应试教育制度折磨他们的"世外桃源"中去，而这个世外桃源，就是金庸提供的武侠世界。看，郭靖牵着黄蓉的手，在这个世界中漫游和历险，这是何等快意、何等浪漫的事！

大卫：我明白了，尽管金庸的武侠小说也有不俗的主题，如反抗暴政、主持正义、从善弃恶、成人之美、个性解放和自由恋爱等，但这些柔弱的主题仍然淹没在如钱塘江潮似涌来的历史泡沫中。在这些历史泡沫中，最令人瞩目的是帝王崇拜、清官意识、江湖规则、侠士义气、好勇斗狠，而最后裁决一切的则是武功的高低，实际上就是谁拥有更强大的暴力。

黎明：人们在金庸的武侠小说中迷失了方向。其实，这类武侠小说内容贫乏、结构单一，我用下面的三句话就足以概括它们的全部内容：

第一句话：江湖上流传着一本武功秘籍，

第二句话：某人或出于偶然或经历了千辛万苦得到了这本武功秘籍，

第三句话：某人统治武林。

大卫：妙极了，黎明。我们确实再也不能在历史的泡沫中戏水了，我们应该回到对那些具有实质性意义的历史事件的探索中，历史的意义应该通过对这些事件的解读而得到充实。我仿佛觉得，历史研究的一条新的道路已经展示在我的面前。就如萨特笔下的俄瑞斯忒斯所说的：

这扇门后面，就是世界。那里有人世和清晨。外面，太阳在大路上升起。[①]

————————

[①] 《萨特戏剧集》上，袁树仁译，人民文学出版社 1985 年版，第 82 页。

我知道，你在批判"历史主义"时，提出了"历史意识"（historical consciousness）的概念。现在，我急切地希望了解，在你的概念系统中，历史意识究竟是什么意思？

黎明：历史意识就是历史研究者对自己置身于其中的现实生活的本质的自觉的反思和把握。大卫，还记得我在前面曾经提到过历史主义和历史意识的口号吗？

大卫：当然记得。你说，历史主义的口号是"不懂得过去，就不能理解现在"，由于纯粹的过去是回不去的，因而你认定这个口号是虚假的，而按其内在的逻辑诉求转化出来的另一个口号——"只有理解现在，才能阐释过去"才是真实的，而这个真实的口号正是历史意识所倡导的口号。黎明，不知道我的复述是否准确？

黎明：完全准确。你的记忆能力和理解能力都使我羡慕，我真愿意像席勒笔下的唐·卡洛斯一样，对侯爵喊道：

> 我现在再也无所畏惧——和你手挽着手
> 我要挑战我的世纪。①

由于历史意识的重点是现在，因而历史意识实际上也就是"当代意识"（contemporary consciousness），而当代意识的核心部分则是对当代现实生活的本质的反思和把握。

大卫：然而，当代现实生活是无限丰富的，人们究竟应该从哪里着手去反思它，并把握它的本质呢？

黎明：你知道，大卫，当代中国社会正处于从计划经济向市场经济转型的过程中，而我把这一转型过程理解为当代现实生活的本质；并进而认为，要准确地了解和把握这一历史过程的本质，就必须把它置于

---

① ［德］席勒：《唐·卡洛斯》，张玉书译，载《席勒文集》Ⅲ，人民文学出版社 2005年版，第 63 页。

更宏大的世界历史运动的背景中来加以考察，尤其应该看到，在中国和西方国家的发展中，存在着"一个巨大的历史错位"（a huge historical dislocation）。

大卫：这是我从未听说过的概念，愿闻其详。

黎明：从19世纪末到20世纪初，当孙中山积极推进中国民族资本主义的发展时，在西方国家，尤其是法国、英国和德国，早已形成了一股空想社会主义的强大思潮。这股思潮深刻地揭露了资本主义制度的弊端，并把社会主义、共产主义当作理想社会加以追求。要言之，当中国开始追求资本主义的发展道路时，西方国家已经开始批判资本主义了。我把这一现象称作"第一次历史大错位"（the first huge historical dislocation）。毋庸讳言，在当时中国人的心目中，资本主义是一个完美的理想，但遗憾的是，中国人刚起步追求这个理想，它就被西方人撕碎了。

大卫：我想，当时的中国人，尤其是知识分子，一定是既沮丧又彷徨，这从孙中山提出的口号"节制资本"中已见端倪。资本主义尚未发展起来，就已经开始节制资本了，社会主义思潮的巨大影响力可见一斑！1917年，阿芙乐尔号巡洋舰上的炮响传到了中国，晚年孙中山又提出了"联俄、联共、扶助农工"的口号，而中国人最终走上了追求社会主义、共产主义理想的道路。

黎明：20世纪60年代，当周恩来受毛泽东的委托，在第三届全国人民代表大会上提出"四个现代化"（the four modernizations）的新口号时，西方国家却已出现了一股以反思、批判现代化和现代性为中心的"后现代主义"（post-modernism）思潮。我把这一现象称作"第二次历史大错位"（the second huge historical dislocation）。于是，就像你说的那样，中国人再度陷入了沮丧和彷徨之中。

大卫：就像《拉摩的侄儿》中的哲学家先生对拉摩的侄儿所说的：

你尽管是最了不起的，总还有人能够代替你。①

　　事实上，人们只有先行地正视中国与西方国家在现代化发展进程中存在的巨大的历史错位现象，才能全面地认识并把握当代中国现实生活的本质。

　　黎明：我们必须看到，在当代中国社会的现实生活中，存在着三种相互冲突的价值体系：第一种是传统的或前现代的价值体系，其主导性价值观念是：王权至上、清官意识、等级观念、身份制度、男尊女卑等；第二种是现代化或现代性的价值体系，其主导性价值观念是：国家富强、社会公正、人民幸福、民主法治、个性自由等；第三种是后现代主义的价值体系，其主导性价值观念是：祛中心化、尊重差异、重视偶然、解构宏大叙事、保护弱势群体等。

　　大卫：那么，在这三套迥然各异的价值体系中，我们应该如何进行选择呢？

　　黎明：哦，大卫。此刻，你真有点像雨果笔下的关伯仑：

他失掉了指南针。②

　　在我看来，要在这三套不同的价值体系中保持自己的定力，做出准确的选择，确实是不容易的。我的选择策略是由以下两个不同的层面构成的：就立场（position）的层面来说，在今后相当长的发展阶段中，当代中国社会必须继续坚持对现代性和现代化的追求；就眼光（view）的层面来说，作为当代人，我们又必须站得更高、看得更远：一方面，我们要从追求现代性和现代化的基本立场出发，批判前现代和后现代主义这两套价值体系；另一方面，我们又要从批判中获得的合理的价值观念出

---

　　① 《狄德罗哲学选集》，陈修斋等译，生活·读书·新知三联书店 1956 年版，第 215 页。

　　② ［法］雨果：《笑面人》下册，郑永慧译，人民文学出版社 1979 年版，第 560 页。

发，对追求现代性和现代化的具体方式进行必要的修正。

大卫：你能做一些具体的阐释吗？

黎明：比如，以前西方国家追求现代化时，既缺乏环境保护意识，也对女性的地位、权利和作用不够重视。在后现代主义思潮的丛林中，"生态主义"（ecologicism）和"女性主义"（feminism）是两个新崛起的、令人瞩目的思想部落。如前所述，中国的发展与西方国家的发展之间存在着时间差距和历史错位，作为后发国家，中国既要坚定不移地走追求现代性和现代化的道路，又要借鉴西方国家的经验教训，在具体的发展方式上，既保护好环境，又维护好妇女的权益，充分发挥她们在现代化进程中的积极性。

大卫：记得英国社会学家吉登斯曾经提出过"反思的现代化"（reflective modernization）的概念，这个概念的含义是什么？为什么他要这么提呢？

黎明：按照我的理解，吉登斯之所以提出反思的现代化的概念，因为他主张对以往西方国家追求并实现现代化的历史经验进行全面的反思，从而使后发国家在追求现代化的道路上少走弯路。然而，我更倾向于把当代中国社会正在追求的现代化命名为"被修正了的现代化"（revised modernization）……

大卫：你能告诉我这两个概念之间的差异是什么吗？

黎明："反思的现代化"注重的是对现代化现象的理论反省，而"被修正了的现代化"更注重的则是从实践上对现代化进程中的具体发展方式做出调整。

大卫：黎明，我承认你的上述见解是富有启发性的，但你是否意识到，我们似乎已经远离自己的主题——历史意识了？

黎明：不，大卫，你弄错了，我们从没跑题，我们的讨论始终是围绕着历史意识的基础和核心观念来展开的。你使我想起了但丁笔下的俾德丽彩对浮吉尔的批评：

你的思想

还没有能切实地抓住真理，

却还像从前那样使你转向虚无之乡。①

　　如果说，历史主义的重心和出发点是过去，那么，历史意识的重心和出发点则是现在，而我们前面的讨论正是围绕着如何理解现在而展开的……

　　大卫：既然历史意识的口号是"只有理解现在，才能阐释过去"，那我们又如何从现在出发去阐释过去呢？

　　黎明：说白了，历史意识实际上就是当代意识，而当代意识的要旨就是把握当代现实生活的本质，而这一本质作为社会转型的过程，是在历史大错位的背景下展开的。在这个意义上，理解现在，就是在三大价值体系并存的情况下，坚持现代性的价值体系。在我看来，所谓"阐释过去"，就是自觉地把现代性价值体系的主导性价值观念——国家富强、社会公正、人民幸福、民主法治、个性自由等作为阐释过去的价值坐标。

　　大卫：这下我明白了，历史小说的作者和历史剧的编导们之所以抓不住优秀的历史题材，老是在历史的泡沫中打转，不是因为他们对历史资料不熟悉，而是因为他们缺乏历史意识，缺乏对当代中国社会客观价值诉求的自觉的领悟和把握。因为他们没有深刻地理解现在，所以他们也不可能合理地阐释过去。

　　黎明：在我看来，一个历史学家，即使天天钻在故纸堆里，对历史资料非常熟悉，也不能证明他是有历史意识的，因为历史意识乃是当代意识，只有对当代现实生活的本质做过全面反省和深入思索的人才会明白，哪些历史资料是值得研究的。换言之，透彻地理解现在正是准确地阐释过去的前提。在这个意义上，我们又可以说，历史意识本质上乃是

------

　　①　［意］但丁：《神曲·天堂篇》，朱维基译，上海文艺出版社 1984 年版，第 20 页。

哲学意识。

大卫：一言以蔽之，历史研究的秘密不在过去或故纸堆里，而是在现在或当下。假如说，历史主义只是鼓励历史学家们沿着"过去"这条黑暗的隧道不断地向起点方向奔跑，那么，历史意识就是历史学家们为自己点亮的一个火把，它不但照亮了这条隧道，也告诉他们，这条隧道的哪些部分值得停下来认真地加以鉴赏。

黎明：说得太好了，大卫。你使我想起了历史学家克里斯蒂安·托玛西戊斯(1655—1728)的名言：

> 历史和哲学是智慧的双眸。①

大卫：把理解现在作为阐释过去的出发点，完全可以说是历史学研究中思维方式上的"哥白尼革命"(Copernican revolution)，其意义之深远，无法估量。但我多少有点担心，这种新的思维方式的引入，是否会从另一些方面给历史学的研究带来灾难性的影响？

黎明：尽管你的担忧并不是空穴来风，但我还是愿意像雨果笔下的狄涅主教那样，以坚定不移的口吻回应你：

> 金刚石是决不至于腐烂的。②

在我看来，历史学家唯有确立普遍的历史意识，才能使历史研究获得新生。对这一点，我是深信不疑的。然而，以往研究中的经验教训也启示我们，历史意识极有可能受到以下三个方面的曲解，这是我们必须预先应该加以辩明的。

大卫：我真佩服你，黎明，你居然在这个问题上也有周密的思考。

---

① ［美］唐纳德·R·凯利：《多面历史：从希罗多德到赫尔德的历史探询》，生活·读书·新知三联书店 2003 年版，第 413 页。

② 参见［法］雨果：《悲惨世界》第 1 卷，李丹译，人民文学出版社 1978 年版。

我希望你对三种可能发生的曲解逐一做出分析。

黎明：我把第一种曲解形式称之为"等同论"(theory of identity)，即历史研究者们把自己置身于其中的时代的价值观念与自己所研究的、以前时代的价值观念简单地等同起来。

大卫：这种等同论在人类学研究中是经常出现的。比如，芬兰人类学家韦斯特马尔克就不加分析地把文明社会中才出现的卖淫制度与原始人类的群婚制度简单地等同起来。为此，恩格斯批评道：

> 只要还戴着妓院眼镜去观察原始状态，便永远不可能对它有任何理解。①

黎明：恩格斯还引述了马克思的话，尖锐地抨击了德国作曲家瓦格纳对原始社会中的婚姻关系的曲解：

> 马克思在 1882 年春季所写的一封信中，以最强烈的措辞，批评瓦格纳的《尼贝龙根》歌词中比比皆是的对原始时代的完全曲解。歌词中说："谁曾听说哥哥抱着妹妹做新娘?"，瓦格纳的这些"色情之神"，完全以现代方式，用一些血亲婚配的事情使自己的风流勾当更加耸人听闻；马克思对此回答道："在原始时代，姊妹曾经是妻子，而这是合乎道德的。"②

大卫：这些例子启发我们，既要在研究活动中坚持以现代性的价值体系为导向，又不能把现代的观念，尤其是价值观念与古代的观念简单地等同起来。

黎明：我把第二种曲解形式称之为"失真论"(theory of losing truth)，

---

① 《马克思恩格斯选集》第 4 卷，人民出版社 1995 年版，第 32—33 页。
② 同上书，第 33 页注①。

即历史研究者们为了把现代性的价值体系贯彻到自己的研究活动中去，不惜牺牲历史的真实性，甚至完全用价值判断取代了事实判断。

大卫：在"文化大革命"后期，"四人帮"掀起的"评法批儒"运动就是完全从自己的政治需要出发，不惜篡改历史事实的政治文化运动。显而易见，如果历史研究可以容纳研究者们对历史事实的任意曲解和阐释的话，历史学和文学之间的界限也就完全消失了。这就像《圣经》中的以扫，居然为了一碗红豆汤而出卖了自己的长子权！

黎明：显然，对于历史研究者来说，坚持现代性的价值导向是必要的，但决不允许用自己的价值判断去取代历史上的事实判断。只要我们在历史学的范围之内从事自己的研究工作，价值之善就始终应该与事实之真结伴而行。换言之，必须在价值与事实之间建立必要的张力。

大卫：事实上，这也正是晚年哈贝马斯从理论上关注的焦点问题。你所说的第三种曲解形式又是什么呢？

黎明：如果借用阿尔都塞在《保卫马克思》中的术语来表示，可以把它称之为"分析目的论"（theory of analytic teleology），即历史研究者把历史人物的晚年情况作为预悬的目的，去解释他中青年时期，乃至儿童时期的行为方式的理论。阿尔都塞在批评以亚当·沙夫为代表的这种错误理论时曾经指出：

> 他们不再通过《论犹太人问题》来阅读《资本论》，而是通过《资本论》去阅读《论犹太人问题》；他们不再在马克思身上找到青年马克思的影子，而是在青年马克思的身上找到马克思的影子；他们臆造出一种"未来完成式"的所谓哲学史理论作为辩解的论据，却没有看到这种假理论完全是黑格尔的理论。①

大卫：这种分析目的论在传记类作品中简直俯拾皆是。比如，法国

---

① ［法］阿尔都塞：《保卫马克思》，顾良译，商务印书馆1984年版，第33页。

学者维克多·法里昂斯在其《海德格尔与纳粹》一书中，竟然把海德格尔在儿童和青年时期的一举一动都写成是纳粹式的；而那些替伟大历史人物写传记的作者们，甚至把伟大人物在儿童时期具有的智商写得像成人那么高，尤其是中国历史上的传记作者们，写到刘邦、朱元璋出生时房间里充满了紫光，似乎已有今后大富大贵的先兆。那就变得非常可笑了。

黎明：由此看来，分析目的论实际上是一种懒汉式的思维方法，作者们不愿意对伟大历史人物早年的情况做出深入的考察和研究，从而揭示出他们早年可能面对的诸多不同的生活道路。相反，他们用这些伟大历史人物晚年达到的成就去解释他们早年的生活道路，仿佛他们一生出来就有明确的目标，即今后要成为什么。这就使这些人物木偶化了，他们的传记也变成了索然无味的东西。

大卫：由此看来，迈向真理之路并不坦荡。我们不但应该确立起自觉的历史意识，而且在历史研究的每一步上，都应该像《外套》中的那个大人物一样，对自己提出如下的要求：

　　严格，严格，再严格。①

黎明：正如席勒笔下的威廉·退尔所说的：

　　一个人要是顾虑太多，就做不出什么事情。②

在我看来，确立自觉的历史意识，不光需要智慧，也需要勇气，因为勇气是不使历史蜕变为文学作品的条件。

---

① 参见［俄］果戈理：《外套》，载《外国短篇小说集》下册，上海文艺出版社 1978 年版。
② ［德］席勒：《威廉·退尔》，钱春绮译，人民文学出版社 1956 年版，第 92 页。

D 难解的司芬克斯之谜
——哲学与人

人真是一个无底的深渊！

——［古罗马］奥古斯丁

大卫：哲学与人的关系是哲学家们最关注的焦点之一，也是我们这些进入哲学殿堂不久的年轻人最感兴趣的议题之一。

黎明：说得好，大卫。如果说，"生"（life）、"死"（death）和"爱情"（love）是文学艺术的不朽主题，那么，"人"（person）则是哲学和智慧的永恒主题，正如海涅所诵吟的：

啊，美丽的司芬克斯！
请给我解释这神秘之谜！
我对于这个问题，
已经想了几千年时间。①

大卫：我想，假如某种哲学学说是蔑视人的，那么人们大概也会以同样的态度蔑视这种哲学学说。

黎明：没有主角的戏剧是无法上演的。假如哲学甘愿把"人"这个主角让渡给其他学科，它就像浮士德一样，把自己抵押给魔鬼靡菲斯特菲勒斯了。事实上，无论哲学把自己的目光投向现实、历史还是理论的领域，到处显现出来的都是人的形象：

---

① ［德］海涅：《诗歌集》第 3 版序，钱春绮译，上海文艺出版社 1959 年版，第Ⅺ页。

就像是从夜晚的云间露出的月亮，

她皎洁的清辉使一切的星辰暗淡无光。①

大卫：让我们先把目光投向现实吧。倾听现实的呼声，永远是有良知的哲学研究者对自己的根本要求。

黎明：有过亲身经历的人都知道，在"文化大革命"中，不但人的尊严、价值和基本权利受到了莫大的侵犯和伤害，甚至连人的生命安全也受到了严重的威胁。尽管这场浩劫离开今天已有 30 多年了（全集收录的是 2015 年人民出版社版本），但回想起来，依然心有余悸：

好象一个人从海里逃到岸上，

喘息未定，回过头来，

向那险恶的波涛频频观望。②

这样我们就明白了，为什么在"文化大革命"结束后，"人"的问题曾一度上升为哲学界讨论的热点问题。

大卫：事实上，无论是 20 世纪 80 年代出现的"异化和人道主义热"（the craze of alienation and humanism），还是 90 年代出现的"人文精神热"（the craze of humanist spirit），无不蕴含着如下的思想倾向，即对"文化大革命"中出现的种种非人的现象进行愤怒的控诉和深刻的反思。

黎明：毋庸置疑，"人"的问题的升温蕴含着对"文化大革命"期间种种错误的、漠视人的现象的反省和反驳，但我认为，仅仅看到这一点是不够的。因为在"文化大革命"以后，尽管有损于人的尊严和基本权利的各种错误的做法被废止了，但无论是在现实生活中，还是在思想观念上，人的真正的地位、尊严和价值都还远未确立起来。事实上，

---

① 《尼伯龙根之歌》，钱春绮译，人民文学出版社 1959 年版，第 62 页。
② ［意］但丁：《神曲·地狱篇》，朱维基译，上海文艺出版社 1984 年版，第 4 页。

在现实生活中还常常出现人的尊严得不到尊重，甚至还会受到伤害的现象。

大卫：比如，在社会上，走私贩毒、金融欺诈、包养二奶、食品安全、医患冲突、煤矿矿难、拐卖妇女儿童、强迫女性卖淫、假冒伪劣商品蔓延、城管不适当地使用暴力等忽视人权的现象经常见诸报端；在单位里，搞政绩工程、贪污腐败、压抑人才、浪费人才、不关心群众疾苦等现象也时有发生。此外，在更宽泛的含义上，生态的破坏、环境的污染、交通的拥堵、房价的暴涨；还有精神的懈怠、道德的沦丧、公信力的下降、人际关系的冷漠；等等。从哲学上看，所有这些现象归根到底都牵涉人的问题。

黎明：如果说，人是现实生活的主体，那么，他同样也是历史活动的承担者。让我们再把目光投向历史吧！记得布克哈特曾经说过：

> 对于我们来说，我们看待历史的时候从人出发，因为还没有谁以人为根本考察历史。人在整个历史过程中忍受、进取和行动，构成一个恒定的中心。我们的方法是审视人的过去、他的现在和他的将来。①

大卫：狄尔泰似乎说得更直白：

> 人是什么，只有他的历史才会讲清楚。②

黎明：如果我们以西方哲学史作为参照系，立即就会发现，关于人的问题的大探索前后经历了"三次起落"（three ups and downs）。每次起

---

① ［瑞士］布克哈特：《世界历史沉思录》，金寿福译，北京大学出版社 2007 年版，第 3—4 页。

② ［德］狄尔泰：《梦》，载田汝康等编：《现代西方史学流派文选》，上海人民出版社1982 年版，第 9 页。

落都极大地丰富了对人的认识，犹如拜伦所惊叹的：

> 人是一个现象，不知道是什么现象，
>
> 而且是超过一切奇妙的限度那样地奇妙。①

大卫：黎明，你刚才提到的"三次起落"究竟是怎么概括出来的？能扼要地解释一下吗？

黎明：我一定尽力而为，但你却不要存在奢望。在我看来，第一次大起落发生在公元前 5 世纪前后的古希腊。当时，在数以百计的希腊城邦中，雅典是一颗熠熠发光的明星。随着经济上和文化上的繁荣，雅典人亲眼看见了自己的劳动产生的辉煌成果。当人们在阳光下瞻仰帕特农神庙，在剧院里欣赏索福克勒斯的悲剧，在战场上聆听伯利克里的演说时，他们的头脑里也正在酝酿着完美的人的形象……

大卫：最有趣的是，在希腊神话中，人面狮身的司芬克斯站在山崖上，向每一个过路人提出了同一个谜语：早晨四只脚、中午两只脚、晚上三只脚走路的动物是什么？假如过路人不能正确地解开谜底，它就会从山崖上飞下来把过路人吃掉；假如过路人正确地解答了谜语，它就坠崖自尽。看起来很公平，但这种公平却是以强迫过路人参与这个猜谜的游戏作为前提的。众所周知，这个著名的司芬克斯之谜的谜底就是人，因为人刚出生时是用四肢在地上爬行的；在青壮年阶段，则是用双脚在地上行走的；而到了晚年，人又不得不依靠"第三只脚"，即拐杖来帮助自己走路。按照希腊神话，当俄狄浦斯正确地解答出这个谜语后，司芬克斯不得不实现自己的承诺——坠崖自尽。

黎明：这个近乎悲壮的司芬克斯之谜体现出古代希腊人对人的问题的最初思考。其实，在我看来，更值得关注的不是司芬克斯的谜语，倒是她自身的形象——狮子的身体和少女的脑袋。这个形象表明，人类既

---

① ［英］拜伦：《唐璜》，朱维基译，上海译文出版社 1983 年版，第 71 页。

意识到自己与自然界中的其他动物（如狮子）存在着某种亲缘关系，但又意识到自己与其他动物之间存在着根本性的区别。对于其他动物来说，能够东嗅西嗅、没有危险地在地上觅食，恐怕就是最理想的生存状态了。然而，人类却不愿意与其他动物同流合污，他们有自己的追求。他们试图摆脱自然界对自己的束缚，从自然界中抬起了自己高贵的头颅。司芬克斯的形象印证的正是他们内心的这一强烈的欲望，即超越自然界，超越其他动物，确立自己的不可替代的尊严。

大卫：在这个意义上可以说，人类是由自己的愿望塑造而成的。事实上，对于人类来说，没有思想上的高度，也就不会有身体上的高度。普罗塔哥拉所说的"人是万物的尺度"（der Mensch ist das Mass aller Dinge）①的格言表明，人不仅拥有思想上的高度，也是衡量万物的尺度。

黎明：有趣的是，在索福克勒斯的悲剧《安提戈涅》中，第一合唱歌就是关于人的赞歌：

> 奇异的事物虽然多，却没有一件比人更奇异；他要在狂暴的南风下渡过灰色的海，在汹涌的波浪间冒险航行；那不朽不倦的大地，最高的女神，他要去搅扰，用变种的马耕地，犁头年年来回地犁土。
>
> 他用多网眼的网兜儿捕那快乐的飞鸟，凶猛的走兽里的游鱼——人真是聪明无比；他用技巧制服了居住在旷野的猛兽，驯服了鬃毛蓬松的马，使它们引领受轭，他还把不知疲倦的山牛也养驯了。
>
> 他学会了怎样使用语言和像风一般快的思想，怎样养成社会生活的习性，怎样在不利于露宿的时候躲避霜箭和雨箭；什么事他都有办法，对未来的事也样样有办法，甚至难以医治的疾病他都能设

---

① 《古希腊罗马哲学》，生活·读书·新知三联书店 1957 年版，第 133 页。

法避免，只有无法免于死亡。①

大卫：这正是一篇奇异的赞辞，除了死亡，人什么都敢挑战、什么都敢征服，甚至包括作为最高女神的大地盖亚。这充分显示出人在古代人心目中的重要地位和作用。黎明，这就是你所说的第一次起落中的"起"吗？

黎明：在不严格的意义上可以这么说。

大卫：那么，在严格的意义上呢？

黎明：尽管存在着不同的观点，但在我看来，对人的问题的第一次大探索主要是通过苏格拉底来实现的。苏格拉底认为，自然界是索然无味的，人们从树木和石块那里根本学不到任何东西。他的目光经由文化艺术的媒介而转向哲学，主张应该竭尽全力从哲学上去探索人的奥秘。

大卫：你这么一说，我就明白了，德尔斐神庙的著名箴言"认识你自己"实际上正是他探索人的问题的总的纲领，即对人的认识应该从对自己的反思开始。

黎明：且慢，大卫。如果你读过当代法国哲学家福柯在法兰西学院的演讲录《主体诠释学》的话，就会发现，根据福柯的考证，最早在德尔斐神庙出现的箴言并不是"认识你自己"（gnothi seauton），而应该是"关心你自己"（epimeleia heautou）。为此，福柯指出：

> 苏格拉底总是在路上劝导年轻人，对他们说："你们必须关心你们自己。"②

在福柯看来，关心你自己乃是整个希腊文化和罗马文化中规定哲学态度的一个基本原则。直到笛卡尔，"认识你自己"的口号才取代了"关

---

① 《罗念生全集》第 2 卷，上海世纪出版集团 2004 年版，第 305 页。
② ［法］福柯：《主体诠释学》，佘碧平译，上海人民出版社 2005 年版，第 10 页。

心你自己"的口号。然而，比较起来，不但"关心"的内涵远比"认识"丰富，而且关心是植根于本体论的，而认识则是从属于认识论的。在福柯看来，"关心你自己"被"认识你自己"所遮蔽，本身就是西方思想史上的一个重大的课题，值得深入地加以研究。

大卫：福柯的眼光总是与众不同，好在就苏格拉底的历史地位和作用这一点上，我们与他之间似乎没有很大的分歧。

黎明：当然，如果把福柯置换成尼采，我们的麻烦就大了。大卫，还记得尼采在《偶像的黄昏》中说过的话吗？

> 我把苏格拉底和柏拉图看作衰落的征兆，希腊解体的工具，伪希腊人，反希腊人。①

大卫：在我的印象中，尼采的思想是深刻的，即便是我们刚才提到的福柯，也深受他的思想的熏染，然而，他的言辞却显得过于尖刻。如果把苏格拉底看作是"伪希腊人"或"反希腊人"，岂不是把自己的立场与当时的苏格拉底的审判者的立场等同起来了吗？

黎明：尽管尼采是从不同的视角出发去批评苏格拉底的，但苏格拉底的悲剧却是值得同情的，正如海涅所说：

> 一个伟大的精神人物不管在哪里说出他的思想，哪里便会成为他的各各他。②

苏格拉底开创了哲学的伦理维度，使人从自然万物和自然欲望的包围中脱颖而出，去领悟自己的尊严和高尚，但他本人却被迫饮鸩自尽。或许这正是古代人为争得自由地探索人的问题而付出的最初的代价。有

---

① ［德］尼采：《偶像的黄昏》，周国平译，湖南人民出版社 1987 年版，第 14 页。
② 张玉书编选：《海涅选集》，人民文学出版社 1983 年版，第 257 页。"各各他"指耶稣的受刑处。

趣的是，无论是神话传说中的司芬克斯，还是现实生活中的苏格拉底，他们都以自己独特的方式提出了人的问题，最后却不得不以自尽而告终。犹如歌德笔下的维特在临死前所感慨的：

坟墓已近，我心境越见清明。①

大卫：读苏格拉底的《申辩篇》，正如倾听天鹅临终前的高歌，凄婉而悲壮。黎明，让我们继续讨论下去吧。在我的印象中，你似乎只说了关于人的问题的第一次大探讨中的"起"，还没有涉及"落"呢？

黎明：且听我慢慢道来，大卫。你还记得文艺复兴时期的著名画家拉斐尔的作品《雅典学院》吗？

大卫：当然记得，画面中心站立着的就是苏格拉底、柏拉图和亚里士多德。这真是一个智慧的"铁三角"，整个西方文明仿佛就是他们亲手点燃的火炬。

黎明：然而，就像中国谚语所警示的：

世上没有不散的宴席。

在亚里士多德之后，希腊城邦衰落了。人们突然发现，历史的命运是无法抗拒的。转眼之际，苏格拉底和柏拉图倡导的理性和美德嬗变为伊壁鸠鲁的快乐主义和斐洛的神秘主义。情感取代了理性，信仰取代了思索，服从取代了独立。人们的一切精神活动都渐渐地融入基督教的滔滔洪流之中。人，再度被淹没了，不是重新返回到泰利士开创的自然哲学中，而是没入基督教的狂澜中。在欧洲，这一精神上的苦刑持续了整整一千年！

大卫：你说的是欧洲中世纪吗？

---

① ［德］歌德：《少年维特之烦恼》，郭沫若译，人民文学出版社 1955 年版，第 179 页。

黎明：正是。在中世纪的漫漫长夜中，宗教裁判所成了最高的司法权威，西班牙的火刑具彻夜传来受刑者的哀号声，禁欲主义成了基督徒生活的最高准则。在教堂里，人们战战兢兢地跪倒在上帝的脚下，把对幸福的全部希望寄托于来世，寄托于彼岸世界。海涅以如椽之笔刻画了当时遍布欧洲的哥特式教堂：

> 我们在教堂里感到精神逐渐飞升，肉身遭到践踏。教堂内部就是一个空心的十字架，我们就在这刑具里走动；五颜六色的窗户把血滴和浓汁似的红红绿绿的光线投到我们的身上；我们身边呜呜地唱着丧歌；我们脚下满是墓碑和尸骸，精神沿着高耸笔立的巨柱凌空而起，痛苦地和肉身分裂，肉身则如一袭空乏的长袍扑落地上。①

大卫：在中世纪，基督教对异教和异端分子的迫害是极其残酷的。记得英国历史学家吉朋在其《罗马帝国衰亡史》中曾经记载过一件十分惨烈的事，即5世纪时，犹太女哲学家、数学家希帕莎在亚历山大里亚的致命的遭遇。有一天，她乘着二轮马车经过一座天主教堂：

> 她被人从二轮马车上拖将下来，剥光了衣服，拉进教堂，遭到读经者彼得和一群野蛮、残忍的狂信分子的无情杀害。他们用尖锐的蚝壳把她的肉一片片地从骨骼上剥掉，然后把她颤动的四肢投进熊熊的烈火。②

黎明：然而，这种人性的扭曲与畸变是不可能长久地持续下去的。14—16世纪的文艺复兴运动和随之而来的宗教改革运动无情地冲决了

---

① 张玉书编选：《海涅选集》，人民文学出版社1983年版，第22页。
② ［英］罗素：《西方哲学史》上卷，何兆武等译，商务印书馆1981年版，第452页。

封建专制的罗网和宗教神学的樊篱，重新恢复了人之为人的应有的地位。正如海涅十分敏锐地感受到的那样：

> 提香油画里的鲜艳夺目的肉体，也都是在宣扬新教。他的维纳斯的腰肢是比德国修士张贴在威丁堡教堂门口的檄文更加彻底的檄文。①

尽管如此，我还是乐于强调，关于人的问题的第二次大探讨的序幕是由法国哲学家笛卡尔拉开的。

大卫：事实上，正是笛卡尔提出的著名命题"我思故我在"（Cogito, ergo sum/I think, therefore I am）高扬了作为认识主体的人的能动性，从而为主体性形而上学的确立奠定了思想基础。

黎明：毋庸讳言，笛卡尔在确定人的主体地位和知识的确定性方面的贡献是无与伦比的。记得席勒曾经说过：

> 就是在厌恶之中也含有赞赏。②

我倒认为，把这个命题颠倒过来，变成"就是在赞赏中也含有厌恶"，似乎拥有更多的真理的含量。

大卫：你又使我一头雾水了，黎明，能做些具体的阐释吗？

黎明：当然。你刚才提到了笛卡尔自诩为"第一真理"的"我思故我在"。确实，这个命题为人的问题的第二次大探讨奠定了基础，但从今天看来，这个命题的有效性主要是思想上的，而不是学理上的。这也正是我说的，"就是在赞赏中也含有厌恶"的意思。

大卫：何出此言？

---

① 张玉书编选：《海涅选集》，人民文学出版社 1983 年版，第 24 页。
② ［德］席勒：《强盗》，杨文震等译，人民文学出版社 1956 年版，第 4 页。

黎明：因为从思想解放的视角看，这个命题的历史作用是无可置疑的；但从哲学理论的视角看，它又是十分粗糙，甚至经不起推敲的。一方面，从语言结构上加以考察，立即就会发现，"上"与"下"、"大"与"小"、"高"与"低"、"冷"与"热"等观念都是相反相成的。也就是说，这些观念是在语言结构中共存的，失去了其中的任何一方，另一方也就无法存在。同样地，语言中的称谓系统也是以结构的方式处于共存状态中的，即笛卡尔所说的"我思"之"我"是相对于"你""他""我们""你们"和"他们"来说的。换言之，在世界上没有"你""他""我们""你们"和"他们"这些称谓的背景下，孤零零的"我"是不会有任何意义的。

大卫：我明白了，如果笛卡尔能够使用"我"字，那就表明，整个称谓系统中的其他称谓"你""他""我们""你们"和"他们"必定已经先行地存在了。事实上，如果笛卡尔的"我思故我在"不是自言自语式的独白，而是对他人说的，那么这种言说方式本身就设定了倾听他说话的他人的存在。也就是说，"自我"只是语言称谓结构中的要素，它本身既不是独立的，也不是源初性的。笛卡尔把它夸大为一个完全独立的、源初的存在物，完全是缺乏理据的。

黎明：说得妙极了，大卫。你使我想起了普希金笔下的奥涅金：

> 他沉默了是多么惆怅，
> 他雄辩了是多么热烈。①

另一方面，"我思"之"我"是以语言为载体的。这就启示我们，如果笛卡尔试图启动自己的思维，那么就必须先行地存在着一种可供他进行思维的语言。当然，我们这里说的语言不是"私人语言"（private language），即只适用于个别人或少数人的符号系统，而是"公共语言"（public language），即用于交流的社会性的语言。

---

① ［俄］普希金：《叶甫盖尼·奥涅金》，吕荧译，人民文学出版社 1954 年版，第 12 页。

大卫：毋庸讳言，对于笛卡尔来说，这两点驳斥确实是致命的。但我突然发现，席勒所说的"就是在厌恶之中也含有赞赏"也是富有深意的。尽管我们现在正在批判笛卡尔，但我们仍然对这位伟大的人物怀着深深的敬意。现在，让我们继续往下讨论吧，犹如但丁笔下的浮吉尔所说的：

> 起来！站起来罢！
> 行程是修长的，道路是崎岖的。①

黎明：众所周知，在 16 世纪的宗教改革运动之后，以"天赋人权"（Natural right）为口号的人道主义思潮又在震惊欧洲大陆的启蒙运动中应运而生。其范围之广，势头之猛，大有"黄河之水天上来，奔流到海不复回"的气势。然而，以机械性、孤立性为根本特征的时代精神束缚了人们的视野，刚从神权的重压下解放出来的人，又在拉·梅特利的著作中被贬为机器。

大卫：我记得拉·梅特利在《人是机器》中曾经说过：

> 人体是一架会自己发动自己的机器，一架永动机的活生生的模型。体温推动它，食料支持它。没有食料，心灵便渐渐瘫痪下去，突然疯狂地挣扎一下，终于倒下，死去。②

黎明：其实，在笛卡尔那里，已经有"动物是机器"的说法了，拉·梅特利不过是把笛卡尔的观念运用到人这种高等动物身上而已。更不可思议的是，拉·梅特利还写过《人是植物》一书，并在书中强调：

---

① ［意］但丁：《神曲·地狱篇》，朱维基译，上海文艺出版社 1984 年版，第 251 页。
② ［法］拉·梅特利：《人是机器》，王太庆译，商务印书馆 1991 年版，第 20 页。

　　　　人不过是一株倒转来的树木。①

　　大卫：真是匪夷所思。要知道，拉·梅特利在同一年中出版的"人是机器"与"人是植物"这两个观念在逻辑上是矛盾的，因为前者服从机械的（mechanical）规律，后者服从的则是有机的（organic）规律，而机械的与有机的这两种规律恰恰是相互冲突的。

　　黎明：从总体上看，拉·梅特利的哲学思想是更倾向于机械论的，他既继承了笛卡尔的传统，也系统化了霍布斯的思想，而马克思在谈到霍布斯哲学的机械论特征时，早已敏锐地觉察到当时哲学的发展趋向：

　　　　唯物主义变得敌视人了。②

　　大卫：也就是说，僵死的机械性与作为鲜活生命的人类是格格不入的，而像拉·梅特利这类二、三流的哲学家是无法真正承担起探索人的问题的重任的。必须拥有一双伟大而深邃的眼睛，才能洞察人的底蕴。时代等待着这样的伟人出现，而他终于也出现了。遗憾的是，他并不是体格魁伟的海格立斯③，而是一个穿着灰色外套、拄着藤手杖，每天沿着哥尼斯堡的林荫道散步的瘦小老人——德国哲学家康德。

　　大卫：一提起康德，我就想起苏联的一位文艺理论家说过的一句名言：

　　　　在哲学这条道路上，一个思想家不管他是来自何方和走向何

---

　　①　北大外哲史教研室编译：《18世纪法国哲学》，商务印书馆1979年版，第275页。
　　②　《马克思恩格斯全集》第2卷，人民出版社1957年版，第164页。
　　③　参见［德］斯威布：《希腊的神话和传说》，楚图南译，人民文学出版社1978年版，其中的海格立斯为大力神。

处，他都必须通过一座桥，这座桥的名字就叫康德。①

也许可以说，没有一个比喻比这个比喻更形象、更生动地阐明了康德哲学的无与伦比的重要性。

黎明：遗憾的是，我并不赞同这句名言。在我看来，除非整个西方哲学史是从康德开始的，这句名言才拥有无可挑剔的正确性。事实上，哲学从古希腊就开始发端了，难道古希腊人也要通过康德这座桥梁才能进入哲学？这就像某个学者急急忙忙地跑来告诉我们他所发现的一个伟大的真理，即"人类不能没有马克思"。我立即反问他："请问，在马克思诞生以前，有没有人类存在？"

大卫：你的反问切中了要害，棒极了。在我看来，那位文艺理论家的名言似乎应该修改为：

> 在康德以后的哲学道路上，一个思想家不管他是来自何方和走向何处，他都必须通过一座桥，这座桥的名字就叫康德。

这也给我一个启示，不管我们表达什么思想，总该先澄清这个表达的有效性的范围。正如雨果笔下的郁西安娜所说的：

> 表达有界限，思想却没有。②

黎明：太好了，大卫。让我们再回到康德本人的思想上来。众所周知，康德主要是在卢梭的影响下踏上思考人、探讨人的哲学道路的。康德提出的关于"人是目的"（man is goal）的著名口号，既是对中世纪封建专制制度的无情控诉，也是对 17、18 世纪机械唯物主义观念的理论超

---

① ［苏］阿尔森·古留加：《康德传》，贾泽林等译，商务印书馆 1981 年版，第 121—122 页。

② ［法］雨果：《笑面人》下册，郑永慧译，人民文学出版社 1979 年版，第 396 页。

越。康德的思想犹如 1755 年发生的里斯本大地震，直接动摇了神学家们构建起来的基督教理论大厦。如果说，法国人是拿着武器去冲击巴士底狱的，那么，德国人则是以自己的著作和思想去冲击旧世界的，康德就是这群古怪战士的领头人。一阵硝烟过去后，满目瓦砾的废墟堆上突然冒出了三座理论大厦：《纯粹理性批判》、《实践理性批判》和《判断力批判》。几乎在所有的领域里，康德都把人尊为太阳，把世界看作围绕太阳而旋转的行星；并提出了"知性为自然立法"（legislation of understanding for nature）、"理性为自由立法"（legislation of reason for freedom）的口号。从西方哲学史上看，正是他，综合了唯理论和经验论的思想成果，使关于人的问题的第二次大探讨达到了高潮。

大卫：我大致上同意你对康德思想的评价，但使我感到困惑的是，康德喜欢把自己在哲学领域里发动的革命称之为"哥白尼革命"（Copernicus revolution），为什么你一次也没有提到这个至关重要的术语呢？

黎明：你的问题不禁使我联想起《理查三世》中安夫人与葛罗斯特之间的有趣对话：

> 安夫人：我倒很想看看你的这颗心，
> 葛罗斯特：我的心就挂在我的嘴唇边。①

毋庸讳言，我和葛罗斯特一样，只能通过嘴巴，用言词来表达我内心的想法。很抱歉，大卫，我对康德的上述比喻是有保留的。

众所周知，哥白尼是天文学家。从天文学发展史上看，亚里士多德和托勒密坚持的是"地心说"（earth as centre of cosmos），即地球居于宇宙的中心，太阳围绕地球而旋转。由于作为观察者的人是居住在地球上的，因而地球中心的理论也间接地维护了人类中心论，由此而得到了基

---

① 参见莎士比亚的戏剧《理查三世》，见《莎士比亚全集》第 6 卷，章益译，人民文学出版社 1978 年版，第 347 页。

督教教会的认同。然而，地心说无法解释许多天文现象。于是，波兰天文学家哥白尼提出了与地心说正好相反的宇宙解释模型——"日心说"（sun as centre of cosmos），即太阳居于宇宙的中心，地球作为行星是围绕太阳而旋转的。这样一来，原来解释不通的天文现象都得到了合理的说明。

大卫：然而，作为哥白尼日心说的拥戴者的伽利略和布鲁诺却为此而受到了残酷的迫害。前者被宗教裁判所判处终身监禁，后者则被活活地烧死在罗马的鲜花广场上。直到 1992 年 10 月 31 日，伽利略在蒙冤360 年后才获得梵蒂冈教皇约翰·保罗二世的平反。教皇表示，当时监禁伽利略是一个"善意的错误"，他向在场的神职人员提出了如下的要求：

永远不要再发生另一起伽利略事件。

说起这段历史，真令人唏嘘。

黎明：但听教皇的口气，似乎教廷今后还会有权力引发另一起伽利略事件似的。我们还是回到康德哲学上来吧。

如果只是着眼于思维方式的颠倒，说康德发动的哲学革命是哥白尼革命也无不可，但如果细致地分析下去，立即就会发现，康德的比喻是不妥当的，因为哥白尼所倡导的日心说主张以太阳为中心，把地球降低为围绕太阳而旋转的一颗行星，其根本标志恰恰是放弃地球及其作为观察者的人类的中心位置和主体地位。相反，康德哲学强调的却是人类的主体地位，而人类居住在地球之上，外部世界则围绕地球和人类而旋转。由此可见，康德所发动的哲学革命的实质非但不是哥白尼式的，相反，是从哥白尼向亚里士多德—托勒密所倡导的地心说的复归。

大卫：我也承认，康德关于哥白尼的比喻是不严格的，而且他这方面的疏忽几乎从未引起过人们的注意和质疑。然而，康德在高扬人的尊严和主体性地位方面的历史作用却是无可挑剔的。多少年来，我心中一直牢记着康德在《道德形而上学》中写下的那句名言：

> 只有完全消除来自经验的杂质，去掉出于浮夸或利己之心的虚饰，德性的真实面目才显示出来。每一个人，只要他的理性还没有完全被抽象所糟蹋，就会看到德性是多么比那一切引起爱好的东西都更要光彩啊。①

黎明：然而，令人费解的是，在后康德哲学的语境中，无论是费希特、谢林还是黑格尔，主要都聚焦于知识论。他们试图把康德在认识论研究方面取得的成果吹胀起来，形成新的形而上学气球。作为德国古典哲学集大成者的黑格尔，无论是在《精神现象学》，还是在《逻辑学》中，都把"绝对知识"（absolute knowledge）置于最高的地位上，而活生生的、有血有肉的人却沦为逻辑学这个概念阴影王国的附庸。正如费尔巴哈在批评黑格尔的思辨哲学时所指出的：

> 我在黑格尔逻辑学的哲学面前发抖，正如生命在死亡面前发抖一样。②

于是，刚被人文主义者、宗教改革家、近代哲学的肇始人笛卡尔和以康德为代表的启蒙学者从基督教信仰的重轭下解放出来的人，重又被推入以知识论为中心的形而上学的深渊中。尽管哲学家们在自己的著作中喋喋不休地谈论着人，然而，在他们的笔下，这个无来由、无性别的抽象的"人"充其量不过是一个没有血肉之躯的幽灵。正如海涅在批评浪漫派诗人阿尼姆时所说的：

---

① ［德］康德：《道德形而上学原理》，苗力田译，上海人民出版社 1986 年版，第 78 页。
② 苗力田译编：《黑格尔通信百封》，上海人民出版社 1981 年版，第 305 页。

他不是生活的诗人，而是死亡的诗人。①

大卫： 现在我大致上明白你所说的"三次起落"的意思了。第一次，使人从自然界中脱颖而出；第二次，使人从基督教观念的束缚中解放出来；而第三次，则是使人从知识论形而上学的泥沼中摆脱出来。我想知道，哪些人是第三次起落的代表人物？

黎明： 按照我的看法，关于人的问题探讨的第三次起落是由以下两个不同的方向促成的：第一个方向是唯意志主义和存在主义，其代表人物是叔本华、克尔凯郭尔、海德格尔等；第二个方向是人本主义、马克思主义和结构主义等，其代表人物则是费尔巴哈、马克思、福柯等。

大卫： 太好了，我们先从第一个方向开始吧！

黎明： 众所周知，叔本华开了唯意志主义思潮的先河。他颠倒了传统哲学的观念，肯定生命意志和欲望是第一性的，理性和认识则是第二性的：

> 人的全部本质就是意志，人自己就只是这意志所显现的现象。②

由于人的欲望是无限的，而环境用来满足人的欲望的资源是有限的，因而人生从总体上看是悲剧性的，只有在细节上才具有喜剧的意味。他甚至把人生比作在痛苦和无聊之间摆动的钟摆。据说，尼采是从莱比锡大学的地摊上读到叔本华的著作的，起先深受他的影响，后来又转而批判其悲观主义，试图用自己快乐的、向外扩张的"权力意志"（will to power）去取代叔本华充满悲观色彩的"生命意志"（will of life）。与此同时，尼采抛弃了康德关于"人是目的"的观念，把人视为过渡性的、应

---

① 张玉书选编：《海涅选集》，人民文学出版社 1983 年版，第 135 页。
② ［德］叔本华：《作为意志和表象的世界》，石冲白译，商务印书馆 2010 年版，第 394 页。

该被超越的存在物：

> 猿猴在人的眼中是什么呢？乃是让我们感到好笑或是感到痛苦的耻辱的对象。在超人眼中，人也应当是这样一种好笑的东西或者是痛苦的耻辱。①

众所周知，尼采提出了"上帝已死"（God is dead）的口号，主张用"超人"（superman）取而代之。事实上，他不仅使超人成了新的上帝，也使人降低为超人的陪衬者……

大卫：请允许我打断一下，你还没有提到克尔凯郭尔呢？

黎明：作为一个旷古未见的智者，克尔凯郭尔是真正的另类哲学家。他驳斥了黑格尔的以"正题—反题—合题"（thesis—antithesis—synthesis）为表现形式的虚假的辩证法，用自己的"质的辩证法"（qualitative dialectic）取而代之，而"质的辩证法"的表现形式则是"非此即彼"（either/or），换一种说法，就是"选择你自己"（choose thyself）。

大卫：等一等，黎明。这么多的新术语真使我应接不暇，你能做一些必要的说明吗？

黎明：这么说吧，大卫。假定你沿着路 A 往前走，前面出现了两条分叉的路，姑且称为路 B 和路 C。当你停在路 A、路 B 和路 C 相交的点，即"三岔路口"时，你可能同时沿着路 B 和路 C 往前走吗？

大卫：当然不能。常识告诉我，在路 B 和路 C 中我只能选择一条往前走。

黎明：也就是说，在路 B 和路 C 之间，你只能做出非此即彼的选择，这里并不存在黑格尔所说的"合题"。由于非此即彼的选择是跳跃性的，因而克尔凯郭尔也把自己的辩证法称之为"质的辩证法"，而质的辩

---

① ［德］尼采：《查拉图斯特拉如是说》，钱春绮译，生活·读书·新知三联书店 2007 年版，第 7 页。

证法的口号就是"选择你自己"。

大卫：这下我明白了。黑格尔的"正题—反题—合题"听起来面面俱到，滴水不漏，什么也没有拉下，实际上却是一种虚假的辩证法；而克尔凯郭尔提倡的"非此即彼"却是现实生活中的真正的辩证法，也就是我们经常说的："有所不为才能有所为。"由此看来，克尔凯郭尔的辩证法才是真正的属人的辩证法。

黎明：但要注意，大卫，事实上，克尔凯郭尔既不愿意谈论抽象的人，也不愿意谈论"群众"(mass)，他喜欢谈论的乃是"孤独的个人"(isolated individual)。为了这样的个人不至于被黑格尔的逻辑学所吞没，他甚至把自己的墓志铭也写成了"这个人"(the individual)。

大卫：真是一个怪人！

黎明：千万不要蔑视怪人。在我看来，尽管怪人不一定是圣人，但圣人却必定是怪人。

大卫：何出此言？

黎明：假如你把"怪"字拆开来，立即就会发现，这个字的右边部分正好是一个"圣"字，而左边部分的"忄"与"心"的含义相同。合起来的意思就是"有圣人之心"。可见，怪人常常是不寻常的。在某种意义上，圣人与怪人往往是相通的。

大卫：看来，海德格尔也多半是个怪人。

黎明：正是如此。一方面，他是 20 世纪最富有洞察力的思想家；另一方面，他居然庸俗到把纳粹的徽章一直佩戴到 1945 年！如果他不是怪人，那么谁又是怪人呢？我认为，在关于人的问题的第三次大探讨中，海德格尔的贡献是建立了"此在诠释学"(Hermeneutik des Daseins)，他把"此在"(Dasein)作为人之存在，与其他"存在者"(Seiende)严格地区分开来。此在决不是克尔凯郭尔笔下的孤独的个人，而是"在世界之中的存在"(in-der-Welt-sein)，这种存在的样态是"烦"(Sorge)、"畏"(Angst)、"死"(Tod)。自觉地向死而存在，就能唤醒本真的此在下决断的"良知"(Gewissen)。

大卫：在我看来，假如说莱布尼茨的"单子"（Monad）是近代市民的形而上学的化身，那么海德格尔的"此在"则是当代精英分子的标志。

黎明：在海德格尔之后，萨特把人的问题的探讨推向了新的高潮。一方面，他用"存在先于本质"（existence precedes essence）的新观念颠倒了传统哲学关于"本质先于存在"（essence is prior to existence）的旧观念，强调本质不是虚悬在人的存在之外的固定不变的东西……

大卫：就像《脏手》中的贺德雷批评雨果时所说的：

> 你看！你好好地看看！雨果，你爱的不是人，你爱的只不过是一些原则。①

黎明：在萨特看来，人先存在着，然后在行动中塑造着自己的本质：

> 人只是他自己造成的东西。这是存在主义的第一原理。②

大卫：萨特认为，人的自由乃是人本身的宿命；他甚至主张，人在自杀时，还可以自由地挑选不同的自杀方式。这未免太夸张了。对了，黎明，你刚才说的只是萨特人学思想的一个方面，另一个方面呢？

黎明：另一个方面，萨特把克尔凯郭尔的"选择你自己"的观念发挥到淋漓尽致的地步。事实上，萨特撰写的大部分戏剧都是围绕着剧中人物在临界状态下的非此即彼的选择而展开的。

大卫：据说，萨特有个学生，他的哥哥被德国人杀害了，他在家里照顾卧床不起的母亲。他面临的选择是：或者到英国去参加法国军队，替哥哥和其他被害者报仇；或者留在母亲身边，因为她生活上不能完全自理，需要他的照顾。如果他选择前者，就等于把自己的母亲视为工

---

① 《萨特戏剧集》，袁树仁译，人民文学出版社 1985 年版，第 388 页。

② J. P. Sartre, *Existentialism and Humanism*, London：Eyre Methuen Ltd.，1978，p. 28.

具；如果他选择后者，则等于把反对德国法西斯的事业视为工具。他感到十分苦恼，为此而去请教萨特。萨特直截了当地对他说，任何一种道德观念都无法帮助他解决他所面临的困境，也没有任何人能够代替他出主意。作为具有独立人格的公民，他必须依靠自己做出决断和选择，并对自己的决断和选择所产生的结果承担相应的道德责任。

黎明： 按照存在主义的观点，生活就是由一系列三岔路口构成的，每个路口都必须进行非此即彼的选择，而选择需要眼光，眼光则来自哲学。在某种意义上，与萨特比较起来，加缪探索人的奥秘的眼光是更为深邃的。在《西绪福斯的神话》中，他这样写道：

> 真正严肃的哲学问题只有一个：自杀。判断生活是否值得经历，这本身就是在回答哲学的根本问题。其他问题——诸如世界有三个领域，精神有九种或十二种范畴——都是次要的，不过是些游戏而已；首先应该做的是回答问题。①

大卫： 在我看来，不管是唯意志主义，还是存在主义，都希望打开"人"这只黑箱，从而把他从知识论哲学的羁绊下解救出来。从这方面看，它们的贡献是不会磨灭的。但与此同时，它们也把哲学引入了蛮荒之地。因为它们总体上的倾向是非理性主义的。当然，"非理性主义"（irrationalism）不同于"反理性主义"（anti-rationalism），前者注重理性以外的其他因素，如本能、意志、欲望、情绪等，后者则直接反对理性……

黎明： 在我看来，"反理性主义"这个表达式本身就是一个逻辑矛盾，因为反对理性的任何理由也必须以理性的方式加以陈述，否则倾听的人就不会明白被陈述出来的究竟是什么。从这个角度上看，立即就会发现，彻底的反理性主义实际上是不存在的。

---

① ［法］加缪：《西绪福斯的神话》，杜小真译，生活·读书·新知三联书店1987年版，第2页。

大卫：黎明，在这一点上，我完全同意你的观点，现在，我们似乎该考察第二个方向了。

黎明：从总体上看，第二个方向延续了理性主义的传统，但也多有履新之处。让我们先考察德国哲学家费尔巴哈吧。一提起他，我就不由得产生了怜悯之情，因为即使在今天，他的思想仍然处于普遍的被误解的状态中。比如，几乎所有的马克思主义哲学教科书在叙述费尔巴哈的哲学思想时，都肯定他的根本贡献在于他的唯物主义学说。其实，这样差强人意的结论连费尔巴哈本人也不会接受。事实上，他本人早已断然撇清了自己与唯物主义的关系：

> 唯物主义、唯心主义、生理学、心理学都不是真理；只有人本学是真理，只有感性、直观的观点是真理，因为只有这个观点给予我整体性和个别性。①

由此可见，费尔巴哈的根本贡献是在人本学（anthropology）上。换言之，他早已超越了那种笛卡尔式的、把精神与物质割裂开来并对立起来的二元论的思维模式，而把精神与物质统一在个人的感性的基础之上。事实上，他已经意识到，无论是唯物主义，还是唯心主义，这两个概念都奠基于精神与物质的分离，因而都是虚假的，唯有把精神与物质结合起来的人的感性才是真实的。② 在对人的问题的探讨上，他的最重

① 《费尔巴哈哲学著作选集》上卷，荣震华等译，商务印书馆 1984 年版，第 205 页。
② 毋庸讳言，费尔巴哈在这方面的思想也对青年马克思产生了重要的影响。事实上，马克思在《黑格尔法哲学批判》中，已经表达出下面的重要思想："从另一方面说，任何极端都是它自己的另一极端。抽象的唯灵论是抽象的唯物主义；抽象的唯物主义是物质的抽象的唯灵论。"（《马克思恩格斯全集》第 1 卷，人民出版社 1956 年版，第 355 页）在他看来，"抽象的唯物主义"或"抽象的唯灵论"不过是各执一个极端而已，但这两个极端却是相通的。在我看来，马克思后来之所以保留并继续使用"唯物主义"的概念，或许是出于以下的原因，即他通过把自己的哲学命名为"实践唯物主义"而超越了唯物主义与唯心主义、物质与精神的抽象的分离和对立，因为"实践"作为主观见之于客观的活动，已经体现出物质与精神的统一。

要的作品是《基督教的本质》。正是在这部著作中，他集中地论述了上帝是人的本质力量异化的产物这一极为重要的思想，即人把自己身上的全部智慧和能力都集中到一个对象的身上，这个对象就是全知全能的上帝。因此，不是上帝创造了人，而是人创造了上帝。或者换一种说法，在上帝可能创造人之前，人已先创造出上帝这个形象。因此，在某种意义上，人对上帝的崇拜，实际上就是人对自己的本质力量的崇拜。在神学家那里，尽管神学是以神压制人的异化的方式被叙述出来的，但神学本质上却是人本学，一种变形的、夸张的、扭曲的人本学。

大卫：真是石破天惊的推论！我不禁联想起屠格涅夫笔下的尼可拉·彼得洛维奇对巴威尔的提示：

> 您知道，整个莫斯科城还是给一个戈比的蜡烛烧掉的。①

费尔巴哈的人本学扭转了整个时代的目光，把它们从基督教教堂的昏暗光线中解放出来，转向阳光下生机盎然的自然界和人类：

> 观察自然，观察人吧！在这里你们可以看到哲学的秘密。②

黎明：费尔巴哈人本学思想的巨大贡献是有目共睹的，然而，正如马克思所批评的，在费尔巴哈那里，人仍然是一个抽象的无生命的玩偶，真正现实的人还隐藏在生活舞台的深处。在马克思看来，要让真正现实的人出场，必须把费尔巴哈对彼岸世界的"异化宗教"（alienated religion）的批判转变为对此岸世界的"异化劳动"（alienated labor）的批判。有鉴于此，马克思指出：

---

① ［俄］屠格涅夫：《父与子》，耿济之译，商务印书馆1922年版，第83页。
② 《费尔巴哈哲学著作选集》上卷，荣震华等译，商务印书馆1984年版，第115页。

费尔巴哈把宗教的本质归结于人的本质。但是，人的本质不是单个人所固有的抽象物，在其现实性上，它是一切社会关系的总和。①

大卫：马克思既批判地继承了西方人本主义的伟大传统，又独辟蹊径地创立了历史唯物主义理论，对这一传统进行了根本性的改造和提升。在马克思和恩格斯合著的《德意志意识形态》的"费尔巴哈"章中，马克思明确地指出：

这种历史观就在于：从直接生活的物质生产出发来考察现实的生产过程，并把与该生产方式相联系的、它所产生的交往形式，即各个不同阶段上的市民社会，理解为整个历史的基础；然后必须在国家生活的范围内描述市民社会的活动，同时从市民社会出发来阐明各种不同的理论产物和意识形式，如宗教、哲学、道德等等，并在这个基础上追溯它们产生的过程。②

历史唯物主义把市民社会理解为"整个历史的基础"，从而为人的问题的探讨奠定了科学的基础。

黎明：如果像前面提到的拉·梅特利那样，把人类理解为一株植物，那么你立即就会发现，这株植物有两个根系是必不可少的：一个就是马克思揭示的"经济之根系"，任何个人，如果他不能持续地获得食品，就会因饥饿而死；另一个就是弗洛伊德所揭示的"性之根系"，没有性别上的差异和异性之间的关系，人类作为一个种族就不可能繁衍下去。比较起来，马克思所揭示的经济之根系更为根本，因为性之根系的一个重要的依据是把前辈们在经济活动中创造的财富作为遗产传递下去。

---

① 《马克思恩格斯选集》第1卷，人民出版社1995年版，第56页。
② 《马克思恩格斯全集》第3卷，人民出版社1960年版，第42—43页。

大卫：毋庸讳言，人们使用的日常语言也印证了马克思的伟大发现。举个例子，中国人的谚语"民以食为天"就充分表明了经济问题的重要性。西方语言也多有这方面的暗示。比如，英语中的 interest 解释"兴趣"，其复数形式 interests 则解释"利益"，把这两方面的含义综合起来就是：人只对与自己利益有关的事情产生兴趣，而在所有的利益中，经济利益则是基础性的。又如，在德语中，fromm 这个形容词，既可解释为"虔诚的"，即对上帝信仰上的真诚，又可解释为"有益的"，即对自己有好处，而与 fromm 同属一个语词家族的动词 frommen 的解释就是"有益于"。这就从根本上破除了西方人在宗教研究中长期持有的一个错误观念，即认为"虔诚的"这个形容词的含义就是指信徒完全献身于上帝，根本不考虑自己的任何利益，而 fromm 这个形容词的双重含义恰恰启示我们，一个人之所以对上帝虔诚，完全是出于对自己的未来的利益的考量。

黎明：妙极了，大卫。马克思的历史唯物主义理论蕴含的"经济分析方法"(method of economic analysis)确实为我们理解人性和人生百态提供了一把钥匙。在这方面，怎么说也不会过分。比如，黑格尔在《精神现象学》中的第二个阶段"自我意识"中谈到陌生个人交往的最初历史时认定，当时的自我意识显现为欲望一般，而欲望一般就是置陌生的他人于死地；到了主奴关系阶段，陌生个人才作为"主人"与"奴隶"相互承认。显然，在黑格尔思辨哲学的语境中，人类原初历史的演化过程被表达得十分晦涩难懂。假如人们引入马克思的经济分析方法，对这个问题的阐释就变得明白易懂了：在原始社会中，由于生产力十分低下，个人通过劳动而获得的产品甚至连养活自己也是困难的。在这样的情况下，对待陌生人，尤其是来自其他部落的俘虏，通常的做法就是加以杀害，这就是黑格尔用思辨语言表达的所谓"通过欲望一般而否弃他人的生命"。后来，随着生产力的发展，原始社会解体了，个人通过劳动而获得的产品不光能够养活自己，甚至还能提供剩余财富养活他人。在这样的情况下，再杀害陌生人或俘虏就变得十分愚蠢了。于是，俘虏就被转化为"奴隶",而他们之所以能够活命,因为他们能够为"主人"生产剩余财富。这样一来,主人与奴隶之间便获得了相互承认,奴隶社会也就应运而生了。

大卫:马克思的经济分析方法也为我们理解日常生活中的各种错综复杂的现象提供了一把钥匙。事实上,富有智慧的刑事侦探们总是十分娴熟地使用这种经济分析方法。比如,某个地方发生了一起谋杀案,但其线索纵横交错,难以识别。在这种情况下,如何尽快把嫌疑人识别出来?说白了,侦探们通常运用的方法也是经济分析方法。比如,他们首先会提出如下的问题:如果某人被谋杀了,那么,他的死亡可能对谁最有利?而最有利的那个人可能就是犯罪嫌疑人。显然,经济分析为破案提供了重要的思路。

黎明:事实上,在探索人的奥秘和各种社会现象时,马克思的历史唯物主义理论不光提供了经济分析方法,也提供了相应的"阶级分析方法"(method of class analysis)。如果说,经济分析方法经常被用于对个人行为的分析,那么,阶级分析方法则经常被用于对群体行为动因的分析。正如我们在前面的讨论中已经提及的,无论是马克思的《路易·波拿巴的雾月十八日》,还是毛泽东的《中国社会各阶级分析》,都可以说是阶级分析方法的典范之作。

大卫:然而,正如恩格斯在 1890 年 8 月 27 日致保·拉法格的信中所说的:

> 所有这些先生们都在搞马克思主义,然而他们属于 10 年前你在法国就很熟悉的那一种马克思主义者,关于这种马克思主义者,马克思曾经说过:"我只知道我自己不是马克思主义者。"马克思大概会把海涅对自己的模仿者说的话转送给这些先生们:"我播下的是龙种,而收获的却是跳蚤。"①

---

① 《马克思恩格斯选集》第 4 卷,人民出版社 1995 年版,第 695 页。

遗憾的是，马克思逝世后，他的某些后继者不但曲解了他创立的历史唯物主义理论，而且也曲解了这一理论所蕴含的经济分析方法和阶级分析方法。

黎明：如果说，马克思的经济分析方法常常被曲解为"经济决定论"（determinism of economy），那么，他的阶级分析方法则常常被曲解为"阶级决定论"（determinism of class）。不用说，在误解施虐之处，一切有价值的观念都被消除了，一切有生命的东西都被扼杀了。事实上，在1890 年 9 月 21 日致约·布洛赫的信中，恩格斯就已尖锐地抨击了经济决定论可能导致的结果：

> ……根据唯物史观，历史过程中的决定性因素归根到底是现实生活的生产和再生产。无论马克思或我都从来没有肯定过比这更多的东西。如果有人在这里加以歪曲，说经济因素是唯一决定性的因素，那么他就是把这个命题变成毫无内容的、抽象的、荒诞无稽的空话。①

大卫：不用说，凡是经济决定论流行的地方，人的主体性和能动作用就被否定了，人成了由经济关系之线牵动着的木偶。无论如何，以这种方式去理解人，并不是马克思的初衷。事实上，这种理论是很容易反驳的。比如，某人为了维护精神上的某种信念而绝食自尽。在我看来，这种行为方式不仅是对自己信念的维护，也是对经济决定论的反驳。

黎明：同样地，阶级决定论也是对马克思关于人的理论的曲解。诚然，阶级分析方法是我们识别各种复杂的社会现象的指导性线索，但却不能把这一点绝对化。比如，马克思和恩格斯都是出生于资产阶级家庭的知识分子，但他们在阶级立场上却站在无产阶级一边。同样地，在中国新民主主义时期，也有不少出生于大资产阶级或地主阶级的热血青

---

① 《马克思恩格斯选集》第 4 卷，人民出版社 1995 年版，第 695—696 页。

年，背叛了自己的家庭，投奔延安，参加革命。

大卫：这充分表明，阶级分析方法的有效性是与分析者自觉地把分析置于合理的范围之内密切相关的。任何人，哪怕只要向真理的同方向再跨出一步，即使只是一小步，真理就会变成荒谬绝伦的东西。黎明，你还记得"文化大革命"中出现过的所谓"血统论"吗？

黎明：当然记得。血统论提出的口号是："龙生龙，凤生凤，老鼠生儿打地洞。"也就是说，它完全依据一个人的阶级成分或出身来确定他的思想倾向和他适宜担任的社会角色。正如黑格尔曾经在某处说过的，任何坏的事情都可以找到好的理由。由于马克思关于人的理论在他的追随者那里遭到了普遍的误解，因而人的问题仍然是后马克思时期关注的焦点问题之一。在进入对结构主义的讨论之前，我们还必须提及一位新康德主义的哲学家。大卫，你知道他是谁吗？

大卫：我猜应该是卡西尔，因为他的代表作《人论》的影响是无与伦比的。

黎明：棒极了，这叫"心有灵犀一点通"。事实上，《人论》早已启发我们：

> 形而上学，神学，数学，生物学相继担起了对思考人的问题的领导权并且规定了研究的路线。当这样一种能够指挥所有个别的努力的中心力量不再存在时，这个问题的真正危机出现了。在知识和探究的所有不同的分支中，人的问题的至高无上的重要性仍然能感觉到。①

大卫：显然，在卡西尔看来，关于人的问题的探讨已经陷入危机之中。那么，究竟如何从这个危机中摆脱出来呢？

黎明：卡西尔认为，人之为人的根本标志，既不在他的形而上学本

---

① ［德］卡西尔：《人论》，甘阳译，上海译文出版社1985年版，第28页。

性中，也不在他的物理本性中，而是在人的"劳作"（work）中：

> 正是这种劳作，正是这种人类活动的体系，规定和划定了"人性"的圆周。语言、神话、宗教、艺术、科学、历史，都是这个圆的组成部分和各个扇面。因此，一种"人的哲学"一定是这样一种哲学，它能使我们洞见这些人类活动各自的基本结构，同时又能使我们把这些活动理解为一个有机的整体。①

大卫：尽管卡西尔不是一个结构主义者，但他对结构与整体的重视，在我的脑海里留下了深刻的印象。

黎明：大卫，不要轻易下断语。形似的东西并不一定就是神似的东西。如果说，卡西尔把人的问题视为一个整体性的问题，那么，结构主义者所理解的结构则恰恰是对人的主体性和能动性的排除或否定。如果说，阿尔都塞把历史理解为"无主体的过程"（process without subject），那么，福柯的《词与物》则试图从知识考古学的角度出发来阐明类似的道理。

大卫：福柯是如何进行论证的呢？

黎明：福柯认为，康德于 18 世纪末叶出版的《实用人类学》中提出的"人是什么？"（What is man?）的问题规定了 19 世纪以来人们对人的问题的探索方向。然而，见解深邃的尼采却开始了消除人类学的努力：

> 通过语文学批判，通过某一种生物主义，尼采重新发现了人与神相互属于的时候，在那时，神之死与人之消失同义，超人（le surhomme）的允诺首先意味着人之死（la mort de l'homme）。②

---

① ［德］卡西尔：《人论》，甘阳译，上海译文出版社 1985 年版，第 87 页。
② ［法］福柯：《词与物》，莫伟民译，上海三联书店 2001 年版，第 446 页。

在福柯看来，尼采在宣布"上帝已死"（Gott ist tot）的同时，也塑造了"超人"的形象，超人不仅要填充上帝死亡后出现的真空，而且也要取代人，因为人是注定要被超越的、猥琐卑微的存在物。有鉴于此，尼采坚决反对以"太人性的"态度去看待人，因为在他看来，这是不值得的。显然，福柯也持有类似的观点：

> 诚如我们的思想之考古学所轻易地表明的，人是近期的发明，并且正接近其终点。……人将被抹去，如同大海边沙地上的一张脸。①

大卫：据说，经过 1968 年巴黎五月风暴的冲击，法国的结构主义者们，包括福柯在内，看到了人对结构的拆解作用：一方面，结构主义嬗变为"后结构主义"（post-constructism）或"解构主义"（deconstructism）；另一方面，结构主义者们又重新返回到对人的主体性问题的思考上。

黎明：福柯于 20 世纪 80 年代初在法兰西学院所做的题为《主体诠释学》的系列讲座，其主题就是主体性问题。福柯这样写道：

> 个人必须达到的目的就是他一生中从没有达到的主体的地位。他必须用主体的地位来代替非主体，而且主体的地位是用修身关系来界定的。他需要把自己塑造为主体，而且其中他者必须加入。我认为这是一个西方世界的整个修身实践和主体性的历史中相当重要的论题。②

福柯甚至表示：

---

① ［法］福柯：《词与物》，莫伟民译，上海三联书店 2001 年版，第 506 页。
② ［法］福柯：《主体诠释学》，佘碧平译，上海人民出版社 2005 年版，第 140 页。

将来有一天，我们必须弄一部革命的主体性的历史。①

大卫：这就表明，尽管大海边沙地上的脸可能会被抹去，但也可能再度被重塑出来。总之，人的问题非但不会在历史中消失，反而是一个历久弥新的主题。正如马克·布洛赫所说的：

优秀的史学家犹如神话中的巨人，他善于捕捉人肉的气味，人才是他追寻的目标。②

黎明：现在，我们似乎应该把目光从历史领域移开，转向理论领域了。

大卫：这也正是我期待的。事实上，在对人的问题的探索上，还有诸多理论问题使我困惑不解，希望你能帮助我逐一解除困惑。犹如弥尔顿笔下的夏娃对亚当所说的：

我因你而有，我由你而成，
你是我的头，你是我的导引。③

黎明：不，大卫，你的希望越多，失望也可能会越多。在关于人的问题的探讨上，我的困惑丝毫不逊于你。正如马克思所说的，真理既没有被隐藏在写字台的抽屉里，也没有被安放在哪个人的口袋中，它只可能在我们的共同讨论中显身出来。

大卫：好吧，那我就不客气了。我的第一个问题是：人与动物的根本区别究竟是什么？

---

① ［法］福柯：《主体诠释学》，佘碧平译，上海人民出版社 2005 年版，第 222 页。
② ［法］马克·布洛赫：《为历史学辩护》，张和声等译，中国人民大学出版社 2006 年版，第 21 页。
③ ［英］弥尔顿：《失乐园》，傅东华译，人民文学出版社 1958 年版，第 175 页。

黎明：恕我直言，大卫。在我看来，"人与动物的根本区别"这个提法就是错误的。从逻辑上看，定义就是"属概念＋种差"。不管人们如何给人下定义，比如，把人定义为"理性动物""社会动物""制造工具的动物""符号动物"等，动物永远是人的属概念。人之不能超出动物这个属概念，就像闵希豪森男爵不可能拉着自己的头发离开沼泽地一样。事实上，当你使用"人与动物的根本区别"这个表达式时，你的理论预设恰恰是：人不是动物，而这正是一个错误的预设。由此可见，假如你要在逻辑上以正确的方式提问，上述问题就必须改写为：

人与人以外的动物的根本区别究竟是什么？

大卫：哦，黎明，你真会咬文嚼字。按照你的逻辑，城郊的"动物园"应该被改为"人以外的其他动物园"了，因为人并没有被关在里面呀。

黎明：没错。事实上，像"动物园"这类称谓本身就是不严格的。在一个真正符合概念或理想化的动物园中，自然也应该有"人"这种地球上最多的动物的少量代表被关在里面。当然，他们不是作为其他动物的管理者，而是与其他动物一样，作为被关押者而置身于动物园内。据媒体报道，在伦敦动物园里，就曾有若干个志愿者，以赤身裸体的方式（遮住身体的敏感部分）供其他人参观。反过来说，假如动物园里没有关押人这种动物，那么，它就只有资格被命名为"人以外的其他动物园"了。

请原谅，大卫，我的目的并不是以"咬文嚼字"的方式去非难日常语言，而是试图像以赖尔为代表的牛津日常语言学派一样，寻求以更准确、更明晰的方式表述自己的思想。事实上，人们在阐述任何哲学见解时都无法完全撇开日常语言。比如，就胡塞尔的著作《欧洲科学的危机和先验现象学》的书名来说，"欧洲""科学"和"危机"这类概念就源自日常语言。既然人们在表述自己的哲学思想时无法完全撇开日常语言，而日常语言又是充满歧义的，那么对日常语言的反思就是必不可少的。就像维特根斯坦告诫我们的：

语言给所有的人设置了相同的迷宫。这是一个宏大的、布满迷径错途的网状系统。看见一个接一个人的人沿着同一条路走去，我们可以预见他们在哪儿会走上歧路，在哪儿笔直走无需留意拐弯处，等等。我们必须做的事是在所有交叉口竖立起路标，帮助人们通过危险地段。①

大卫：真有那么严重吗？

黎明：或许比你设想的还要严重。比如，你在不少公共场合都能见到"不许抽烟"的警语牌，但在我看来，"不许抽烟"这个表达式是有缺陷的。如果某人正在抽一根熄掉的烟，并没有污染环境，为什么不可以？反之，如果某人点燃了一根烟，没有放在嘴里抽，而是夹在手指上或放在桌子角上，让它燃烧，不也污染了环境了吗？但既然他没有"抽烟"，他的做法就没有触犯禁律。由此可见，"不许抽烟"这个表达式远不如西方人的 No Smoking 合理。众所周知，smoking 是动词 smoke 的动名词，表示烟正处于燃烧状态中。也就是说，不管某人是否抽烟，只要让烟处于燃烧状态中，就是不许可的。更可笑的是，有人在会议室里使用了"不许吸烟"的警语牌。假定某人在走廊上吸了一口烟，到会议室里把刚才吸下去的那口烟吐出来，又有什么不可呢？因为警语牌上并没有写"不许吐烟"呀。

大卫：黎明，你的分析使我折服，但这样的分析似乎多少有点钻牛角尖的味道了。现在请你告诉我，按照你的理解，人与人以外的其他动物的根本区别究竟是什么？

黎明：很抱歉，大卫，在这个问题上似乎并没有统一的答案。

大卫：事实上，我也并没有期待从你那里听到普适性的答案，我关注的恰恰是你对这个问题的个性化的回应。

---

① ［英］维特根斯坦：《文化与价值》，黄正东等译，华中科技咨询公司 1984 年版，第 25 页。

黎明：真有如释重负的感觉。我认为，人能够按照自己的目的自觉地去改变周围的环境，而人以外的其他动物则只能自发地去适应周围的环境。这就是人与人以外的其他动物之间的根本区别之所在。然而，正如恩格斯所指出的：

> 人来源于动物界这一事实已经决定人永远不能完全摆脱兽性。①

随着社会生活的发展，尽管人的社会属性会渐渐地渗透到人的自然属性，即饮食男女中去，从而改变其具体的表现形式，但只要人存在着，其自然属性本身却是不可能被废弃的。换言之，人永远不可能把自然属性从自己的身上放逐出去。人是喜欢夸大自己的特异性的②，但他必须牢牢地记住下面的真理，即人始终是动物，至多不过是高等动物而已。正如歌德笔下的浮士德所坦承的：

> 在我的心中啊，盘踞着两种精神，
> 这一个想和那一个离分！
> 一个沉溺在强烈的爱欲当中，
> 以固执的官能贴紧凡尘，
> 一个则强要脱离尘世，
> 飞向崇高的先人的灵境。③

大卫：由此看来，费尔巴哈关于人的隐喻"半是天使，半是野兽"永

---

① 《马克思恩格斯全集》第 20 卷，人民出版社 1971 年版，第 110 页。
② 比如，基督教的信徒们始终确信如下的教义，即人是由上帝创造出来的，其实，达尔文以来的生物学所取得的成果早已表明，人是从其他动物那里演化而来的。毋庸讳言，确信并传播人是由上帝创造出来的教义，目的是阐明人的出身的高贵，从而表明人迥然异于其他动物。
③ ［德］歌德：《浮士德》，董问樵译，复旦大学出版社 1982 年版，第 58 页。

远是我们认识人类的一个路标。我的第二个问题是：在当前流行的马克思主义哲学教科书，比如，在艾思奇主编的《辩证唯物主义历史唯物主义》一书中，人的问题是否得到了足够的重视？

黎明：请原谅，大卫，我的回答是否定性的。尽管艾思奇主编的这本教科书的最后一章的标题是"人民群众和个人在历史上的作用"，似乎把关于人的问题的论述放在最高的位置上，但这并不表明，人的问题在这本教科书中得到了高度的重视和合理的阐述。

大卫：愿闻其详。

黎明：首先，从这一章的标题就可以看出，只有作为"杰出人物"(Outstanding figures)的"个人"(individual)才是受到重视的，而"普通个人"(ordinary individual)则作为匿名者统统被归入"人民群众"(masses of people)这个抽象概念中，下降为它的一个片断、一种元素。其次，编写者在强调人民群众是历史的伟大创造者时，关注的只是作为生产者或革命者的普通个人，却从未探讨普通个人应有的人格和尊严、权利和义务。再次，即使在这本书的认识论部分把普通个人作为认识主体加以论述时，也始终没有同时把他们视为法权人格和道德实践主体。换言之，在以艾思奇为代表的那些学者中，普通个人的主体性始终处于残缺不全的状态中。

大卫：这么看来，这本教科书在对人的问题的探讨上还存在着严重的偏失。

黎明：在我看来，最严重的问题还在下面：一方面，从体系结构上看，辩证唯物主义是只研究自然而不研究社会的，而历史唯物主义则是只研究社会而不研究自然的。这样一来，自然与社会便被割裂开来并对立起来了。由于"人"只出现在社会部分，其结果是人与自然失去了任何联系。其实，马克思早已告诉我们：

　　　　社会是人同自然界的完成了的本质的统一。①

---

　　① 《马克思恩格斯全集》第42卷，人民出版社1979年版，第122页。

他又说：

> 被抽象地理解的，孤立的，被认为与人分离的自然界，对人说来也是无。①

这就启示我们，辩证唯物主义与历史唯物主义的教科书体系，不仅造成了自然与社会的二元分离，也造成了自然与人的二元分离，从而使人的本质无法得到全面的把握。另一方面，这本教科书在"绪论"后安排的第一章的标题就是"世界的物质性"……

大卫：黎明，我不明白，难道世界的基础不是它的物质性吗？

黎明：我先问你，是谁意识到了世界的物质性，并正在谈论它呢？

大卫：当然是人，是我们。

黎明：如果说，世界统一于物质，那么，意识就被抹煞了；同时，具有意识的人作为存在者，与其他存在者，如桌子、树、兔子等之间的差异也被抹煞了。如果哲学从一个无人的物质世界开始，它又怎么可能去重视人的地位和作用呢？事实上，即使是"世界统一于物质"这样的观念，也只可能出现在意识中。如果没有意识，甚至连"世界""物质"和"统一于"这样的观念也无从产生。因而，撇开人的意识来谈论世界的物质性，本身就是不可能的。海德格尔之所以提出"本体论差异"(ontologische Differenz)的学说，就是为了把"存在"(Sein)与"存在者"(Seiende)区分开来，尤其是把具有意识的人这种存在者，即"此在"(Dasein)与人之外的其他存在者区分开来。

大卫：我明白了，哪怕是物质世界，也只有有意识的人才能谈论，甚至连"物质世界"(material world)这样的概念也不过是意识的产物。这就深刻地启示我们，马克思主义哲学教科书体系要充分重视人的地位和作用，就应该在给体系砌第一块砖时，就把人砌进去，而不是到最后一

---

① 马克思：《1844年经济学哲学手稿》，人民出版社1979年版，第135页。

章才去谈论人的问题。

黎明：妙极了，大卫。但请允许我对你的结论做一个必要的修正。如果仅仅从意识上去认识人的问题的重要性，那么我们还没有把自己的立场与唯心主义者严格地区分开来。比如，佛教讲"万物唯心"，也就是肯定万物只有进入我们的意识，即"心"中才能为我们所知。而在我看来，人与其他存在者的根本差异就在于人的实践活动。实践活动既蕴含着人的意识，又不能归结为人的意识，它包含着比人的意识更多的东西，即人的运动。在我看来，马克思主义哲学就是实践唯物主义，而实践唯物主义则把人的实践活动理解并阐释为其整个哲学体系的基础和出发点。

大卫：我明白了，你的意思是，只有从实践唯物主义的角度出发去理解、阐释并重建马克思主义哲学体系，这一体系才可能真正重视人的地位和作用。黎明，我的第三个问题是：你是如何看待关于人性善恶的争论的？

黎明：大卫，你的问题总是那么咄咄逼人，这就迫使我做出如下的声明，即我并不是《波斯人信札》中的那个吹牛家，他居然能够在片刻之间解决三个道德问题、四个历史问题和五个物理学的问题。① 你知道，关于人性善恶的争论，在中国历史上已经延续了二千多年，至今没有定论，其代表性见解则是：告子的"性无善无恶论"、孟子的"性善论"、荀子的"性恶论"和世硕的"性有善有恶论"。面对这么复杂的问题，我也会像莎士比亚笔下的薇奥拉那样发出如下的感慨：

> 这纠纷要让时间来理清，
> 叫我打开这结儿怎么成。②

---

① 参见［法］孟德斯鸠：《波斯人信札》，罗大冈译，人民文学出版社1984年版，第127页。

② 参见莎士比亚的戏剧《第十二夜》，见《莎士比亚全集》第4卷，朱生豪译，人民文学出版社1978年版，第30页。

大卫：据我所知，你对西方的人性理论，尤其是马克思的人性也有比较深入的了解。我想知道，你是否从中受到启发，从而找到了一把打开人性秘密的钥匙？记得阿里斯托芬笔下的苏格拉底曾经这样告诫他的同时代人：

不要老是把你的思想裹在身上，要让它像一只系着腿的金龟虫飞到天空里去。①

黎明：好吧，大卫。尽管我的想法不怎么成熟，但我还是乐意让你充当第一个听众。说起西方的人性理论，包括马克思的人性理论在内，给我最大的一个启发是：只有把"人性"（human nature）与"人的本质"（human essence）这两个概念的含义明确地区分开来，才有可能最后破解人性善恶争论的难题。在我看来，人性是指人的自然属性，它是先天的，即与生俱来的，其核心内涵则是饮食男女。所以，孔子说："饮食男女，人之大欲存焉。"②告子也说："食色，性也。"③与人性不同，人的本质是指人的社会属性，它不是与生俱来的，而是在后天的社会环境中形成并发展起来的。

大卫：按照你的意思，善恶概念是不可能与生俱来的……

黎明：没错，善恶概念不是先天的，它们只可能在后天的社会环境中得以形成和发展。正是基于上述思考，我引申出关于人性问题的第一点见解，即善恶作为后天的概念是不应该去规范先天的人性的。

大卫：黎明，我能不能这样理解你的话，即从理论上看，中国哲学家二千多年来关于人性善恶的全部争论都奠基于下面这个错误的理论预设，即以为人性是可以用善恶概念来加以规范的。

黎明：而我的观点正好相反。在我看来，人性是不可以言善恶的。

---

① 《阿里斯托芬喜剧集》，罗念生等译，人民文学出版社1954年版，第211页。
② 《礼记·礼运篇》。
③ 《孟子·告子上》。

这就是我关于人性问题的第一个基本见解。事实上，用后天的概念（即善恶）去规范先天的对象（即人性），这本身就是理论上的谬误。然而，遗憾的是，以前的学者在探讨人性理论时都没有把反思的触角伸展到这个层面上。

大卫：按照你的看法，善恶概念究竟可以规范什么对象呢？

黎明：毋庸置疑，可以规范人的本质。正如我在前面已经指出的，既然人的本质与善恶概念一样，也是在后天的社会环境中形成并发展起来的，因此，我关于人性问题的第二个基本见解是：善恶概念是可以用来规范人的本质的。然而，尽管这样做从理论上看是合法的，但却很难引申出有价值的结论来。

大卫：黎明，你又使我一头雾水了……

黎明：且听我慢慢解释。尽管用善恶概念去规范人的本质，从理论上看是合法的，但从结果上看，也像人们以前讨论人性善恶问题一样，只能引申出以下四种代表性的观点：人的本质是善的、人的本质是恶的、人的本质无善无恶、人的本质有善有恶。你马上就会发现，这四种观点不但显得笼统、抽象，而且相互对峙，既不能加深我们对人的本质的认识，也不能使我们在善恶概念中领悟到更丰富的内涵。

大卫：那怎么办呢？难道我们应该一劳永逸地放弃对善恶概念的使用吗？

黎明：不用那么消极，大卫。在我看来，我们应该借鉴当代英美分析哲学所倡导的分析的方法，在一个更合理的、更具体的语境中来使用善恶概念。由于善恶概念在不同的文化共同体及其不同历史发展阶段上会发生含义上的变化，因此我关于人性问题的第三个基本见解是：必须先行地为善恶概念的运用确定其语境（context）。

大卫：且慢，黎明，你这里所说的"语境"究竟是什么意思？

黎明：就是为善恶概念的合理的、有效的运用提供一个明确的背景，而这个背景是由以下两个前提组成的：第一个前提是：我们不能脱离任何文化共同体，笼统地、抽象地谈论善恶问题、使用善恶概念。也就是说，只要涉及善恶问题，我们就必须先行地确定，下面的讨论将在哪个文化共同体中展开。比如，假定我们关于善恶问题的讨论是在中国这个文化共同体中展开的。这样一来，第一个前提就被明确了。第二个前提是：必须进一步确定，这个文化共同体处于哪个历史发展阶段上。假如我们谈到了中国文化共同体，那么我们就必须进一步明确，我们正在谈论的中国文化共同体究竟处于哪个历史发展阶段上，比如说，是在先秦时期，还是在 21 世纪初或其他时期。总之，只有把上述两个前提澄明了，关于善恶问题的谈论才获得了可靠的出发点，因为善恶概念的含义不但因文化共同体而异，也因同一个文化共同体的不同的历史发展阶段而异。因此，不先行地澄清上述两个前提，关于善恶问题的任何探讨、任何言说都必定是空泛的、无意义的。在上述两个前提被确定后，我们还得再确定两个可能的对象……

大卫：真够复杂的。什么是"可能的对象"？你在前面提到，把人性作为善恶运用的对象是不合法的；把人的本质作为善恶运用的对象尽管是合法的，但又是无意义的。那么，善恶究竟应该运用到什么对象上去呢？比如，能否运用到对某个人的本质的规范上去？我们能否说"张三的本质是善的"或"李四的本质是恶的"？

黎明：当然可以，但你要知道，这样的结论是不可靠的，因而也是很容易被推翻的。

大卫：何以见得？

黎明：因为你预先确定，某个人，比如张三的本质是不变的，这就陷入了萨特所批评的"本质先于存在"的错误观念。而萨特之所以提出"存在先于本质"，就是强调应该从某个人的行为出发去评价他，但即使是对他的行为做评价，也不要轻易上升到他的本质，从而轻率地对他的本质做出断言。

大卫：我明白了，某个人还活着，因而他的本质还是开放的、处于变化之中的。中国人常说"盖棺论定"，假定张三已经死了，这下我们总能对他的本质的善恶进行断言了吧！

黎明：很抱歉，大卫，我又让你感到失望了。在我看来，即使"盖棺"了也不一定就可"论定"。比如，像秦始皇、曹操这样的历史人物，不要说早已被盖棺，恐怕连骸骨都找不到了，但他们的本质究竟是善的，还是恶的，仍然是历史学家们争论不休的主题。事实上，我们完全可假设某个历史人物一生做过十件大事：其中六件是善的，且广为人知；而另外四件则是恶的，但不为人知。历史学家们又会怎么评价他呢？

大卫：黎明，我现在才真正体会到冯友兰批评金岳霖"使简单问题复杂化"究竟是什么意思了。这样看来，我们是无法用善恶概念去规范某个人的本质了。

黎明：其实，我们还是可以用善恶概念去规范某个人的本质的，但当我们这样做的时候，必须十分谨慎。事实上，我们完全可以用条件句的方式来下结论。比如，"根据目前掌握的资料，某个人的本质是善的"。显然，这样的结论保留了一个敞开的空间，万一今后发现了性质不同的新的史料，我们就可以对自己的结论做出相应的修正和调整。当然，话得说回来，我们应该尽量避免对某个人（不管他是已故的历史人物，还是目前尚活着的人）的本质轻易下断语。就像亨利六世所说的：

　　不要对别人下断语，我们全都是罪人。①

大卫：抱歉，黎明，你还没有告诉我，你前面提到的"可能的对象"究竟指什么？

黎明：无数事实表明，把善恶概念用到"人的本质"上，失之笼统；而用到"某个人的本质"上，也失之粗率。在我看来，可能的对象只能有

---

① 参见莎士比亚的戏剧《亨利六世》中篇，见《莎士比亚全集》第 6 卷，章益译，人民文学出版社 1978 年版，第 175 页。

两个：一是指"某个人的某个行为"，二是指"某个团体的某个活动"。正是基于这样的考虑，我们倾向于在已经限定的文化共同体的确定的历史发展阶段的语境中，对"某个人的某个行为"或"某个团体的某个活动"做出善恶评价。

大卫：妙极了，黎明。你不但看清了二千多年来关于人性善恶的讨论乃是无谓之举，而且也为善恶概念的合理的、有效的运用限定了明确的语境。我认为，那些至今仍然热衷于笼统地谈论人性善恶观念的中国哲学研究专家们，应该认真地读一读你的论文《中国传统人性理论的祛魅与重建》①。现在，我只剩下最后一个问题了：你怎么看待马克思关于"人的全面发展"的学说？

黎明：大卫，如果我说马克思从未提出过"人的全面发展"的学说，你会感到惊奇吗？

大卫：我想，我会感到惊奇的。或许是我的问题使你感到厌倦了，黎明，但你也不应该否认事实呀。

黎明：恐怕你误解我了，我决不会对事实采取鸵鸟政策。我的意思是：马克思从未说过"人的全面发展"，他说的是"个人的全面发展"（die universelle Entwicklung der Individuen）。

大卫：你认为这两个提法之间存在着根本性的分歧吗？

黎明：是的。大卫，你要知道，在德语中，Mensch（复数为 Menschen）的含义是"人"，它可以用来指称任何历史时期的人，而 Individuum（复数为 Individuen）的含义则是"个人"，只能用以指称 18 世纪以来在市民社会的发展中形成起来的、具有独立人格的个体。马克思之所以提出"个人全面发展"的理论，因为他的理论是建基于作为启蒙成果的现代个人的基础之上的。马克思这样写道：

全面发展的个人——他们的社会关系作为他们自己的共同的关

---

① 参见俞吾金：《中国传统人性理论的祛魅与重建》，《中国哲学年鉴 2010》专文。

系，也是服从于他们自己的共同的控制的——不是自然的产物，而是历史的产物。要使这种个性成为可能，能力的发展就要达到一定的程度和全面性，这正是以建立在交换价值基础上的生产为前提的，这种生产才在产生出个人同自己和同别人的普遍异化的同时，也产生出个人关系和个人能力的普遍性和全面性。①

大卫：你对马克思论述中"人"与"个人"这两个概念在含义上的差异的发现确实具有非同寻常的意义，但使我困惑不解的是，为什么马克思关于"个人全面发展"的理论在中国理论界会不知不觉地转化为"人的全面发展"的理论？

黎明：问得好，大卫。由于传统中国社会是家、国同构的，共同体的利益始终是高于一切的，而普通个人则是可以略去不计的。由于近代中国社会在其发展的历史进程中从未经历过欧洲社会从 12 世纪以来的罗马法研究的复兴、文艺复兴、宗教改革和启蒙运动的洗礼，而与之相伴随的民族救亡运动所推重的，始终只是作为整体抵抗力量的"人民群众"，而从不真正关注每个普通人的尊严、权利和个性。因此，在现当代中国社会中，仍然缺乏马克思所说的、在 18 世纪的市民社会中形成并发展起来的"个人"。

大卫：何况，官方意识形态从未划清过"个人"(individual)、"个人主义"(individualism)和"极端个人主义"(radical individualism)这三个概念之间的差异。事实上，在后启蒙时期，个人和个人主义的概念都是应该加以肯定的，只有极端个人主义的概念才是我们应该加以批判的对象。然而，官方意识形态总是不分青红皂白地把与个人有关的一切观念统统作为负面的价值加以拒斥。在这种"启蒙缺失"的背景下，马克思关于"个人全面发展"的理论必定会被曲解为"人的全面发展"的理论，而人

---

① 《马克思恩格斯全集》第 46 卷上，人民出版社 1979 年版，第 108—109 页。

的全面发展的理论恰恰蕴含着对启蒙的历史价值的模糊化。①

黎明：说得好，大卫，但我们不能忽略下面这一点，即当马克思提到个人的全面发展时，他所指的乃是"个人能力的全面发展"。你认为，普通个人做得到这一点吗？

大卫：难道你对这一点有怀疑？

黎明：我想是的。至少马克思对这一点的表述不是很明确。在我看来，如果马克思所说的"个人"是指全世界所有个人的总和（复数状态），即整个人类，那么能力上的全面发展完全是可能的；然而，如果马克思指的是某个人（单数状态），那么在我看来，这个人能力上的全面发展就是不可能的。

大卫：且慢下结论，黎明。记得恩格斯在《自然辩证法》的"导言"中谈到文艺复兴时期时曾经说过：

> 那时的英雄们还没有成为分工的奴隶，分工所具有的限制人的、使人片面化的影响，在他们的后继者那里我们是常常看到的。……因而就有了使他们成为完人（ganzen Männern）的那种性格上的完整和坚强。②

黎明，在你看来，恩格斯所说的"完人"是不是相当于马克思所说的"在能力上全面发展的个人"呢？

黎明：在我看来，如果在那个时期，即文艺复兴时期，完人与在能力上全面发展的个人几乎是可以互换的概念，但在今天，随着科学技术的高度发展和分工变得越来越细，某个人要在能力上全面发展变得越来越困难了。

大卫：让我想一想，黎明。我不得不承认，你的见解是无可辩驳

---

① 俞吾金：《在实践中丰富马克思关于个人全面发展的理念》，《学术界》2001 年第 5 期。

② 恩格斯：《自然辩证法》，人民出版社 1971 年版，第 8 页。Sehn F. Engels, *Dialektik der Natur*, Berlin：Dietz Verlag, 1952, s. 9.

的。但假如我们都认可这一点的话，那么谈论马克思关于个人能力全面发展的理论岂不失去了自己的理论意义和现实意义。

黎明：关键在于我们不应该以笼统的方式谈论马克思的这一重要理论。事实上，当我们谈论个人能力的全面发展时，如果这里的"个人"指涉的是整个人类个体，那么个人能力的全面发展就不但是可能的，而且是现实的。反之，如果这里的"个人"指涉的只是人类群体中的某个人，那么这个人在能力上的全面发展，至少在分工高度发展的今天，是不现实的。然而，在我看来，只要我们转换一下思维方式和表达方式，作为个体的某个人的全面发展仍然是可以加以谈论的。

大卫：你说的"转换"究竟是什么意思？

黎明：请允许我区分以下两个不同的观念：一个是"某个人素质（quality）上的全面发展"（即他既具备科学精神，又具备人文情怀）；另一个是某个人"能力（ability）上的全面发展"。我认为，谈论前面那个观念，即某个人在素质上的全面发展，非但具有可能性，而且具有现实性；反之，谈论后面那个观念，即某个人在能力上的全面发展，则是不现实的，因而也是没有意义的。

大卫：那么，我们应该以何种合适的方式来谈论某个人在能力上的发展呢？

黎明：我认为，我们对某个具体的个人提出的要求应该是："在能力上片面地发展自己。"

大卫：哦，大卫，你总是使我一头雾水。你说的"在能力上片面地发展自己"到底是什么意思？

黎明：你的问题使我想起了卢梭的名言：

> 人啊！把你的生活限制于你的能力，你就不会再痛苦了。①

---

① ［法］卢梭：《爱弥儿》上卷，李平沤译，商务印书馆1996年版，第79页。

在我看来，每个人的能力都是有限的，不可能同时成为计算机高手、足球国脚、游泳冠军、百米短跑选手，等等。在这个意义上，对某个具体的人来说，能力上的全面发展是不可能的，正如古希腊哲学家德谟克利特告诫我们的：

　　　　不要企图无所不知，否则你将一无所知。①

所以，我们必须学会片面地发展自己。比如，你喜欢小提琴，就把小提琴拉好；你喜欢画花卉，就把花卉画好；你喜欢踢足球，就把足球踢好。千万不要得陇望蜀、好高骛远。什么都喜欢，实质上也就是什么都不喜欢；多中心实质上也就是无中心。

大卫：说得太好了，黎明。我心中的许多疑虑都宛然冰释了。

黎明：不要过于自信，大卫。在我看来，人是一个永恒的谜语，卢梭曾经这样告诫我们：

　　　　在某一意义上说，我们之所以不能认识人类，正是由于研究人类的缘故。②

在探索人的问题的道路上，卢梭的这句话永远是任何独断论的真正的解毒剂。

---

　　① 《古希腊罗马哲学》，生活·读书·新知三联书店 1957 年版，第 113 页。
　　② 卢梭：《人类不平等的起源和基础》，吴绪译，生活·读书·新知三联书店 1957 年版，第 13 页。

二、哲学与知识世界

E 跳出常识的罗陀斯岛
——哲学与常识

> 哲学的特点，就在于研究一般人平时所
> 自以为很熟悉的东西。一般人在日常生活
> 中，不知不觉间曾经运用并应用来帮助他生
> 活的东西，恰好就是他所不真知的，如果他
> 没有哲学的修养的话。
>
> ——[德]黑格尔

大卫：在日常生活中，"常识"（common
sense)恐怕是我们最熟悉的一个用语了。在发生
争执的地方，人们常常可以听到这样的指责声：
"你怎么连这点常识都不懂?"在这样的情况下，
指责者通常以为自己是懂得常识的。然而，实际
上，他也未必深思过"什么是常识"这一问题。

黎明：以为自己对某个人、某个观念、某件
事非常了解，而实际上却并不怎么了解，甚至完
全不了解，这样的情形在日常生活中几乎俯拾皆
是。比如，当子女们有时提出一些天真的想法
时，父母们就会这样责问他们："你们真不知天

高地厚!"于是,子女们也就噤声了,要是他们有足够的勇气,完全可以以下面的方式反问他们的父母:"好吧,那么请你们告诉我们,天有多高、地有多厚?"我相信,很少有父母能够准确地解答这个看起来简单、其实并不容易回答的问题。尽管地面的厚度,即地球的直径或许可以通过科学的方式推算出来,但"天高地厚"中的"天"其实并不存在,人们能够感受到的,不过是无边无际的宇宙空间而已。也就是说,"天有多高"乃是一个虚假的问题。从这个小小的例子可以看出,父母们在指责自己的子女时,常常是理直气壮的,然而,这种理直气壮恰恰又是以自己的无知为基础的。遗憾的是,他们往往意识不到这一点。

大卫:在日常生活中,这类例子确实是很多的。比如,昆明的气候非常好,人们谈起它时,经常会用"四季如春"的成语来形容它。对于许多人来说,这无疑是一种常识。但细加分析,立即就会发现,"四季如春"这个表达式在逻辑上是不自洽的。既然"四季"包含春季,说春季"如春",从逻辑上看不是同义反复吗?因此,正确的表达方式应该是"三季(夏、秋、冬)如春"或"四季皆春"。

黎明:棒极了,大卫。看来你也开始用批判的眼光审察常识和日常语言了。为了说明这方面的审察工作有多么重要,我再举一个有趣的例子。你知道,中国人喜欢使用谚语,而"近水楼台先得月"更是他们经常挂在嘴上的谚语。这个谚语的含义无非是:离利益关系近的个人或单位总能得到实际的好处。中国人视此为常识,不少地方甚至兴建了"得月楼"。然而,细加剖析,立即就会发现,中国人把这句谚语的含义正好理解反了。

大卫:何以见得?

黎明:因为世界上有两种不同的月亮:一种是空中的月亮,即置身于宇宙空间、围绕着地球旋转的星体。这种月亮非但是真实的,而且在数量上也是唯一的;另一种是水中的月亮,即空中的月亮在水中的倒影,如在地面上的河流、湖泊、沟渠,甚至水井中显现出来的月亮。这种月亮不仅是虚假的,而且从数量上看也是无限多的,宋代哲学家朱熹就有"月印万川"的说法。事实上，一提到"水中之月"，我们就很容易联想起《猴子捞月亮》这个脍炙人口的寓言故事。既然"近水楼台先得月"的"月"不过是水中之月，即虚假的月亮，那么这句谚语的真实含义就被颠倒过来了，即它实际上表达的意思是：离利益关系近的个人或单位反而得不到实际的好处。

大卫：妙极了，黎明。从你所说的月亮，我不禁联想到太阳。万物的生长都得益于太阳光，所以人们歌颂太阳，但人们却忽视了问题的另一个方面，即"冬天的太阳光"与"夏天的太阳光"是有差别的。毋庸讳言，人们都无例外地喜欢前者而逃避后者。我发现，乍看上去，常识似乎是清楚明白的，但只要追问下去，它就变得千疮百孔了。

黎明：我完全同意你的观点。就像雷达有自己的盲区一样，人的思维也有自己的盲区。在普通人的精神生活中，常识就是他们思维的盲区。说得刻薄一点，常识就是他们的脑袋靠着它呼呼大睡的柔软的枕头，犹如普希金笔下的奥涅金所感叹的：

> 我们全都这样那样地
> 胡乱地读了一些什么，
> 这样，谢谢上帝，
> 炫耀学识在我们一点不难。①

大卫，你有没有思考过下面这个问题，即常识的来源究竟是什么？

大卫：在我看来，常识主要是用来指导我们日常生活的经验性的知识。尽管在常识中掺杂着理性和思维，然而，由于没有经过哲学上的批判性反思这一"炼狱"，因而从总体上看，常识仍然停留在混沌的经验的状态中。它主要是由以下两个部分组成的：一个部分是"直接经验"（direct experience），即自己亲历的、直接感受到的经验。比如，某人由于

---

① ［俄］普希金：《叶甫盖尼·奥涅金》，吕荧译，人民文学出版社1954年版，第8页。

不小心，被火烧伤了自己的手指；另一个部分是"间接经验"(indirect experience)，比如，人们从前人的告诫或从书本上的记载了解到，老虎是会吃人的。

　　黎明：毋庸讳言，人们不可能什么事情都去亲历。相反，在他们短暂的一生中，真正亲历过的事情并不是很多的。换言之，他们的绝大部分知识来源于间接经验。由此，我们就很容易明白，常识中的极大部分内容是由间接经验构成的。在我看来，常识酷似一家精神的百货店，货架上陈列着形形色色的精神性的产品。这些产品千姿百态，琳琅满目。其中既有自然科学、人文社会科学方面的基础性知识，又有社会习俗、宗教迷信方面的不同见解；既有日常生活中的经验和教训，又有家庭和情感体验中的痛苦与快乐。总之，常识是各种观念的混合物，是人生的精神保姆。

　　大卫：我一直感到困惑的是，我们很难给常识划出一个明确的界限？

　　黎明：从哲学上看，笛卡尔、胡塞尔等哲学家都十分重视对"明晰性"(clearness)的追求。但在我看来，明晰性应该是由两个不同的侧面构成的，那就是在该明晰处明晰和在该不明晰处不明晰。

　　大卫：你又使我坠入五里雾中了。什么叫"在该明晰处明晰和在该不明晰处不明晰"？

　　黎明：你的问题使我想起了俾德丽彩在"天堂篇"第七歌中所吟诵的：

　　　　现在我看到你的心灵，
　　　　给一个一个思想打成了结，
　　　　正怀着极大的欲望等候解开。①

---

　　① ［意］但丁：《神曲·地狱篇》，朱维基译，上海文艺出版社 1984 年版，第 54 页。

我先解释前面半句话"在该明晰处明晰",意即在应该需要明晰性的地方才去追求明晰性。假如你明天将乘飞机外出旅行,那么你对下面的问题事先必须获得明确的了解:什么航班?它几点起飞?哪个机场的哪个航站楼?旅行的目的地是何处?

大卫: 你说的前半句话的意思我明白了。在日常生活中,确实有这样的"马大哈式的"人物,由于对相关的信息处于不明晰的状态,搞错航班的、跑错航站楼的,甚至连跑错机场的事也时有发生。如果每个人对自己应该了解的信息都了解得非常清楚,那么日常生活中又可避免多少麻烦!

黎明: 我的后半句话"在该不明晰处不明晰"的意思是,在不需要明晰性的地方不必去追求明晰性。假定我和你一起外出散步,我问你:"现在大概几点?"你没有必要回答我"现在是下午 4 点 01 分 39 秒",只要说"现在大约 4 点"就可以了,因为我的问题中的"大概"表明,我只需要一个笼统的时间观念……

大卫: 这下我明白了,你的意思是,常识本来就是一个边界不明确的概念,在这样含混的概念上去追求明晰性,反而会导致对这个概念的误解。在需要明晰的地方明晰,在需要含混的地方含混,把这两个侧面综合起来,才是真正的哲学意义上的明晰。

黎明: 棒极了,大卫。如果你留意日常语言中的某些词,你对这一点会有更透彻的了解。英语中的不定代词组成了一个语词家族,如"某人"(someone/somebody)、"某物"(something)、"某处"(somewhere)、"某时"(somewhen)等。假定李小姐的包被偷了,但人们并不知道哪个人偷了她的包,就只能含混地表示:"李小姐的包被某人偷了。"在这里,正是"某人"这个不定代词提供了含混表达的可能性。由此可见,明晰性并不是在任何情况下都需要的。不然,清代思想家郑板桥就不会说"难得糊涂"了;文学艺术探索中也不会出现"朦胧派诗歌"了;数学发展中也不会出现"微积分"了;而在逻辑学研究中也不会出现"模糊逻辑"了……

大卫： 太有启发了。从常识概念的含混性，我也联想到康德所说的幸福、命运这类概念的含混性：

> 例如幸福、命运，它们虽然凭借几乎普遍的宽容而流行，但毕竟有时需要回答 quid iuris[有何权利]的问题；此时，在这种情况下就陷入不小的麻烦，因为人们无论是从经验出发还是从理性出发都举不出清晰的合法根据来澄清使用这些概念的权限。①

黎明： 同样地，维特根斯坦在《逻辑哲学论》中也告诫我们，对于世界的整体意义、句子的逻辑结构、善恶、美丑这类对象，是无法明晰地加以言说的。大卫，如果我们在这一点上达成了共识，也就等于扫除了继续探讨常识问题的障碍。

大卫： 让我们继续下去吧！

黎明： 只要我们反思一下自己走过的人生道路，就很容易发现：人一生下来，就处于常识的包围之中。婴儿就是在常识乳汁的哺育下成长起来的。当他逐渐长大并接受家庭和学校的教育时，他与周围的人一样，获得了丰富的常识。而在通常的情况下，这种常识与他生活的时代的主导性观念是一致的。如果时代像河水一样，缓慢地向前流淌，常识就会不走样地代代相传；反之，如果时代处于剧烈的变动和更替中，常识就会发生惊人的变故。而当新的常识渐渐占据人们的心灵，并内化为他们心中不可动摇的权威之后，它就获得了不受思维审视的豁免权。

大卫： 你的意思是，一旦常识内化为人们心中的权威，它就不再是他们思考的对象，而成了他们思考的出发点。如果说，理性是 18 世纪法国启蒙学者心目中的唯一法庭，那么，常识则是普通人心目中评判一切、裁决一切的最高法庭。

---

① ［德］康德：《纯粹理性批判》，李秋零译，中国人民大学出版社 2004 年版，A84—5/B117。

黎明：正如卡尔手下的众盗所说的：

我们的太阳是月亮。①

大卫：在你看来，一个人拥有常识究竟是好事，还是坏事？

黎明：哦，大卫，你的问题总是那么咄咄逼人。按照我的看法，常识就像李汝珍的小说《镜花缘》中描绘的两面人：既有一张和蔼可亲的脸，又有一张浩然巾掩盖下的穷凶极恶的脸。我们不妨把前一张脸视为"常识中的合理部分"，即人们通常所说的"健康的常识"（healthy common sense）；把后一张脸视为"常识中的谬误部分"，即人们通常所说的"病态的常识"（pathological common sense）。

大卫：也就是说，我们应该自觉地接受健康的常识的引导，抵制病态的常识的诱惑。但我们又如何从常识中区分出"健康的常识"和"病态的常识"呢？

黎明：大卫，我坦然承认，这确实是有相当的难度的。但反过来说，如果生活中的一切都像解一个一次方程那么简单，你不觉得这样的生活太乏味了吗？让我们先来讨论健康的常识吧。事实上，只要稍微检索一下自己的记忆，立刻就会发现，许多杰出的历史人物都对健康的常识做出了高度的评价。比如，歌德曾经表示：

常识是人类特有的天赋。②

又说：

在健全的人身上，常识生来是纯洁的，是自我发展的，而且是

---

① ［德］席勒：《强盗》，杨文震等译，人民文学出版社 1956 年版，第 113 页。
② 《歌德的格言和感想集》，程代熙等译，中国社会科学出版社 1982 年版，第 11 页。

经由对必需的和有用的事物的明察和承认而显示出来的。脚踏实地的男男女女总是满怀信心地利用常识。而没有常识的男人或女人却把所希望的任何事物认为是必要的，并把能给他们带来乐趣的任何事物认为是有用的。①

大卫：歌德启迪我们，正是健康的常识引导着我们灵活地去应对并处理生活中出现的各种问题。比如，在攀登一座崎岖的、未经勘察过的山岭时，攀登者总是迂回曲折地向上攀登的，有时甚至不得不往回走，另觅路径。谁又会怀疑这种合理的常识呢？又如，一个不会游泳的人掉在深水里是会被淹死的。谁又会对这种明智的常识置疑呢？

黎明：对不起，大卫，我要打断一下，并不是所有的深水都会淹死人。比如，在约旦和以色列之间的死海，虽然最深处达 400 米，但由于湖水的含盐量异乎寻常地高，人掉进海中也无法沉下去。

大卫：尽管你说的是意外的情况，但我不得不承认，我应该更严格地表述自己的思想。比如，我应该这样表达：

> 在一般的情况下，一个不会游泳的人掉在深水里是会被淹死的。

黎明：遗憾的是，你避开了一个错误，又陷入了另一个错误之中。

大卫：你说的"另一个错误"指什么？

黎明：指的是你增补上去的这个表达式"在一般的情况下"。

大卫：你真使我感到惊讶，黎明。不论是在日常谈话中，还是在严密的学术论文中，人们都经常使用"在一般的情况下"这个表达式，难道它竟然是错误的？为什么？

---

① 《歌德的格言和感想集》，程代熙等译，中国社会科学出版社 1982 年版，第 39 页。

黎明：因为所有的"情况"都是个别的，世界上并不存在"一般的情况"。黑格尔在《逻辑学》中早已告诉我们，所有的房屋都是个别的，世界上并不存在"一般的房屋"。同样地，大卫，我想问你，世界上存在"一般的桌子""一般的树木"或"一般的人"吗？在《谈谈辩证法》一文中，列宁明确地表示：

> 一般只能在个别中存在，只能通过个别而存在。①

黎明：在我看来，应该这样说：

> 在通常的情况下，一个不会游泳的人掉在深水里是会被淹死的。

因为"通常"与"一般"不同，它指的是人们通常会遭遇到的个别的情况。总之，我想表达的意思是，健康的常识不是固定不变的、僵死的知识，它具有相应的变动性和灵活性，从而使人们适应生活中出现的各种情况。也正是在这个意义上，法国哲学家柏格森主张：

> 常识就是头脑不断适应对象所作的努力；对象改变，概念随之改变。这是智能的一种灵活性，它随事物的变动而准确地变动。这也是我们对生活的注意的生动的连续。②

大卫：能举个具体的例子加以说明吗？

黎明：记得列宁在《共产主义运动中的"左派"幼稚病》中谈到在某些条件下妥协的可能性和必要性时，曾经这样写道：

---

① 列宁：《哲学笔记》，人民出版社 1960 年版，第 409 页。
② ［法］柏格森：《笑：论滑稽的意义》，徐继曾译，中国戏剧出版社 1980 年版，第 112 页。

假定您坐的汽车被武装强盗拦住了。您把钱、身份证、手枪、汽车都给了他们，于是您摆脱了这次幸遇。这显然是一种妥协。"Do ut des"（"我给"你钱、武器、汽车，"是为了你给"我机会安全脱险）。但是很难找到一个没有发疯的人会说这种妥协"在原则上是不能容许的"，或者说实行这种妥协的人是强盗的同谋者（虽然强盗坐上汽车又可以利用它和武器再去打劫）。①

大卫：这个例子令我信服。我想，具有健康的常识的人一定会像列宁所说的那样，先把东西交出去，实行妥协，以便保住自己的生命，然后再设法把失去的东西夺回来。其实，在日常生活中，健康的常识也总是富于灵活性的。比如，尽管路边竖着"人车分离，各行其道"的警语牌，但没有一位理智健全的司机看到这块警语牌后，会从自己的车上跳下来，实行"人车分离"，让无人驾驶的汽车自己往前走。可见，"人车分离，各行其道"这个表达式本身就是错误的，应该改为"行人和车辆分离，各行其道"……

黎明：且慢下结论，大卫。在我看来，虽然"行人和车辆分离，各行其道"的说法比"人车分离，各行其道"的说法要明智一些，但遗憾的是，它也是错误的。假定一位母亲作为行人推着一辆婴儿车穿马路，难道她应该撇开婴儿车，让它自己去穿马路吗？

大卫：黎明，我不得不承认，"行人和车辆分离，各行其道"的说法也是不妥的。我想，现在我对健康的常识这个概念已经有了切实的认识，你说的病态的常识又是怎么一回事？

黎明：所谓"病态的常识"是指常识中蕴含的种种谬误与偏见。黑格尔就认为，常识是一个时代的思想方式，其中包含着这个时代的一切偏见。② 列宁非常重视黑格尔的这一见解，并在黑格尔这段话的旁边做了

---

① 《列宁选集》第 4 卷，人民出版社 1995 年版，第 147 页。
② ［德］黑格尔：《哲学史讲演录》第 2 卷，贺麟等译，商务印书馆 1960 年版，第 33 页。

如下的批注：

> 常识＝当时的偏见。①

大卫： 为什么种种谬误与偏见会隐藏在常识中？

黎明： 因为常识是世世代代地传递下来的，因而人们对它是深信不疑的，很少有人会去反思自己信奉的常识是否合理，更不可能像屠格涅夫笔下的怀疑论者毕加索夫那样，对常识喊道：

> 我不相信，我就是不相信，我什么都不相信。②

大卫： 你使我想起了黑格尔的箴言：

> 一般说来，熟知的东西所以不是真正知道了的东西，正因为它是熟知的。③

这就深刻地启示我们，当我们说"我们熟悉一个东西"时，也就等于说，我们对这个东西已经完全丧失了反思和批判的能力。宋代诗人苏东坡咏庐山的名句"不识庐山真面目，只缘身在此山中"恐怕也有同样的寓意。

黎明： 人们以为自己最熟悉的东西恰恰又是他们最不了解的。这句话听起来很别扭，却道出了真情。比如，张三在谈起自己熟悉的一件事情时，常常会拍着自己的胸脯说"了如指掌"。我倒很想反问张三："你对你手指和掌心上的纹路的走向真的十分了解吗？"据我所知，对极大部分人来说，他们对自己手指和掌心上的纹路的走向是茫然无知的。由此

---

① 列宁：《哲学笔记》，人民出版社 1960 年版，第 301 页。
② ［俄］屠格涅夫：《罗亭》，陆蠡译，人民文学出版社 1957 年版，第 31 页。
③ ［德］黑格尔：《精神现象学》上卷，贺麟等译，商务印书馆 1981 年版，第 20 页。

看来，"了如指掌"只具有修辞学上的意义。

大卫：无怪乎雅斯贝尔斯会主张，真正的哲学思维应该从我们想当然的东西开始，而想当然的东西也就是我们最熟悉的东西。

黎明：但请原谅，大卫，我对你刚才提到的苏东坡咏庐山的名句却有不同的看法。苏东坡的这首七绝为历代文人所赞颂，但遗憾的是，在赞颂之中却缺乏批判意识。你提及的后两句诗"不识庐山真面目，只缘身在此山中"，听起来很有道理，实际上却并不是这样。关键在于，苏东坡使用的"真面目"这个术语的含义不清楚。假如它指的是庐山上的真实情况，包括庐山各个景点的细部，那么"不识庐山真面目，只缘身在此山中"这两句诗就是错误的。因为你只有在庐山上游览，才可能看清楚各个景点的细部。否则，去庐山旅游的人就根本不用上庐山了。假如"真面目"指的是庐山的整体轮廓，那么这两句诗显然是正确的。因为当你在庐山上时，你是无法看清它的整体轮廓的，只有从周围不同的角度去看庐山，才能看清它的整体轮廓。

大卫：经你这么一分析，我发现，黑格尔所说的"熟知非真知"与苏东坡所说的"不识庐山真面目，只缘身在此山中"的寓意还是有差别的。但我不明白，为什么人们的思维会在自己熟悉的对象上中止呢？

黎明：在我看来，这是一种常见的心理现象，即人心对自己陌生的东西总是保持着某种警觉或好奇心，而对自己熟悉的东西却全不留意。中国人所说的"喜新厌旧"大概就是这个意思。比如，一个人到国外去访问，在最初的一段时间里，他发觉周围的一切都是新奇的，但如果他在国外生活了三五年，甚至更长的时间，他对周围环境的感受力就会大大地下降……

大卫：在学术研究上也有类似的情况。不少学者因为自己长期耕耘在某个领域里而感到骄傲。在我看来，这种骄傲是缺乏基础的。诚然，长期的学术研究会使研究者积累起丰富的经验，但这些经验也会反过来成为束缚研究者想象力和创造力的桎梏。由于长期浸淫其中，研究者把自己使用的概念、经验和观念都视为不可置疑的常识。这样一来，即使他在自然界和社会生活中观察到一些新的现象，但由于他完全受制于自己所熟悉的概念框架，他已经不可能对这些现象做出新的解释了。说得耸人听闻一些，某些学者长期置身于某些研究领域，并不一定是好事，因为与"熟悉"相伴随的通常是感受力的钝化和想象力的丧失。

黎明：说得好，大卫。不知你是否注意到，不少学者拿着显微镜，在自己研究的领域中观察来观察去，结果却一事无成，蹉跎一生。相反，一个在其他学科中造诣较深的学者偶尔涉足这个领域，却可能做出重大的发现和建树。

大卫：在人类思想史上，这样的例子是屡见不鲜的。瑞士心理学家、哲学家皮亚杰在青年时期对动物学和认识论比较感兴趣，后来涉足对他来说完全陌生的儿童心理学，竟然连续出版了五部著作，成了这一领域里的权威人物。有趣的是，他一生中从未参加过心理学方面的任何考试。①

黎明：为什么长期在心理学领域中探索的人做不出新发现，而从其他学科中闯入的皮亚杰却一举成名？其实原因也很简单，因为他们对自己研究的领域和对象都太熟悉了，以至于把周围的一切都奉为神圣的不可动摇的常识。于是，他们的感受力松弛了，怀疑力弱化了，创造力枯竭了……

大卫：生活昭示给我们的真理是：项链同时也就是锁链，可以用来装饰我们的知识同时也就是禁锢我们思想的枷锁。或许可以说，一个人是否有智慧，取决于他是否经常反思并清理自己已经获得的知识。在这个意义上，大学生要清理在读中学时获得的知识；研究生要清理在读大学时获得的知识；研究者要清理在攻读博士学位时获得的知识。智慧不是通过对知识的积累而达成的，而是通过对知识的清理而获致的。

黎明：如果换一种说法来表达同样的意思，那就是：修饰词同时也

---

① ［美］H. 金斯伯格、S. 奥珀：《皮亚杰的智慧发展理论》，1979 年英文本，第 6 页（Herbert P. Ginsburg and Sylvia Opper, *Piaget's Theory of Intellectual Development*, Upper Saddle River：Prentice Hall，1979，p. 6. ——编者注）。

就是限定词。当你试图用一个形容词去修饰一个名词时，你的行为同时也是对这个名词的限定。比如，当你指着一朵花说出"红花"这个复合词时，你是在用"红（的）"这个形容词修饰这朵花，但"红（的）"这个形容词同时也是一个限定词，即它限定这朵花是红的，而不是蓝的、白的、黄的，或其他的颜色。正是在这个意义上，荷兰哲学家斯宾诺莎提出了"一切规定就是否定"（All determination is negation）的重要命题。大卫，还记得恩格斯下面的那段精彩论述吗？

> 常识在日常应用的范围内虽然是极可尊敬的东西，但它一跨入广阔的研究领域，就会碰到极为惊人的变故。①

大卫：假如我没有记错，这段话应该出于《反杜林论》。由此看来，病态的常识的最大危害在于窒息思想，犹如布莱克所教诲的：

> 如果思想是生命，
>
> 是呼吸也是力量，
>
> 而思想的缺乏，
>
> 就等于死亡。②

不过，我还是希望你多举些例子，因为我需要深化自己的认识。

黎明：好吧。我们先从自然科学谈起。众所周知，在伽利略之前，亚里士多德关于重物快落、轻物慢落的理论是妇孺皆知的常识，但是，伽利略通过在比萨斜塔上所做的自由落体运动的实验，得出了如下的结论，即在真空（假设空气的阻力为零）中，无论是重物，还是轻物，都将同时坠地。这个新的结论完全推翻了亚里士多德以来的常识。

---

① 《马克思恩格斯选集》第 3 卷，人民出版社 1995 年版，第 360 页。

② 《布莱克诗选》，查良铮等译，人民文学出版社 1957 年版，第 83 页。

大卫：同样地，正如我们在前面的讨论中已经提到过的那样，亚里士多德—托勒密倡导的"地心说"长久以来被人们视为天文学上的常识和真理。事实上，只要天气晴朗，人们很容易发现，早晨太阳从地球的东面升起，晚上又从地球的西面下坠。我们的感官不也告诉我们，太阳在围绕地球旋转吗？但哥白尼并没有屈从这种常识，他通过自己独立的观察、思索和研究，创立了"日心说"，从而宣判了亚里士多德—托勒密的"地心说"的死刑。正如李尔王宫廷中的弄人所嘲弄的：

> 那篱雀养大了杜鹃鸟，
> 自己的头也给它吃掉。①

黎明：对不起，大卫，我想对你的话稍稍做些修正，即"地心说"的死刑最后并没有被执行。说得确切一些，它被逐出了天文学，但仍然在文学中欢度自己的暮年。几乎在任何一部小说中，你都可以读到"日出""日落"这样的表达方式，而这些表述方式的合法性正是由"地心说"来担保的。

大卫：真想不到，文学有时也会成为科学上的错误观念的避难所。黎明，让我们回到正在讨论的主题上来。请允许我做如下的补充：在化学发展史上，为了解释某些事物的可燃性，有些学者曾经设想，在这些事物中必定存在着一种"燃素"，是它使燃烧过程变得可能。有一段时间，"燃素说"作为常识支配着整个化学界。然而，正是法国学者拉瓦锡，大胆地向这种燃素说挑战，他通过实验证明，燃烧过程是以氧气的存在为前提的，从而使化学最终脱离了炼金术的藩篱。

黎明：有趣的是，拉瓦锡是化学领域里的革命者，却是政治领域里的保皇党人。在法国大革命期间，他被革命法庭宣判为死刑。当时，他

---

① 参见莎士比亚的戏剧《李尔王》，见《莎士比亚全集》第9卷，朱生豪译，人民文学出版社1978年版，第176页。

正在从事对人体出汗现象的研究，他希望法庭给他一些时间来完成这方面的实验，但当时法庭的副庭长科芬纳尔却以下面这句话回答他：

共和国不需要学者。①

于是，拉瓦锡的死刑如期被执行了，而科芬纳尔这句震惊世界的话表明，革命与愚昧之间并不存在遥远的距离。

大卫：在相当长的时间里，生物学也被种种虚假的常识所支配，直到细胞被发现，这些常识才成堆成堆地被抛弃。同样地，在数学中，常识告诉我们，直线绝对不同于曲线，然而，正如恩格斯所指出的：

直线和曲线在微分中终于等同起来了。②

黎明：你提到数学，我不免想起一个非常有趣的现象，在日常生活中，当人们指责某人无用、某事没有意义时，常常会说"等于零"。也就是说，在人们的常识中，零是无用、无意义的别名。然而，具有讽刺意义的是，在数学中，零却拥有十分重要的地位，犹如恩格斯所说的：

作为一切正数和负数之间的界线，作为能够既不是正又不是负的唯一真正的中性数，零不只是一个非常确定的数，而且它本身比其他一切被它所限定的数都更重要。③

其实，在我看来，零在数学中的重要性远远超过了恩格斯的评价，差不多可以这样说：没有零，就不会有坐标系，甚至也不会有数学。

---

① ［英］丹皮尔：《科学史》，李珩等译，商务印书馆 1979 年版，第 262 页。
② 恩格斯：《自然辩证法》，人民出版社 1971 年版，第 241 页。
③ 同上书，第 238 页。

大卫：这些例子精彩极了。事实上，无论是数学史，还是自然科学史，都一再启示我们：科学就是对常识的突破和超越。谁固守常识，笃信常识，谁就等于把自己逐出科学的王国，犹如欧里庇得斯笔下的珀琉斯所叹息的：

　　　　全都飞走了，远去了，我的那些高大的矜夸。①

　　黎明，现在我想知道，在哲学社会科学的领域里，我们还会有同样的幸运吗？

　　黎明：情形完全是类似的。比如，苏格拉底提出了"知识就是美德"（knowledge is virtue）的著名命题，经过柏拉图和亚里士多德的弘扬，这个命题也成了希腊哲学中的常识。然而，这一哲学上的常识却遭到了启蒙哲学家卢梭的致命的批判。在《论科学与艺术》的长文中，卢梭这样写道：

　　　　我们已经看到美德随着科学与艺术的光芒在我们的地平线上升起而逝去，这种现象是在任何时代、任何地方都观察得到的。②

　　总之，卢梭用锋利的思维的剪刀剪断了"知识"与"美德"之间的亲缘关系，从而从根本上颠覆了苏格拉底关于"知识就是美德"的传统观念。

　　大卫：从苏格拉底的命题很容易联想起中国人信奉的另一个常识性的命题，即"开卷有益"。按照这个命题，只要人们开卷读书，对他们的人生总是有帮助的。如果说，苏格拉底把知识等同于美德，那么，开卷有益则把书本等同于美德，同样是十分可笑的。实际上，书本既可以振奋一个人的精神，也可以诱拐一个人的灵魂。关键在于开什么卷、读什么书。

────────────

① 《欧里庇得斯悲剧集》（一），罗念生等译，人民文学出版社1957年版，第311页。
② 北大外国哲学史教研室编：《十八世纪法国哲学》，商务印书馆1979年版，第147页。

黎明：提到苏格拉底，我不禁想起了他的另一句名言："我知道我什么也不知道"，几乎所有的哲学史家都赞颂这句名言，并把它作为苏格拉底思想深刻的一个标志。毋庸讳言，这也是一个常识性的观念了。大卫，你怎么看？

大卫：听一听，谦虚，谦虚，谦谦虚虚虚。

黎明：想一想，自夸，自夸，自自夸夸夸。谁都知道，"我知道我什么也不知道"这句话并不是苏格拉底的自言自语，而是他在通常的讨论中对别人说的。既然是对别人说的，那么他在说这句话之前就决不可能什么也不知道。在我看来，他至少知道以下两点：第一，我用我所熟悉的语言可以表达出我的思想。显然，如果他不知道这一点，他就不会说话；第二，熟悉我的语言的人能够理解我所表达的意思。显然，如果他不知道这一点，他就不可能对其他人说话。在通常的情况下，说自己"什么也不知道"是谦虚的表现；但在论辩的情况下，强调自己"什么也不知道"，又把自己实际上知道的东西偷偷地塞进去，就显得自夸了。

大卫：黎明，你的驳斥棒极了。我想，假如苏格拉底有幸活到今天，他也是无法回应你的。其实，这同时也是对哲学史上最有影响力的常识性见解的颠覆。同样地，在欧洲中世纪的漫漫长夜中，又有哪个虔诚的基督徒不把《圣经》的内容，尤其是上帝创造世界的种种奇迹（如使死人复活、使全身瘫痪的人站立起来、使海水变为陆地等）视为常识呢？正是 18 世纪的法国唯物主义者对这类常识发起了猛烈的攻击。在《哲学沉思录》中，狄德罗这样写道：

> 即使全巴黎都对我保证说，在巴西有个死人刚刚复活了，我也丝毫不会相信，一个历史学家欺骗了我们，或者是整个民族都错了，这并不是什么奇怪的事。①

---

① 《狄德罗哲学选集》，陈修斋等译，生活·读书·新知三联书店 1956 年版，第 24 页。

黎明：作为唯物主义者，狄德罗的怀疑精神是比较彻底的。你知道，狄德罗的同时代人——卢梭的思想曾对康德产生了重要的影响。

大卫：据说，康德书房里只挂着一幅肖像，即卢梭的肖像，而康德每天外出散步，准时到这样的程度，隔壁人家可以根据他出行的时间来核对自己的手表。然而，有一次，康德居然忘记了外出散步，因为他正在阅读卢梭的《爱弥尔》，被它的内容深深地吸引住了……

黎明：正是康德，创立了批判哲学，从根本上颠覆了传统哲学的常识。按照传统哲学的观念，人们认识了一个对象，也就是认识了这个事物本身。康德从根本上对这个常识性的见解提出了质疑。他把对象划分为"现象"（Erscheinung/Phänomen）与"自在之物"（Dinge an sich），肯定自在之物（或物自身，即事物本身）是无法认识的，人们能够认识的只是自在之物刺激他们的感官而产生的现象。

大卫：康德确实在哲学领域里策动了一场划时代的革命，记得中国哲学家郑昕曾经说过：

超过康德，可能有新哲学，掠过康德，只能有坏哲学。①

但是，如何让读者接受并理解他的深邃的思想呢？

黎明：让我试试吧。假如一位女士在一家服装店里看中了一件红/黑色的服装，并随口说道："这种颜色的服装不容易脏"，你认为她的表达有什么问题吗？

大卫：让我想想，我看不出有什么问题。

黎明：如果你仔细地推敲这位女士的话，很容易发现，她的思维方式依然是前康德的，因为她没有把以下两个对象，即"服装本身"（自在之物）与"人们对服装的感觉"（现象）区分开来。事实上，红/黑色的服装与任何其他颜色的服装一样，都是容易脏的，区别只在于，即使红/黑

---

① 郑昕：《康德学述》，商务印书馆1984年版，第1页。

色的服装脏了，人们的感官也不容易感觉出来。

同样地，人们也不能以下面的方式来表达自己的思想，如"时间过得很快""我身体很好""张三是个好人"……

大卫：真没想到，连说话也那么累。

黎明：或许这正是康德所说的哲学地思考问题的代价。首先，就"时间过得很快"这句话来说，说话者没有把"时间本身"（自在之物）与"说话者对时间的感受"（现象）这两者区分开来；正确的说法应该是："我感觉到时间过得很快"，即说话者说出来的只是他对时间的感受，而不是对时间本身下断语。其次，就"我身体很好"这句话来说，"我"没有把"我身体本身"（自在之物）与"我对我身体的感受"（现象）这两者区分开来；正确的说法应该是："我感觉到我身体很好"，即我说出来的只是我对我身体的感受，至于我的身体本身到底好不好，我并不清楚，只能通过医院里的检查来确定。

大卫：你讲到这里，我似乎明白了什么。据说，濒临死亡的病人常会出现回光返照的现象，即病人感觉到自己的身体情况非常好，但实际上，他的身体情况已经坏到了极点。而恰好相反的现象是，患有忧郁症的病人总以为自己的身体坏到了极点，但实际上，他的身体可能比公牛还健壮。这就深刻地启示我们，我们对身体的感受（现象）与被我们所感受的身体本身（自在之物）是有差别的。

黎明：大卫，你的悟性真好，请允许我继续下去。最后，我们来分析"张三是个好人"这句话。假定这句话是李四在与张三接触三分钟后说的，那么我们很容易发现，李四并没有把"张三本人"（自在之物）与"李四脑中关于张三的印象"这两者区分开来。仅仅凭三分钟的接触，李四就试图对张三本人做出断言，这不仅是轻率的，甚至可以说是弱智的。李四的正确表达方式应该是："张三在我脑中的印象是好的"，至于张三本人究竟好不好，李四不应该轻易进行断言。

大卫：康德的思想如此精细，真令人叹服。

黎明：大卫，请原谅，我必须补充一下。在康德那里，自在之物这个概念是有确定的指称对象的，即指超感觉经验领域中的灵魂、世界和上帝。而我们上面之所以把现象领域中的事物本身称作自在之物，只是为了便于理解。

大卫：看来，哲学观念的通俗化永远是有限度的，否则，哲学就只能把自己作为供品献祭给庸人了。

黎明：在结束这方面讨论之前，我们还是有必要在马克思那里停留一下。在马克思之前，人们在社会历史领域中笃信的常识是：观念、意识或精神支配并推动着全部历史发展的进程。马克思对这类常识进行了尖锐的批判：

> 人们迄今总是为自己造出关于自己本身、关于自己是何物或应当成为何物的种种虚假观念。他们按照自己关于神、关于模范人等等观念来建立自己的关系。他们头脑的产物就统治他们。他们这些创造者就屈从于自己的创造物。我们要把他们从幻想、观念、教条和想象的存在物中解放出来，使他们不再在这些东西的枷锁下呻吟喘息。我们要起来反抗这种思想的统治。①

正是通过对现实斗争的参与、对国民经济学的研究和对以布·鲍威尔为代表的青年黑格尔主义思潮的批判，马克思创立了历史唯物主义理论，从而从根本上超越了这种根深蒂固的常识。比起康德的哲学革命来，马克思的哲学革命具有更深远的影响。

大卫：事实上，全部哲学和社会科学的发展史都表明，人类思想的任何微小的进步都是在不断地挑战常识、突破常识的过程中得以实现的。雏鸡一旦啄破了蛋壳，它就获得了一个新的自由的天地。讲到这里，我不禁记起了被囚禁在玻璃瓶中的何蒙古鲁士的理想：

---

① 《马克思恩格斯全集》第 3 卷，人民出版社 1960 年版，第 15 页。

我满希望碰破这玻璃小缸，

我能够最诚心诚意地成长。①

黎明，说实话，这样的讨论真使我受益匪浅。我还想知道，怎样才能获得对病态的常识的免疫力呢？

黎明：在我看来，只有一条路——学习哲学，提高自己的独立思维能力和分析批判能力。黑格尔曾经告诫我们：

每一个哲学家都是超过健全常识的；因为所谓健全的常识并不是哲学，——常常是很不健全的。②

在某种意义上，常识就是经验和不求甚解的观念的混合物。记得马克思的女儿曾向她的父亲提出十九个问题，其中一个问题是：你最能原谅的缺点是什么？马克思的回答是：轻信。其实，"轻信"（credulousness)正是常识得以蔓延的土壤。大卫，不知你是否注意到，我们在日常交往中接触的不少人都处于这种轻信的状态中。虽然有些人长着成人的脸，但他们的思维仍然停留在青年时期，甚至是儿童时期的近乎天真的状态中。他们见到什么，就认同什么；听到什么，就相信什么。他们的思想是如此之无助，以至于他们的大脑仿佛只是单纯的接受容器……

大卫：你能举例子加以说明吗？

黎明：比如，张三走进了一家餐馆，从菜单上点了一个老鸭汤，吃得津津有味，而且也对朋友们夸耀，这家餐馆的老鸭汤味道如何好。也就是说，张三对这家餐馆的菜单采取了轻信的态度，从未对下述问题进行过思考：如什么叫老鸭？鸭龄超过多少时间的鸭子才有资格称作老鸭？他正在大快朵颐的鸭子究竟是不是老鸭？说句难听的话，你

---

① 见《浮士德》，何蒙古鲁士为瓦格纳曲颈瓶中的小人。

② ［德］黑格尔：《哲学史讲演录》第 2 卷，贺麟等译，商务印书馆 1960 年版，第32—33 页。

就是把这家餐馆的老板叫出来，恐怕他也说不清楚什么叫老鸭。因为老、少、大、小这类概念都是相对的。我们可以说"大老鼠"，也可以说"小象"……

大卫：请允许我打断一下。现在国内有个时尚，很多患有心血管毛病的人都爱服用从西方国家进口的深海鱼油。但患者们从未思考过如下的问题：什么叫深海鱼？在海平面下多少米生活的鱼有资格叫深海鱼？他们完全轻信关于深海鱼油的广告。广告上说什么，他们就相信什么。我在想，对于这些如此轻信的人来说，量身高恐怕只要量到脖子那里就可以了，因为在他们的脖子之上，已经没有其他的存在物了。他们的大脑不过是奢侈品，不过是摆设而已。

黎明：大卫，请不要说得那么刻薄。在我看来，马克思之所以把轻信视为最可原谅的缺点，因为有这类缺点的人实在太多了。即使是那些在自己探索的领域里具有极高的天赋和判断能力的伟大的科学家，在日常生活中也会表现出极度的轻信，甚至无知。

大卫：真有这样的事情？

黎明：比如，牛顿是一位伟大的科学家，但他同时也是《圣经》中的"约翰启示录"的狂热的崇拜者，以至于当他无法解释宇宙星体的初始运动时，竟然说所有这一切都是"上帝踢了一脚"引起的。据说，牛顿养了一大一小两只猫，但他居然弱智到在墙上打了一个大洞和一个小洞，以供它们各自出入。

大卫：真是匪夷所思！

黎明：不，大卫，我与你的想法不同。我认为，这才是真实的生活。恐怕你在思维中预设了一个你自己尚未意识到的前提，那就是把世界理性化。换言之，在你看来，世界上发生的一切现象都应该是合乎理性的，因而无法用理性解释的任何现象都会引起你的惊讶。其实，无论是世界，还是生活，都没有把自己局限在人的理性许可的范围内。

大卫：黎明，我接受你的批评，也许我自己也应该从这种试图把世界理性化的常识中跳出来。除了轻信，还有什么因素导致了常识的泛滥？

黎明："重复"（repeat）。对于普通人来说，重复常常是一种难以抵抗的、致命的力量。"三人成虎"这句中国的谚语就充分肯定了重复的力量。假如第一个人跑过来对你说："街道上有老虎"，你可能不会相信；假如第二个人跑过来对你说同样的话时，你可能会陷入将信将疑的状态中；假如第三个人跑过来对你说同样的话时，你恐怕对"街道上有老虎"这一点已经确信无疑了。或许可以说，正是因为考虑到重复所蕴含的对理性的巨大的催眠般的力量，希特勒手下的宣传部长戈培尔才会引申出"谣言重复三遍就是真理"的结论来。

这就深刻地启示我们，在常识的包围下，任何人的理性要获得自己的免疫力，就既不能轻信，也不能被重复，尤其是政治宣传上的重复所催眠。当然，仅仅做到这些还是不够的，只有不断地提高自己的哲学修养，才能在与常识的抗衡和冲突中处于主动的地位，因为哲学所崇尚的始终是独立不倚的思考，因而它隐含着抵御常识的解毒剂。正如意大利学者葛兰西所说的：

> 哲学是对于宗教和常识的批判和克服。①

也就是说，唯有哲学才真正地把我们引向智慧之宫。

大卫：遗憾的是，哲学启迪人们的理性，使他们以正确的态度去面对常识，然而，满足于让自己的思维沉湎于常识状态的人们，却倒过来讽刺哲学，并给它戴上了"诡辩"（sophistry）的荆冠。为什么他们要这么做呢？

黎明：因为哲学所蕴含的辩证的、灵活的思维动摇了常识的抽象性和凝固性，从而引发了常识对哲学的怨恨，正如黑格尔所说的：

---

① ［意］安东尼奥·葛兰西：《狱中札记》，曹雷雨等译，中国社会科学出版社 2000年版，第 8 页。

诡辩乃是常识反对有训练的理性所用的一个口号，不懂哲学的人直截了当地认为哲学就是诡辩，就是想入非非。①

事实上，哲学的辩证思维与诡辩根本就不是一回事。如果说，相对主义构成诡辩的思想基础，那么，在辩证思维中，它不过是一个内置的环节而已，就像列宁早已阐明的那样：

辩证法，正如黑格尔早已说明的那样，包含着相对主义、否定、怀疑论的因素，可是它并不归结为相对主义。②

如果说，诡辩无原则地停留在相对主义的阴影中，那么，哲学思维则既肯定事物的规定性和确定性，又肯定事物的变动性和相对性，并把斯宾诺莎的命题"一切规定都是否定"视为自己的座右铭。

大卫：也就是说，哲学从不对常识采取笼统的拒斥的态度。一方面，它总是满怀热情地肯定并弘扬常识中包含的健康的、积极的东西；另一方面，它又像希腊神话中的百眼巨人那样，始终不渝地用警惕的、批判的眼光注视着常识中包含的偏见和谬误。然而，有一点我仍然不明白，像德国诗人歌德这样的伟大人物，曾明确表示过自己是轻视哲学、重视常识的：

我自己对哲学一向敬而远之，健康人的常识观点就是我的观点。③

为什么他还能对人类文化史做出不可磨灭的贡献呢？

黎明：解铃还须系铃人。平心而论，歌德在这里的表述是比较极端的，但他对待哲学的实际态度并不是如此。举例来说，歌德对康德的哲

---

① ［德］黑格尔：《精神现象学》上卷，贺麟等译，商务印书馆 1981 年版，第 47 页。
② 《列宁选集》第 2 卷，人民出版社 1995 年版，第 97 页。
③ ［德］爱克曼：《歌德谈话录》，朱光潜译，人民文学出版社 1982 年版，第 179 页。

学思想就情有独钟，并非常认真地研读过他的哲学著作，尤其是他的《判断力批判》。歌德还表示，每读完康德的一页著作，就会有一种仿佛进入明亮房间的感觉。有趣的是，在《康德全集》中，没有一条出自《浮士德》的引文；而在《浮士德》中，出自康德著作的引文却比比皆是。歌德还孜孜不倦地告诫他的秘书爱克曼：

> 席勒经常劝我不必研究康德著作。他常说康德对我不会有用处。但是席勒自己对康德的研究却极热心，我也研究过康德，这对我并非没有用处。①

歌德还建议爱克曼去读康德的《判断力批判》。与对待康德哲学的态度不同，尽管歌德对黑格尔哲学是有一定保留的，但他对黑格尔本人却怀有很大的敬意。西方学者常把《浮士德》与《精神现象学》相提并论。虽然歌德是一个更多地面向自然、面向常识的人，但他同时又有着卓越的哲学思维能力。尽管他本人有时候竭力否认这一点，但他的作品却泄露了他心中的秘密。

大卫：由此看来，对学者们关于自己所说的话也不能盲从，而是要通过细致的探究去了解，他们实际上是如何做的。也就是说，不但要听其言，而且也要观其行。黎明，我还有最后一个问题，在你的印象中，西方哲学史上还有哪些哲学家专门探讨过常识问题？

黎明：哦，大卫，你总是用成串成串的问题来款待我。你忘记了，我并不是希腊神话中的阿特拉斯。就像莎士比亚笔下的华列克警告爱德华一样：

> 你不是阿特拉斯大力士，你背不起这个沉重的世界。②

---

① ［德］爱克曼：《歌德谈话录》，朱光潜译，人民文学出版社 1982 年版，第 131 页。
② 参见莎士比亚的戏剧《亨利六世》下篇，见《莎士比亚全集》第 6 卷，章益译，人民文学出版社 1978 年版，第 312 页。

恐怕我只能就我所知来回答你的问题。在西方哲学史上，较早强调常识作用的是 18 世纪苏格兰的"常识派"（school of common sense），其代表人物是托马斯·锐德和詹姆士·柏阿蒂。后者甚至主张：

> 人类朴素理智的常识是一切伦理、一切宗教和一切确定性的源泉。有了外部感官的见证还必须辅之以常识的确证。①

常识派哲学家们不但把常识理解为人类全部知识的来源和基础，也理解为检验一切理论是否真理的最终的根据和标准。

大卫：于是，常识先生傲慢地对哲学先生喊道：

> 你尽管是最了不起的，总还有人能够代替你。②

黎明：从哲学史上看，尽管英格兰常识派不过是昙花一现，但它的出现并不是偶然的。事实上，这种常识哲学是在反对休谟怀疑主义哲学的基础上形成并发展起来的。众所周知，因果关系是传统形而上学大厦得以建成的基础性的原则。休谟的怀疑主义否定了因果关系的普遍必然性，把它还原为人们主观上的心理联想和习惯。如果休谟的怀疑得逞，传统形而上学大厦的根基将被摧毁，留下来的将是思想的碎片和概念的瓦砾。正是在这样的情形下，苏格兰哲学家们试图以常识为支点，对抗休谟，以便挽狂澜于既倒，扶大厦之将倾。

大卫：然而，在我看来，这种对抗注定是苍白无力的。这是可怜的庞贝城对维苏威火山岩浆的对抗，因为休谟怀疑主义的洪流不仅冲垮了

---

① ［德］黑格尔：《哲学史讲演录》第 4 卷，贺麟等译，商务印书馆 1981 年版，第 212—213 页。

② 《狄德罗哲学选集》，陈修斋等译，生活·读书·新知三联书店 1956 年版，第 215 页。

传统的形而上学大厦，同时也摧毁了那些未经哲学审视过的常识。毋庸置疑，复活这样的常识完全是徒劳无功的。

黎明：无独有偶。在20世纪初，英国又出现了以G. E. 穆尔为代表的所谓"常识哲学"（philosophy of common sense）。它把人们直接感知到的一切，如事物、生物和人的意识活动等现象都视为常识。他甚至认为，既然有那么多人确信上帝的存在，那么上帝的存在就完全是可信赖的常识。

大卫：在我看来，把普遍的主观性作为常识的避难所，恰恰暴露了常识的非批判性。

黎明：I quite agree with what you say（我完全同意你的见解）。从哲学上看，无论是穆尔倡导的常识，还是苏格兰哲学家们标榜的常识，都是站不住脚的。尽管这类常识哲学色彩鲜艳，终不过是漂浮在河流表面上的一掬泡沫。犹如海涅所诵吟的：

> 太阳纵然还是无限美丽，
> 最后它总要西沉！①

大卫：常识哲学给我留下了这样的印象，即在哲学发展史上，每当哲学远离实际生活，遨游在形而上学的太空中时，总会有一些哲学家重新提出常识问题，以便把迷失在幻想天际的哲学再度拉回到现实生活中来。然而，由于常识的肤浅、粗糙和混沌，它是永远不可能把崇尚精细的批判意识的哲学留在自己的怀抱中的。于是，哲学再度挣脱常识的羁绊，重新开始展翅飞翔。总之，哲学与常识之间的永恒不变的关系是：哲学超越常识，常识校正哲学。正是这两者之间的相互辩难和相互摩荡，构成了跌宕起伏的人类思想史。

黎明：概括得太好了，大卫。不过，我还得补充一点，在哲学与常

---

① ［德］海涅：《诗歌集》，上海新文艺出版社1957年版，第Ⅷ页。

识的关系中，我始终是偏袒哲学的。当然，哲学要维护自己的优越地位，就必须向新鲜的生活经验敞开自己的胸怀，必须不断地反省自己，更新自己，防止自己的僵化。无论是在日常生活中，还是在哲学研究中，拥有常识而又不迷信常识，运用常识而又随时准备超越常识，这就是我的结论。

F　西绪福斯的劳作
——哲学与问题

我们始于迷惘，终于更高水平的迷惘。

——A. F. 查尔默斯

黎明：大卫，你读过捷克作家雅洛斯拉夫·哈谢克的《好兵帅克》吗？

大卫：读过，不过是好多年前的事情了。许多情节都淡忘了，只记得帅克是个非常滑稽而有趣的人物。你怎么会突然提起这本书？

黎明：因为书中有一个非常有趣的情节：为了考察帅克的神经是否正常，三个大夫向他提出了一连串的问题，如"镭比铅重吗？""你相信世界末日吗？""你能测量地球的直径吗？""你知道太平洋最深的地方有多深吗？"等等。由于帅克回答不出这些问题，他们便一致断定他是白痴。

大卫：经你这么一说，我也想起来了。我发现，不管是在虚构的小说中，还是在现实生活中，人们都喜欢用提问的方式来测试别人的智商。所以，这三个大夫的过错并不在于他们选择了提问的方式去测试帅克的智商，而在于他们提出的问题难度太大了。事实上，这些问题无一不涉及自然科学和宗教学领域中的专业问题，尤其是"你相信世界末日吗？"这样的问题，不仅牵涉宗教意识，也关系到哲学思想，完全可以说是高难度的问题，即使让相关的专家来回答，也未必令人满意，遑论帅克？

黎明：何况，与任何实证科学或现实生活中提出的问题比较起来，哲学上的问题显得更加玄虚高妙，因而也更不容易引申出确定性的答案来。我想，也许我们可以借用希腊神话中的西绪福斯与巨石的关系来比喻哲学与问题的关系……

大卫：你又把我推入五里雾中去了。尽管我知道西绪福斯推着巨石上山的故事，但它与我们这里讨论的主题又有什么关系呢？

黎明：不要激动，大卫，且听我慢慢道来。在希腊神话中，西绪福斯被描绘成人类中最狡猾、最擅长欺诈的人。他被罚在地狱里，推着巨石上山。而按照宙斯事先的安排，只要他把巨石推到靠近山顶的地方，巨石就会自动地滚落到山脚下。为此，西绪福斯不得不日复一日地推着沉重的巨石上山。犹如海涅笔下的阿特拉斯所吟唱的：

> 我是不幸的阿特拉斯！我要
> 背着世界，这痛苦的全世界。
> 我背着背不动的东西！
> 我胸中的心儿将要碎成万块。①

大卫：我猜你的意思是：哲学可以比作西绪福斯，问题可以比作巨石。发现问题、提出问题、思考问题、解决问题，这就是哲学家的全部劳作，就是哲学面临的永恒的现实。

黎明：一点不错，大卫。当然，我这里使用的只是一个隐喻。实际上，哲学研究要比西绪福斯的劳作复杂得多，也要艰难得多。但有一点却是共同的，如果说巨石的滚动是西绪福斯存在价值的一种确证，那么问题的提出和解决则是哲学存在价值的一种确证。换言之，问题是哲学

---

① 《还乡曲》，见[德]海涅：《诗歌集》，上海新文艺出版社 1957 年版。

的起点，也是它的归宿。正如莎士比亚笔下的迫克所诵吟的：

> 奔到这儿来，奔到那边去，我要领着他们奔来又奔去。①

大卫：人们常说哲学起源于现实生活，而你却强调哲学起源于问题。你不认为这两种说法是矛盾的吗？

黎明：在我看来，一点也不矛盾。如果你把人们常说的那句话说完，它就会变成："哲学起源于现实生活中的问题。"这样一来，上面两句话之间的矛盾就宛然冰释了。当然，有必要做一个补充：人们通常说的"问题"（problem）可以划分为两种不同的类型：一种是现实生活中出现的问题；另一种是理论探索中出现的问题。由于理论上的问题归根到底也是从现实生活中概括、提炼出来的，因而，在归根到底的层面上，也可以说只存在一种类型的问题，即现实生活中出现的问题。

大卫：我明白了，或许正是从这个层面上的思考出发，亚里士多德在《形而上学》中写下了发人深省的名句：

> 古今来人们开始哲理探索，都应起于对自然万物的惊异；他们先是惊异于种种迷惑的现象，逐渐积累一点一滴的解释，对一些较重大的问题，例如日月与星的运行，以及宇宙之创生，作成说明。②

亚氏还形象地比喻道：

> 欲作研究而不先提出疑难，正像要想旅行而不知向何处去的人

---

① 参见莎士比亚的戏剧《仲夏夜之梦》，见《莎士比亚全集》第2卷，朱生豪译，人民文学出版社1978年版，第336页。

② ［古希腊］亚里士多德：《形而上学》，吴寿彭译，商务印书馆1959年版，第5页。

一样。①

黎明：说得好极了，大卫。如果我没有记错，法国哲学家狄德罗也留下了类似的名句：

> 惊奇是一个伟大现象的第一个效果：这是要哲学来消除它的。②

然而，仔细地考量起来，我发现，无论是亚里士多德还是狄德罗的说法，似乎都存在着不妥之处。

大卫：你说的"不妥之处"指什么？

黎明：大卫，且听我慢慢解释。亚里士多德和狄德罗都认为，哲学起源于"对自然万物的惊异"。但是，你只要仔细想一下，就不免会提出如下的疑问：又有哪门科学最初不是起源于"对自然万物的惊奇"？物理学、生物学、化学等，不都起源于对自然万物的惊奇吗？假如人们肯定我提出的疑问是合法的，接下去的疑问自然就是：在起源问题上，哲学与其他实证科学究竟有什么差别？诚然，我也承认，哲学家们也会关注自然万物，并对各种自然现象感到惊奇或疑惑，但我认为，哲学家们关注的重点落在与实证科学家们不同的另一个层面上。假如说，实证科学起源于对自然万物的"惊奇"（wonder），那么，在我看来，哲学则起源于对自然万物的"惊奇的惊奇"（wonder of wonder）。

大卫：你说的"惊奇的惊奇"究竟是什么意思？

黎明：我指的是：哲学家们不但直接地对自然万物表示惊奇，更重要的是，他们也间接地对实证科学家们之所以对某些自然现象感到惊奇这一点也表示惊奇。说得明白一点，哲学家们想知道，为什么实证科学

---

① ［古希腊］亚里士多德：《形而上学》，吴寿彭译，商务印书馆1959年版，第37页。
② 《狄德罗哲学选集》，陈修斋等译，生活·读书·新知三联书店1956年版，第58页。

家们会对这些而不是那些自然现象发生兴趣。

大卫：我忽发奇想，发现你刚才提到的自然万物、实证科学家们和哲学家们这三者之间的关系，可以用中国谚语"螳螂捕蝉，黄雀在后"来表示。其中，"蝉"相当于自然万物，"螳螂"相当于实证科学家们，而"黄雀"则相当于哲学家们。

黎明：这个比喻确实十分生动，但得做一个补充，即作为"螳螂"，实证科学家们并不打算吃掉自然万物，而作为"黄雀"，哲学家们也并不打算吃掉实证科学家们。这个比喻只是表明，与实证科学家们比较起来，哲学家们总是在更深的层面上思考问题、提出问题和解答问题。举例来说，生命科学家们和医学家们对人体克隆的问题非常感兴趣，他们的直接动机是：当某些人的器官出现衰竭或坏死时，是否可以用克隆人的相应的器官来取而代之。然而，与他们不同的是，哲学家们除了对生命科学家们和医学家们感兴趣的人体克隆现象抱有类似的兴趣外，他们更深入地反思了这些科学家和医学家们的直接动机，发现人体克隆会引起一系列伦理、法律、政治和宗教上的问题，包括普通人与克隆人是否平等、克隆人是否拥有人权等问题。

大卫：我明白了，你想说明的是，尽管哲学家们与实证科学家们都有自己的问题意识，但他们的问题意识是有差别的，他们是站在不同的思想层面上提出自己的问题的。在这个意义上，我完全同意你前面提出的观点，古往今来的哲学家们实际上都是西绪福斯。当然，他们滚动的不是巨石，而是问题。不过，黎明，我更感兴趣的是哲学史上的个案，你能举一些例子来说明哲学家们是如何与问题结伴而行的吗？

黎明：Of course（当然），但说实话，我多少有点迟疑。尽管我的迟疑出于完全不同的原因，即不是因为这样的个案太少了，而是因为它们实在太多了。你知道，选择总是令人烦恼的。据说，布里丹的驴子就是因为选择上的困难而活活地饿死在两堆距离相当的鲜美的干草之间。对于我来说，尽管选择是烦恼的，但还不至于为烦恼而献身。

大卫：黎明，如果你不介意，可以先从古希腊哲学家们开始。

黎明：按照哲学史家们的记载，智者派哲学家普罗塔哥拉有一次竟然花了一整天时间，与当时著名的政治家伯里克利讨论如下的问题：究竟是标枪，还是掷标枪的人，还是主持奥林匹克竞技会的人，应该对一个被标枪刺中的观众的死亡负责？同样地，苏格拉底总是穿着褴褛的衣服，光着脚在市场里走来走去，与形形色色的人争辩迥然各异的问题：什么是善？什么是美？什么是知识？什么是美德？什么是正义？……

大卫：传说中的苏格拉底简直就是思维的化身。据说，有一次，他思索哲学问题，竟然在别人的屋檐下站了整整一个晚上！

黎明：在希腊化和罗马统治时期，基督教渐渐兴起了，哲学丧失了自己的独立性，沦为神学的女仆。这种变局对于哲学来说是灾难性的，但哲学家们的问题意识并没有消失，只是染上了哲学的病症。他们热衷于争论如下的问题：在一根针尖上究竟可以站多少个天使？把猪牵到市场上去的是绳子，还是商人的手？上帝用泥土捏成的人的始祖亚当究竟有没有肚脐眼？等等。

大卫：真是荒谬至极！

黎明：确实，在今天的眼光看来，思索并争论这些问题是十分可笑的，但我们却没有理由以这样的方式去指责他们，正如文德尔班告诫我们的：

> 在一段时间，在德国有一种风气，从"当前的成就"出发，嘲弄、侮辱、鄙视希腊和德国的伟大人物；对这种幼稚的骄矜，我们无论怎样反对都不会过分。这主要是一种无知的骄傲，此种无知丝毫没有觉察到：它最后只靠咒骂和鄙视人的思想过活，但幸亏这种胡作非为的时代已经过去了。①

完全有可能，几个世纪以后的人们也会认为我们今天正在思索的问

---

① ［德］文德尔班：《哲学史教程》上卷，罗达仁译，商务印书馆1996年版，第29页。

题是荒唐可笑的。其实，问题之所以采取某种形式，是有其时代原因的。

大卫：黎明，你的批评是对的，我们应该历史地看待这些问题。现在，让我们沿着原来的思路继续讨论吧。

黎明：当近代哲学拉开序幕时，问题意识以更紧迫的方式显现出来。有趣的是，在三十年战争（1618—1648）期间，作为近代哲学肇始人的法国哲学家笛卡尔加入了巴伐利亚军。当军队驻扎在荷兰时，由于天气寒冷，他经常坐在火炉边上陷入沉思。他在沉思什么？无非是使他感到困惑的哲学问题。后来，他出版了《第一哲学沉思录》，在欧洲学术界引起了巨大的震动。由此可见，哲学和问题是与生俱来的。哲学家之于问题，犹如夏娃之于禁果。

> 噢，人们哪！你们都酷似
> 那位人类的祖先夏娃：
> 赋予你们的，你们不欢喜，
> 而那蛇却在招引着你们，
> 去接近那棵神秘的果树，
> 把这禁果给你们吧，没有它，
> 在乐园里你们也会叫苦。①

大卫：我在阅读中发现，作为德国古典哲学的集大成者，黑格尔也具有非常强烈的问题意识，他甚至表示：

> 一般说来，哲学应当从困惑开始，困惑是与哲学俱来的。②

---

① ［俄］普希金：《叶甫盖尼·奥涅金》，吕荧译，人民文学出版社 1954 年版，第 246—247 页。

② ［德］黑格尔：《哲学史讲演录》第 2 卷，贺麟等译，商务印书馆 1960 年版，第 61—62 页。

然而，黎明，我隐隐感到，从哲学史上看，尽管哲学家们大多重视问题意识和怀疑意识，但在他们那里，问题本身似乎还没有上升为严格意义上的哲学概念。

黎明：正如喜欢看悲剧的人并不一定具有自觉的悲剧意识一样，喜欢思索并提出问题的人也并不一定具有自觉的问题意识。比如，中国古代诗人屈原在其脍炙人口的长诗《天问》中提出了一百多个问题，其中第一节就包括以下六个问题：

> 遂古之初，谁传道之？
> 上下未形，何由考之？
> 冥昭瞢暗，谁能极之？
> 冯翼惟象，何以识之？
> 明明暗暗，惟时何为？
> 阴阳三合，何本何化？

不仅气势宏大，而且思虑精深。然而，屈原在这里感兴趣的是他所提出的问题的内容，而对问题本身的重要性和必要性并没有做出相应的思考。我发现，在西方哲学史上，从对问题的重视到把问题作为哲学概念提出，是有一个漫长的过程的。使我感到欣慰的是，在当代西方哲学中，这种情况已经发生了根本性的变化。

大卫：你能谈得具体一点吗？

黎明：我只能尽力而为。我想表达的意思是，只有在当代西方哲学中，"问题"才上升为哲学的概念，问题意识才上升为哲学研究中的自觉意识。当然，"问题"意识的升格运动主要是沿着以下四个不同的方向展开的：一是哲学和哲学史理论研究的方向，二是科学史和科学哲学研究的方向，三是语言哲学和诠释学研究的方向，四是实用主义的研究方向。

大卫：请先谈谈第一个方向的情形。

黎明：好吧。在当代西方哲学中，德国新康德主义哲学家文德尔班率先把"问题"作为基本线索引入到对哲学史的研究中。众所周知,文德尔班的名著《哲学史教程》并不是按编年史的次序撰写的,而是按照哲学史上问题发展的基本线索撰写的,这部著作在某些方面仍然具有经久不衰的影响力。在这部著作的"绪论"中,他开宗明义地指出:

> 所谓哲学,按照现在习惯的理解,是对宇宙观和人生观一般问题的科学论述。①

也就是说,文德尔班把问题视为哲学和哲学史为之旋转的轴心。在文德尔班之后,德国新黑格尔主义哲学家克洛纳更明确地表达了这方面的思想。在其代表性著作《从康德到黑格尔》中,克洛纳提出了哲学史研究中的三种不同的方法。

大卫:这正是我最感兴趣的议题。哪三种方法?

第一种研究方法他称之为"文化史的方法"(the method of cultural history),即把每个哲学家的思想放在他所生活的那个时代的整个文化背景(政治、科学、宗教、艺术、伦理等构成的特定氛围)中加以考察。说得形象一点,就是把演员和舞台一起加以审视。这种方法的特点是气势宏大,时代感强,但容易忽视哲学史发展的内在逻辑。总之,它过于倚重舞台,以至于演员本身反倒成了点缀舞台的道具。这种研究方法显然有本末倒置之嫌。假如用中国话来说,恐怕就有"喧宾夺主"之嫌了。第二种研究方法他称之为"传记的方法"(the method of biography),即紧紧扣住哲学家本人的生活经历、性格和气质去透视他的思想的发展史。这种方法着眼点单一,切入点也小。在克洛纳看来,虽然这两种方法都有自己的长处,但其短处也是不该加以忽略的。显然,从总体上看,这两种方法都不足以取法。

大卫:那么,他自己主张的又是什么样的研究方法呢?

---

① [德]文德尔班:《哲学史教程》上卷,罗达仁译,商务印书馆1996年版,第7页。

黎明：在克洛纳看来，真正有价值的是第三种研究方法——"系统的叙述方法"（the systematic narrative method），亦即"问题史的方法"（the method of problematic history）。按照这种方法，哲学史也就是问题史，就是由一系列问题串连起来的神圣的链子。哲学家 A 提出了什么问题，他是怎样解答的？又留下了什么问题？哲学家 B 是怎样解答哲学家 A 留下的问题的？他本人又留下了什么问题？哲学家 C……实际上，《从康德到黑格尔》一书就是按照这种"问题史的方法"写成的。当我们用这种方法去透视整个哲学史时，一个个哲学家的肖像隐去了，一部部哲学著作也隐去了，留下来的只是一连串的问题，即一系列的问号。正如普希金所写的：

> 奥涅金到处都不知不觉地
> 用这些符号来表现自己。①

这些问题犹如多米诺骨牌，一张挨一张地排列在一起。推倒第一张，其余的就会依次倒下。也就是说，只要我们抓住了这些问题，也就等于把握住了整个哲学史发展的内在逻辑。

大卫：真是"与君一席谈，胜读十年书"。黎明，说起来很惭愧，很长时间以来，我一直没有找到学习、研究哲学史的合适方法。在图书馆里，面对着浩如烟海的文献资料，常有望洋兴叹的缺憾。现在好了，克洛纳的"问题史的方法"就像一缕光线透入了黑屋之中，我的自信心似乎开始复苏了。

黎明：你使我想起了胡适先生在自己的日记中记载的一段有趣的往事：胡适年轻时曾与王云五交往甚密，王云五是自学成才的，但一度在学习上陷入困境。尽管他异常刻苦，每天都坚持阅读一百页以上

---

① ［俄］普希金：《叶甫盖尼·奥涅金》，吕荧译，人民文学出版社 1954 年版，第 206 页。

的中、外文文献，但只觉得大脑一片空白，什么也抓不住。于是，他跑去向胡适请教。胡适告诉他，如果不带着问题去阅读，文献就是一堆死的东西；反之，如果带着问题去阅读，就像用一根红线把文献资料串起来了，所有的资料也因此而获得了生命力。胡适的话开启了王云五的思绪，王云五后来在学术上也取得了引人注目的成就。说到这里，我顺便问一下，大卫，你欣赏过拉斐尔的画作《雅典学院》吗？

大卫：这还用问吗？多年前，当我从画册上看到这幅传世之作时，简直惊呆了。在一个高大敞亮的大厅中，数十位学者像灿烂的群星一样拱围在苏格拉底、柏拉图和亚里士多德的周围，他们探索宇宙、人生奥秘的那种专心致志的神态和栩栩如生的形象至今还清晰地印在我的脑海里。

黎明：如果我没有记错，德国哲学家狄尔泰在其七十诞辰时撰写的一篇题为《梦》的著名散文中，曾以天才的想象力阐释了拉斐尔的这幅名画。他意味深长地写道：

永不熄灭的形而上学的动力是想解决世界和生活之谜。①

毋庸置疑，狄尔泰所说的"世界和生活之谜"也就是我们这里讨论的"问题"。当你用"问题史的方法"去鉴赏这幅画作时，就会发现，画面上的学者，无论是处于独自冥想的状态中，还是处于三五成群的讨论状态中，他们共同关注的都是使他们感到困惑的问题。在这个意义上，"问题"实际上成了《雅典学院》这幅画作的真正的主题。

大卫：从拉斐尔的《雅典学院》很容易联想起法国雕塑家罗丹的《思想者》。我想，思想者用拳头托着下巴，陷入了沉思之中。他在沉思什么呢？无非也是问题。可见，哲学与问题有不解之缘。不过，黎

---

① 田汝康等选编：《现代西方史学流派文选》，上海人民出版社1982年版，第7页。

明，我还是不太明白，你前面说的多米诺骨牌中的第一张究竟是什么呢？

黎明：按照西方哲学史家们的看法，第一张骨牌也就是古希腊最早的米利都学派提出的哲学问题，即世界的本原是什么？而这个学派的代表人物泰利士断言水是万物的本原，也就是对这个问题的最早解答。哲学史家们几乎一至认定，提出上述问题的米利都学派乃是西方哲学史的起点，泰利士也为此而荣膺了"西方第一哲人"的称号。不过，大卫，不瞒你说，我并不认同这种流行的见解……

大卫：真有意思，黎明，能告诉我为什么吗？

黎明：在我看来，把哲学史的起点确定在人类历史的哪个点上，完全取决于研究者带入哲学史领域的哲学观是什么。目前通行的西方哲学史著作之所以众口一词地把西方哲学史的起点确定在古希腊的米利都学派上，是因为哲学史研究作为一门独立的学问是在 19 世纪上半叶才形成并发展起来的。或许正是在这个意义上，文德尔班把黑格尔的《哲学史讲演录》视为第一部严格意义上的哲学史：

只有通过黑格尔，哲学史才第一次成为独立的科学。①

然而，大家都心知肚明，哲学史这门学科在发端之初就深受滥觞于 17 世纪的自然科学的思维方式的影响，而且时时处处把自然科学的严格性作为哲学仿效的对象。

大卫：黎明，我还是不明白，哲学史研究受自然科学的思维方式的影响与哲学史家们把米利都学派视为西方哲学史的开端这两者之间究竟有什么逻辑上的联系呢？

黎明：少安毋躁，请允许我先引证文德尔班下面的观点：

----

① ［德］文德尔班：《哲学史教程》上卷，罗达仁译，商务印书馆 1996 年版，第 20 页。

哲学史是一个发展过程，在这过程中欧洲人用科学的概念具体表现了他们对宇宙的观点和对人生的判断。①

　　显然，这种哲学观借用自然科学的眼光去确定哲学史的起点。而以泰利士为首的米利都学派的学者们实际上并不是最早的哲学家，而是最早的自然科学家。他们试图卸去自然界的面具——当时流行的宗教和巫术观念，直接用自己的理性去面对原初的自然界，而这种倾向正是 17 世纪以来崛起的自然科学的主导性的思维方式。

　　大卫：既然你不主张按照自然科学的思维方式来编写哲学史，那么请告诉我，你主张在哲学史研究中引入什么样的哲学观呢？

　　黎明：乍看起来，上面提到的这种具有科学主义倾向的哲学观希望人们返回到原初的自然界，实际上，它真正希望人们返回的是经过自然科学媒介的自然界。然而，在人与自然界打交道的过程中，自然科学的视角并不具有原初性。在我看来，真正具有原初性视角的是"生存哲学观"（the outlook of existential philosophy）。按照这种哲学观，人在与环境打交道的过程中，优先考虑的是如何生存下来，然后才可能去探索其他的问题。因而，应该把最先探讨人类生存问题的文献作为西方哲学史的起点。

　　大卫：按照你的哲学观，西方哲学史的起点应该定在哪里呢？

　　黎明：假如人们确信生存哲学观比科学主义的哲学观更合理，他们就会同意，西方哲学史的起点应该越过米利都学派时期（约公元前 7 世纪—前 6 世纪），往前追溯到希腊神话时期（约公元前 12、11 世纪—前 8、7 世纪）。希腊神话传说表明，远古人类早已通过神话的方式，踏上了探索生存之谜的道路。

　　大卫：黎明，能说得具体一点吗？

　　黎明：大卫，假如你读过希腊神话，一定会记得以下三个有趣的

---

① ［德］文德尔班：《哲学史教程》上卷，罗达仁译，商务印书馆 1996 年版，第 18 页。

故事。第一个故事是：泰坦罗斯起来造宙斯的反，宙斯罚他站在湖中。他的头顶上悬着一块大石头，随时可能掉下来把他砸死。每当他因口渴而俯身去喝湖水时，湖水就消失得无影无踪；每当他因饥饿而伸手去摘取湖边果树上的果实时，这些果实也会消失得无影无踪。在这个故事中，水果、湖水和石头正是人类生存中必定会面对的饥饿、干渴和死亡的象征。第二个故事就是我们前面已经提到的西绪福斯推着巨石上山的故事。在这个故事中，西绪福斯周而复始地推动巨石，乃是人类为了自己的生存而不得不进行谋生的劳动的象征。第三个故事是：宙斯让女神潘多拉带着一个盒子来到人间，盒子里装的是嫉妒、贪婪、诽谤、痛苦、疾病、争斗、罪恶、死亡这些可怕的东西。当无知的潘多拉在人间打开这个盒子时，所有这些可怕的东西就充满了人间。这个故事也以神秘的方式展现出人类生存活动中必定会遭遇到的东西……

大卫：经你这么一解释，我有一种豁然开朗的感觉，也对自己无批判地接受西方哲学史家们的成见感到羞愧。现在不少人提出了"重写哲学史"的口号，其实，"重写"的关键在于确立考察哲学史的新的哲学观。如无哲学观上的突破，"重写"（re-write）最终必定会被"重复"（repeat）所取代。

黎明：不过，我得声明，我的哲学观并非定论，我提出它的目的只是为了激活人们对西方哲学史开端问题的重新反思。请原谅，大卫，我们似乎在这个话题上停留得太久了。

大卫：是的，该探讨"问题"意识升格运动的第二个方向了。

黎明：那就是科学史和科学哲学的方向。在这里，首先要提到的是科学哲学家卡尔·波普尔。他告诫我们：

> 理论对科学知识增长所能作出的最永恒的贡献就在于提出新问题。问题导致我们科学知识的发展。科学开始并终结于问题。问题

不断地增进科学的深度及其丰富性。①

　　和前面提到的克洛纳一样，波普尔也把科学发展史视作问题发展史。为此，他提出了一个描述科学发展史的著名公式："P1→TT→EE→P2"。其中"P1"表示第一个问题，"TT"表示解决问题的各种不同的理论，"EE"表示通过反驳清除掉错误的理论，"P2"表示新产生的第二个问题。这个公式表明，在波普尔的眼光中，科学史与哲学史一样，始于问题(P1)，终于更高水平的问题(P2)。无独有偶，法国结构主义人类学家莱维·施特劳斯也清醒地意识到问题在科学发展史中的核心地位和作用。他这样写道：

　　　　在科学能够给予我们的答案和这个答案必定引起的新问题之间总是有一个裂痕(gap)。……科学从来不可能给我们所有的答案。我们能够尝试着去干的是非常缓慢地增加我们能够给的答案的数量和质量。我认为，这就是我们通过科学可能做的唯一的工作。②

　　科学史就这样沿着"问题"的河床缓慢地向前流动，犹如歌德笔下的阿尔封索在谈到铁索时所感叹的：

　　　　他总是没完没了，没有结束，
　　　　他总是改动，慢慢地进展下去，
　　　　又停滞不前，使我们希望落空；
　　　　本以为可以到手的快乐，却又

―――――――――

　　① ［英］卡尔·波普尔：《猜测与反驳》，1963 年英文本，第 222 页（Karl Popper, *Conjectures and Refutations*, New York：Routledge, 1963, p. 222.——编者注）。
　　② ［法］莱维·施特劳斯：《神话与意义》，1978 年英文本，第 13—14 页（Claude Lévi-Strauss, *Myth and Meaning*, Toronto：University of Toronto Press, 1978, pp. 13-14.——编者注）。

遥远地拖到将来，真令人扫兴。①

大卫：黎明，你说的"问题"意识升格运动的第三个方向呢？

黎明：那就是语言哲学和诠释学研究的方向。在语言哲学家的行列中，最具有自觉的问题意识的是维特根斯坦。他不仅告诫我们，不同专业的学者面对着不同的问题，而且用形象的语言阐明了哲学问题的特异性：

> 哲学问题的答案可与神话故事的智慧相比较：它在魔幻般的城堡里显得妩媚动人；但在白昼，它在户外看上去仅是一块普通的铁（或者类似的物）。②

大卫：真令人费解，为什么维特根斯坦要把哲学比喻为"一块普通的铁"呢？

黎明：按照我的理解，他或许是想告诉我们，哲学问题及其答案的神秘性往往是由其术语的神秘性造成的。如果把这些术语还原为日常用语，它们就会像一块普通的铁一样，变得容易理解了。更值得注意的是，维特根斯坦探索了为什么哲学问题经常出现雷同的原因：

> 人们一而再、再而三地说哲学确实没有进步，我们仍然忙于解决希腊人探讨过的相同的问题。然而，说这种话的人不懂得哲学为什么不得不如此。原因在于我们的语言没有变化，它不断地诱使人们提出同样的问题。③

---

① ［德］歌德：《歌德戏剧集》，钱春绮等译，人民文学出版社 1984 年版，第 382 页。
② ［英］维特根斯坦：《文化与价值》，黄正东等译，华中科技咨询公司 1984 年版，第 16 页。
③ 同上书，第 21 页。

大卫：我想，维特根斯坦之所以这么说，是促使我们去关注并探索哲学与语言的关系，而他自己在《逻辑哲学论》中早已告诉我们：

全部哲学就是"语言批判"（Sprachkritik）。①

黎明：大卫，你发现没有，与语言哲学相颉颃的是以德国哲学家伽达默尔为代表的当代哲学诠释学。在《真理与方法》这部划时代的著作中，伽达默尔用一节的篇幅讨论了"问题在诠释学中的优先性"。首先，他阐明了问题在诠释学中的重要性：

如果我们想解释诠释学经验的特殊性质，我们就必须深入地考察问题的本质。②

其次，他阐明了问题本身蕴含的开放性和限制性：

问题的开放性并不是无边际的。它其实包含了由问题视域所划定的某种界限。没有这种界限的问题乃是空的问题。③

再次，他批判了新康德主义所主张的抽象的（即撇开历史境遇）问题史，主张用诠释学的"问答逻辑"（logic of question and answer）取而代之：

新康德主义的问题史就是历史主义的冒牌货。凭借问答逻辑来进行的对问题概念的批判，必然摧毁那种认为问题的存在犹如天上繁星一样的幻觉。对于诠释学经验的思考使问题（Problem）重新回

---

① ［英］维特根斯坦：《逻辑哲学论》，郭英译，商务印书馆1985年版，第38页。
② ［德］伽达默尔：《真理与方法》上卷，洪汉鼎译，上海译文出版社1992年版，第465页。
③ 同上书，第467页。

到那些自身呈现的问题和从其动机中获取其意义的问题(Frage)。①

大卫：真想不到，诠释学的问题意识竟然如此之强烈，难怪当代学者斯蒂尔深有感触地写道：

诠释学的核心是问题。②

按照诠释学的"问答逻辑"，任何哲学家的著作实质上都是对话，都是提出问题并解答问题。这真是一个既新奇又深刻的想法。噢，对了，黎明，你还没有介绍"问题"意识升格运动的第四个方向呢？

黎明：那就是实用主义的研究方向。众所周知，实用主义的创始人是皮尔士。据说，他13岁那年，有一次进入他哥哥的房间，看到了书架上有一本瓦特勒主教编写的《逻辑学基础》，便躺在地毯上啃起这本书来，没几天就掌握了书中所说的一切。皮尔士后来回忆道：

从那个星期直到我70岁为止，我生活的主要激情无论如何不是要发现我思想时在我的机体和意识中产生的知识，而是要寻求解决先于这种知识的这样一些问题：有哪几种根本不同的推理形式？为了获得人类可能获得的知识，这里的每一种推理形式在什么条件下、通过什么方式、能够提供什么样的和多大程度的可靠性？我愈是研究逻辑这个课题，就愈是深切地感到：以前人们关于这些基本问题的思想是多么的轻率和粗疏！③

---

① [德]伽达默尔：《真理与方法》上卷，洪汉鼎译，上海译文出版社1992年版，第484页。

② [德]R. S. 斯蒂尔：《弗洛伊德和容格：解释的冲突》，1982年英文本，第3页 (Robert S. Steele, *Freud and Jung: Conflicts of Interpretation*, Boston: Routledge & K. Paul, 1982, p. 3. ——编者注)。

③ [美]M. K. 穆尼茨：《当代分析哲学》，吴牟人等译，复旦大学出版社1986年版，第17页。

皮尔士又把他一生探索的逻辑问题归结为如下的问题："怎样把我们的观点弄明白？"显然，这个问题成了皮尔士一生思索的中心问题。在皮尔士之后，实用主义的另一位代表人物杜威也高度重视问题意识在哲学探索中的基础的核心的作用。《在我们如何思维》一书中，杜威分析了人们在完整的思维行为中经历的五个步骤：

（1）一种感觉到的困难；（2）确定这种困难之所在；（3）对可能解答的建议；（4）通过对各方面建议的推理而引申出新结果；（5）新一步的观察和实验会导致对这一新结果的接受或拒斥，也就是引申出相信或不相信的结论来。①

大卫：杜威在第一步中提到的"一种感觉到的困难"是指问题吗？

黎明：Natuelich（德语解释为"当然"）。事实上，杜威自己对第一、第二步做了如下的解释：

第一步和第二步通常可以合二为一。能够充分地感受到困难，从而思考可能解决的办法，或者可能首先出现一种不确定的不安和震惊，然后尝试去发现问题是什么。②

大卫：也就是说，这里的关键仍然是发现问题，并把它揭示出来。从上面我们讨论的"问题"意识升格运动的四个主要的方向可以看出，在当代西方哲学中，"问题"不再是偶尔造访哲学家们著作的"客人"，而是成了哲学事业的不可或缺的组成部分。我想，从西方哲学史到当代西方哲学，我们的讨论已经比较深入了。现在，我有个建议，不知该不该提出来？

---

① John Dewey，*How We Think*，New York：Prometheus Books，1991，p. 72.

② John Dewey，*How We Think*，New York：Prometheus Books，1991，p. 72.

黎明：你尽管提吧。要知道，在开放性的讨论中，既不可能有愚蠢的问题，也不可能有愚蠢的建议。

大卫：我们能不能撇开历史上所有的哲学家，以我们自己的方式，对"问题"在哲学研究中的地位和作用做一个探索呢？

黎明：这也正是我所期待的。其实，我们回顾哲学史，目的也不在哲学史，而在于从理论上对哲学与问题的关系做出新的说明。按照我的看法，任何一个哲学体系实质上都是一个"问题域"（problem field），它是由以下三个不同的问题层面——第一问题层（level of the first problem）、基本问题层（level of basic problems）和具体问题层（level of concrete problems）——构成的。

大卫：我注意到了你表述上的细节，我想知道，为什么"第一问题层"中的问题是单数，而"基本问题层"和"具体问题层"中的问题都是复数呢？

黎明：问得好，大卫。因为第一问题是唯一的，是任何哲学家都无法回避的问题，即"什么是哲学？"（What is philosophy?）。事实上，哲学家们在哲学观上的差异正是通过对这个问题的解答而显露出来的。任何一个哲学家，只要一回答"什么是哲学"的问题，也就选择了一种特殊的哲学观。

大卫：比如，中国哲学家冯友兰先生认为：哲学是对人生意义的探究。我们也许可以把他的哲学观称为"人生哲学"。又如，维特根斯坦认为，哲学是语言上的分析、批判运动。我们也许可以把他的哲学观称为"语言哲学观"。再如，海德格尔认为，哲学是对存在意义的追问，我们也许可以把他的哲学观称为"存在主义哲学观"，等等。

黎明：好极了，大卫，请允许我继续说下去。我把从对第一问题的解答中派生出来的若干基础性的、重大的问题称作基本问题。必须指出的是，基本问题不是相对于哲学来说的，而是相对于已被确定的哲学观来说的。比如，对于冯友兰的人生哲学观来说，什么是人性？什么是人的本质？什么是人性与人的本质的关系？恐怕这些问题就是这种哲学观蕴含的基本问题了。又如，对于维特根斯坦的语言哲学观来说，语词与对象的关系是什么？句子与事态的关系是什么？语言与世界的关系是什么？恐怕这些问题就是这种哲学观蕴含的基本问题了。再如，对于海德格尔的存在主义哲学观来说，什么是存在的意义？什么是存在与存在者的差异？什么是作为人之存在的此在与其他存在者的差异？恐怕这些问题就是这种哲学观蕴含的基本问题了。

大卫：请等一下，黎明。你刚才说，"基本问题不是相对于哲学来说的，而是相对于已被确定的哲学观来说的"，那么，我们又如何理解恩格斯提出的"哲学基本问题"这个术语呢？

黎明：确切地说，是"全部哲学……的基本问题"。我们不妨回顾一下他在《路德维希·费尔巴哈和德国古典哲学的出路①》一书中留下的那段著名的论述：

> 全部哲学，特别是近代哲学的重大的基本问题，是思维和存在的关系问题。②

众所周知，恩格斯的观点对苏联、东欧和我国哲学界都有十分重大的影响，但我并不认为他的观点是正确的。按照他的观点，所有的哲学学说都有着同一个基本问题——思维与存在的关系问题。假如真是这样的话，世界上就不可能有迥然各异的哲学观了。比如，维特根斯坦既然把哲学理解为语言上的分析、批判活动，他就根本没有必要去讨论恩格斯所说的思维与存在的关系问题。又如，冯友兰先生认为，哲学是对人生意义的探究，他同样没有必要去讨论思维与存在的关系问题。

---

① 中央编译局把德文版书名中的 der Ausgang 译为"终结"是错误的，此处改译为"出路"，主要理由如下：其一，众所周知，德国古典哲学的终结者是黑格尔，而不是费尔巴哈；其二，der Ausgang 这个德语名词的主要含义是"出路"，德国所有的地铁出口都标着这个词；其三，费尔巴哈的人本主义哲学思想不过是德国古典哲学被黑格尔终结后形成的一条新的出路。

② 《马克思恩格斯文集》第 4 卷，人民出版社 2009 年版，第 277 页。

大卫：我明白你的意思了。任何一个哲学家，只有在回答了"什么是哲学"的问题之后，才有可能确立起自己的哲学观，而只有在已确定的哲学观的范围内，才有可能讨论：对这种哲学观来说，哪些问题是基本问题。我现在也认识到了，脱离哲学观，泛泛地谈论"哲学基本问题"是没有意义的。

黎明：还须指出的是，恩格斯把哲学与某种特殊的哲学观——"知识论哲学"（philosophy for theory of knowledge）混淆起来了。

大卫：你说的"知识论哲学"究竟是什么意思？

黎明：我把从苏格拉底到黑格尔的西方主流哲学观称作"知识论哲学"。对这种哲学观来说，哲学的使命就是认识外在世界的本质，而本质性的东西只有思维才能加以把握，因而知识论哲学自然而然地把思维与存在的关系问题理解为哲学基本问题。但这里的混淆在于：思维与存在的关系问题只是这种知识论哲学观的基本问题，并不是哲学的基本问题。

大卫：事实上，如果把思维与存在这个单一的问题理解并阐释为古往今来一切哲学理论的基本问题，哲学这门学科将会变得多么乏味！

黎明：知我者，大卫也。既然你已经明白我的意思，我就没有必要多说了。下面我们再来分析具体问题层。正如基本问题是从第一问题中派生出来的一样，具体问题则是从基本问题中派生出来的。比如，"人性是什么"乃是冯友兰的人生哲学的基本问题之一，从这个问题可以派生出许多具体的问题——如何理解告子的"性无善无恶论"？如何理解荀子的"性恶论"？如何理解孟子的"性善论"？如何理解世硕的"性有善有恶论"？等等。

大卫：看来，你关于问题域的见解不失为一个新见解。按照你的设想，考察一个哲学理论体系，先要了解它是如何通过对第一问题的解答来选择自己的哲学观的。然后，再深入地了解，这种哲学观究竟蕴含着哪些基本问题和具体问题。这样一来，纲举目张，大致上也就把握住这种哲学观了。反之，如果一上来就纠缠在某个哲学体系的具体问题上，就有可能"捡了芝麻，丢了西瓜"，失去了对它的总体上的把握。

黎明：完全正确，大卫。一个哲学家所思考的问题的大小直接决定着他在哲学史上的地位和作用的大小。假设一个哲学家穷其一生只是在一些细小的、具体的问题上打转，那么他就会成为马克思在其《博士论文》中所批评的头发哲学家、手指哲学家、足趾哲学家和屎尿哲学家。①反之，像苏格拉底、柏拉图、亚里士多德、笛卡尔、康德、休谟、黑格尔、胡塞尔、海德格尔、维特根斯坦这样的大哲学家，其影响之所以经久不衰，是因为他们探索的都是关涉人类生存和发展的重大问题。简言之，哲学家们提出的问题的大小与他们在哲学史上的地位的高低是成正比例的。在这个意义上，我们甚至可以说，问题就是哲学家。当然，我们必须看到，一个新的重大理论问题的提出决不是轻而易举的。一个哲学家既要高瞻远瞩，其思维的雕刀又要不停顿地镂刻下去，才有可能获得非凡的成就。如果说，康德的《纯粹理性批判》是 12 年沉默的产物，那么，马克思的《资本论》则是 40 年探索的结晶。

大卫：相反，那些目光短浅，思路平庸，一味埋头于显微镜下的考察的学究是很难创立伟大的哲学理论的。同样地，那些想入非非而又缺乏责任感和实际能力的吹牛家也是难以获得成功的，他们常常使我想起席勒笔下的公爵夫人对华伦斯坦的批评：

> 哦，我的丈夫！你总是在营造营造，
> 已经高出了云表，依然在想更高更高，
> 全不念到这狭隘的地基不能支持
> 那眩晕飘摇的营造。②

黎明：其实，重大的哲学问题都关涉哲学的地基。马克思曾批评以

---

① 参见马克思：《博士论文》，贺麟译，人民出版社 1961 年版，第 67 页。
② ［德］席勒：《华伦斯坦》，郭沫若译，人民文学出版社 1955 年版，第 317 页。

布·鲍威尔为代表的青年黑格尔主义派的思想自始至终都是在黑格尔哲学的地基上展开的。也就是说，只要他们不离开这个地基，他们的思想就永远不可能超越黑格尔。有鉴于此，我也一直在思索，为什么中国哲学界长期以来满足于在思维与存在关系的旧靴子中打转？

大卫：在我看来，原因并不复杂。中国哲学界深受恩格斯的影响，而恩格斯又深受黑格尔的影响。也就是说，像青年黑格尔主义者一样，当代中国哲学家们的思维舞蹈归根到底是在黑格尔哲学的地基上展开的。事实上，黑格尔在谈到近代哲学时早已指出：

> 这种最高的分裂，就是思维与存在的对立，一种最抽象的对立；要掌握的就是思维与存在的和解。从这时起，一切哲学都对这个统一发生兴趣。①

黎明：尽管黑格尔是重要的，但我们的目光却不应该被他所束缚。实际上，黑格尔不仅是自康德以来的德国古典哲学的集大成者，更是滥觞于苏格拉底、柏拉图的西方知识论哲学传统的集大成者。因此，更为迫切的是，应该对整个知识论哲学的思维方式做出批判性的反思。

大卫：这一反思应该从何处着手呢？

黎明：从我们前面提到过的第一问题着手。

大卫：你不是说，第一问题就是"什么是哲学"的问题吗？难道你对这个问题的合理性也有怀疑吗？

黎明：正是，大卫，且听我慢慢道来。如果你从语言哲学的角度去思考问题的话，很容易发现，"What is philosophy?"（什么是哲学？）的提问方式源自日常语言中的提问方式"What is this?"（这是什么？）。假如 A 指着桌子上的一只杯子问 B 是什么时，B 通常会回答道：This is a cup（这是一只杯子）。大卫，你会发觉，"What is this?"这种提问方式蕴含着

---

① ［德］黑格尔：《哲学史讲学录》第 4 卷，贺麟等译，商务印书馆 1959 年版，第 6 页。

两个理论上的预设：一是被询问的对象（比如一只杯子）已经现成地摆放在那里；二是由疑问词 what 引导出来的疑问句只关心被询问的对象"是什么？"，但并不关心被询问的对象和询问者之间有何意义上的关联（比如并不追问：为什么恰好是一只杯子，而不是其他的东西出现在桌子上）。

大卫：我明白了。当哲学家们以类似的提问方式提问时，也会蕴含两个类似的理论预设：一是 philosophy 作为被询问的对象，已经像一只杯子那样现成地摆放在那里，询问者不再去追问 philosophy 是如何在人类的生存活动中形成并发展起来的；二是由疑问词 what 引导出来的疑问句只关心被询问的哲学"是什么？"，但并不关心哲学与询问者所代表的人类之间有何意义上的关联（比如并不追问：为什么哲学自其诞生之日起就一直伴随着人类？为什么在人类与周围环境打交道的过程中，哲学是不可或缺的）。

大卫：经你这么一分析，我也看到了"What is philosophy?"这种提问方式存在的误区，但我还不明白，它究竟会导致什么样的结果？

黎明：正如我在前面已经指出过的那样，"What is this?"是日常生活中的提问方式，通常起着扩大被询问者的知识面的作用；同样地，"What is philosophy?"是哲学研究中的提问方式，通常起着扩展被询问者的哲学知识的作用。要言之，"What is philosophy?"的提问方式是为知识论哲学观量身定做的。

大卫：这下我明白了，你的意思是，只要人们不改变提问方式，还在无批判地追问"What is philosophy?"，那么，他们在哲学观的选择上就很容易落入知识论哲学观的陷阱中。你的这个发现太重要了，我想知道，对于一个刚厕足哲学的人来说，如何避开这个陷阱呢？

黎明：不瞒你说，我思考了很久，终于想出了"问题际性"（inter-problems）这个新概念，并试图用它来解决我们面临的困境。我在前面说过，由疑问词 what 引导出来的疑问句只关心被询问的对象是什么，但不关心询问者所代表的人类与被询问对象之间的意义关联，而探究意义关系的提问句通常是由疑问词 why 引导出来的。比如，"Why does human being need philosophy?"(为什么人类需要哲学?)这种提问方式的意图就是追问询问者所代表的人类与被询问对象之间究竟有何意义关联。正是基于这样的考虑，我认为，第一问题不应该写成："What is philosophy"，而应该写成问题际性："Why does human being need philosophy-What is philosophy"。

大卫：也就是说，你之所以把"Why does human being need philosophy?"写在"What is philosophy?"之前，并用连字符号把它们关联在一起，目的是启发被询问者，始终应该在人类与哲学之间的意义关联的引导下去思考"What is philosophy?"的问题。这样一来，当人们探究哲学时，就不会轻易落入知识论哲学的陷阱。太妙了，黎明，但我还是忍不住要问：既然你对从苏格拉底到黑格尔的知识论哲学观有深刻的反省和批判意识，那么你自己信奉的哲学观究竟是什么呢？

黎明：我认为，哲学是对人类的生存方式及其意义的探究，这就是我的哲学观。好了，大卫。我们在上面的讨论中已经停留得太久了。我在前面还提到了另一个重要的概念——问题域，但你对这个概念似乎没有表现出丝毫兴趣……

大卫：不，黎明，这个概念恰恰是我最关心的，但我一直在思考，应该从哪个角度出发来切入对它的讨论。我发现，无论是在社科院的哲学研究所里，还是在大学的哲学系里，历届硕士生和博士生的学位论文的主题总会出现雷同，甚至重复。为什么历届研究生思考的哲学问题会出现趋同现象，我隐隐地感觉到，这类现象与你提到的问题域的概念有着某种内在的联系，不知道你是如何看待这类现象的？

黎明：这类现象的发生，确实与问题域有着千丝万缕的联系。假定某人进入某大学哲学系攻读博士学位，他阅读的主要教材、主要专业刊物和主要理论著作(包括翻译著作)，与其他大学哲学系或社科院哲学研究所中的博士生阅读的东西是十分接近的，那么所有这些博士生的思维就会在冥冥中受到隐藏在这些教材、刊物和理论著作中的问题域的约束。假定在这个问题域中能够显现出来的基本问题有 8 个，那么，博士生们的思维就很难突破这 8 个基本问题对自己的束缚。事实上，他们的学位论文的主题往往是从这些基本问题中派生出来的具体问题。

大卫：那么，作为博士生、青年教师或青年研究人员，又如何从他们已然接受的问题域中突围出来，打开新思路、提出新问题呢？

黎明：这确实是一个十分棘手的问题。何况，他们又容易接受某些错误观念的引导，从而使创新变得更加困难。

大卫：你说的"某些错误观念"指什么？

黎明：主要指以下两个观念：一个是所谓"热点分析"。你可以想象一下，一个问题能够被称作"热点"，表明它早已被人提出来了，也表明有许多人对它感兴趣。你再挤进去发一些议论，恐怕很难体现出你思想上究竟有什么原创性。现在，有些学术刊物每年都热衷于搞什么"年度十大热点"，使人们的思想越来越雷同，也越来越窄化。

大卫：何况，每门学术的发展都是有周期的，怎么可能每年都会出现热点？事实上，找不到热点时，人们就把小的问题夸大，凑足数量。这种形式主义的做法与其说是在促进学术，不如说是在破坏学术。

黎明：其实，原创性的研究关注的不是热点问题，而是冰点问题。所谓"冰点"也就是没有温度的点或大家都不关注的点。就像我们前面提到某个问题域蕴含着 8 个基本问题，你能通过自己的研究提出第 9 个基本问题吗？不管如何，如果一个冰点问题是经过你介入研究才上升为热点的，那就充分体现出你发现并提出新问题的创造性思维。我想说的另一个错误观念是所谓"跟踪研究"。既然是"跟踪"，跟踪者必定英雄气短，永远把自己定位在被跟踪者的屁股后面，至少我们还没有听说过，跟踪者竟然跟踪到被跟踪者的前面去了。一言以蔽之，强调"跟踪"的人的精神状态始终停留在模仿的层面上，这同样会与原创性思维失之交臂。

大卫：假定有个青年研究者摆脱了上述两种错误观念的影响，他是否就能从自己所从事的专业的问题域中突围出来了呢？

黎明：恐怕还不能。因为不同的专业通过教材、刊物和理论著作编织起来的问题域都不过是"子问题域"，它们共同服从于一个"母问题域"。所谓母问题域实际上就是意识形态问题域，法国哲学家阿尔都塞把它称作"问题框架"（problematic），即在统治阶级的合法性理论的主导下形成的问题结构。问题框架不但贯通于各个专业的问题域中，也贯通于在同一历史背景下通过受教育的方式而成长起来的每个人的意识中。

大卫：你的意思是，任何一个研究者，当然包括青年研究者在内，他在从事思考活动时，都受到两个问题域的制约：一个是外在的问题域，即在他从事的专业中，由教材、学术刊物和理论著作编织而成的问题域，这个问题域归根到底也是从意识形态的问题框架中派生出来的；另一个是内在的问题域，即他在接受教育的过程中，意识形态把自己的问题框架植入到他的意识中，而他自己并没有意识到这一点。

黎明：由于外在的问题域和内在的问题域都是从意识形态这一母问题域中衍生出来的，因而它们具有同质性，并倾向于相互强化，牢牢地操控着研究者的思想，使其丧失自己的原创性。尤其是内在的问题域，它总是隐藏在思想的深处，诚如阿尔都塞所说的：

> 一般说来，问题框架并不是一目了然的，它隐藏在思想的深处，在思想的深处起作用，往往需要不顾思想的否认和反抗，才能把问题框架从思想深处挖掘出来。①

大卫：你使我认识到，思想上的创新绝非易事。你是不是暗示我，创新思维的起点乃是研究者对自己置身于其中的意识形态的反思和批判？

黎明：正是如此。马克思和恩格斯合作撰写的巨著《德意志意识形态》就是对以布·鲍威尔为代表的现代德国意识形态的问题框架的反思和批判。在现代社会中，一个人出生后，通过受教育而成长为一个公民。他通常以为，自己已具备独立思考的能力，其实，说得难听一点，这时正是他的独立思考能力丧失殆尽的时候。也就是说，他的那些观

---

① L. Althusser，*For Marx*，NLB，1977，p. 69.

念，实际上都是意识形态赋予他的。

大卫：这种现象我也注意到了。比如，人们喜欢使用下面这样的句型"我发现……""我确信……""我主张……"等，但他们说出来的其实并不是他们自己的想法，而是意识形态早已植入他们大脑的某些陈词滥调。人总以为自己用双脚站立在地上，其实，他漂浮在意识形态中……

黎明：当一个人从来不谈论意识形态，也从未意识到自己的思想深受它的影响时，这个人已经蜕变为纯粹的意识形态容器；反之，当一个人开始对自己置身于其中的意识形态做批判性的反思时，他才有可能跳出这种意识形态。而只有当他跳出这种意识形态时，他才可能跳出由这种意识形态划定的问题框架或问题域，以原创性的方式来思考。

大卫：黎明，你说的原创性思维意味着不受任何一种意识形态的约束吗？

黎明：不。你可能跳出某种意识形态，却永远无法跳出一切意识形态。但有一点是确定无疑的。只要你还停留在某个意识形态中，你的思想就无法在这个意识形态中从事创造性的劳动。

大卫：请原谅，黎明，我还有一个问题要向你讨教。假设某个哲学家，在青年时期深入地批判了自己置身于其中的意识形态问题域，确立了自己的哲学观，从而为自己的思想划定了一个问题域。到了晚年，他的思想发生了变化，他的问题域也会随之而变化吗？

黎明：在我看来，你所说的"变化"（change）是一个含混的字眼，应该把它区分为两种不同的类型：一种变化是在不改变对第一问题（什么是哲学？）的解答的基础上发生的，既然哲学观没有变，原来的问题域也就不可能发生实质性的变化。另一种变化是指对第一问题做出了完全不同的解答。正如卡西尔所说的，哲学家们总是"回到什么是哲学和哲学是关于什么的问题上来"①。显而易见，这种变化是根本性的，会导致

---

① ［德］卡西尔：《符号，神话和文化》，1979 年英文本，第 69 页（Ernst Cassirer and Donald Phillip Veren, *Symbol*, *Myth and Culture*: *Essays and Lectures of Ernst Cassirer 1935—1945*, New Haven: Yale University Press, 1979, p. 69. ——编者注）。

原来的问题域的实质性的转换。记得维特根斯坦曾经说过：

> 一旦新的思想方式被建立起来，许多旧问题就会消失。确实，这些问题变得难以再现。因为它们与我们表述我们自己的方式一同发展。如果我们自己选择了一种新的表述方式，这些旧问题会与旧服装一同被遗弃。①

大卫： 我们上面的讨论关涉同一个哲学家，不同的哲学家之间的关系也可以用问题域之间的差异来说明吗？

黎明： 当然可以。事实上，只有当哲学史家们开始用问题域的差异来阐明不同哲学家之间的思想差异时，哲学史的研究才能赢得科学的美名。

大卫： 在探讨马克思和黑格尔之间的理论关系时，我常常感到"头痛"，因为马克思和恩格斯都喜欢用"头足倒置"或"外壳/内核"这样的隐喻来阐释他们与黑格尔之间的关系，记得阿尔都塞在《保卫马克思》一书中也指责过这类隐喻的模糊性，你能从问题域差异的角度出发，对他们的思想差异做出新的阐释吗？

黎明： 试试看吧。你知道，黑格尔曾经对哲学下过如下的定义：

> 概括讲来，哲学可以定义为对于事物的思维着的考察。②

显然，这一定义确立了黑格尔的哲学观，而这一哲学观具有明显的知识论哲学的倾向。从它出发，可以派生出由以下五个基本问题组成的黑格尔哲学的问题域：第一，思维与存在（或理性与现实、思想与客观性、精神与自然界）的关系；第二，逻辑与历史（现实史与观念史）的关

---

① ［英］维特根斯坦：《文化与价值》，黄正东等译，华中科技咨询公司1984年版，第72页。

② ［德］黑格尔：《小逻辑》，贺麟译，商务印书馆1980年版，第38页。

系；第三，必然性与人的自由的关系；第四，认识论、辩证法和逻辑学的统一关系；第五，形式逻辑与辩证法的关系。

与黑格尔不同，马克思的哲学观集中体现在他的《关于费尔巴哈的提纲》中：

> 哲学家们只是用不同的方式解释世界，问题在于改变世界。①

也就是说，马克思确立的是实践唯物主义的哲学观。正是这一哲学观衍生出由以下五个基本问题组成的马克思哲学的问题域：第一，社会实践(尤其是生产劳动)是人类生存和发展的前提；第二，生产力/生产关系、经济基础/上层建筑(包括意识形态)的关系；第三，社会认识论和意识形态批判；第四，社会历史辩证法；第五，社会需要、社会价值、社会关系和社会革命。

大卫： 看来，用哲学观和问题域的差异来阐释哲学家们在思想上的差异，思路清晰，观点明确，既避免了隐喻的模糊性，也为我最感兴趣的哲学史研究提供了一个新的视角。如果我们前面讨论的重点落在问题和问题域上的话，那么现在我想知道，究竟是什么力量促使哲学家们孜孜不倦地去发现问题、提出问题？

黎明： 我想，应该是"怀疑"(doubt)。亚里士多德曾经说过：

> 凡愿解惑的人宜先好好地怀疑；由怀疑而发为思考，这引向问题的解答。人们若不见有"结"，也无从进而解脱那"结"。②

毋庸置疑，怀疑是发问的前提。正如我在前面已经指出过的那样，一个人生下来不久，就开始接受意识形态的教化，而这些教化的内容通

---

① 《马克思恩格斯选集》第 1 卷，人民出版社 1995 年版，第 57 页。
② ［古希腊］亚里士多德：《形而上学》，吴寿彭译，商务印书馆 1959 年版，第 37 页。

常作为不可怀疑的，甚至是神圣的真理植入他的大脑，内化为他心中的权威。然而，在参与现实生活和从事理论探索的过程中，他必定会遭遇到与他心中已有的权威见解相冲突的种种现象和观念。于是，蛰伏在他心中的怀疑意识开始苏醒了。正如但丁在《神曲》中所描绘的：

> 在真理的脚边冒出了疑问，
> 像嫩芽冒出了地面；就是这东西推动着我们
> 越过重重的山脊直登最高的顶峰。①

大卫：他开始怀疑以前通过教化而接受的那些权威性的见解，而当这种怀疑积累到一定程度，就会像火山一样喷发出来，炽热的熔岩将会摧毁一切权威性的见解。据说，在弗洛伊德的工作室中，一直挂着圣·奥古斯丁的名言：

> 如果怀疑，立即去求证。

黎明：休谟在《人类理解研究》中专门辟出一章的内容来讨论怀疑哲学。他告诫我们：

> 一个合理的推理者在一切考察和断言中应该永远保有某种程度的怀疑、谨慎和谦恭才是。②

休谟的怀疑精神是十分彻底的，哪怕触及学术界的权威也决不退缩。在《人类理解研究》的结尾处，他满怀豪情地写道：

---

① ［意］但丁：《神曲·天堂篇》，朱维基译，上海文艺出版社 1984 年版，第 32 页。
② ［英］休谟：《人类理解研究》，关文运译，商务印书馆 1981 年版，第 142 页。

我们如果在手里拿起一本书来，例如神学书或经院哲学书，那我们就可以问，其中包含着数和量方面的任何抽象的推论么？没有。其中包含着关于实在事实和存在的任何经验的推论么？没有。那么我们就可以把它投在烈火里，因为它包含的没有别的，只有诡辩和幻想。①

大卫：正是休谟的怀疑主义把康德从独断论哲学的迷梦中惊醒过来，使康德确立了自己的批判哲学，康德本人也高度重视怀疑论者和怀疑在哲学研究中的作用。在谈到怀疑论者时，他以形象的笔调写道：

……怀疑论者，即一种游牧民，憎恶地面的一切常设建筑，便时时来拆毁市民的联合。但幸好他们人数不多，所以他们不能阻止独断论者一再试图又重新建立这种联合……②

有趣的是，康德把独断论者比喻为地面建筑和市民联合的建造者，而把怀疑论者比喻为拆毁建筑和联合的游牧民。尽管他们人数不多，但作用却不小：

怀疑论就是独断的玄想家的管教师傅，敦促他对知性和理性本身做出一种健康的批判。如果他做到了这一点，他就不必再惧怕任何攻击了。③

黎明：康德说得太好了。在他看来，未经充分的怀疑而引申出来的结论都是靠不住的。毋庸置疑，康德这方面的见解也影响了黑格尔，以

———————————

① ［英］休谟：《人类理解研究》，关文运译，商务印书馆1981年版，第145页。
② ［德］康德：《纯粹理性批判》，李秋零译，中国人民大学出版社2004年版，第4页（AⅨ—Ⅹ）。
③ 同上书，第571页（B797）。

至于黑格尔表示：

> 自古以来，直到如今，怀疑论也都被认为是哲学的最可怕的敌
> 人，并且被认为是不可克服的，因为怀疑论是这样的一种艺术，它
> 把一切确定的东西都消解了，指出了确定的东西是虚妄无实的。①

在黑格尔看来，怀疑论是一切确定的东西的辩证法，积极的、充满
生气的哲学理论从来不畏惧怀疑论，相反，会把它作为一种健康的力
量、一个必要的环节而纳入自身之中：

> 积极的哲学本身之中便具有着怀疑论的否定方面，怀疑论并不
> 是与它对立的，并不是在它之外的，而是它自身的一个环节，然而
> 是它的真理性中的否定方面，而这是怀疑论所没有的。②

有趣的是，作为无坚不摧的精神力量，怀疑把善行建筑在杀戮之
上，把稳定奠基于摇摆之上。作为后黑格尔时代的伟大思想家，马克思
同样赋予怀疑以非常重要的地位。当她的女儿问他的座右铭是什么时，
他毫不犹豫地回答："怀疑一切。"

大卫：这样看来，怀疑确实是潜藏在人类理性中的一股伟大力量。
由怀疑而发思考，由思考而求解答，正是哲学家们的思想之路。事实
上，如果马克思没有"怀疑一切"的大无畏精神，他至多也不过是一个黑
格尔主义者，根本不可能透过官方思想家编织的无数谎言、幻想和假
象，去发现资本主义社会存在的根本问题，从而揭示人类历史发展的客
观规律。

黎明：与休谟、康德和马克思一样，科学巨匠爱因斯坦不也正是从

---

① ［德］黑格尔：《哲学史讲演录》第3卷，商务印书馆1981年版，第106页。
② 同上书，第107页。

马赫的怀疑论思想中受到启发，从而突破了牛顿经典力学的框架，创立了惊世骇俗的相对论吗？

大卫：由此可见，怀疑非但是思想的动力，也是创造的接生婆。对这一点，我已经有深刻的印象了，但使我苦恼的是，我自己在做哲学研究时却很难激活这种怀疑精神，即使偶尔受到了这种精神的鼓励，也不知道应该把怀疑的矛头指向何处。黎明，你能结合自己的治学经历，谈谈这方面的感受吗？

黎明：让我想想，这样吧，我从西方哲学、中国哲学和马克思主义哲学研究中各举一个例子加以说明，你看行吗？

大卫：太好了，这可以说是大大地超越了我的期望值。我最感兴趣的是西方哲学，就从西方哲学开始吧！

黎明：十多年前，我在阅读有关本体论研究的论著时，发现国际、国内的研究专家们都公认，拉丁名词 ontologia（本体论）是由德国学者鲁道夫·郭克兰纽在他于 1613 年用拉丁文编纂的 *Lexicon philosophicum*（《哲学辞典》）中最早提出来的。读到这条信息后，我马上联想起同样得到国际、国内西方哲学史研究专家们公认的另一条信息，即中世纪的经院哲学家安瑟伦已经提出了著名的"上帝存在的本体论证明"。

大卫：显然，这两条信息是相互矛盾的。据我所知，安瑟伦关于"上帝存在的本体论证明"是在 1077—1078 年用拉丁文撰写的 *Proslogium*（《宣讲篇》）中提出来的。假如后一条信息是正确的，那么本体论这个术语的创制者就应该是安瑟伦，而且他比郭克兰纽早了 535 年！反之，假如第一条信息是可靠的，那么本体论的概念最早应该出现在 1613 年，而安瑟伦怎么可能在 535 年前已经使用本体论概念了？不管怎么解释，都是无法自圆其说的。黎明，我承认，你的怀疑是有充分理由的，你是如何找到可靠的解决方案的呢？

黎明：好在安瑟伦的《宣讲篇》的篇幅并不大，认真地检索了一遍，发现其中既未出现拉丁名词 ontologia，也未出现拉丁形容词 ontologicus

（本体论的）。也就是说，安瑟伦在《宣讲篇》中只是做了关于"上帝存在的证明"，而郭克兰纽于 1613 年提出了本体论概念之后，哲学史家们往回追溯时，把安瑟伦的"上帝存在的证明"追认为"上帝存在的本体论证明"。也就是说，以为安瑟伦在 11 世纪的《宣讲篇》中已经提出"上帝存在的本体论证明"的信息是虚假的，而这个虚假的信息正是由哲学史家们造成的。比如，黑格尔在《哲学史讲演录》第三卷，论述安瑟伦思想的专节中这样写道：

> 他是特别以他所提出的所谓对于上帝存在的本体论的证明（ontologischen Beweis vom Dasein Gottes）而出名的，为了寻求这个证明，他曾经长期陷于苦恼和斗争。①

不用说，这段引文中的德语形容词 ontologischen（本体论的）就是黑格尔加到安瑟伦证明上的衍文。

大卫： 妙极了，黎明。你既提出了自己的怀疑，又以自己的方式克服了这个怀疑……

黎明： 其实，我的怀疑还没有完全消除。大卫，你想一下，郭克兰纽在 1613 年的《哲学辞典》中用拉丁文写下了本体论这个词，并做了极简要的解释。原文如下：

> ontologia, philosophia de ente.

如果用英语加以表达，就是：ontology, the philosophy of being（本体论，关于存在的哲学）。看了这个词条，我不免产生怀疑，是否还有其他哲学家先于郭克兰纽提出了本体论这个术语，然后才被郭克兰纽

---

① ［德］黑格尔：《哲学史讲演录》第 3 卷，贺麟等译，商务印书馆 1981 年版，第 290—291 页。请参见 G. W. F. Hegel, *Vorlesungen Ueber die Geschichte der Philosophie*（Ⅱ），Suhrkamp Verlag，1968，s. 555。

收录进《哲学辞典》里？由于难以找到相关的资料，我只好把这个怀疑留存在脑海里。有趣的是，前两年，我在浏览外语网站时，发现当代意大利学者劳尔·柯拉充（Raul Corazzon）在这个问题上提供了新见解。2003 年，当他对 ontologia 这个拉丁语名词的来源进行深入考察时发现，不是郭克兰纽，而是另一位德国学者雅各布·路哈特最早提出了这个术语。

大卫：对不起，黎明，我想打断一下。如果从出生时间看，郭克兰纽出生于 1547 年，而路哈特则出生于 1561 年，比郭克兰纽晚了整整 14 年，他可能先于郭克兰纽创制出 ontologia 这个新术语吗？

黎明：问得好，我当时也产生过类似的疑问，且听我慢慢解释。根据柯拉充的考证，路哈特出生于慕尼黑，1603 年成为瑞士新教城市圣加仑文科中学的校长，1606 年他在圣加仑出版了拉丁文著作 *Ogdoas scholastica*（《经院哲学的八个要素》①）。人们可以从这本书中及它封面上的图画中找到 ontologia 这个词。这部著作出版后不久，路哈特受聘担任马堡大学的神学教授，而当时郭克兰纽正在该大学担任逻辑学、伦理学和数学教授。他们会见过几次，一方面通过会谈，另一方面通过阅读 *Ogdoas scholastica*，郭克兰纽在 1607 年就已经了解 ontologia 这个新词。后来，不知什么原因，路哈特受聘不满一年，又重返圣加仑原来的岗位，并于 1609 年逝世。1613 年，路哈特的《经院哲学的八个要素》被印刷了第二版，原来的书名也被改为 *Theatrum philosophicum*（《哲学讲堂》②）。读者很容易发现，ontologia 这个词在第二版封面上的图画中消失了，但在书中仍然按原来的方式保留着。同年，郭克兰纽也出版了自己编纂的拉丁文的 *Lexicon philosophicum*（《哲学辞典》）。在这本辞典中，他设立了 ontologia 这个词条，并对它的含义做出了非常简要的

---

① Ogdoas 这个拉丁名词既有"神"的意思，也有"八个要素"的意思。此处译为"八个要素"。

② Theatrum 这个拉丁名词既可译为"剧场"，也可译为"讲堂"。斟酌下来，似乎译为"讲堂"更合适。

解释。

大卫：也就是说，正是通过柯拉充的细致的考证，ontologia 这个拉丁语名词的首次出现时间从 1613 年被提前到 1606 年，即提前了 7 年，而创制这个新术语的学者也由郭克兰纽变成了路哈特。我的疑问是，柯拉充的考证得到国际学术界的认可了吗？

黎明：大卫，只要你有兴趣查阅一下外语哲学网页，就会发现，柯拉充对 ontologia 这个拉丁名词的来源和历史的考证已经得到国际哲学界的普遍认可。当然，我得补充一点，即国内哲学界，包括研究本体论问题的专家们，似乎还没有意识到柯拉充在这方面做出的贡献。①

大卫：看来，我们在西方哲学中已经停留得太久了，下面，请你谈谈中国哲学研究中的遭遇吧。

黎明：我发现，许多研究者都把"天人合一"理解并阐释为中国哲学的主导性精神。

大卫：难道你对这一点也有怀疑吗？

黎明：正是。我怀疑这一观念在表述方式上的合法性。说"天人合一"，必定预设了一个前提，即在原初状态中，天、人是相互分离、相互外在的。不然，"合一"又有什么意义呢？然而，只要从字源上考察"天"字，就会引申出完全不同的结论来。"天"在甲骨文中作，在金文中作，在小篆中作。今人谷衍奎在《汉字源流字典》中指出："甲骨文像突出了头部的正面人形，意在表示人的头顶。金文将头简化为一横。篆文整齐化。隶变后楷书写作天。"②由此可见，在汉语中，"天"的原始含义是指一个张着双手正面站立着的人头顶上的东西。其实，许慎在《说文解字》中早已告诉我们："天，颠也。至高无上，从一、大。"他又说："大象人形。"表明"大"就是一个分开双脚、张开双手站立着的人。

---

① 参见俞吾金：《究竟是谁创制了 ontologia 这个拉丁名词？》，《哲学动态》2013 年第 1 期。

② 谷衍奎：《汉字源流字典》，华夏出版社 2003 年版，第 43 页。

大卫：我明白你的意思了，从字源上看，"人"非但不在"天"之外，反而从来就在"天"之内。换言之，天人关系乃是内在的关系。如果说天是一个整体，那么人就是天的一个有机的组成部分。

黎明：乍看起来，"天人合一"的观念弘扬的是天人之间的密切关系，但其前提却是把天人打成相互外在的两截。也就是说，先谋杀了天人关系，再试图重建这种关系。

其实，在中国哲学的语境中，人始终是天的一个有机的组成部分。在这个意义上，无须谈论天人关系，谈天就是谈人，因为人已在天中。

大卫：在中国哲学的语境中，"天"的初始含义是指自然，荀子的《天论》就是一个明证。你对这个问题又怎么看呢？

黎明：你说天的初始含义是自然，这一点是毋庸置疑的，但你有没有想过，"自"和"然"这两个字各自有什么含义，为什么古人会把它们连接成复合词"自然"？其实，我的怀疑和思索正是从这两个字之间的关系开始的。

大卫：愿闻其详。

黎明："自然"的"自"在甲骨文中作自，在金文中作自，在小篆中作自。《说文解字》云："自，鼻也，象鼻形。"也就是说，"自"是指鼻子；"自然"的"然"则同"燃"，甲骨文中没有这个字，最早出现在金文中，作然，在小篆中作然。《说文解字》云："然，烧也。"从字形上看，古代的"然"就是把狗（犬）肉放进水中，再搁置在火上煮。乍看起来，"自"与"然"这两个字似乎是风马牛不相及的，但仔细一想……

大卫：噢，我明白了。"自"与"然"这两个字之所以被古人连接起来，是因为本来这两个字之间就有着密切的联系——狗肉在被煮时产生了香味，香味进入了周围的人的鼻子。也就是说，"自然"这个词的原初含义是：被烧烤的狗肉的香味进入了周围的人的鼻子。

黎明：由于狗肉被煮时必定会产生香味，而香味又必定会进入周围的人的鼻子，所以，"自然"这个复合词的第一个引申含义就是"原本如此""率性而为"的意思。在这个含义上，它与"本性"是可以互换的概念；

它的第二个引申含义是自然界。因为任何人出生时，自然界作为背景，已然环绕在他四周。总之，一切都是自然而然的，就像煮狗肉会产生香味，香味会进入周围的人的鼻子一样。①

大卫：真想不到，黎明，你居然在文字考辨上也有相当深的造诣。下面，你该谈谈马克思主义哲学研究中的遭遇了。

黎明：不瞒你说，大卫，在这个领域里，我对那些常识性的话题和前人已经得出的研究结论，也多有怀疑之处。让我想想，我还是举个比较典型的例子吧。要不就说说我对"自然辩证法"概念的考释。

大卫：好极了，"自然辩证法"与你前面提到的"天人合一""自然"等概念都有学理上的联系，充分体现出我们的讨论正沿着纵深的方向向前发展。

黎明：不要给我戴高帽子，大卫。其实，我对这个问题的探索并不是刻意的，只不过是在阅读的过程中发现了问题，想把它弄清楚而已。本来，一提起自然辩证法，我就会联想起恩格斯。有一次，我重读由苗力田先生翻译的、康德的《道德形而上学原理》，发现康德在论述人的自然倾向与理性所颁发的道德法则之间的矛盾时，写下了这么一段话：

> 从这里产生出一种自然辩证法，这是一种对责任的严格法则进行诡辩的嗜好，对其有效性，至少是对其纯洁性和严肃性进行怀疑，并且在可能的地方，使它们适应于我们的欲望和倾向，也就是说，从根本上败坏它们，使它们完全失去自己的尊严……②

显然，这段话中出现的"自然辩证法"概念引起了我的强烈的兴趣。我想知道，在康德那里，这个概念究竟是什么意思？它与恩格斯所说的

---

① 参见俞吾金：《人在天中，天由人成》，《学术月刊》2009 年第 1 期。
② ［德］康德：《道德形而上学原理》，苗力田译，上海人民出版社 1986 年版，第 133 页。

自然辩证法又有什么关系？于是，我核对了自然辩证法的德语原文：eine natuerliche Dialektik①，并检索了《纯粹理性批判》《实践理性批判》和《判断力批判》三大文本，发现康德频繁地使用自然辩证法的概念，而其含义的最清楚的表达则在《纯粹理性批判》中，康德这样写道：

> 因而存在着一种纯粹理性的自然的和不可避免的辩证法（eine natuerliche und unvermeidliche Dialektik der reinen Vernunft），这种辩证法既不是一个缺乏知识的拙劣工匠陷入的自我困境，也不是一个诡辩家故意杜撰出来以扰乱理性的人们进行思考的东西，事实上它和人的理性是不可分离的。即使我们已经知觉到它的虚幻性，它依然会使理性不断地陷入迷乱之中，从而时时需要得到纠正。②

大卫：这样看来，是康德创制了自然辩证法这个概念，但康德这里所说的"自然"不是指自然界，而是指纯粹理性的本性。也就是说，纯粹理性在其本性的驱迫下，会把时间、空间这两种纯粹直观和十二个知性范畴运用到超感觉经验的对象——自在之物（灵魂、世界和上帝）上，从而陷入自然辩证法，而这种自然辩证法也就是先验幻相。

黎明：这样一来，我们就必须回到"自然"（Natur）概念上去。正如你所说的，自然概念有两个主要的含义：一是指"本性"，比如，英语中的 human nature，不能译为"人的自然"，只能译为"人的本性"或"人性"；二是指"自然界"。由此可见，恩格斯所说的自然辩证法中的"自然"是指自然界，而康德所说的自然辩证法中的"自然"是指纯粹理性的"本性"。

大卫：请原谅，黎明，我有一个疑问，既然在康德那里，Natur 指

---

① Immanuel Kant，*Werkausgabe Band* Ⅶ，Suhrkamp Verlag，1989，BA23。此处亦可直译为"一种自然辩证法"。

② Immanuel Kant，*Kritik der reinen Vernunft*，Suhrkamp Verlag，1988，B354，355/A298。

的是纯粹理性的本性，为什么所有的中译者都把康德三大批判中的 eine natuerliche Dialektik 译为"自然辩证法"呢？

黎明：这也正是我以前有过的疑虑。经过深入的思索，我认定，康德著作中出现的 eine natuerliche Dialektik 不应被译为"自然辩证法"，而应被译为"（理性）本性的辩证法"。正如我们不能把 human nature 译为"人的自然"一样，我们也不应该把 eine natuerliche Dialektik 译为"自然辩证法"。

大卫：我以前读康德，从未注意过他这方面的论述，今天算是开眼界了。但我还想了解，恩格斯的自然辩证法究竟与康德有何关系？

黎明：事实上，恩格斯没有留下任何相关的文字来阐明自己的自然辩证法概念与康德的关系，但康德关于辩证法的思想作为《纯粹理性批判》中的核心思想，其影响是如此之深远，以至于恩格斯只要读过他的著作，是不可能绕过康德这方面的论述的。当然，直接影响恩格斯的是德国哲学家杜林。1865 年，杜林出版了他的著作《自然辩证法》（*Natuerliche Dialektik*）。尽管在杜林的著作中，"自然辩证法"中的"自然"是指自然界，但有一点他和康德是一致的，即他没有使用德语名词 Natur，而是使用了它的形容词 Natuerliche。有趣的是，马克思和恩格斯在通信中都谈到了杜林的《自然辩证法》，但却没有把他的自然辩证法与康德联系起来，而是与黑格尔的辩证法联系起来，认为杜林撰写这部著作的意图就是反对黑格尔的辩证法。

大卫：据我所知，在对辩证法的理解上，黑格尔与康德存在着重大的差别。康德是从消极的角度去理解辩证法的，即把它视为应该在思维中加以避免的现象，但黑格尔却是从积极的角度出发去理解辩证法的，即把它视为思维的灵魂和内驱力。

黎明：毋庸讳言，正是基于你说的理由，马克思和恩格斯都很少去关注并谈论康德的辩证法。在恩格斯于 1876 年写下的笔记中，有一个小标题是：

Naturdialektik—references[Verweise]（自然辩证法—引据）。①

这可以说是恩格斯首次使用"自然辩证法"的概念，但我们必须注意到，这一概念在德语表达方式上与杜林存在着差别。如果说，杜林用形容词 Natuerliche 来修饰 Dialektik（辩证法），那么，恩格斯则直接用名词 Natur 充当形容词来修饰 Dialektik。在另一段不知确切写作时间的笔记里，恩格斯又写道：

> 自然辩证法的一个很好的例子是：（Huebsches Stueck Naturdialektik…）②

除这些笔记中的表述外，在 1882 年 11 月 23 日致马克思的信中，恩格斯又提道：

> 现在必须尽快地结束自然辩证法（Naturdialektik）。③

大卫：黎明，我想知道，恩格斯之所以创制了 Naturdialektik 这个新词，目的是不是想把自己的自然辩证法与杜林的自然辩证法区别开来？

黎明：我想是的，但恩格斯生前并没有想到，他的手稿后来又经历了新的变故。众所周知，恩格斯对"自然辩证法"的研究从 1873 年一直延续到 1886 年。马克思于 1883 年逝世后，恩格斯倾注全力编纂、出版《资本论》余稿，因而直到 1895 年逝世前仍未能把自己的手稿整理出来。

---

① Friedrich Engels，*Dialektik Der Natur*，Dietz Verlag，1952，s. 325。并参见恩格斯：《自然辩证法》，人民出版社 1971 年版，第 278 页。
② Friedrich Engels，*Dialektik Der Natur*，Dietz Verlag，1952，s. 511。并参见恩格斯：《自然辩证法》，人民出版社 1971 年版，第 268 页。
③ 《马克思恩格斯全集》第 35 卷，人民出版社 1971 年版，第 115 页。

1925 年，当恩格斯的手稿在莫斯科以德俄对照本的形式出版时，苏联马列主义研究院院长梁赞诺夫却给它加上了一个新的德语表达式：Dialektik der Natur，既不同于杜林的 Natuerliche Dialektik，也不同于恩格斯本人的 Naturdialektik。

大卫：真想不到，汉语中的"自然辩证法"概念竟然对应于德语中四种不同的表达式：

(1) eine natuerliche Dialektik（理性）本性的辩证法（康德）

(2) Natuerliche Dialektik 自然（界）辩证法（杜林）

(3) Naturdialektik 自然（界）辩证法（恩格斯）

(4) Dialektik der Natur 自然（界）辩证法（梁赞诺夫赋予恩格斯手稿的名字）①

如果我没有记错的话，中国学术界似乎拥有两家相关的杂志，即《自然辩证法通讯》和《自然辩证法研究》，不知它们的编辑是否了解自然辩证法概念的由来和复杂性？

黎明：抱歉，大卫，我并不主张苛求别人，只求自己能够弄清问题。现在，我想倒过来给你提一个问题：为什么怀疑论的思潮总是周而复始地出现在哲学史上？

大卫：因为黑格尔说过：

独断论的对立面是怀疑论。②

也就是说，怀疑论之所以周而复始地出现在哲学史上，是因为独断论先是以同样的方式出现在哲学史上的。两者形影不离，相反相成，共

---

① 参见俞吾金：《论两种不同的自然辩证法概念》，《哲学动态》2003 年第 3 期。

② ［德］黑格尔：《小逻辑》，贺麟译，商务印书馆 1980 年版，第 101 页。

同构成了跌宕起伏的哲学史。由于独断论容易走向僵化和故步自封，因而怀疑论既是独断论的清醒剂和解毒剂，又是人类思想史的内驱力和防腐剂。没有怀疑，人类就永远处于襁褓之中。毋庸置疑，怀疑是每个真正的思想家的基本素质。

黎明：我再补充一点，怀疑论和独断论的对立统一，也使我们获得了一个审视哲学史的新视角。按照意识形态的见解，哲学史常常被描述为唯物主义与唯心主义的斗争史从而导致了对哲学史的理解和阐释的简单化。事实上，按照我的看法，哲学史也可以被理解为绝对主义与相对主义互动的历史。如果说，绝对主义对应于独断论的话，那么，相对主义则对应于怀疑论。换言之，正是怀疑论与独断论之间的相互摩荡、相互砥砺，才使哲学史展示出宏大的气势和丰富的内涵。

大卫：黎明，你看问题总是要比我深一个层次。但不管如何，今天的讨论使我很有收获。我不但意识到了怀疑和探索的重要性，也意识到了问题和问题域的重要性。

黎明：请原谅，大卫。我们前面的讨论确实以全方位的方式彰显出问题意识的重要性，事实上，没有自觉的问题意识的驱动，任何原创性的研究活动都是无法起步的。然而，在下面的讨论中，我想泼一点冷水了。我想表达的意思是：问题意识实际上并不是最重要的，最重要的是问题意识所从出的理论视角。

大卫：你又把我推入"云中鹁鸪国"①中去了。难道理论视角真有那么重要吗？

黎明：如果说，在实证科学研究中，科学家们通常是先提出问题，然后再去寻找解决问题的答案的，那么，在哲学研究中，情形正好颠倒过来，即哲学家们通常是先有了结论，再倒过去按照结论来设计问题的。每个哲学家都拥有自己的理论视角，而每个理论视角实际上都已划

---

① 参见《阿里斯托芬喜剧集》中的喜剧《鸟》，罗念生等译，人民文学出版社 1954年版。

定了相应的问题域，即规定了哪些问题可能在这个理论视角中显现出来，哪些问题则永远不可能在这个理论视角中显现出来。也就是说，任何一个哲学问题被提出来时，它都不可能是孤零零的、赤裸裸的，而是连同它所从出的理论视角一起呈现出来的。不过，理论视角是隐藏在问题背后的，需要通过深入的反思才能真正把握它。

大卫：黎明，你能举个例子加以说明吗？

黎明：比如，我们前面曾经讨论过的"什么是哲学？"这个问题。在通常的情况下，是由站在哲学之外或初涉哲学的人提出来的。乍看起来，这个问题完全是以孤零零的、独立的方式提出来的，似乎不牵涉提问者的理论视角。但实际上，提问者仍然是不自觉地受到知识论哲学的理论视角的支配的。尽管提问者可能还不了解什么是知识论哲学，但这种哲学观早已通过日常语言中的知识性的提问方式——"这是什么？"而为提问者所接受。因而提问者会不知不觉地把"这是什么？"的提问方式转变为"什么是哲学？"的提问方式。正是在这个意义上，维特根斯坦指出：

> 当哲学家使用一个词——"知识""存在""对象""我""命题""名称"——并且试图把握事物的本质时，我们必须经常这样问问自己：这些词在作为它们的发源地的语言中是否真的这样使用——我们要把词从它们的形而上学用法带回到它们的日常用法上来。①

但有趣的是，当一个人站在哲学之外或初涉哲学时，还经常会以"什么是哲学？"的方式发问，并追溯到日常语言中的发问方式"这是什么？"，然而，当他一旦成为大学哲学系或社科院哲学研究所的研究生或研究人员时，他就整天埋首于对哲学下面的某个具体学科或某个具体问题的探讨，再也不追问"什么是哲学？"这样的问题了。在我看来，这种

---

① 《维特根斯坦全集》第 8 卷，涂纪亮译，河北教育出版社 2003 年版，第 312 页。

不追问的状态表明，他已经失去了作为一流的、原创性哲学家的可能性。换一种说法，蕴含在日常语言中的语法结构已经像蜘蛛一样捕获了他的思想。正如维特根斯坦所感慨的：

　　　　全部哲学的云雾凝结为语法的一滴水。①

　　大卫：看来，在哲学研究中，不仅要敢于怀疑，敢于提出问题，而且也要对自己的问题或他人的问题所从出的理论视角连带地进行自觉的反思。任何问题都是植根于问题所从出的理论视角的，打个比方，就像中国人向国外移民。先是自己出去，接着是妻子、小孩、父母，然后是小姨子、小舅子，简直是一个太阳系的运动。我们在理论研究中提出问题时，也应该清醒地意识到，从来就没有孤零零的问题，问题总是以"太阳系"的方式存在的。然而，黎明，有一点我还是不明白，为什么我们对自己已然拥有的理论视角总是缺乏自觉的反思呢？

　　黎明：因为思想是有惰性的，他总是停留在"第一个自我"(the first ego)上，不会轻易离开。

　　大卫：我不明白你的意思，黎明。难道我们还拥有"第二个自我"(the second ego)或"第三个自我"(the third ego)？要真是如此，自我岂不染上了精神分裂症？

　　黎明：少安毋躁，大卫。你知道，人的一生在思想上会有许多变化。假定思想上的每次实质性变化都意味着一个新的自我对旧的自我的超越的话，那么自我的发展确实也可以被理解为由第一个自我、第二个自我、第三个自我……组成的系列。显然，这种现象与你说的精神分裂症是风马牛不相及的，它反倒证明，健康的思想总是处于合理的变化中的。当然，有的人，如德国哲学家阿多诺，一生的思想很少变化；也有的人，如英国哲学家罗素，一生的思想则展现为诸多不同性质的发展阶

---

　　① 《维特根斯坦全集》第 8 卷，涂纪亮译，河北教育出版社 2003 年版，第 68 页。

段。我之所以提出自我发展的序列，是为了表明，第一个自我是无法有效地反思第一个自我所拥有的理论视角的，这就像闵希豪森男爵无法拉着自己的头发离开沼泽地一样。

大卫：这下我明白了。你的意思是，只有当你的思想发展到第二个自我时，你才可能对第一个自我所拥有的理论视角做出有效的、批判性的反思。是不是因为这两个自我之间出现了差异，正是这种差异才使有效的反思得以可能？

黎明：正是这样，大卫。你理解得完全正确。

大卫：如果你认可了这一点，我就会往下追问，即如何使你的第一个自我向第二个自我转换呢？

黎明：问得好，大卫。这确实是我们的讨论无法绕过去的一个问题。我认为，要自觉地促使第一个自我向第二个自我的转换，唯一的途径是学习新东西，但我这里说的"学习"与孔子所说的"学"应该是一致的。孔子说：

> 学而不思则罔，思而不学则殆。①

毋庸置疑，孔子所理解的"学"是与"思"不可分离地结合在一起的。我们这里谈论的"学习"也是蕴含思维在内的……

大卫：你对不蕴含思维的学习的拒斥不禁使我想起了果戈理笔下的乞乞科夫的跟丁彼得希尔加，他总是喜欢躺在床上读书：

> 他所高兴的并非他在读什么，高兴的是读书，也许不如说，是在读下去，字母会拼出字来，有趣得很。可是这字的意义，却不懂也不要紧。②

---

① 《论语·学而》。
② ［俄］果戈理：《死魂灵》，鲁迅译，人民文学出版社 1977 年版，第 16 页。

显而易见，我们都拒斥彼得希尔加式的学习方式，但学习的对象究竟是什么呢？你要知道，漫无边际的学习不可能使任何人获得真正的收益。

黎明：我同意你的看法，这也正是我要往下说的东西。我认为，我们必须对学习的对象做严格的限定。我这里说的主要对象有两个：一是哲学史上的伟大哲学家的著作，二是现实生活。

大卫：先说说第一个学习对象。

黎明：其实，人类思想中的原创性都隐藏在伟大的哲学家们的著作中。尽管他们都已逝去，但阅读他们的著作，尤其是阅读集中他们思想精华的代表作，乃是与他们之间展开的灵魂的对话。这样的对话自然而然地会把阅读者的思想提升到这些伟大的哲学家们的高度上，使我们学会思索一些基础性的、重大的理论问题。

大卫：尽管我十分认同这一点，但或许你并没有充分地意识到这类学习可能遭遇到的问题。在我看来，伟大的哲学家们的著作确实能够启发我们的思绪，但它们可能会像巨大的、多足的章鱼一样，牢牢地控制住我们的思想，使我们成为它们的俘虏。在这样的情况下就产生出另一个问题：如何在学习的过程中既接受大哲学家们的启迪，又成功地摆脱他们的思想对我们的大脑的控制？

黎明：这个问题提得太好了。从表面上看，它似乎是无解的，但仔细考量，我们还是能够找到一条脱离这个弥诺斯迷宫的阿莉阿德涅线。多年来，我一直在尝试一种阅读方法……

大卫：是阿尔都塞的"根据症候阅读"（lecture symptomale）吗？

黎明：大卫，坦率地说，我和你一样，对这种阅读方法十分心仪，因为它启发我们，在阅读的过程中，不但要认真地探索"第一文本"（the first text），即由书名、目录、全部文字内容展示出来的文本，也要努力把握隐藏在第一文本后面的"第二文本"（the second text），即由文本中的空白、疏漏、意义含混或故意省略的地方组建起来的另一重文本。

大卫：其实，阿尔都塞所说的第二文本与中国古人所说的"意在言外""得意忘言"等体验有异曲同工之妙。

黎明：然而，我想，这种阅读方法可以加深我们对伟大哲学家们的著作的理解，却很难使我们的思想从他们的束缚中摆脱出来。我把我正在实践的阅读方法称之为"解构式的阅读"（deconstructral reading）。

大卫：哇，这倒是一个新名字。黎明，能详细谈谈吗？

黎明：不瞒你说，大卫。我从海德格尔和德里达所倡导的"解构精神"（spirit of deconstruction）中受到启发，从而开始尝试解构性的阅读。正如你在前面已经指出过的，伟大哲学家们的思想总是具有两重性的，即一方面具有原创性，启发读者思索；另一方面又具有束缚性，把读者的思维限制在他们的思想框架内，以至于缺乏独立思考能力的读者常常不得不面临这样的命运，即读哪个哲学家的著作，就会崇拜哪个哲学家的思想，甚至难以自拔，而解构性阅读的动机就是要摆脱这种难堪的局面。比如，你读了柏拉图的对话，立即被他的理念论吸引住了，怎么办？你可以再读亚里士多德的著作，他对自己的老师柏拉图的理念论有深入细致的分析和批判。然而，你的思想又被亚里士多德的严密的说教俘虏了。怎么办？你可以再找近代哲学家培根、笛卡尔的著作进行阅读，他们所倡导的新思维方法和科学见解会使你很快摆脱亚里士多德的教条，但不幸的是，培根和笛卡尔的思路又开始限制你的想象力了，怎么办？你就再去读洛克、贝克莱、休谟、莱布尼茨、斯宾诺莎等人的著作，借助他们的力量，你很快就意识到了培根和笛卡尔的局限性。然而，这些新的思想家，尤其是休谟的透彻的怀疑主义会诱导你去否认已经获得的几乎全部哲学知识。犹如麦克白在获悉他妻子的死讯后所叹息的：

> 熄灭了吧，熄灭了吧，短促的烛光！人生不过是个行走的影子，一个在舞台上指手画脚的拙劣的伶人，登场片刻，就在无声无息中悄然退下。它是一个愚人所讲的故事，充满着喧哗和骚动，却

找不到一点意义。①

大卫： 在这种情况下，怎么办呢？

黎明： 你应该毫不犹豫地投入康德的怀抱，康德的三大批判会把你从休谟思想的灰暗阴冷的深渊中拯救出来，然而，你可能也就此止步了，甚至你心甘情愿地以康德主义者自诩。假如你在思想上的进取是不餍足的，你就会找费希特、谢林，尤其是黑格尔的著作来读，黑格尔的裹着辩证法刀片的锋利思想使你看到了康德的弱点。于是，你悄然离弃了康德，但你必须意识到，黑格尔的魔力是更难抵御、更难穿破的。于是，你再去读费尔巴哈、马克思、罗素、弗雷格，探寻离开黑格尔魔宫的力量。

大卫： 我明白了，解构性的阅读不会把任何一个哲学家的著作理解为自己阅读的终点站，也就是说，决不允许自己的思想凝固、静止在某个点上，而是把阅读理解为永无休止的探索。正是在不断解构旧有的阅读对象的基础上，阅读者的理论视野和独立思考的能力也随之形成。确实，这种解构性的阅读有利于自我的不断更新。黎明，我记得你说的第二个学习对象是现实生活，这多少使我有点困惑，你能详细谈谈吗？

黎明： 大卫，你的要求真像康德的绝对命令，我几乎无法加以拒绝。我刚才说的第一个学习对象——伟大的哲学家们的著作，尽管它们也都源自不同历史时代的现实生活，但文本一经产生，也就脱离了现实生活，成了灰色的东西。比较起来，唯有现实生活才保持着鲜活的生命力。事实上，无论是英语中的 life，还是德语中的 Leben 和法语中的 vital，都有以下两个不同的解释：一是"生命"，二是"生活"。或许正是基于这样的原因，法国哲学家柏格森把实在比喻为"生命之流"（élan vital）。

---

① 参见莎士比亚的戏剧《麦克白》，见《莎士比亚全集》第 8 卷，朱生豪译，人民文学出版社 1978 年版，第 386—387 页。

大卫：你是想表明，现实生活比伟大哲学家们的著作更重要吗？

黎明：有这个意思，但恐怕不能用这么简要的语句表达出来。一方面，伟大哲学家们的著作已经融化在传统中，作为传统的一个有机的组成部分，对当代人的思维产生了重大的影响，经典的魅力是人人皆知的；另一方面，现实生活又是一切文本的最权威的检验师。当然，我这里说的现实生活，不是指大众传媒向我们编织出来的"现实生活"，而是通过我们自己的实地调查和考察加以把握的现实生活。在这方面，青年毛泽东为我们确立了光辉的典范。在我看来，正是通过对现实生活的深入反思，自我更新才获得了真正的内驱力。同时，我们也借此而获得了解构和超越一切文本的丰厚的批判力。

大卫：今天的讨论使我认识到，不管人类已经取得了多大的成就，在无穷无尽的问题流面前，每个探索者都应该记住拉·梅特利留下的这句箴言：

> 人类不过是在黑暗中摸索的鼹鼠，可是却傲慢地认为自己已认识了无限的宇宙。①

G　无谬误是最大的谬误
——哲学与谬误

> 谬误和水一样，船分开水，水又在船后立即合拢；精神卓越的人物驱散谬误而为他们自己空出了地位，谬误在这些人物之后也很快地自然地又合拢了。
>
> ——[德]歌德

---

① ［法］拉·梅特利：《人是机器》，王太庆译，商务印书馆 1991 年版，第 70 页。

黎明：从常识中发现问题，从对问题的思考和解答中洞见谬误，我们的思维之锄正在不断地向智慧深处挖掘。

大卫：黎明，我丝毫不否认这一点，但我有一个小小的疑问：为什么我们不去探讨真理，反倒大张旗鼓地去谈论谬误呢？

黎明：你的问题实际上预设了一个前提，似乎谬误与真理这两个概念是风马牛不相及的。

大卫：至少不能用谬误概念来取代真理概念吧。

黎明：我并没有这个意思，但我坚持认为，考察谬误正是认识真理的捷径。首先，谬误与真理从来就不是距离遥远的南北极，相反，它们是一对密友，它们之间的距离或许只有一步之遥。列宁在谈到共产党人应该指导工人运动及整个社会沿着最直最快的道路向前迈进时指出：

> 这是无可争辩的真理。然而，只要再多走一小步，看来像是朝同一方向多走了一小步，真理就会变成错误。①

大卫：看来，英雄所见略同。记得拿破仑在莫斯科战败后曾经随口说出一句名言：

> 从伟大到荒谬只差一步，让后代去评论吧。②

黎明：请不要打断我，大卫。其次，谬误与真理是互为根源的。毛泽东在《在中国共产党全国宣传工作会议上的讲话》中曾经指出：

> 真理是在同谬误作斗争中间发展起来的。

---

① 《列宁选集》第4卷，人民出版社1995年版，第211页。
② 参见［苏］列·维·塔尔列：《拿破仑传》，陈国雄译，商务印书馆1976年版。

最后，尽管谬误概念不能取代真理概念，但两者是相反相成、不可分割地联系在一起的。印度诗人泰戈尔曾经说过：

> 如果你把所有的错误都关在门外时，真理也要被关在外面了。①

又说：

> 真理之川从它的错误之渠中流过。②

由此看来，有些人之所以不能正确地对待真理，一个重要的原因是，他们也不能正确地对待谬误。我认为，只有当人们从对谬误的错误理解中摆脱出来时，他们才能以合乎真理的方式去谈论真理。在这个意义上可以说，探讨谬误，也就是间接地探讨真理。然而，人们往往自觉地或不自觉地把真理与谬误分离开来，甚至各自孤立起来，仿佛真理就像拉·封登笔下的那只脆弱的瓦罐，只要与一只铁罐放在同一辆车上，就一定会被碰碎。

大卫：难道真理竟然那么脆弱吗？

黎明：不，大卫，我不认为真理是脆弱的。古人说"真金不怕火炼"，表明真理是经受得住各种考验的。我认为，真正脆弱的，倒是人们对待真理的那种心态，即仿佛真理像一个易碎的玻璃瓶，必须战战兢兢地捧在手上，甚至含在嘴里；又仿佛真理像一个涉世未深的少女，极易受到谬误的熏染，甚至被诱拐。

大卫：也许是因为人们过分溺爱真理了，他们总是千方百计地把它置于无菌的状态中，以避免各种谬误的接近。"孟母三迁"或许就是一个

---

① ［印］泰戈尔：《飞鸟集》，郑振铎译，上海译文出版社 1981 年版，第 20 页。
② 同上书，第 38 页。

经典性的例子。真理对谬误的避让，就像孟母对恶浊环境的逃避一样。

黎明：对不起，大卫。我对你的观察结果并不怎么认同。在我看来，所有这一切不过是表面现象，实际上发生的事情往往是颠倒过来的，即人们真正溺爱的倒是谬误，而千方百计地加以躲避的倒是真理。记得歌德就曾说过一句寓意非常深刻的话：

> 谬误不断地在行动中重复，而我们在口头上不倦地重复的却是真理。①

也就是说，尽管人们嘴上喜欢说"服从真理""追求真理"，但在他们的心目中，真理不过是一只花瓶、一件装饰品、一套应酬用的语言。说得难听一点，真理就像果戈理笔下的地主玛尼罗夫，他笑起来十分动人，应酬也特别好，但思想上却既贫乏又空虚：

> 和他一交谈，在最初的一会儿，谁都会喊出来道："一个多么可爱而出色的人呵！"但停一会儿，就什么话也不能说了。再过一会儿，便心里想："呸，这是什么东西呀！"于是离了开去。如果不离开，那就立刻会觉得无聊得要命。②

当然，可以作为摆设的真理至少与拥有它的人之间还是可以"和平共处"的，但要是真理并不一定会呵护拥有它的人的利益，真理就会遭到冷淡，甚至蔑视。正如法国人的谚语所表达的：

> 人人都在他人身上主持公道。

---

① 《歌德的格言和感想集》，程代熙等译，中国社会科学出版社 1982 年版，第 34 页。
② ［俄］果戈理：《死魂灵》，鲁迅译，人民文学出版社 1977 年版，第 20 页。

大卫：也就是说，每个人都愿意在他人身上去试验真理、实践真理，但一落到自己身上，就觉得真理的运用超出了界限，换言之，真理并不适用于自己。实际上，真理的拥有者只把真理视为一种修辞手段，他真正溺爱的乃是他自己的利益。说得更确切一些，他的利益才是他愿意花生命的代价去加以维护的东西。

黎明：其实，中国古人所说的"叶公好龙"的态度，也就是普通人对待真理的态度。更有甚者，假如真理拥有者的利益正好是与他所拥有的真理的含义是对立的，那他就会毫不犹豫地拒斥真理。正如列宁在《马克思主义和修正主义》一文中所说的：

> 有一句著名的格言说：几何公理要是触犯了人们的利益，那也一定会遭到反驳的。①

大卫：这样看来，我们似乎不能撇开具体的人，抽象地讨论真理与谬误的关系。事实上，人作为真理与谬误之外的第三者，总是自觉地或不自觉地从自己的利益出发去考量真理与谬误之间的关系。在通常的情况下，谬误总是与利益结伴而行，因而诚如歌德所说的，人们都喜欢在嘴上谈论真理，但行为上却追随谬误。

黎明：对这类现象，我们或许可以从以下三个不同的层面上去加以认识。从基础层面上看，人在本性上就是倾向于不受束缚的，因而也是极易犯错误的。时下媒体讨论的所谓"中国式的穿马路"，为什么屡禁不止？交通法规是所有法规中最基本的法规，为什么人们总是冒犯它，甚至不怕生命危险？从高一点的层面上看，你会发现，在集币和集邮中，错币和错票常常具有特别高的价值，因而特别受人珍视。比如，清光绪年间，江南省铸造的一种流通银币在干支纪年上发生了谬误，把"戊戌"错为"戊戌"，后来发现错版，立即撤模停铸，但已有少量错版银元流入

---

① 《列宁选集》第 2 卷，人民出版社 1995 年版，第 1 页。

了市场，而这种银元一直被中外集币专家视为至宝。又如，一张一百元的人民币，如果印刷得完全正确，它也就值一百元，但如果票面在印刷中出现了错误，它的实际价值可能在一百倍以上。至于在集邮中，这类事就更是屡见不鲜了……

大卫： 对不起，黎明，请允许我打断一下。在我看来，人们之所以喜欢错币和错误的邮票，不是出于他们对谬误的溺爱，而是因为这些东西"物以稀为贵"，就像你刚才说的那样，会具有高得多的价值。

黎明： 大卫，我并不完全赞同你的看法。诚然，我并不否认，人们之所以珍爱"错币""错票"，更多的是出于他们的猎奇心理，或出于对稀有物品的储藏癖，但这里或多或少地折射出偏袒谬误的意向。事实上，偏袒谬误，特别是自己身上的谬误，是普通人最常见的心理意向之一。从最高的层面上看，我们甚至可以说，人们对灾难、劫掠、饥荒、瘟疫、罪恶、战争、贪欲、权势欲这类显然谬误的东西，也不一定是采取贬斥的态度的。比如，英国经济学家马尔萨斯在其名作《人口原理》中指出，地球上的人口是以几何级数增长的，但生活资料却是以算术级数增长的，而这两者之间的均衡是依靠苦难与罪恶来实现的：

> 在整个动物界和植物界，大自然极其慷慨大方地到处播撒生命的种子。但大自然在给予养育生命种子所必需的空间和营养方面，却一直较为吝啬。我们这个地球上的生命种子，若得到充足的食物和空间，经过几千年的繁殖，会挤满几百万个地球。但贫困这一专横而无处不在的自然法则却可以把它们限制在规定的范围内。植物和动物都受制于这一伟大的限制性法则。人类虽有理性，也不能逃避这一法则的制约。在植物和动物当中，这一自然法则表现为种子不发芽，害病和夭折；在人类当中，自然法则表现为苦难与罪恶。[①]

---

① ［英］马尔萨斯：《人口原理》，朱泱等译，商务印书馆1996年版，第8页。

大卫：真令人震惊，马尔萨斯居然把苦难与罪恶理解并阐释为"自然法则"，但你又不得不承认，他的观点振聋发聩，回肠荡气，直言不讳地道出了"人"这个"理性动物"面临的非理性的困境。

黎明：马尔萨斯还用同样的自然法则揭示了游牧民族迁徙的原因：

> 生活资料匮乏像一根鞭子驱使西徐亚牧民离开原来的居住地，像成群结队的饿狼一样四处寻找食物。受这一强大因素的驱使，野蛮人宛如乌云从北半球各地集拢在一起，滚滚南移，搅得天昏地暗，最后遮蔽了意大利的太阳，使整个世界陷于黑暗。这些可怕的后果长期而严重地影响了世界上所有最富饶美丽的地方。①

在马尔萨斯看来，自然法则最后施展出来的手段则是饥馑和瘟疫：

> 饥馑似乎是自然的最后的、最可怕的手段。人口增加的能力远大于土地生产生活资料的能力，因而人类必然会在这种或那种情况下过早地死亡。人类的各种罪恶积极而有力地起着减少人口的作用。它们是破坏大军的先锋，往往自行完成这种可怕的行为。如果它们在这消灭人口的战争中失败了，疾病流行季节、时疫、传染病和黑死病就会以吓人的队形进击，杀死无数的人。如果仍不能完全成功，严重而不可避免的饥馑就会从背后潜步走近，以强有力的一击，使世界的人口与食物得到平衡。②

总之，在马尔萨斯看来，正是罪恶、劫掠、饥馑和瘟疫，以强制的方式建立了人口与食物之间的平衡关系，才使人类社会的发展得以可能。

---

① ［英］马尔萨斯：《人口原理》，朱泱等译，商务印书馆 1996 年版，第 20 页。
② 同上书，第 55 页。

大卫：从马尔萨斯的人口理论，我不禁联想起黑格尔关于战争的观念。在《法哲学原理》一书中，黑格尔以赞赏的口吻谈到了战争：

> 在战争这一环节中，特殊物的理想性获得了它的权利而变成了现实。战争还具有更崇高的意义，通过战争，正如我在别处表示过的，"各国民族的伦理健康就由于它们对各种有限规定的凝固表示冷淡而得到保存，这好比风的吹动防止湖水腐臭一样；持续的平静会使湖水发生相反的结果，正如持续的甚或永久的和平会使民族堕落。"①

在黑格尔看来，康德所倡导的"永久和平"反而会使"民族堕落"，只有战争才能"防止湖水腐臭"。显然，黑格尔也是视和平为谬误，视战争为真理的。

黎明：事实上，黑格尔持有的更为极端的观点是，只有罪恶，尤其是贪欲和欲才是历史发展的动力，而对他的这一观点，恩格斯也是十分认同的：

> 在黑格尔那里，恶是历史发展的动力的表现形式。这里有双重意思，一方面，每一种新的进步都必然表现为对某一神圣事物的亵渎，表现为对陈旧的、日渐衰亡的、但为习惯所崇奉的秩序的叛逆，另一方面，自从阶级对立产生以来，正是人的恶劣的情欲——贪欲和权势欲成了历史发展的杠杆，关于这方面，例如封建制度的和资产阶级的历史就是一个独一无二的持续不断的证明。②

大卫：由此看来，你所说的情况确实是存在的，即在有些人的心目

---

① ［德］黑格尔：《法哲学原理》，范扬、张企泰译，商务印书馆 1979 年版，第341 页。

② 《马克思恩格斯选集》第 4 卷，人民出版社 1995 年版，第 237 页。

中，真理仿佛成了应酬用的套话或装饰用的花瓶，而谬误反倒成了一种实质性的、现实性的力量。

黎明：我由此而认定，谬误比真理更为深刻，也更值得我们认真地加以探讨。其实，文德尔班早已提示我们：

在哲学史中，大错误比小真理更有分量。①

大卫：黎明，你的口才简直和法国短篇小说之王莫泊桑笔下的端思一样，能使一块墓碑笑出声来。② 我算服了。现在，我急于想知道，在对待谬误的问题上，最值得加以警惕的见解是什么。

黎明：让我想想。在我看来，最值得加以警惕的见解是关于"无谬误"的见解，它使我想起了伏尔泰笔下的邦葛罗斯的名言：

谁要说一切皆善简直是胡扯，应当说尽善尽美才对。③

大卫：黎明，你是不是想告诉我，世界上最谬误的见解是关于无谬误的见解？

黎明：正是如此，大卫。谈起这个问题，我免不了有点激动。所谓"无谬误"，就是说绝对没有谬误或绝对不犯错误。在某种意义上，它不过是"绝对正确""绝对完美"这类提法的另一种表述方式。

大卫：这种无谬误的见解主要表现在哪些方面？

黎明：生活的舞台有多么宽广，这种见解的表现形式就有多么复杂。我认为，它的第一种，也是最触目的表现形式是关于伟大人物无谬误的说教。请允许我先从历史上的一个真实故事开始。1870 年，天主教教皇庇护九世在罗马召开了第二十次全世界天主教主教和神学家会议。

---

① ［德］文德尔班：《哲学史教程》上卷，罗达仁译，商务印书馆 1996 年版，第 30 页。

② 见《莫泊桑短篇小说》中的"端思"。

③ ［法］伏尔泰：《老实人》，傅雷译，人民文学出版社 1955 年版，第 5 页。

有趣的是，庇护九世竟然在大会上通过了一项"教皇无谬误"(papal infal
libility)的决议。这项决议表明，教皇是永无差错、绝对正确的。换言
之，教皇就是真理的化身。

大卫：这真是一项别出心裁的决议！恐怕唯一值得景仰的大概就是
庇护九世的坦率了。不管怎么说，坦率总有某种可爱的地方。在我看
来，庇护九世的困难在于，他不光要担保自己处于无谬误的状态下，而
且还要担保所有其他的教皇也处于无谬误的状态下；不光要维护他以前
的历代教皇在思想和行为上的无谬误性，而且也要维护将来担任教皇的
后继者在思想和行为上的无谬误性。如果说，他担保自己不犯错误的做
法虽然狂妄，但还可以被理解，那么，他担保以后的教皇不犯错误的做
法就显得无知了。有趣的是，我们在前面的讨论中已经谈到，庇护九世
以后的教皇约翰·保罗二世曾于 1992 年 10 月 31 日举行公开的仪式，
为蒙冤 360 年的科学家伽利略平反。尽管他轻描淡写地把当时的宗教裁
判所对伽利略的残酷迫害称作"善意的错误"，但他毕竟表示了自己的善
良的愿望——"永远不要再发生另一起伽利略事件"。难道在无谬误的舞
台上也适宜于演出平反的喜剧吗？

黎明：毋庸置疑，由一个教皇来通过"教皇无谬误"的决议，这本身
就是一场极其荒唐可笑的闹剧，而教皇约翰·保罗二世为伽利略平反这
个事件本身就是对庇护九世提出的"教皇无谬误"的决议的无情的嘲弄。
大卫，你知道，尽管中国没有西方的教皇制度，但却有与"教皇无谬误"
类似的思想观念。

大卫：真抱歉，黎明，我倒从未注意过这方面的现象，请道其详。

黎明：中国人有句古话，我相信你一定听说过，即"人非圣贤，孰
能无过。过而能改，善莫大焉"，语出《左传·宣公二年》。这句话的意
思是，普通人不是圣人或贤人，怎么可能不犯错误？错了能够改正，那
就已经很好了。

大卫：这句话我听说过。平心而论，这是一句用得很普遍的箴言。
在日常生活中，哪个人犯了过错，年长一点的人总会用这句话去规劝

他。这句话强调普通人难免会犯错误，与你、我的观点完全是一致的，为什么你会把它与"教皇无谬误"这样错误的观念并列在一起呢？

黎明：大卫，我记得马克思在某处曾经说过，假如本质与现象是完全一致的，那么科学研究就成了多余的东西了。而我们之所以没有发现本质与现象之间的差异，是因为我们从来没有打算去发现这种差异，正如歌德告诫我们的：

最大的困难在于我们不去寻找困难。①

你之所以没有发现这句箴言的问题，就是因为你从来没有去探寻过它的错误。在它面前，你只有信仰而无理性。其实，只要你稍加思索，就很容易发现这句箴言存在的问题。毋庸置疑，这句箴言只承认普通人是会犯错误的，至于"圣贤"，即伟大人物，则是永远不会犯错误的。所以，它实际上倡导的真正的思想是"圣贤无过"，即圣贤是无谬误的。它与我们前面提到的"教皇无谬误"又有什么差别呢？

大卫：真令我震惊，一个看上去如此宽容大度的提法竟然其目的是向人们索取无谬误性！我突然发现，语言不光是交流思想的工具，也是掩盖思想的手段。

黎明：请原谅，大卫。如果你像牛津日常语言学派的专家们那样分析日常语言的话，你的思想就不仅仅是感到"震惊"，甚至有可能经历一场里斯本式的大地震。在华语中，有个大家都比较熟悉的成语——吹毛求疵……

大卫：我知道，吹毛求疵的含义是指某人故意挑剔别人的毛病，寻找别人的差错，就像《水浒传》中的鲁智深故意找"镇关西"郑屠户的碴子一样。

黎明：鲁智深是故意的，我们这里可以撇开不论。在日常生活中，

---

① 《歌德的格言和感想集》，程代熙等译，中国社会科学出版社 1982 年版，第 59 页。

甚至在我们熟悉的人中，确实存在着一些喜欢吹毛求疵的人。从这些人的眼光看出去，别人所做的一切，不是这个毛病，就是那个毛病。总之，没有一件事情、没有一个细节是令他们满意的。大卫，你一定会认为，吹毛求疵的人就是只看到别人毛病、差错，甚至谬误的人。

大卫：难道这一点还有疑问吗？

黎明：在我看来，有疑问的恰恰是这一点。乍看起来，吹毛求疵的人只看到别人的毛病和缺点，但实际上，他们是真正的完美主义者，因为吹毛求疵的人正是以完美性或无谬误性为理论预设的。也就是说，他们把别人统统设想成完美的、理想状态中的人，然而，他们与之交往的任何一个人实际上都不可能是完美的人。这样一来，也就没有什么人进得了吹毛求疵者的法眼了。

大卫：这真是深刻的辩证法思想。乍看起来，吹毛求疵和完美主义正好是冰火不相容的两极，其实，这两极非但是相通的，而且它们本身就是同一个徽章的两个侧面。也就是说，完美主义者必定会吹毛求疵，而吹毛求疵者的出发点必定是对完美性或无谬误性的崇拜。黎明，你的分析给我以振聋发聩的感觉。我想，我此刻的惊讶一定不亚于莫里哀笔下的汝尔丹先生。当哲学教师告诉他，他每天讲的话都是散文时，他情不自禁地喊道：

天啊！我读了四十多年散文，一点也不晓得。①

黎明：大卫，不必过于自责，我们都有自己的阿基里斯之踵。《论语·述而》云：

三人行，必有我师焉。择其善者而从之，其不善者而改之。

---

① 参见《莫里哀喜剧六种》中的"贵人迷"。

这不正是我们共同追求的思想境界吗？我之所以提到《左传》中的那句影响深远的箴言，就是为了表明，中国并不缺乏"伟大人物无谬误"这类错误观念的文化土壤。然而，在我看来，非但普通人会犯错误，伟大人物也会犯错误。孔子可以算作中国传统社会公认的圣贤或伟大人物了，可是他自己就说过：

> 丘也幸，苟有过，人必知之。①

把别人知道自己的过失视为幸事。孙中山先生也可算作中国人公认的圣贤或伟大人物，可是，毛泽东直言不讳地批评他：

> 孙先生也有他的缺点方面。②

因为在毛泽东看来，他并不真正懂得中国的工农和土地问题。

大卫：事实上，对伟大人物无谬误说教的反思和批判，也构成了西方文化的一个重要的传统。卢梭，可以说是西方社会公认的圣贤了，但他在这方面却比谁都更有自知之明。他提醒我们：

> 在这个尘世上谁也不是完人。③

并向自己的读者大声疾呼：

> 要认识我，就要了解我的一切方面，好的方面和坏的方面。④

----

① 《论语·述而》。
② 《毛泽东文集》第 7 卷，人民出版社 1999 年版，第 157 页。
③ ［法］卢梭：《忏悔录》第 2 部，范希衡译，商务印书馆 1986 年版，第 693 页。
④ 同上书，第 494 页。

尽管卢梭的《忏悔录》经常遭到后人的诟病，甚至有人吹毛求疵地指责他用自己身上的小缺陷来遮掩大错误，但它毕竟在世人面前树起了一块自我批评的碑石。在迄今为止的人类思想史上，除了卢梭，还有两位伟大人物——奥古斯丁和列夫·托尔斯泰——也撰写过《忏悔录》，他们的自我批判精神永远令我们高山仰止！

此外，歌德也可以说是西方社会公认的圣贤了，在他看来，伟大人物是不可能与谬误绝缘的，他甚至表示：

　　人的谬误正是使他显得真正可爱的东西。①

黎明：事实上，歌德本人的缺陷也与他的天才一样，给人留下了深刻的印象。差不多作为同时代人，海涅对歌德的评价就比较公允：一方面，他心悦诚服地赞扬歌德的天赋和伟大：

　　他总是骄傲地昂首挺立，他一说话，便变得越发伟大；他一伸手，便仿佛能用手指给满天星斗规定运行的路线。②

但同时，海涅又批评了歌德的妒贤嫉能：

　　令人反感的是，歌德对每一个有独创性的作家都感到害怕，而对一切微不足道的小作家却赞叹不已；他甚至弄到这步田地，结果受到歌德赞扬，竟变成才能平庸的证明。③

歌德既是著名的诗人，又是魏玛宫廷的大臣。据说，有一次，他在某个疗养胜地与贝多芬邂逅了。两人一起外出散步，正好遇到奥地利皇

---

① 《歌德的格言和感想集》，程代熙等译，中国社会科学出版社1982年版，第33页。
② 张玉书编选：《海涅选集》，人民文学出版社1983年版，第67页。
③ 同上书，第48—49页。

后、皇太子和一些朝臣向他们迎面起来。歌德立即脱下帽子，恭恭敬敬站到路边，连头也不敢抬起来，但贝多芬却昂首挺胸往前走。结果，还是皇后、皇太子和随行的朝臣们先认出了贝多芬，并向他致敬。贝多芬对权贵的蔑视和歌德对权贵的顺从形成了鲜明的对照。

大卫：这件有趣的轶事不禁使我联想起康德在《实践理性批判》中留下的那段含义隽永的论述：

> 丰特奈尔曾说，我对贵人鞠躬，但我心灵并不鞠躬。我可以补充说，对于一个我亲见其品节端正而使我自觉不如的素微平民，我的心灵鞠躬，不论我愿意与否，也不论我如何眼高于顶，使他不忽视我的优越性地位。①

"心灵鞠躬"，真是一个别出心裁的说法。这反过来证明，"身体鞠躬"实在是无奈的事情。

黎明：事实上，连恩格斯也注意到了黑格尔和歌德的双重性格，并毫不留情地写道：

> 黑格尔是一个德国人，而且和他的同时代人歌德一样，拖着一根庸人的辫子。歌德和黑格尔在各自的领域中都是奥林波斯山上的宙斯，但是两人都没有完全摆脱德国庸人的习气。②

从上面列举的一些个案可以看出，伟大人物并不像有些人所想象的那样，是"无过"的或"无谬误"的。他们也像普通人一样，会犯错误，甚至犯错误的概率更高。有趣的是，他们自己已经充分地意识到了这一点，但仍然还有人，出于迷信或者崇拜，在自己的想象中把他们设想为

---

① [德]康德：《实践理性批判》，韩水法译，商务印书馆1999年版，第83页。
② 《马克思恩格斯选集》第4卷，人民出版社1995年版，第218—219页。

完美的、永远不会犯错误的人。

大卫：你对歌德的分析使我想起了法国诗人雨果在《悲惨世界》中就提到过的一件轶事：当一个受伤的法国士兵听到他们的伟大统帅——拿破仑逝世的消息时，充分惊奇地询问别人："他还会死？"从他的表情和他所提的问题可以看出，他非但把拿破仑的身体完美化了，而且也把他整个人神化了。

黎明：确实，这种"伟大人物无谬误"的说教在普通人中间的影响还远未肃清，而且它还拥有自己的补充形式……

大卫：等等，黎明，让我猜猜，你说的"补充形式"是不是指"伟大人物的思想或学说无谬误"的现象？

黎明：正是。从历史上看，把伟大人物的思想或学说无谬误化的现象是屡见不鲜的。中世纪的僧侣主义者们几乎把亚里士多德学说的权威抬到与《圣经》同样的高度上，以至于他的学说竟然成了"绝对真理"或"无谬误"的代名词，成了评价一切其他学说的司法权威。然而，特权并不能遮蔽谬误，正如罗素所说的：

> 自 17 世纪初叶以来，几乎每一种认真的知识进步都必定是从攻击亚里士多德的学说而开始的。①

列宁也说过：伟大人物在世时，他们的人格和学说常常受到各种贬损；而当他们逝世后，就会被塑造成无害的神像，他们的思想或学说也会被吹捧为绝对的真理。或许可以说，对这类现象，人们还比较容易识别，然而，对伟大人物的思想或学说"无谬误"的种种隐蔽的表现形式，他们就缺乏有效的鉴别能力了。

大卫：我的好奇心又驱使我提问了。你说的"种种隐蔽的表现形式"究竟指什么？

---

① ［英］罗素：《西方哲学史》上卷，何兆武等译，商务印书馆 1981 年版，第 209 页。

黎明：也就是说，这些表现形式是不易觉察的，只有通过批判性的反思才能加以把握。我这里主要介绍以下两种形式：一是对伟大人物思想或学说崇拜的泛化。美国犹太教牧师纳桑·克勒斯早就意识到了这种现象，他提醒我们：

> 我们习惯于听一个人谈所有的主题，只因为他在某一方面做了一些令人注意的事。因为爱迪生知道电学，于是人们就要听他的神学意见；因为一个人在航空科学上有成就，就有人要求他谈宇宙万物的事。大家都赞美弗洛伊德这位精神分析家，但是我们没有理由也去崇敬他的宗教哲学。

显然，纳桑·克勒斯所发现的这种对伟大人物思想或学说崇拜的泛化现象是十分常见的。比如，由于拿破仑是军事和政治天才，人们便认为他在所有其他领域里的见解都是天才的。这种崇拜的泛化，必然把伟大人物的全部思想和学说变成神圣的、无谬误的东西。过去我认定，崇拜就是模仿，现在我突然意识到，我错了，因为即使在崇拜中也包含着创造。大卫，你是否发现，在普通人的心中总是存在着一种奇怪的心理定势，那就是运用自己的想象力，把自己崇拜的对象塑造成一个完美无缺的存在物：

> 她的衣服上闪着无数宝石的光芒，
> 她本身的蔷薇色彩发出奇异的辉光。
> 不管抱着什么愿望，任何人都得承认，
> 他在尘世间从来没有见到过这样的美人。①

大卫：其实，这并不奇怪。中国人说的"情人眼里出西施"也就是

---

① 《尼伯龙根之歌》，钱春绮译，人民文学出版社 1959 年版，第 61 页。

这个意思。当某人爱上另一个人时，他的想象力就会把那个人创造成完美无瑕的对象。反之，中国人也有"恨屋及乌"的说法。如果说，爱会造成对所爱对象的泛化，那么，恨也会造成对所恨对象的泛化，甚至连偶尔栖息在屋顶上的乌鸦也会成为恨的对象。这或许就是费尔巴哈揭示的人的本质力量异化的具体表现形式。有趣的是，在想象力的驰骋中，人们不仅把完美性赋予上帝和诸神，也赋予人世间的伟大人物及其思想或学说。人性永恒的秘密之一就是对完美性的渴求。这或许正是异化现象的心理起因吧。你说的另一种表现形式又是什么呢？

黎明： 对伟大人物思想或学说崇拜的净化。

大卫： 黎明，你真会使用新字眼，这里的"净化"又是什么意思？

黎明： 你知道，大卫，中国古人也有"金无足赤，人无完人"的说法，伟大人物作为一个人，也不可能生下来就是思想家、理论家或政治家。在成长的过程中，人的思想、观念和行为都会发生变化，人也经常会想错问题，做错事情，或走错道路。这本来就是正常的，因为谁也没有不犯错误的豁免权。然而，当某人成为伟大人物并逝世之后，周围的人，或至少是崇拜他的人，常常会产生一种"为尊者讳"的心态，即倾向于采用技术性的处理方式，把他生前主张过的错误观念、撰写过的荒谬论著、做过的愚蠢的事情，从他身上清理出去，以便对他的整体形象做一番"净化"处理，从而把他塑造成一个完美的存在物。尽管伟大而又庸俗的歌德曾经说过下面这样的俏皮话：

真理属于个人，谬误属于他的时代。①

然而，个人的意志毕竟是自由的，因而他对自己的谬误负有不可推卸的历史责任。如果真像歌德所说的那样，任何人的谬误都应该由他置

---

① 《歌德的格言和感想集》，程代熙等译，中国社会科学出版社 1982 年版，第 21 页。

身于其中的时代来承担，那么所有的人就都成为完人了。诚然，黑格尔曾多次批评过那种只盯着伟大人物的谬误和细节看的所谓"佣仆心理"，但人们也不该据此走向另一个极端，即把伟大人物的一切谬误统统归咎于时代。何况，毛泽东早已说过：

所谓完全，就是包括犯错误。①

如果文过饰非，把伟大人物的谬误全都净化掉，那他就不再是一个完整的人了，而他的思想或学说也不再是完整的思想或学说了。

黎明：从表面上看，这似乎是一个悖论：一方面，人们必须维护伟大人物的权威；另一方面，他们又必须坦诚地说出伟大人物的谬误。其实，在我看来，当人们把这样的现象视为悖论时，实际上他们仍然在自己的潜意识中维护着"伟大人物的思想或学说是无谬误的"这个传统的信条。我们必须确立下面这样的新观念，即伟大人物之为伟大人物，并不在于他们和他们的思想或学说是完美无缺的，而是在于他们在某些重大问题上做出了独创性的贡献。因此，我们应该以实事求是的态度去对待他们的思想或学说。

大卫：请原谅，黎明，我们似乎在无谬误见解的第一种表现形式——伟大人物无谬误——上停留得太久了。让我们继续向下讨论吧。请告诉我，第二种表现形式又是什么呢？

黎明：我把第二种表现形式称作"文化价值上的无谬误"现象，而这种现象又隐含着形形色色的子现象……

大卫：真想不到问题会这么复杂，请择其要者而言之吧。

黎明：第一种子现象是对文化上的理想状态的设定。

大卫：我不明白你说的"文化上的理想状态"究竟指什么？

黎明：只要你留心读一下文化研究方面的论著，就会发现，专家们

---

① 《建国以来重要文献选编》第 10 册，中央文献出版社 1994 年版，第 605 页。

都自觉地或不自觉地预设了这样一个前提，即把中国文化中有价值的元素与西方文化中有价值的元素结合起来，建立一种理想型的、完美的新文化。

大卫：你这么说倒是提醒我了。尽管专家们并不一定在他们的论著中明确地表达这种意向，但它确实隐藏在他们的潜意识中，成为他们批判当前文化发展中出现的各种失范现象的出发点，甚至成为全部中西比较文化研究的出发点。比如，无论是清末思想家张之洞提出的"中体西用说"，还是当代思想家李泽厚先生倡导的"西体中用说"，实际上都是以对理想型的、完美的新文化的预设作为前提的。

黎明：然而，正如黑格尔所说的：

Le plus grand ennemi du bien, c'est le mieux(好的最大的敌人是最好)。①

对理想型的、完美的新文化的追求，也就是对无谬误的新文化的追求。在我看来，这种追求本身不过是捕捉幻影罢了。因为任何一种现实的文化都处于发展中，因而是不可能达到完美的或无谬误的状态的。

大卫：第二种子现象呢？

黎明：对伦理上的最高的善的追求。众所周知，康德提出了"至善"(das Höchstes gut)的学说，认为它是由"德行"(Tugend)和与德行配当的"幸福"(Glückseligkeit)组成的。

黎明：你真有点迂腐，大卫。退一万步说，即使这句格言中的"圣贤"确实是指神祇，难道神祇就不犯错误了吗？在希腊神话中，从宙斯、赫拉到阿波罗、雅典娜，哪个神是没有过失的。在某种意义上，希腊神话就是神祇的过失录。而且，大卫，我不得不指出，你并不了解神祇的

---

① ［德］黑格尔：《法哲学原理》，范扬、张企泰译，商务印书馆1979年版，第226页。

本质……

　　大卫：为什么？

　　黎明：因为你把神祇和人类看作是完全不同的存在物。实际上，早在《基督教的本质》中，费尔巴哈已经揭示出神祇同人类之间的秘密关系。他告诉我们：

> 我们的任务，便正在于证明，属神的东西跟属人的东西的对立，是一种虚幻的对立，它不过是人的本质跟人的个体之间的对立；从而，基督教的对象和内容，也就完全是属人的对象和内容了。①

　　大卫：费尔巴哈的意思是，神祇和人类实际上是一体的？

　　黎明：正是这样，大卫。在费尔巴哈看来，上帝不是别的，正是人的本质异化的产物。人类把自己身上所有的智慧和能力都附加到一个存在者的身上，再把它对象化，这个人类想象出来的、全知全能的存在者就是上帝。在这个意义上，人类对上帝的崇拜也就是对自己的本质的崇拜。乍看起来，神学是研究上帝的，实际上，它的真正的秘密就是人类学，因为它真正研究的是人类的本质。

　　大卫：我明白了，一切神祇都与上帝一样，是人的本质异化的产物。因此，在神祇身上解读出来的一切东西都具有属人的性质，神学本质上就是人类学。

　　黎明：大卫，你对费尔巴哈思想的领悟之快使我感到惊讶。如果说，圣贤、伟大人物、上帝和神祇"无谬误"的说教还比较容易迷惑人，那么，匪夷所思的是，在现实生活中还存在着关于普通人"无谬误"的说教。

　　大卫：你的话真使我感到意外。

---

① ［德］费尔巴哈：《基督教的本质》，荣震华译，商务印书馆 1995 年版，第 44 页。

黎明：其实，这句话的潜台词就是普通人也应该以"无过失""无谬误"或"无错误"的方式生活在世界上。只有在说这句话的匿名主体的恩赐或允许下，普通人才有资格犯错误、改正错误。这句话蕴含的不正是普通人"无谬误"的说教吗？

大卫：这样说来，在日常生活中，如果一个人对周围的人总是吹毛求疵，他在自己的潜意识中岂不也是在要求周围的人在生活中始终应该处于"无谬误"或"无过失"的状态吗？追求完美。

黎明：说得好，大卫。乍看起来，这个人眼中看到的尽是周围人的过失，因而他会对他们采取吹毛求疵的态度，实际上，他是一个典型的完美主义者，因为他期待自己周围的人都会以理想中的完美方式与自己相处，而周围的人却达不到这个要求，因此，他便开始吹毛求疵了……

大卫：你关于"无谬误"的分析也使我联想到另一种常见的现象，即无论是谁，当然也包括普通人，当他（她）去世后，在追悼会或追思会上，他（她）的亲戚、朋友和同事总会把死者描绘成完美的存在者。哪怕死者生前劣迹斑斑，在悼词中，他（她）总是以"无谬误"的方式出现的，仿佛他（她）的死亡是一张无限量的支票，可以清偿他（她）生前留下的一切债务。

黎明：中国人不但把死者无谬误化，甚至也把尚且活着，但已接近死亡的人完美化。所以，中国人素有"人之将死，其言也善"的说法，似乎"大限"（即死亡）将至，人就会去恶从善。然而，西方人却不愿意盲目地恭维死者。比如，在加拿大新斯科舍的东达尔豪西墓地的某块墓碑上，就镌刻着这样的墓志铭：

> 这里安息着
> 艾泽卡尔·埃可
> 终年 102 岁
> 好人总是不长命。①

---

① 李嘉编译：《生命的留言簿》，百花文艺出版社 2005 年版，第 64 页。

有趣的是，西方人甚至对自己的死亡也采取调侃的态度。在美国犹太州洛根市的公墓中，一位名叫罗素·拉森的死者生前就为自己留下了如下的墓志铭：

老夫平生挚爱两样：
强壮的马匹和漂亮的姑娘，
断气以后，希望他们把我的老皮硝制加工，
做成一副女式马鞍，
得以安息在两件宝贝之间
我便可以知足瞑目。①

大卫：看来东方人和西方人对死亡的理解存在着相当大的差别。这使我联想起日常生活中另一类"无谬误"的现象。比如，当人们在社交场合恭维某人时，总会把某人说得完美无缺，实际上也就把被恭维的对象无谬误化了。又如，人们，尤其是中国人，在替别人写推荐信时，常常会把被推荐的对象写成十全十美的人物。

黎明：在这一点上，西方人与我们中国人之间也存在着很大的差异。他们的推荐信决不堆砌溢美之词，而是实事求是地介绍被推荐者的情况。

大卫：乍看起来，西方式的推荐信似乎于被推荐者不利，实际上却消除了被推荐者的心理负担。反之，尽管中国式的推荐信塑造出一个理想化的、完美化的被推荐者，却加重了被推荐者的心理负担。

黎明：大卫，你有没有注意到，人们不仅喜欢使某些人处于"无谬误"的状态中，也喜欢使某些商品处于同样的状态中。

大卫：请说得具体一点，黎明。

黎明：在大众传媒上触目可见的商品广告词总是倾向于把被宣传的

---

① 李嘉编译：《生命的留言簿》，百花文艺出版社 2005 年版，第 53 页。

商品说成是完美无疵的。比如，那些养生保健品的广告给受众留下的印象是：只要有了这些保健品，地球上的医院大概统统都可以关门了！又如，那些化妆品的广告给受众留下的印象是：它们具有完美的功能，其中任何一种都是"你值得拥有"的，等等。其实，这种商品的无谬误化不过是人的无谬误化的延伸而已。

大卫：黎明，你对人与谬误关系的剖析是如此深入，以至于我竟害怕对它做任何评论。因为与你的见解比较起来，我的评论肯定会相形见绌。记得歌德曾经说过：

> 有的人不犯错误，那是因为他从来不去做任何值得做的事。①

黎明：不瞒你说，大卫，对歌德的这段话，我是有保留的，因为一方面歌德认为，有些特殊的人是不会犯错误的；另一方面他并不认为，无所事事是一种错误。在我看来，无所事事本身就是一种错误。当叶甫盖尼·奥涅金在心中说出"无所事事是我的生活原则"②时，同时也说出了自己的谬误。总而言之，无论在伟大人物中间，还是在普通人中间，都不存在"无谬误"的完人。马克思曾经说过：

> 一切发展中的事物都是不完善的，而发展只有在死亡时才结束。③

因此，向任何人要求完善性或无谬误，也就是向他索取生命。

大卫：于是，我们又回到了布朗舍树起的警语牌之前：

---

① 《歌德的格言和感想集》，程代熙等译，中国社会科学出版社 1982 年版，第 30 页。
② ［俄］普希金：《叶甫盖尼·奥涅金》，吕荧译，人民文学出版社 1954 年版，第 38 页。
③ 《马克思恩格斯全集》第 1 卷，人民出版社 1956 年版，第 60 页。

人只能想他能想的，不能想他要想的。①

大卫：黎明，按照你的思路分析下去，我发现，现实生活中到处充斥着这类"无谬误"的思想倾向。比如，某人撰写了一篇书评，通篇都是恭维之词，岂不是把被评论的书的作者的思想无谬误化了吗？又如，在人文社会科学的探索中，某个探索者偶有失误，别人就揪住不放，岂不也是变相地向探索者索取其完美性吗？

我们必须磨掉这些缺口，就算因此把剑完全磨掉也可以。②

这不正是某些批评者的逻辑吗？

黎明：说得好极了，大卫。遗憾的是，尽管这种"无谬误"的见解在理论上一再遭到批判，可是在实践中却始终顽强地表现着自己。

大卫：黎明，你认为这种"无谬误"说教的主要危险在哪里？

黎明：乍看起来，"无谬误"的说教力图为它的对象塑造一个完美的形象，似乎是出自善良的愿望，然而，其结果却适得其反，这正应了西方人的一句谚语——通向地狱去的道路也是用善良的愿望铺成的。惟其是"善良的"，因而具有更大的危险性。按照我的看法，"无谬误"本身就是最大的谬误，因为它正是把人们的思想导入个人崇拜和现代迷信中去的洛西南特③。过去我认为，宗教迷信根源于人们对外界（包括人）的谬误的认识，现在看来，似乎还应该补充一句：这种谬误的认识中的最谬误的认识就是关于"无谬误"的认识。

大卫：黎明，恕我直言，尽管你的见解中包含着许多合理的成分，它们引起了我思想上的共鸣，但我觉得，你对谬误似乎是过于偏袒了。你的话给我留下了这样一种印象，仿佛谬误成了人们身上的美德，而追

---

① ［法］大仲马：《三个火枪手》上册，李青崖译，上海译文出版社 1978 年版，第 307 页。
② 《歌德戏剧集》，钱春绮等译，人民文学出版社 1984 年版，第 87 页。
③ 参见塞万提斯的小说《堂吉诃德》，洛西南特乃是堂吉诃德的坐骑。

求完美反倒成了他们心中的偏执。

黎明：大卫，你的质疑使我想起了歌德的一句名言：

被人误会，原是我们人类底命运呀！①

大卫：这么说，你承认自己是偏袒谬误的……

黎明：不，我并没有偏袒谬误，我偏袒的只是下面这个观念，即对于任何人来说，谬误总是不可避免的。换言之，无论是伟大人物，还是普通群众，都不可能居于谬误之外，都不可能拥有不犯错误的豁免权。在正面阐述这一观念时，引证波普尔的见解也许是最为适宜的。在波普尔看来，科学家试图避免谬误的愿望是可以理解的，但这种愿望却与科学自身的性质发生了冲突，因为科学自身就是尝试性的、试错性的：

科学的历史，正如所有人类的观念史一样，是一部不可靠的猜测的历史，是一部错误的历史。②

波普尔为此而提出了"从错误中学习"的著名口号。实际上，波普尔的结论在人类面对的各种事务中具有普遍的意义。

大卫：黎明，我认为，我并没有误解你的意思。你似乎把谬误的不可避免性说得太过分了，这样一来，人的自由意志的作用又表现在哪里呢？人们常说的"少犯错误"岂不成了徒然无益的说教了吗？按照你的见解，人之于错误，犹如浮士德之于海伦：

谁认识了她，谁就不能和她分离。③

---

① ［德］歌德：《少年维特之烦恼》，郭沫若译，人民文学出版社1955年版，第11页。

② ［英］卡尔·波普尔：《猜测与反驳》，1963年英文本，第216页（Karl Popper, *Conjectures and Refutations*, New York：Routledge, 1963, p. 216. ——编者注）。

③ ［德］歌德：《浮士德》第2部，郭沫若译，群益出版社1947年版，第1幕。

人在谬误面前岂不是一筹莫展了吗？

黎明：不要激动，大卫，请听我说下去。我并不主张人们都争先恐后地去犯错误，因为谬误毕竟是生活中的缺陷。我说谬误不可避免，是从总体上说的。一个人在其一生中不知要做出多少判断、处理多少事情，他不可能在每个观念上、每件事情上都是正确无误的。比如就恋爱来说，我们甚至可以这样说，如果一个人从未做过一二件蠢事，那他肯定从来没有恋爱过。正如托尔斯泰笔下的培脱西公爵夫人所说的：

> 要懂得恋爱，人就不能不犯错误。①

总之，从总体上看，每个人都不可能完全避免谬误，这是问题的一个方面。问题的另一个方面是，每个人都应该在做判断和处理具体事务的过程中尽量少犯错误。把这两方面综合起来，才构成我们关于谬误的完整观念。当欧里庇得斯笔下的墨伽拉发出"人不该期望那期望不来的东西呀"②的感叹时，他实际上也说出了每个人对"谬误"和"无谬误"应该持有的态度……

大卫：你的滔滔雄辩使我应接不暇。

黎明：请不要打断我，大卫。让我把心里想说的话全说出来吧。如果人们在总体上笃信"无谬误"的说教，而在具体事务中又主张人总是能够避免各种具体的谬误，并用这样的眼光去看待生活，去要求每个人，那无异于让每个人都静坐在那里，像叶甫盖尼·奥涅金一样，把"无所事事"作为自己最高的生活准则。因为人要生活，就必定要活动，要尝试，要探索，要开拓。而当他这样做时，必定会经常与谬误结伴。如果他像巴尔扎克笔下的葛朗台一样，"似乎什么都要节省，连动作在内"，那就真正把自己降低为泥塑木雕了。

---

① ［俄］列夫·托尔斯泰：《安娜·卡列尼娜》第 1 册，周扬、谢素台译，人民文学出版社 1956 年版，第 201 页。

② 《欧里庇得斯悲剧集》（二），罗念生等译，人民文学出版社 1957 年版，第 411 页。

大卫：在这一点上，我完全赞同你的看法。就像《人民公敌》中的阿斯拉克森所说的：

从来没有变过样子，除非变得更稳健。①

乍看起来，当一个人像冈察洛夫笔下的奥勃洛莫夫一样，整天穿着睡衣，一动不动地躺在床上时，谬误也就不再是悬在他头上的"达摩克利斯之剑"了。然而，这种没有任何作为，只在脑子里酝酿农庄改革方案的做派不正是奥勃洛莫夫一生的最大谬误和悲哀吗？

黎明：说得好，大卫。我们之所以强调谬误是不可避免的，目的就是为了打破长期以来流行的"无谬误"的迷信，使人们不再欺蒙自己，正如马克思所说的：

皮肤上的疹子就像皮肤本身一样实际。②

这样一来，人们就会对错误采取真正宽容的态度，就不会异想天开地要求别人无谬误地去工作、学习或干其他的事情。同时，深藏在人们心中的尝试、开拓的热情就会无保留地喷发出来。只有到这个时候，生活才不再是舞台上的虚假的生活，而是真正的现实的生活。只有当人们不再害怕谬误，敢于大胆地去尝试、去创造时，他们才可能最有效地贯彻了在具体事务中尽可能少犯错误的原则。换言之，只有在谬误不再成为人们心中的包袱时，他们在现实中才可能真正地少犯错误，才会在探索真理的道路上获取更多的成果。

人要学会走路，也得学会摔跤，而且只有经过摔跤他才能学会

---

① 《易卜生戏剧四种》，潘家洵译，人民文学出版社 1978 年版，第 336 页。
② 《马克思恩格斯全集》第 1 卷，人民出版社 1956 年版，第 100 页。

走路。①

这就是马克思告诉我们的颠扑不破的真理。

大卫：黎明，你的话使我联想起英语课上的情景。在这个学期中，一位年轻的美国女教师正在给我们上英语课。在课堂上，她经常对我们说：Please make mistakes!（请犯错误吧!）她的意思是：要学好英语口语，就得勇敢地开口说话，哪怕说错了也不要紧。现在想来，她所说的这句话包含着非常深刻的哲理。

黎明：确实如此。我想，如果我们在这一点上已经达成共识，就该转向对另一个问题，即拒斥"无谬误"的说教与追求真理之间的关系的探索了。

大卫：这也正是我所期待的。

黎明：如前所述，无谬误从来都是与信仰做伴的，而在有信仰的地方，理性总是畏葸不前的。因此，批判"无谬误"的怪想，目的正是促使人们真正从思想上摆脱关于永恒真理或终极真理的陈腐说教。事实上，人们总是根据神、模范人等观念为自己造出关于自己本身的种种虚假的观念，然后把这些观念独立化，实体化，战战兢兢地拜倒在它们的脚下。有鉴于此，马克思这样写道：

> 我们要把他们从幻想、观念、教条和想像的存在物中解放出来，使他们不再在这些东西的枷锁下呻吟喘息。我们要起来反抗这种思想的统治。②

此外，打破"无谬误"的迷信，目的也是使人们对真理与谬误的关系获得正确的理解。历史和实践都告诉我们，真理与谬误之间的对立只有

---

① 《马克思恩格斯全集》第 1 卷，人民出版社 1956 年版，第 60 页。
② 《马克思恩格斯全集》第 3 卷，人民出版社 1960 年版，第 15 页。

在非常有限的范围内才具有绝对的意义。只要一跨出这个范围，它们的关系就变得完全相对了，真理会转化为谬误，谬误也会转化为真理。正是在这个意义上，列宁告诫我们：

> 只要再多走一小步，看来像是朝同一方向多走了一小步，真理就会变成错误。①

当然，这样荒谬的做法还是比较容易识别的，不容易识别的倒是生活中的另一类现象。对这类现象，人们或是茫然无知，或是安之若素。

一言以蔽之，只有彻底破除"无谬误"的迷信，人们在追求真理的道路上才会获得一个新的科学的起点。

大卫：等一等，黎明。尽管我们事先约定主要讨论哲学与谬误之间的关系，但既然我们涉及真理问题了，至少我们应该揭开它的面纱。

黎明：大卫，我并不认为这是奢求。但是，真理问题的复杂性丝毫不逊于谬误。我认为，以往关于真理问题的讨论都自觉地或不自觉地预设了一个前提，即人们总是从主观认识符合客观现实的含义上去理解真理的。

大卫：难道这也有什么问题吗？从柏拉图以来，哲学家们都是以这样的方式谈论真理的，即使是在马克思的传统中，我们遭遇到的也是同样的真理观。你的意思是，我们还可以从其他不同的角度出发来谈论真理吗？

黎明：正是这样。从哲学史上看，除了前面提到的"主客观符合真理论"外，至少还存在着三种不同的真理论：第一种是"有用真理论"，这通常是具有实用主义倾向的哲学家们坚持的真理论，也是普通人在潜意识中拥戴的真理论。

大卫：在我看来，这种所谓"有用真理论"自身就是矛盾的。也许我

---

① 《列宁选集》第 4 卷，人民出版社 1995 年版，第 211 页。

们可以说，真理必定是对人类有用的，但我们却不能倒过来说，有用的观念就是真理。比如，宗教观念对人类是有用的，但宗教观念并不是真理。

黎明：大卫，你说得完全正确，但不知你是否注意到，"有用真理论"也有自己深刻的寓意，它试图切入人类价值意向的视角，重新确定真理的含义和范围。因此，你不能站在"主客观符合真理论"的视角上去评论它。反过来，你需要走出自己思想的牢笼，去接受并思索新的东西。

大卫：仔细想来，你的批评是有道理的。你想说的第二种真理观是什么呢？

黎明："融贯真理论"，这通常是侧重逻辑思维研究的哲学家们坚持的真理论。这种真理论并不重视观念上的结论是否符合客观现实，而是重视所有的观念上的结论相互间是否是自洽的，即是否在逻辑上是不矛盾的。

大卫：在我看来，这种真理论有点像中国人所说的"自圆其说"。有趣的是，人们在说谎时必定会随之而产生一个"圆谎"的问题。那么，我们是不是可以倒过来说，只要能够被"自圆其说"或"圆谎"的观念，是否都是真理呢？

黎明：你的反应真快，大卫。在我看来，这种真理论之所以有其不可否认的价值，是因为它的出发点是总体性的观念，即把真理理解为整体或系统，其中任何两个命题都不应该是相互冲突的。但是，由于它不愿意诉诸观念之外的现实或实践活动来证实或证伪观念的真理性，而只愿意用单纯的观念的自洽性来证明观念的真理性，因此，它无力回答你刚才提出的驳斥，即一套说法，例如谎言，如果它们是自洽的，它们就是真理吗？然而，如果我们把下面的想法，即"凡自身融贯的观念必定是真理性的观念"撇在一边，只肯定倒过来的想法，即"真理性的观念必定是自身融贯的"，那对我们就有很大的帮助。

大卫：也就是说，这种真理论希望我们不要停留在碎片式的真理上，而要关注真理体系内部的融贯性。

黎明：说得好极了，大卫。我要说的第三种真理是"去蔽真理论"。这是海德格尔从现象学的视角出发所倡导的真理论。海氏认为，在不断增长着的各种知识和流行观念的遮蔽下，真理本身就像原始森林中的地面，被一层层的落叶所覆盖。只有把这些落叶清除干净，让地面本身，即真理直接向我们显现出来。

大卫：乍听起来，这种真理论是古怪的，但细想下去，它又是合理的。尤其是在如何探索真理的路径上，它给我们提供了极其重要的启示，即不要只是通过增长知识的方式去探寻真理，追求真理更需要清理以往的知识，尤其是那些谬误性的知识。

黎明：我们仿佛绕了一圈，又回到了前面讨论的谬误问题上。实际上，真理和谬误，本来就是同一个徽章的两个侧面。更有趣的是，人们在嘴巴上都喜欢谈论真理，可是在行为上却偏爱谬误……

大卫：所以中国古人说："金无足赤，人无完人。"日常生活的智慧也启示我们："男人不坏，女人不爱。"由于人们把完美的东西理解为理想中的存在物，因而他们认定，在现实生活中，真正可靠的反而是有缺陷的存在物。

黎明：大卫，我发现，你似乎比我更愿意成为谬误的辩护士。但谬误的巨大现实力量和根深蒂固的影响确实被许多哲学家看到了，叔本华就说过：

> 君王们犯了错误，整个整个的民族都要为他补过；和这一样，伟大人物的谬误就会把有害的影响传播于好些整个整个的世代，甚至到几个世纪，并且这种谬误还要成长、繁殖，最后则变质为怪诞不经。这一切又都是从贝克莱说的那句话产生的，他说的是："少数几个人在思维，可是所有的人都要有自己的意见。"①

---

① ［德］叔本华：《作为意志和表象的世界》，石冲白译，商务印书馆1982年版，第73页。

在叔本华与贝克莱看来，许多谬误都是在未经认真思索的"意见"的基础上滋生出来的。

大卫：黎明，我觉得你似乎是过于雄辩了，以至于老是把自己置于"无谬误"的位置上。

黎明：你真会开玩笑，大卫。要是你没有意见的话，请听我说完最后一句话：让我们抛弃"无谬误"的谬见吧。我们失去的不过是迷信和锁链，而获得的却是智慧和自主。正如但丁笔下的圣伯纳特所诵吟的：

> 如今你想到困惑，困惑而保持沉默；
> 但我要为你解开那难解之结，
> 正是你微妙的思想把你纠缠在里面。①

H 山重水复疑无路
——哲学与悖论

谁若为我们指出了走不通的道路，那么他就像那个为我们指点了正确道路的人一样，对我们做了一件同样的好事。

——[德]海涅

黎明：你看过屠格涅夫的小说《处女地》吗？

大卫：当然看过，而且还不止一遍。不瞒你说，这是我最喜爱的一部小说。小说的主人公涅日达诺夫最终是自杀身死的。

黎明：太好了，大卫。我想，你一定记得，涅日达诺夫在自杀前曾对玛利安娜说过一句意味深长的话：

---

① ［意］但丁：《神曲·天堂篇》，朱维基译，上海文艺出版社 1984 年版，第 257 页。

我身上同时有两个人，他们彼此不能相容。所以我想最好是让两个都活不下去。①

大卫：记得。但我不明白，为什么你对这句话那么感兴趣？

黎明：因为在某种意义上，哲学与涅日达诺夫的处境完全一样，在它的抽象思维的躯体上，也居住着两个彼此不能相容的"人"，而正是这两个不能相容的"人"构成了哲学自身的困惑——悖论。犹如罗马诗人维吉尔在走近冥都时所叹息的：

把我留在这里，而我依然在怀疑：是和否在我的头脑中斗争。②

大卫：真有点不可思议，黎明。不知不觉间，你竟把我引入对悖论问题的探讨之中。

黎明：当理查二世失去自己的王权时，垂头丧气地对群臣说：

从理查的黑夜踏进波林勃洛克的光明的白昼。③

与理查二世相反，我们应该满怀信心地对自己说："从波林勃洛克的光明的白昼返回到理查的黑夜中。"因为悖论是哲学的黑夜，是思维的真正藏宝地。刚进入哲学大厦的人都对真理抱着巨大的热情，这并不奇怪，因为追求真理本来就是人类最伟大的热情之一。然而，随着思考和探索的深入，当人们踏进悖论这块神秘而幽深的领地时，他们的热情就会逐渐冷却下来。事实上，无论是真理还是谬误，在悖论面前都显得黯然失色。在我看来，悖论乃是哲学的真正的深渊。

---

① ［俄］屠格涅夫：《处女地》，巴金译，人民文学出版社 1978 年版，第 324 页。

② ［意］但丁：《神曲·地狱篇》，朱维基译，上海文艺出版社 1984 年版，第 60 页。

③ 参见莎士比亚的戏剧《理查二世》，波林勃洛克取理查二世而代之，即位后称亨利四世。见《莎士比亚全集》第 4 卷，朱生豪译，人民文学出版社 1978 年版，第 357 页。

大卫：黎明，我觉得你把悖论描写得太神秘了。它简直成了席勒笔下的来自异乡的少女：

> 她不是降生在山谷里，
> 谁都不知道她来自何方；
> 她匆匆地辞别而去，
> 连影踪也随之消失。

黎明：真富于诗意。不过，你确实道出了真情。悖论是使人类思维感到格外困惑的神秘的现象。事实上，人类的思维只有和悖论接触后，才能得到真正的锻炼，才能迸发出智慧的火花。

悖论一词，英文为 Paradox，来自拉丁文 Paradoxum。拉丁文又来自希腊文 Paradoxos。Paradoxos 由 Para（对立、异常）和 doxos（思维）构成。从字源上看，可解释为"对立的思维"。其英文的含义更为宽泛，可解释为"反论""悖论""两难论""似非而是的论点"等。其中"悖论"的译法比较常见，也比较贴切。在汉语中，"悖"字有冲突、矛盾的意思，很好地体现了 Paradox 的本义。

大卫：你刚才从字源上进行了分析，按照维特根斯坦的"语言游戏"的理论，语言的意义总是在实际使用中确定的。悖论这个词恐怕也不能例外。你说说它的实际含义吧，这才是我关心的问题。

黎明：人们在实际生活中，在各门具体科学的研究中，常常使用悖论这个词。在物理学中，悖论被称为"佯谬"，在日常交谈中，则常用来指称"谬论""怪事""妄人"等。我们在这里讨论的，主要是哲学意义上的悖论。它大致上可以分为三种不同的类型。第一种是思维本性中的悖论，第二种是语义上的悖论，第三种是主客观关系上的悖论。

大卫：光是哲学上的悖论就有三种类型，你真使我大开眼界。我觉得，人类就像《格列佛游记》中的勒皮他人一样，过于忧虑多思了。勒皮他人整天担心太阳会吞掉地球，逢人便打听太阳的情况，和中国的"杞人忧天"何其相似乃尔。

黎明：哦，大卫，我不能同意你的意见。我觉得，悖论并不是想入非非的产物，而是人类思维最精细、最有力的劳作。你最好慢下结论。现在，我先来介绍第一种悖论，即思维本性中的悖论。这种悖论是学习西方哲学史的人比较熟悉的悖论。

我们先谈古希腊著名的"芝诺悖论"。如我在前面已指出过的，从实践上看，芝诺悖论是不值得一驳的，从理论上看，它有一定的价值，因为它最早接触到人类思维中的矛盾和冲突。芝诺悖论共有四个：二分法、阿基里斯追龟、飞矢不动和运动场。如果逐一分析，未免太冗长了，我们只分析两个有代表性的悖论。

一是阿基里斯追龟。阿基里斯是希腊神话中善跑的英雄。假设乌龟先爬一段路，然后阿基里斯去追它。芝诺认为阿基里斯永远追不上乌龟，因为前者在追上后者之前必须首先达到后者的出发点，可是，这时后者又向前走了一段路了。于是前者又必须赶上这段路，可是这时后者又向前走了。由于阿基里斯和乌龟之间的距离可依次分成无数小段，因此，阿基里斯虽然越追越近，但永远追不上乌龟。

大卫：你认为这个悖论的毛病在什么地方呢？我看了一些教科书，总有不甚了了的感觉。

黎明：我认为，在这个悖论中，芝诺看到了有限和无限的矛盾，但他对这一矛盾的理解是偏谬的。他只看到，有限（一段距离）可以无限分割，没有倒过来去想一想，无限分割本身存在于有限之中。无限本身并不是神秘的、不可企及的，它必须通过有限表现自己。因此，当阿基里斯一抬腿跨过了一段有限的距离时，他同时也跨过了芝诺人为地设置起来的"无限"的沟渠。事实上，当芝诺假定阿基里斯可以到达乌龟最初的出发点时，已承认他可以跨越无限，追上乌龟，芝诺的结论直接和他的假定相冲突。乔叟说过："闪亮的东西未必是黄金。"①芝诺的智慧实际

---

① 《乔叟文集》，方重译，上海文艺出版社 1962 年版，第 34 页。

上是一种诡辩。

大卫：你的解释还是有新意的。你要举的第二个例子是什么呢？

黎明：芝诺的第二个有代表性的悖论是飞矢不动。说飞着的箭不动，这本身就是一个矛盾。

大卫：常常有人把芝诺的"飞矢不动"和庄子在《天下篇》中记载的"飞鸟之景未尝动也"相提并论，你觉得怎么样？

黎明：我认为，这两个提法是迥然不同的。"飞鸟之景未尝动也"中的"景"并不是我们通常理解的"情景"的"景"。在古文中，"景"在字义和读音上都通"影"。《说文》云："光所在处物，皆有阴光如镜，故谓之景。"也就是说，"飞鸟之景未尝动也"这句话只肯定鸟在飞时，它的影子看上去似乎寂然不动，并不是说鸟本身不动。所以，把这句话与"飞矢不动"相提并论显然是不妥的。

大卫：我真羡慕你，黎明。你的见解总是独具慧眼。按你的看法，"飞矢不动"的"戈尔丁之结"究竟在什么地方呢？①

黎明：芝诺是这样推论的：说一支箭在飞，也就是说它在一定时间内经过许多点，在每一个点上它都是静止的。把许多静止的点加起来，仍然是静止的，所以飞矢没有动。

过去，我们都是从运动本身的矛盾的角度去驳斥芝诺的这一悖论的。其实，心理学研究中的"似动现象"也可以很好地说明这样的问题。电影胶卷中摄下的是许多静止的、某一瞬间的镜头，但在放映时，你在银幕上见到的却是一长串连贯的活动的镜头。这表明，即使是许多静止的点，在一定的条件下，也能表达运动。当然，我们也不能苛求芝诺，在古代是很难懂得这样的道理的。

大卫：用心理学中的"似动现象"来驳斥"飞矢不动"倒是很有新意。然而，在芝诺之后，进一步揭示人类思维本性中的悖论的哲学家又是谁呢？

---

① 戈尔丁之结，指古希腊传说中弗里基亚国王打的结，被马其顿的亚历山大斩断。

黎明：那就是哥尼斯堡的伟人——康德了。康德提出了著名的"二律背反"（Antinomie）的学说。Antinomie 亦即矛盾、悖论，康德列举了以下四组：（一）正题：世界在时间上和空间上是有限的；反题：世界在时间上和空间上是无限的。（二）正题：世界上的一切都是由单一的不可分的部分构成的；反题：世界上没有单一的东西，一切都是复杂的和可分的。（三）正题：世界上存在自由；反题：世界上没有自由，一切都是必然的。（四）正题：存在着世界的最初的原因；反题：没有世界的最初的原因。

芝诺涉及的是有限和无限、运动和静止的矛盾，康德的视野则要开阔得多，看问题要深刻得多，特别是他关于自由和必然关系的悖论深入地触及人类思维和行动的底蕴。

大卫：康德悖论的失误又在什么地方呢？

黎明：康德发现，悖论是人类理性在其本性的驱使下必然陷入的结局，是必不可免的宿命，这是他的伟大的贡献。他的失误在于，他把悖论仅仅看作是主观思维的缺陷和污点。他不认为世界本身会有什么矛盾或悖论，对世界事物抱着一种温情主义的态度。

黑格尔特别借助于康德的悖论理论，提出了以矛盾为核心的辩证法学说。他强调，不仅人的思维中充满着矛盾，而且自然界和社会中也充满着矛盾："辩证法是现实世界中一切运动、一切生命、一切事业的推动原则。同样，辩证法又是知识范围内一切真正科学认识的灵魂。"①总之，辩证法扬弃了悖论。

大卫："山重水复疑无路，柳暗花明又一村。"按你的看法，辩证法就是悖论的"又一村"。

黎明：不，应该说是按黑格尔的看法。黑格尔认为，他的辩证法已解决了所有的悖论。黑格尔究竟对不对呢？我们且慢下结论。我们还没有考察悖论的其他两种类型呢。如果你赞成的话，我们下面就开始讨论

---

① ［德］黑格尔：《小逻辑》，贺麟译，商务印书馆 1980 年版，第 177 页。

悖论的第二种类型——语义上的悖论。

大卫：我完全赞成。歌德说过："我们讲出来的每个词都有它的反义的一面。"①你说的语义悖论是不是这个意思？

黎明：字或词具有相反的含义，这在语言中是很常见的现象。如在德语中，abbinden 既可解释"解下"，又可解释"扎住"；abdecken 既可解释"盖上"，又可解释"揭开"。在德语中，"前途无量"既可解释为前途很远大，也可把"无量"解释为没有任何前途；"无价之宝"既可解释为非常贵重的东西，也可解释为无任何价值的所谓"宝物"；等等。这是词或字本身所包含的矛盾，是内在于语言之中的辩证法。

我这里谈的语义上的悖论是指命题（句子）中的悖论。比如，在小说中，我们经常读到这样的句子："我这时候的心情是无法用语言来表达的。"但这句话本身不正是一种语言的表达吗？也就是说，无法用语言表达的东西，结果还是用语言表达出来了。

大卫：这真是一个有趣的悖论。最近，我在一份哲学杂志上看到了一篇关于"美诺悖论"的文章。你认为"美诺悖论"也是一种语义悖论吗？

黎明：这篇文章我也读了。我认为，作者的探讨是有意义的。然而，"美诺悖论"实际上是一种虚假的悖论，很难得到认可。

这个悖论见于柏拉图的《美诺篇》。根据美诺的观点："一个人既不能研究他所知道的东西，也不能研究他所不知道的东西，因为如果他所研究的是他所已经知道了的东西，他就没有必要去研究；而如果他所研究的是他所不知道的东西，他就不能去研究，因为他根本不知道他所要研究的是什么。"②

大卫：听起来很有道理。

黎明：实际上毫无道理。这里关键是"知道"这个词。对某一事物，我虽然知道，但知之不多，为什么就不能去研究呢？通过研究，知道更

---

① 《歌德的格言和感想集》，程代熙等译，中国社会科学出版社 1982 年版，第 52 页。
② 《古希腊罗马哲学》，生活·读书·新知三联书店 1957 年版，第 190 页。

多的东西，有何不可呢？我"知道"一个事物，并不等于我一劳永逸地把握了这个事物。另外，不知道的东西为什么就不能去研究呢？"不知道"并不等于"不可知"。这是两个完全不同的用语。可见，这里的冲突、矛盾、悖论都是虚假的，实际上根本不存在。这使我想起了《康蒂姐》一剧中马本克评价演说家英瑞尔的一句话："我看他什么都没有，只有空空的字眼。"

大卫：很抱歉，我把你引到岔路上去了。让我们重新回到原来讨论的轨道上来吧。

黎明：在西方，语义悖论很早就出现了。在古希腊时期，一个克利特岛上的人说："克利特岛上的人都是说谎者。"如果这句话真，则他自己作为一个克利特岛人便在说谎，从而这句话是假的。如果这句话是假的，则克利特岛人不说谎，而这句话可为真。总之，不管如何解释都是矛盾的。

大卫：这大概就是西方著名的"说谎者悖论"吧。

黎明：是的。还有一个"理发师悖论"也同样出名。中世纪时期，某乡村的一个理发师自己约定：只替不给自己理发的人理发。如果他替自己理发，他就违背了上述约定，于是，不能给自己理；反之，如果他不替自己理发，依照上述约定，他又应该给自己理。不管怎么做，总是矛盾的。①

大卫：语义悖论真是一种有趣的现象。不过，它们深藏在语言的深处，要发现它们，还真不容易。

黎明：踏破铁鞋无觅处，得来全不费功夫。其实，语义悖论在生活中是到处可见的。比如，当我说"我不选择"时，我仍然在选择，因为"不选择"也是一种特殊的选择。正如萨特指出的："如果我不选择的话，

---

① 这样的悖论在数学上表现为罗素发现的著名的"集合论悖论"。为了克服这种悖论，罗素又提出了"类型论"。考虑到这方面的内容比较艰深难懂，又牵涉数理逻辑的专门术语和公式，故不准备在对话中具体展开。

那仍然是一种选择。"①同样，当我说"我不决定"时，这也是一种特殊的决定。事实上，语义悖论在哲学和科学上是常见的。尤其当人们作出一些全称判断时，常常会陷入悖论之中。

大卫：你能举例谈谈吗？

黎明：试以"一切都是发展变化的"这句话为例。如果一切都是发展变化的，那么由于这句话本身也属于"一切"的范围之内，它也应该发展变化。事实上，这句话本身并不发展变化。这就表明，它本身蕴含着一个悖论。顺便提一下，雪莱在抒情诗《变》中写道："除了变，一切都不能长久。"他虽然肯定了"变"的概念是不变的，但既然"变"包含在"一切"中，可见，这句话逻辑上仍然是不严密的。应该说："除了变，其余的一切都不能长久。"这样讲，才真正是严密的。

大卫：这样的例子我也可以举出一些来。比如，人们常说，"实践是检验一切理论的唯一标准"。然而，这个命题本身作为"一切理论"中的一个是否也要受实践检验呢？又如，当一个人说"我怀疑一切"的时候，他对这句话本身究竟是否怀疑呢？说得简单一点，他对"怀疑一切"是否也怀疑呢？特别有趣的是，你上面提到的马本克的一句话——"我看他什么都没有，只有空空的字眼"——本身也是矛盾的。假如真的是"什么都没有"，那就连"空空的字眼"也没有；反之，既然"有空空的字眼"，那就决不是"什么也没有"。

黎明：你领悟之快，实在使我吃惊。最有趣的是，当我们沿着悖论的思路去考察哲学中最习以为常的问题，如不可知论时，我们竟达到了这样离奇的结论，即不可知论实际上是不可能的。当一个哲学家断言"任何东西都不可知"时，他已不知不觉地陷入语义悖论之中。犹如卢克莱修所写的：

---

① J. P. Sartre, *Existentialism and Humanism*，trans. Philip Mairet，London：Methuen & Co. LTD. ，1973，p. 48.

如果有人认为任何东西

都不能被认识，那么他也就

不能知道这一点是否能被认识，

既然他承认没有什么能被认识。

因此，我拒绝和这个人进行讨论

这个人已把他自己的头

放在他的脚应该在的地方。①

克罗齐也说过："一件已被肯定为不可知的事物就是一件有点被知道了的事物。"②事实上，当你断定某一事物不可知时，这也是一种可知，即对不可知的可知。如果有真正的不可知的话，那就只能像维特根斯坦那样，对世界整体保持缄默。扩言之，当人们平时说某些事物"不可比较"时，他们正是在对这些事物进行比较的基础上说它们"不可比较"的。像这样的语义悖论是俯拾皆是的。

大卫：在语义悖论面前，难道人们就束手无策了吗？难道就没有走出这些迷宫的道路了吗？

黎明：这正是许多语言学家和哲学家思考的问题。在这方面，比较出名的是波兰哲学家塔斯基。塔斯基认为，语义悖论之所以产生，是因为人们混淆了不同的语义层次。在人工语言中，人们可以区分开两种语言：一种是"元语言"（meta-language），另一种是"对象语言"（object-language）。前者是人们进行断言的语言，后者是作为对象被分析的语言。比如，"一切都是发展变化的"，就是进行断言的语言，而不是被分析的语言。把这两种语言区分开来，就不会产生悖论。然而，生活毕竟是生活，人工语言是无法取代普通语言的。所以，普通语言中的语义悖论仍然会"逍遥法外"。这使我想起了维特根斯坦的名言：

---

① ［古罗马］卢克莱修：《物性论》，方书春译，商务印书馆 1981 年版，第 214 页。

② ［意］克罗齐：《历史学的理论和实际》，傅任敢译，商务印书馆 1982 年版，第 49 页。

我们正在与语言搏斗。

我们已卷入与语言的搏斗中。①

大卫： 下面该讨论第三种类型的悖论，即"主客观关系上的悖论"了。这种悖论究竟指什么呢？

黎明： 让画卷慢慢地打开吧。在讨论这种悖论时，我们不得不提到两位哲学家的名字。

大卫： 哪两位？你总是让人摸不着头脑。

黎明： 第一位哲学家是弗兰西斯·培根。培根提出了著名的"四假相说"：（一）种族假相：人类倾向于以自己的感觉、理智为尺度去曲解事物的性质；（二）洞穴假相：每个人由于个性的不同和所处环境的不同，又各有自己的偏见；（三）市场假相：人们之间的语言和思想交流，犹如市场上的买卖一样，充满混乱和陷阱；（四）剧场假相：各种错误的思想体系如一出出戏剧在舞台上相继出现，扰乱着人们的思想。

培根对"四假相"的批判，矛头是对着经院哲学的。他虽然没有提到"悖论"的概念，但却深刻地洞见了人在认识、思维的过程中主客观方面的矛盾和冲突，从而对人类思想史的发展提供了重要的启迪。

大卫： 你说的另一个哲学家是谁呢？是黑格尔吗？

黎明： 不是，应该说是黑格尔的激烈的反对者——克尔凯郭尔。如果说，培根是从认识、思维的角度去揭示主客观关系中的悖论的话，那么，克尔凯郭尔则是从孤独的个人的行动和宗教信仰的角度去揭示主客观关系上的悖论的。

正如我们前面所提到的黑格尔自以为以理性范围内的辩证法，特别是矛盾学说解决和超越了一切悖论。克尔凯郭尔则批评黑格尔过于乐观。正如桑塔格所指出的："如果黑格尔说：正题，反题，合题；克尔

---

① ［英］维特根斯坦：《文化与价值》，黄正东等译，华中科技咨询公司 1984 年版，第 16 页。

凯郭尔则说：正题，反题，没有合题。确实，经常被忽略的是，克尔凯郭尔发现这个僵局是更适合于主观对客观的难题的。正是必须为自己作出决定的人类个体的复杂情况常常使悖论无法解决。克尔凯郭尔也反对这个规则，即逻辑和理性能解决每个人的困境。"①

大卫： 这段晦涩的话正适合于晦涩的克尔凯郭尔。你能具体地作些解释吗？

黎明： 我不打算成为你的卫星。但是，我有把握这么想，当我把要说的东西全说完后，你自然而然地会明白我的意思。

在克尔凯郭尔看来，理性和逻辑并不能解决所有的悖论，尤其在宗教领域里是如此。在基督教中，基督的显现永远是一个悖论。基督是永恒的，当他化身为人的时候，永恒的东西又成了短暂的东西。这个悖论能用理性和逻辑来解决吗？在克尔凯郭尔的视野中，"上帝之子变成人这永远是一个最大的形而上学和宗教的悖论。如果这个上帝之子已经变成了人，已经在地球上到处走动并对我们讲话，而没有一个人辨认出他是谁，那准会是一个更大的悖论"②。又如，在基督教中，上帝选定了在痛苦中显现他自己，而永恒的东西能够忍受痛苦的说法同样是悖论。在基督教中，到处都是悖论。这些悖论植根于一个根本的悖论，即永恒的真理与现存的个体之间的结合。这样的悖论，理性和逻辑是无法解决的，只能诉诸信仰和激情。

大卫： 那就是说，克尔凯郭尔主张用非理性的态度来解决宗教中的悖论啰。

黎明： 不光是在宗教的领域中。根据克尔凯郭尔的看法，在人们生活和行动的领域中，理性，或者确切地说，理性辩证法也不能解决所有的难题和悖论。在不少场合下，人们是以非此即彼的方式作出选择或决定的。换言之，不是偏向正题，就是倒向反题，很难达到合题。犹如弗

---

① ［美］桑塔格：《克尔凯郭尔手册》，1980 年英文本，第 104 页（George J. Stack, *A Kierkegaard Handbook*, Brockport: SUNY, 1980, p. 104.——编者注）。

② 同上书，第 105 页。

莱齐埃律师说的："我的脾气干脆得很，不是朋友便是敌人。"

大卫：你能谈得具体一点吗？

黎明：当然。但你老是向我索取实例，差不多把我给掏空了。尽管克尔凯郭尔有点夸大其词，但生活中的悖论或两难困境确实是常见的，并且在这样的场合下，人们常常无法按严格的理性和逻辑去解决问题。因为主体的选择不光依赖于理性，而且也关涉情感和其他的种种因素。比如，索福克勒斯的《安提戈涅》就描写了生活中的一个悖论：安提戈涅的哥哥波吕涅克斯在争夺王位中死去。克瑞翁以舅父的资格继承了王位，代表城邦，宣布禁葬令，任何人都不得违反。安提戈涅遵守神律，尽了亲人的义务，把哥哥埋葬了。结果被克瑞翁处死。事实上，安提戈涅在这里的选择只能是非此即彼的。如果顺从禁令，她就违反了神律，反之，顺从了神律，则违反了禁令。她无法达到既葬亲人、又遵守禁令的合题，于是，毅然决然地选择了后者。

大卫：像这样的悖论生活中非常之多，如爱情和事业、个人和集体、家庭和国家、理性和信仰等许许多多关系中都包含着难解的悖论。人们虽然可以在理论上达到合题，但在行动中却很难达到合题，常常在关键时刻会做出非此即彼的选择而倒向一边。

黎明：其实，戏剧（特别是悲剧）、小说、故事、电影等常常触及这类悖论。这类悖论产生的环境越典型，冲突越激烈，就越能反映生活，越能激起读者或听众的共鸣。

大卫：多么有意义的讨论，我简直爱上悖论了，我不再对它感到惊奇了，犹如卢克莱修所说的：

> 任何东西不论如何伟大和可惊，
> 一切人也总会逐渐地
> 放弃他们对它的惊奇。①

---

① ［古罗马］卢克莱修：《物性论》，方书春译，商务印书馆 1981 年版，第 121 页。

如果这不是异想天开的话，我简直觉得可以建立一门"悖论学"，专门来研究各种各样的悖论。拉摩的侄儿的一段自白可以作为它的题铭："我是一个取不尽的荒唐宝库。每一瞬间我都有一个戏谑，会令他们笑到流出眼泪来，对于他们我简直是整个疯人院。"①

黎明：你的思想真敏锐。你使我记起了著名物理学家彭加勒的一句名言：思想只是闪电，但这闪电就是一切。

---

① 《狄德罗哲学选集》，陈修斋等译，生活·读书·新知三联书店 1956 年版，第 258 页。

三、哲学与内在世界

I 抛弃无偏见的偏见
——哲学与理解

> 偏见缠住了人的性格，就无法克服，因为它们成了人本身的一部分。无论证据、常识还是理性都拿偏见毫无办法。
>
> ——[德]歌德

大卫：黎明，我不明白，为什么我们要花力气来讨论"理解"问题呢？你不觉得这有点古怪吗？

黎明：我丝毫也没有这种感觉。看来，你对"理解"问题的重要性还没有充分理解。你读过莫里哀的喜剧《贵人迷》吗？

大卫：读过，但这有什么关系呢？

黎明：大卫，我想你一定记得，剧中有一个非常有趣的情节。汝尔丹先生的音乐教师与舞蹈教师之间发生了争执。音乐教师认为："没有音乐，国家就不能存在。"舞蹈教师则坚持："没有舞蹈，人就寸步难行。"两人吵到哲学教师那里，叫他评理。哲学教师却主张，唯有哲学才是高于一切的，结果被两人打了一顿。

　　大卫：哦，我明白了，你想通过这个情节告诉我，不同的人们对同一个问题存在着不同的理解。

　　黎明：大卫，你有时候恐怕比你自己想象的还要机敏，记得马克思就曾以下面的语句评价过恩格斯——"机灵得像个鬼"。确实，我在这里强调的正是理解的重要性。就像达吉雅娜在给叶甫盖尼·奥涅金的信中所写的：

> 试想一下吧：我孤零零一个人，
> 谁也不能理解我的心，
> 我已无力保持自己的理性，
> 我应当默默地去寻找死神。①

　　事实上，富有独创性的哲学家们与达吉雅娜完全一样，也渴望着自己的思想能够得到同时代人和后人的理解。这种渴望的程度一点也不逊于达吉雅娜。

　　大卫：然而，黎明，请注意，达吉雅娜毕竟只是普希金虚构出来的人物。

　　黎明：我知道，那么，我就说说哲学史上发生的真实的故事吧。

　　大卫：尽管哲学是与抽象概念打交道的，但我总是把事实理解为哲学的财富。黎明，当你说故事的时候，请你务必记住利希滕贝格的劝导：

> 首先我们必须相信，然后才会相信。②

---

　　① ［俄］普希金：《叶甫盖尼·奥涅金》，吕荧译，人民文学出版社 1954 年版，第 95 页。
　　② ［德］利希滕贝格：《格言集》，范一译，辽宁教育出版社 1998 年版，第 85 页。

黎明：这也正是我自己的原则。你知道，当德国哲学家赖因霍尔德与费希特持有相同见解时，费希特逢人便讲，没有人能比赖因霍尔德更理解他了。后来，当赖因霍尔德与费希特的意见相左时，费希特逢人便讲，赖因霍尔德从来就没有真正地理解过他。同样，当费希特与康德意见相同时，他认为康德是理解自己、赏识自己的；而当他与康德之间出现了意见分歧时，他又表示，康德并不理解他。更有趣的是，据海涅的记载，黑格尔有许多弟子，他在临死时却说："只有一个人理解我"，随后又烦恼地补充了一句："就连这个人也不理解我。"①

　　大卫：我真不明白，哲学家们之间的相互理解竟然这么困难。

　　黎明：我再举个例子。据说，许多人读了毛泽东的哲学著作《实践论》后，做出了各种各样的解释和发挥，毛泽东本人都不怎么满意。然而，当冯友兰先生从中国传统哲学的"知行合一"的观点出发去解释《实践论》时，毛泽东却非常赞赏，肯定冯友兰先生真正理解了自己的思想。

　　大卫：这些例子的确有趣，它们也引起了我对理解问题的兴趣。我想起了莱布尼茨所说的"单子"（monad），这些单子都是没有窗户的，相互之间无法沟通，只有借助于上帝设定的"先定的和谐"（the pre-established Harmony）才能进行交流。这种单子之间的关系难道不正是莱布尼茨对人与人之间关系的形而上学式的隐喻吗？

　　黎明：说得好极了，大卫。关于人与人之间在相互理解、共同相处上的困难，还有许多有趣的比喻或说法。比如，据《圣经》的记载，人类起先打算合力造一个通天塔，上帝怕威胁到自己的地位，让人类说不同的语言。由于语言和沟通上的困难，通天塔终于半途而废。德国哲学家叔本华认为，人与人之间的关系，就像箭猪之间的关系。箭猪身上长满了像箭一样锋利的长刺，它们本来是御敌的工具，可是，在冬天，箭猪们为了用体温取暖，相互之间靠近了身体，但各自身上的长刺立即刺入对方的身体，于是，它们只好马上分开。也就是说，箭猪们只能把相互

---

①　张玉书编选：《海涅选集》，人民文学出版社 1983 年版，第 307 页。

之间的距离保持在不刺痛任何一方的距离上。叔本华的这个隐喻表明，人与人之间天然存在着距离，这个距离当然也蕴含着他们在相互理解上的距离。萨特甚至表示，他人就是地狱。在这种萨特式的极端性的体验中，人与人之间岂止是难以理解，甚至成了仇敌。

大卫：黎明，你的话启发了我，事实上，只要仔细观察，就会发现，日常用语也从不同的角度折射出人们在理解上、相处上存在的诸多问题。比如，中国人喜欢说："不是冤家不聚头。"这似乎表明，即使是夫妻之间，相互之间的理解也是不容易的。又如，当人们说"距离产生美感"时，与其说他们在谈论自己的审美观感，不如说在感叹人与人之间近距离生活的无奈。在日常生活中普遍发生的现象是：个人总是与最亲密的人耍脾气、吵架，但却愿意与陌生人谈心里话。至于不同代际的人相互理解就更困难了。也许是出于这种理解上的困境和无奈，无论是在讲演、论文中，还是在影视作品中，总会出现那句耳熟能详的口号——"理解万岁"。

黎明：反之，当人们在日常生活中使用另外一些说法，如"对牛弹琴""与夏虫语冰""你怎么像外星人似的"时，则直截了当地表示，人与人之间的理解有多么困难。大卫，既然你对理解问题的兴趣也已经被激起，那就让我们进入角色吧。你还记得被镌刻在伦敦海格特墓地马克思墓碑上的那句名言吗？

大卫：当然记得，那就是马克思在《关于费尔巴哈的提纲》中写下的第十一条提纲：

哲学家们只是用不同的方式解释世界，问题在于改变世界。①

对于哲学系的学生说来，也许再也找不出比这句话更熟悉的话来了。

---

① 《马克思恩格斯选集》第 1 卷，人民出版社 1995 年版，第 57 页。

黎明：不要过于自信，大卫。在我看来，熟悉常常是拒绝思考的借口。我发现，人们通常是这样理解马克思的这句话的：旧哲学家们只讲"解释世界"，而马克思则专讲"改变世界"。按照这样的理解方式，"解释世界"与"改变世界"就被尖锐地对立起来了。其实，人们普遍忽略了这句话前半句的德文原句中使用的副词 nur，中文一般译为"只"，马克思的意思是：由于旧哲学家们只讲"解释世界"，因而把"解释世界"与"改变世界"割裂开来并对立起来了。但马克思哲学主张的"改变世界"非但不排斥"解释世界"，反而把"改变世界"和"解释世界"紧密地结合起来了。换言之，马克思所说的"改变世界"是蕴含"解释世界"在内的。

　　大卫：黎明，我想弄明白，这究竟是马克思的意思，还是你对马克思的意思的理解和阐释？

　　黎明：大卫，遗憾的是，你的提问方式遮蔽了第三种可能性，即我对马克思关于"改变世界"与"解释世界"关系的叙述既是马克思本人的意思，也是我的意思。请允许我做这样的假设，即把马克思生活于其中的世界称作"世界 1"，把马克思作为理想来追求的未来世界称作"世界 2"，显而易见的是，如果马克思要号召无产阶级起来改变"世界 1"的话，那么他一定会先解释，为什么他理想中的"世界 2"比目前的"世界 1"好。假定马克思只讲"改变世界"，而不去"解释世界"的话，那么，谁会跟着他去"改变世界"呢？众所周知，人是有目的的、有思想的存在者，要使他行动起来，就先得向他解释，为什么他应该行动起来。由此可见，在马克思那里，"改变世界"必定蕴含着"解释世界"。

　　大卫：黎明，我明白你的意思了。只有把"改变世界"与"解释世界"紧密地结合起来了，才算正确地理解了马克思的这句名言。与此同时，马克思所说的"解释世界"又是以"理解世界"为前提的。也就是说，假如一个人不能正确地理解世界，自然也就不能正确地解释世界，因而也就更不可能正确地去改造世界。

　　黎明：看来，你对理解问题的思考已经渐入佳境了。大卫，不知你是否注意到，在中国古代社会中，学者们习惯于为经典著作做注疏。所谓"做注"，也就是理解和解释经典著作；所谓"做疏"，也就是进一步理解和解释前人所做的"注"。由此可见，不但存在着理解的问题，而且还存在着对理解的理解的问题，甚至还存在着对理解的理解的理解的问题。毋庸置疑，随着人类文明的发展，理解和解释的重要性愈益凸显出来。正如加缪笔下的马松在法庭上替默尔索辩护时所说的那样：

> 应该理解呀，应该理解呀。①

大卫：的确，不少人忽视了理解的重要性，但平心而论，马克思主义经典作家对这个问题还是十分重视的。记得毛泽东在《实践论》中就说过一段含义隽永的话：

> 感觉到了的东西，我们不能立刻理解它，只有理解了的东西才更深刻地感觉它。②

这句话充分肯定了理解在认识过程中的作用。

黎明：在这一点上我们没有任何分歧。事实上，如果马克思主义经典作家的作品不能对现实世界做出正确的、批判性的理解和解释，它怎么可能产生如此深远而持久的影响呢？大卫，我想你在阅读马克思时，一定不会忘记他在《关于费尔巴哈的提纲》中写下的第八条提纲：

> 全部社会生活在本质上是实践的。凡是把理论引向神秘主义的神秘东西，都能在人的实践中以及对这个实践的理解中得到合理的解决。③

---

① 参见《加缪中短篇小说集》，郭宏安译，外国文学出版社 1985 年版，第 68 页。
② 《毛泽东选集》第 1 卷，人民出版社 1991 年版，第 286 页。
③ 《马克思恩格斯选集》第 1 卷，人民出版社 1995 年版，第 56 页。

马克思在这段话中所说的"对这个实践的理解"同样显示出理解问题在他的哲学思想中的地位和作用。然而，我们必须承认，马克思主义经典作家并没有对理解概念本身进行专门的探索，并由此而形成系统的理解理论。

大卫：那么，假如我们打算对理解问题进行深入的探讨的话，我们应该把目光投向何处？此刻，我就像席勒笔下的麦克司，发出了如下的感慨：

> 何处是我可依从的真理之声？
> 愿望、热情把我们全体震撼。
> 希望有一位天使从天上向我降临，
> 向我指示出正确无伪的途径，
> 以清洁的手在清洁的光泉之畔指明！①

黎明：假如我们需要一位天使来指引我们，那么，这位天使就是当代哲学诠释学的创立者伽达默尔。正是哲学诠释学对理解理论做出了全面的、独创性的考察和概括。

大卫：对这门新的学问我已有耳闻，但遗憾的是，还缺乏了解。你知道，黎明，我的优点和缺点都在这里，我喜欢像夸父追日似的追逐新思想，因而我总是对巴尔扎克笔下的葛朗台的消极无为的座右铭——

> 我不知道，我不能够，我不愿意，慢慢瞧吧。②

——取拒斥的态度。相反，我倒希望自己的思想永远向新鲜的东西敞开。尽管我对诠释学还没有什么概念，但我愿意像但丁那样勇敢地说道：

---

① ［德］席勒：《华伦斯坦》，郭沫若译，人民文学出版社 1955 年版，第 64 页。
② 参见［法］巴尔扎克：《欧也妮·葛朗台》，傅雷译，人民文学出版社 1954 年版，第 9 页。

现在让我们走下幽冥的世界去吧！①

黎明：诠释学，亦可译为解释学或释义学，英语写作 hermeneutics，法语写作 hermeneutique，德文写作 Hermeneutik，均来自希腊语 hermeneutikos，意即对解释和说明的方法论原则的研究。基督教兴起后，教父哲学家们十分重视对《圣经》解释中的一般原则的研究。在中世纪后期，随着文艺复兴运动的兴起和宗教改革运动的酝酿，人们争先恐后地去发掘、瞻仰古代世界的文化宝库，以便借用古代幽灵的服装来演出世界历史的新场面。然而，古代典籍年代久远，文字古奥多义，不但有各种抄本，而且杂有伪作，从而给人们的理解设置了种种障碍。于是，注重文义解释方法、标准和目的的"阐释学"（exegesis）与注重考证的"文献学"（philology）应运而生。

大卫：那么，真正意义上的诠释学究竟始于何时呢？

黎明：专家们公认，率先把诠释学作为方法论和认识论原则引入哲学的是德国哲学家施莱尔马赫和狄尔泰。施莱尔马赫把诠释学的研究重心转移到解释者（读者）的理解活动上。在他看来，由于读者和古代典籍的作者之间存在着时间间距，因而读者对典籍的误解是不可避免的。诠释学的任务就是促使读者复原出古代典籍产生的具体历史情境，设身处地地从古代作者的角度出发去理解古代典籍。随后，狄尔泰也以同样的方式去理解和解释古代典籍，但他比施莱尔马赫高明的地方在于，他把整个人类历史（包括典章制度、文物古籍，风俗人情、意识形态等）都视作人类生命的创造物，并据此认为，假如诠释学仅仅停留在对古代典籍的理解上，那就未免显得肤浅了。应该透过典籍，深入理解古代人的生活，从而最终把握历史，认识生命发展和创造的无限丰富性。

大卫：这就是你介绍的诠释学吗？

黎明：不，大卫，帷幕还刚刚拉开，主角还没有登场呢。专家们一

---

① ［意］但丁：《神曲·地狱篇》，朱维基译，上海文艺出版社 1984 年版，第 26 页。

般称施莱尔马赫和狄尔泰的诠释学为古典诠释学，因为他们主要是从认识论、方法论的角度出发去阐释理解问题的。真正的哲学诠释学奠基于诠释学发展史上的一个重要的转向。

大卫： 重要的转向？

黎明： 一点不错。那就是在考察理解问题时，从认识论、方法论的视角转向生存论的本体论的视角。这一转向的代表人物是德国哲学家海德格尔。在海氏看来，理解既不是随心所欲的活动，也不只是理解者的认识技巧和方法。从根本上看来，理解是理解者的存在方式。一个人生存在世，他的生存结构和境遇决定着他的兴趣之所指，也决定着他如何去理解这些对象。在以施莱尔马赫和狄尔泰为代表的古典诠释学那里，理解者为了客观地理解对象，竭力抽空自己、虚化自己，把历史的蜡像重新复制出来。在海氏看来，这一切都应该颠倒过来，既然理解是理解者的存在方式，所以理解者不但不应该抽空自己、虚化自己，反而应该自觉地把自己对生存活动的领悟植入到理解的过程中去。理解不是撇开自己去重塑被理解的对象，而是让被理解的对象在理解者的生存境遇中呈现出新的意义。

大卫： 黎明，你说的这个转向有点像康德自诩的"哥白尼革命"。在古典诠释学那里，理解者和理解活动是围绕被理解者而旋转的，在海氏那里，一切都颠倒过来了，被理解者是围绕理解者的理解活动而旋转的。

黎明： 大卫，你概括得很好，但我必须补充一句，理解者放入理解过程中去的见解既不是任意的，也不是偶然的，而是通过对自己的理解的"前结构"（Vorstruktur）的批判性反思达成的。也就是说，只有这种合理的批判性的反思才能把理解者的整个理解活动置于正确的轨道上。

大卫： 否则，理解者的任何幻想都会变成真理。

黎明： 看来，你的忧患意识与新奇意识同样强烈。让我们继续讨论下去。我们的观察越细致，就越会发现，如同维苏威火山的岩浆覆盖着整个庞贝城一样，理解覆盖着人类的全部活动。记得泰戈尔在谈到爱情时曾经说：

> 爱是理解的别名。①

法国小说家马塞尔·普鲁斯特在谈到作家的作用时也曾指出：

> 就其职责与任务来说，作家是解释者。②

在他看来，作家的创作过程也就是他理解生活、解释生活的过程。有趣的是，英国历史学家汤因比也把理解视为历史学家的根本使命：

> 对于我来说，历史是进入宇宙和试着理解宇宙的途径。每个人都有生活是神秘的感觉，每个人都在某种范围内试图理解不可理解的东西。③

大卫： 我想，人们之所以普遍地重视理解问题，因为人类是理性的存在物，而理性的基本功能就是理解、解释和沟通。按照你刚才的叙述，正是海德格尔实现了诠释学发展中的本体论转向……

黎明： 是的，大卫，但我们恐怕只能说，海氏是哲学诠释学的奠基者，而真正创立哲学诠释学的却是他的学生伽达默尔。伽达默尔于1960年出版的《真理与方法》乃是哲学诠释学的"圣经"。正是在这部广有影响的学术名著中，伽达默尔系统地阐释了哲学诠释学的基本理论。

大卫： 记得法国小说家左拉笔下的古波曾经说过：

---

① 曹一凡辑录：《古今中外名言集》，河南人民出版社1982年版，第223页。

② 伍蠡甫主编：《现代西方文论选》，朱光潜译，上海译文出版社1983年版，第133页。

③ 田汝康等选编：《现代西方史学流派文选》，上海人民出版社1982年版，第155页。

知识是使人类消瘦的东西。①

黎明，感谢你又提供了一个让我变得消瘦的机会，我愿做一个忠实的听众。

黎明：就从前面提到的海德格尔关于理解的前结构的观点说起吧。海氏提示我们，尽管理解活动是通过理解者与被理解者的接触才开始的，但理解者的心灵并不是一块白板，在理解活动开始之前，理解者已经拥有理解的前结构，而正是这个结构在冥冥之中规定着他的理解的方向和限度。在对迷信和奇迹进行驳斥时，法国启蒙哲学家狄德罗曾经非常机智地指出：

我可以打赌，凡是那些看见了鬼怪的人，都是事先就怕鬼怪的，而这些在那里看到奇迹的人，也都是事先就打算定了要看到奇迹的。②

理论先于观察，这是人类认识和理解活动的永恒的奥秘之一。事实上，总之，理解永远是具体的、历史的，它不可能超出在理解者背后起作用的整个文化背景。乔叟的名言是："谁若看错了，谁就会想错。"③释义学的名言是："谁若想错了，谁就会看错。"

大卫：拉美特利说过："征服全世界也抵不上一个哲学家在他的书房里所尝到的那种快乐。"④他忘了补充一句，这种快乐始终是与苦恼为伴的。我现在体验到的是后一种感觉。哲学的深奥使我望而却步。

---

① 〔法〕左拉：《小酒店》，王了一译，人民文学出版社 1958 年版，第 125 页。
② 《狄德罗哲学选集》，陈修斋等译，生活·读书·新知三联书店 1956 年版，第 29 页。
③ 《乔叟文集》，方重译，上海文艺出版社 1962 年版，第 542 页。
④ 〔法〕拉·梅特利：《人是机器》，王太庆译，商务印书馆 1991 年版，第 7 页。

黎明：请原谅，大卫。如果你希望我讲哲学的话，你就不得不苦恼下去。当然，我会尽可能地减少你的苦恼。让我继续下去吧。海德格尔的释义学理论在他的学生伽达默尔的继承和发挥下，形成了一套完整的哲学释义学理论体系。

刚才我们不是提到海德格尔关于理解有前结构，理解总是历史的思想了吗？伽达默尔大大地展开并丰富了这一思想，尤其是他关于"偏见"的理论特别引人注目。

大卫：关于"偏见"的理论，真是一个有趣的课题。我的疲惫的兴趣又开始复苏了。

黎明：在日常生活中，我们不是常常运用"偏见比无知离真理更远"这句格言吗？许多人都把偏见视作谬误，以致拉美特利说："打碎了自己一切偏见锁链的人是幸福的。"①可是，伽达默尔告诉我们一个相反的真理：偏见是理解的前提，超偏见的理解是根本不可能的。

大卫：按照这样的观点，上述格言就完全倒过来了，它应该写成："无知比偏见离真理更远。"这不禁使我记起魏斯林根和葛兹之间的对话：

> 魏斯林根：你是从你的角度来看的。
> 葛兹：每个人都一样。②

不过，我很想知道，伽达默尔说的"偏见"究竟是什么意思？它和人们平时讲的"偏见"又有哪些区别？

黎明：伽达默尔说的"偏见"实际上就是海德格尔说的"理解的前结构"。说得明白一点，也就是每个人所处的特定的文化背景。我们在前面的"哲学与常识"的部分已触及这个问题。人一生下来，就处在该时

---

① ［法］拉·梅特利：《人是机器》，王太庆译，商务印书馆1991年版，第9页。
② 《歌德戏剧集》，钱春绮等译，人民文学出版社1984年版，第25页。

代的各种常识的包围中，而常识则带着该时代的一切偏见。可见，伽达默尔的"偏见"，也就是那些使人们不可避免地受到制约的当前历史条件下的基本观点或识见。我觉得这里说的"偏见"和人们平时讲的"偏见"并无原则上的区别。人们平时讲的"偏见"也并不是一种超时代的识见，它同样是一定历史环境和文化背景的产物。按照伽达默尔的观点，承认人的理解的历史性，也就是承认偏见的合理性，偏见是积极因素，是人向世界敞开的倾向性。当然，在偏见中有合理的成分，也有谬误的成分，但不管如何，偏见是无法抛弃的。你读过卡夫卡的《变形记》吗？

大卫： 读过。这可以说是现代世界的寓言故事。

黎明： 一天早晨，格里高尔·萨姆沙从睡梦中醒来，突然发现自己变成了一只大甲虫。他的变形给整个家庭的生活招致了不幸。无论是他的父亲、母亲还是他的妹妹起先都无法摆脱这样的念头，即这只大甲虫就是格里高尔。后来，这只大甲虫的种种举动使他们再也无法维持生计时，他的妹妹终于喊道："爸爸，你们一定要抛开这个念头。认为这就是格里高尔。我们好久以来都这样相信，这就是我们一切不幸的根源。"①尽管他的妹妹这样呼喊，她希望全家人都把格里高尔看作一只真正的甲虫，但事实上他们都无法抛弃这只甲虫就是格里高尔的念头。偏见浸润于人的血液之中，它是无法摆脱的。

大卫： 也就是说，应抛弃的不是偏见，而是无偏见的偏见。

黎明： 说得好极了，大卫。根据古典释义学，理解者应当抛弃自己的偏见，去重现和复制出古人的心理环境，根据伽达默尔的现代释义学，完全客观的历史的本来面目是根本无法恢复的。抛弃偏见就是抛弃理解。我们需要的是，不否认偏见，但同时又进行建设性的理解。在理解中，使理解者的视界与被理解对象所包含的过去的视界融合起来，从而推动自己去超越原来的偏见和传统。只有这样的建设性的理解才是开

---

① 孙坤荣选编：《卡夫卡短篇小说选》，外国文学出版社 1985 年版，第 96 页。

放的、超越的，才使人的存在获得真正的意义。

其实，在伽达默尔之前，许多思想家已意识到偏见不可消除的事实。我们在前面的讨论中曾提到过意大利的哲学家克罗齐。当克罗齐说出"一切历史都是当代史"这句名言时，同时也就说出了偏见无法消除的真理。因为在他看来，一切历史的记载都带有当代的偏见的烙印。汤因比深受克罗齐的影响，他不无感慨地说："总之，不可能有一部'真正如实表现过去'的历史；只能有各种历史的解释，而且没有一种解释是最后的解释；因此每一代人有权利去作出自己的解释。"①"新小说派"的创始人阿兰·罗伯-葛利叶认为，"甚至最没有'定见'的观察者也不能用毫无偏见的眼睛去看他周围的世界"②。当然，这些见解还是零星的，伽达默尔的功绩在于把它理论化、系统化了。

大卫： 我承认，释义学的理解理论，尤其是理解的历史性以及偏见在理解中的重要作用的见解是合乎情理的。问题是，在我们把握了这样的见解之后，在实践中能够获得什么益处呢？你知道，我最关心的就是理论的应用问题。停在树枝上的三只麻雀远不如我手中抓住的一只麻雀更现实，更可靠。

黎明： 这个问题我思考过，如果你不反对的话，我想先从《伊索寓言》中的一只故事开始说起。

大卫： 拐弯抹角是你的嗜好。

黎明： 应该说，拐弯抹角是哲学的嗜好。这只故事的题目叫《呕吐内脏的小孩》。讲一个小孩参加了一个宴会，吃了许多牛的内脏，肚子胀得难受，他痛苦地说："妈妈，我要把内脏吐出来了！"母亲回答说："孩子，那内脏不是你的，而是你吃下去的。"③

大卫： 那个孩子把自己的内脏理解为吃下去的牛的内脏了，真是天真得可爱。但我不明白，你讲这个故事究竟有什么意义？

---

① 田汝康等选编：《现代西方史学流派文选》，上海人民出版社1982年版，第155页。
② 伍蠡甫主编：《现代西方文论选》，朱光潜译，上海译文出版社1983年版，第312页。
③ 《伊索寓言》，周启明译，人民文学出版社1955年版，第23页。

黎明：我先不回答你这个问题，到时它会迎刃而解。我再举个例子，假设有个学者研究了柏拉图的哲学，写了一部题为《柏拉图哲学》的专著，你觉得有什么不妥当吗？

大卫：让我想想，噢，我明白你的意思了。是不是这个学者和小孩犯了同样的错误，小孩把自己的内脏理解为吃下去的牛的内脏，而学者则把自己对柏拉图哲学的理解当作柏拉图哲学本身了。

黎明：说得真好，大卫。所谓柏拉图的哲学，也就是柏拉图的全部著作。至于那个学者在他的专著中阐述出来的柏拉图哲学只是他所理解的，打着他的偏见烙印的柏拉图哲学。因此，严格地说，他的专著的名字应改为《我对柏拉图哲学的理解》。至于这种理解在多大程度上是忠于柏拉图哲学本身（全部原著）的，那就只能诉诸学术讨论了。总之，应该把对对象的理解和被理解的对象严格地区分开来。当恺撒说"恺撒自己不是恺撒派"的时候，他同时说出了当代释义学中的一个深刻的真理。

大卫：但是在生活中，把这两者混淆起来的情形是太常见了。就是在对马克思主义学说的研究中，也存在着同样的问题。有的人写成一部关于马克思主义学说的专著，这明明是对马克思主义学说的一种理解模式，却一定要宣布它就是马克思主义学说本身。谁不赞成他的理解模式，谁就是不赞成马克思主义！

黎明：许多时间以来，我一直在思考一个问题，中国的学派为什么如此之少？究其原因，就与我们上面讨论的问题密切相关。我想，如果所有研究马克思主义学说的人都有自知之明，都把自己的研究成果仅仅看作是对马克思主义学说的一种理解模式，都能对其他理解模式采取宽容态度，并把这样的态度扩展到对所有科学的研究中去的话，中国的学派一定会多起来。

大卫：理解的历史性和它必然带有的某种偏见还能给我们提供什么启示呢？

黎明：还有一个重要的启示是，任何典籍的意义都是无限的，可以无穷尽地解释下去。比如，二千多年来，人们一直以不同的偏见理解和解释着柏拉图的对话。只要人类不断延续下去，这种理解和解释是永远不会完结的。因为生活在不同历史时期的人们所必然具有的不同的"理解的前结构"或偏见决定着人们对柏拉图对话意义的不同的开掘。正如阿兰·罗伯-葛利叶所说："人看着世界，而世界并不回敬他一眼。"①世界尽管在实践上反抗人类的征服，但在理论上却永远是恭顺的，它听凭人类的理解和解释，从不进行驳斥和干预。人类对世界及对自己的精神产品的理解永远是开放的、无止境的。在以偏见为基础的建设性的理解中，理解者的视界和被理解者所包含的视界不断地融合起来，从而赋予理解者超越偏见和传统的巨大力量，人类文化史就在这样的开放和超越中不断向前发展。然而，超越旧的偏见的结果是落入新的偏见。偏见是理解的永恒的伴侣，是理解的宿命。

大卫：你真富于激情，简直在朗诵荷马的《奥德赛》。不过我得老老实实地承认，今天的讨论对我启发很大。我觉得，抛弃无偏见的偏见，也就是说，我们再也不能欺蒙自己了。记得歌德曾经说过一句寓意深刻的话："人不会被别人所欺骗，他只会欺骗自己。"②

黎明：现在轮到我来问你了，你这里说的"欺蒙"或"欺骗"究竟是什么意思呢？

大卫：那就是总是把自己的偏见理解为最无偏见的、最公允的见解，用你刚才的话来说，也就是把对对象的理解冒充为被理解的对象。这是人类理性中普遍存在的一种精神僭越症。

黎明：说得太棒了，大卫。我们还是用前面提到过的马克思的一句名言来结束今天的讨论吧：透过玻璃看东西，太近了就会碰到自己的脑袋。

---

① 伍蠡甫主编：《现代西方文论选》，朱光潜译，上海译文出版社 1983 年版，第324 页。

② 《歌德的格言和感想集》，程代熙等译，中国社会科学出版社 1982 年版，第58 页。

J 云破月来花弄影
——哲学与审美

高雅的审美趣味是一笔良好的财富，是人的朋友。

——［美］桑塔耶纳

黎明：在塞万提斯的名著《堂吉诃德》中有一个非常滑稽的情节：堂吉诃德在路上遇到了一队商人，他误以为是一队游侠骑士，便用长矛拦住了他们，硬叫他们承认他的意中人杜尔西内娅是美的："谁不承认，休想过去！"结果，他被一个骑骡的小伙子打了个半死。

大卫：你认为，堂吉诃德的失误在哪里呢？

黎明：堂吉诃德以自己独特的方式提出了审美的问题。然而他不懂得，人们在审美趣味和意向上是有重大差异的，这种差异是绝对无法用武力加以统一的。在他的心目中，杜尔西内娅是美的永恒的偶像，但在别人的心目中，这就变得不可捉摸了。堂吉诃德被想象中的恋人蒙蔽了眼睛，于是，他的挨打就成了这场美的争执的结论。从武力开始，以武力告终。其实，堂吉诃德并没有吃亏。还有一个有趣的例子。大卫，你读过《战国策》中的《邹忌讽齐王纳谏》吗？

大卫：读过，印象很深。我记得，它的梗概是这样的：齐威王时，城北徐公是齐国出名的美男子。宰相邹忌也长得很美，他问他的妻子，他和徐公比较哪个美，他的妻子回答说："君美甚，徐公何能及君也！"邹忌不信，又问他的妾，妾也答道；"徐公何能及君也！"第二天，客人来，邹忌又向客人提出了同样的问题，客人也回答说："徐公不若君之美也！"第三天，徐公自己来了，邹忌一比较，才发觉自己远不如徐公美，由此他得出了这样的结论。"吾妻之美我者，私我也；妾之美我者，畏我也；客之美我者，欲有求于我也。"作为政治家，邹忌从中悟出道理，劝齐威王纳谏。

　　黎明：如果撇开这个故事中包含的政治方面的含义，我们也可以说，邹忌以自己独特的方式提出了主体在审美过程中的作用问题。

　　大卫：好极了，黎明。你总是喜欢从文学作品中引申出哲学问题。你使我想起了地狱中的听差对加尔散的评价："您多么善于想象呀！"①

　　黎明：现在，我们必须言归正传了。就象列奥诺拉对塔索说的：

　　　　醒来！醒来！不要让我们感到，
　　　　好象你已完全忘记了现在。②

大卫，你对美学有兴趣吗？

　　大卫：我完全可以这样说，美学是我最喜爱的一门学科。不过，我觉得，美学就像一簇带刺的玫瑰，它引诱你去接近它，但你一跨进去，立即就会感受到它的神秘和深邃。

　　　　下边，巨大的洞窟，
　　　　在奔腾的激流跳跃的光芒下烁闪，
　　　　激流从隐秘的深渊轰轰地涌奔，
　　　　………③

　　于是，你踟蹰不前了，尤其当你接触到形形色色、迥然各异的美学流派时，你更觉得无所适从了。歌德说过："美永远不能真正了解自己。"④难道这就是美学研究的宿命吗？

　　黎明：我和你一样，对美学怀有浓厚的兴趣。也许可以这样说，趋

---

　　① 《萨特戏剧集》，袁树仁译，人民文学出版社1985年版，第105页。
　　② 同上书，第396页。
　　③ 《雪莱抒情诗选》，查良铮译，人民文学出版社1958年版，第35页。
　　④ 《歌德的格言和感想集》，程代熙等译，中国社会科学出版社1982年版，第26页。

向哲学的心灵对美学总是敞开的。这并不奇怪，从传统的眼光来看，美学本身就是哲学的一个分支。普通人的心灵总是怀着轻松的情绪去接近美学，然而，一深入下去，它内蕴的深奥和哲理诗般的飘忽又令人却步。正如莎士比亚所叹息的：

> 美不过是作不得准的浮影，
>
> 象耀眼的光彩很快就会销毁，
>
> 象一朵花儿刚开放随即凋零，
>
> 象晶莹的玻璃转眼就已破碎，
>
> 浮影，光彩，鲜花或一片玻璃，
>
> 转瞬间就已飘散，销毁，破碎，死去。①

然而，美学的大门却总是为那些喜爱哲学而又具有一定鉴赏力的人洞开的。所以，有的西方学者说："几乎没有一个哲学体系和流派对于美的领域不加以研究的。"②

我也赞同你的意见，美学确实是一块神秘的领地。然而，我认为，这种神秘性正是美学研究者们自己造成的。

大卫：你的见解真使我吃惊。难道人们建立了美学，仅仅是为了增加自己的烦恼和困惑吗？

黎明：请不要误解，大卫。我并不认为，人们把这种神秘性赋予美学是一种自觉的行为。人类思维的奥秘之一就是往往在不自觉的状态下为自己设置障碍。Asthetik 这个术语是德国学者鲍姆加登于 1950 年率先提出的。在德语中，这一术语可解释为研究感觉和感情的理论，这和它字源上的意义是一致的。它来自希腊文 aisthetikos，其含义是感觉或

---

① 参见莎士比亚十四行诗《爱情的礼赞》，见《莎士比亚全集》第 11 卷，黄雨石译，人民文学出版社 1978 年版，第 341 页。

② 中国社会科学院哲学研究所美学研究室编：《美学译文》第 2 辑，中国社会科学出版社 1982 年版，第 210 页。

知觉。Asthetik 这个词译为汉语时，人们通常把它译为"美学"。其实，正是这种译法本身替这门学科披上了一件神秘的袈裟。这就是说，人们在能够理解它之前，先已把它弄得不可理解了。

大卫：何以见得呢？

黎明：当人们称这门学科为"美学"的时候，无形中重复了柏拉图的错误，那就是把美本身看作一种独立不倚的、客观的东西。人们的动机是用烛光照亮这块幽深的土地，结果却把它推入更深沉的黑暗中。

大卫：你的意思是不是把 Asthetik 这个词译为"审美学"？

黎明：正是这样。我有两个理由：(1)从字源上看，这个词所要表达的就是主体——人的感觉和感情，它指称的是主观方面而不是客观方面；(2)在"审美"这个词中，蕴含着审美主体与审美对象之间的不可分割的联系。正如 H. 西伯克所说的："艺术的物质作品——雕塑、绘画、乐曲、诗歌——在严格的意义上说来，也只有对一个充满了想象力的观赏者，方才是美的。"①如果我们始终坚持在审美的视野内来探讨美的问题，遮蔽在我们眼前的雾障就会悄然隐去，美的真谛就会袒露在我们的眼前。康德之所以在美学史上拥有不朽的地位，就是因为他自始至终抓住审美的问题，所以，他的见解比同时代和以后的许多美学家都来得深刻。

大卫：康德不愧是人类的导师。瞻仰他的最好的办法是学习他。你能扼要地谈谈他的美学思想吗？

黎明：要了解康德的美学思想，先得从他的哲学开始。康德哲学强调的中心是人的主体性。人是知、意、情的统一物。与知、意、情对应的是认识论、伦理学、美学。与认识论、伦理学、美学对应的是真、善、美。真讲普遍必然性，善讲自由意志，这两者之间的裂缝如何弥合，康德决定用美来弥合。

---

① [英]李斯特威尔：《近代美学史评述》，蒋孔阳译，上海译文出版社 1980 年版，第 44 页。

大卫： 这个问题，我总觉得不甚了了。你能讲得清楚一点吗？

黎明： 试试看吧。要用美去统一真和善，必须克服两方面的困难。其一，要分别讲清楚美与真、善的差异，否则，美这个概念就不能相对地独立出来；其二，要分别讲清楚美与真、善的共通点，否则，它就无法起桥梁作用。

大卫： 真是一个艰巨的使命。

黎明： 康德自有解决的办法。他主张，审美判断有两个特点：一是无概念，但普遍必然地给人以愉快。所谓无概念，就是不依据概念，审美判断是感知、想象、情感、理解等多种心理功能活动的结果。所谓普遍必然地给人愉快，也就是共同美的问题。比如，大家都认为荷马史诗美，这里就有普遍必然的因素在起作用。真（认识论）是讲概念的，而概念又是普遍必然的。审美判断无概念，这就把美和真区别开来了，但又有普遍必然性，因而又把美和真统一起来了。

二是无目的的合目的性。所谓无目的或无功利，就是说，审美判断只涉及对象的外在形式，不涉及它的实在或性质。比如，人们在观赏鹿时，审美快感系于鹿的外在形态，而不是鹿茸的功用。所谓合目的性，指的是审美对象的形态符合人的诸种心理功能的活动，从而自然而然地使人产生美感。善（伦理学）是既讲功利又讲合目的性的。审美判断无功利，这就把美与善区分开来了，但它又有合目的性，故又把美和善统一起来了。

大卫： 你的意思是，康德通过审美判断的两大特点，把真、善、美三者统一起来了。我不明白，为什么康德要提出"审美判断"这样古怪的概念来呢？还有，为什么要强调在审美过程中判断先于快感呢？

黎明： 这个问题提得好。康德之所以提出"审美判断"这一概念，目的是强调审美中包含着理解的成分，从而也包含着普遍必然的成分，以解决共同美的问题。另外，他之所以强调在审美中先判断后快感，有两个目的：（1）如果是快感在前，判断在后，比如我们吃了什么东西，然后说对象美，那就根本不是审美。这里的快感只是一种官能上、欲望上的粗鄙的满足，并不是美感；只有判断在先，由判断引起快感，才是经过净化的高雅的美感。(2)先判断后快感，表明审美并不是被动地接受，而是主体诸种心理功能的外移和投射，是一种创造性的活动。

大卫：在康德的审美判断背后，是不是还有更深层的更基本的因素在起作用呢？

黎明：当然有。在康德看来，审美判断的普遍必然性不应当从审美对象中去寻找，而应当从审美主体的心理活动中去寻找："鉴赏判断必须具有一个主观性的原理，这原理只通过情感而不是通过概念，但仍然普遍有效地规定着何物令人愉快，何物令人不愉快。一个这样的原理却只能被视为一共通感。"①也就是说，"共通感"是审美判断的前提。

大卫：请允许我追问下去，这种心理上的"共通感"指的是什么？

黎明：指的就是内在于主体的文化心理结构，即在一定的文化背景的熏陶下形成，由一定的感知、情感、想象、理解等心理功能组成的文化心理结构。他认为这种文化心理结构既是先验的，又是社会的，它在冥冥中左右着审美判断的进行。

大卫：那么，在审美主体的文化心理结构背后是不是还有更深层的东西呢？

黎明：康德的理性批判之锄就发掘到这里。如果再前进一步，康德就不再是康德而是其他人了。在康德之后，对美学理论有重大推进的是马克思。

大卫：马克思对美学的主要贡献是什么呢？

黎明：和康德一样，马克思也十分强调主体心理结构在审美中的作用。他说："对于没有音乐感的耳朵说来，最美的音乐也毫无意义。"②他还强调了不同主体在审美趣味上的差异："如果我向一个裁缝定做的是巴黎式燕尾服，而他却给我送来一件罗马式的长袍，因为他认为这种

---

① ［德］康德：《判断力批判》上卷，宗白华译，商务印书馆 1964 年版，第 76 页。
② 《马克思恩格斯全集》第 42 卷，人民出版社 1979 年版，第 126 页。

长袍更符合美的永恒规律，那该怎么办呵！"①但马克思并没有停留在这里。他更深入地探究了审美心理结构的基础问题。在《巴黎手稿》中，马克思提出了"劳动创造了美"②的著名观点。劳动对美的创造体现为相互平行而又经常交织在一起的过程。一方面，人按照美的规律来塑造物体，塑造审美对象；另一方面，人在审美中感受快感的感官，如感受音乐的耳朵、感受形式美的眼睛也正是在劳动中，在把自然人化的过程中形成起来的："五官感觉的形成是以往全部世界历史的产物。"③人类的审美心理结构不是先验的，而是在改造客观世界的活动中形成和发展起来的。

大卫：这个结论我同意。如果你不反对的话，我想听听你对现代西方美学理论的看法。现代西方美学，简直像一块繁花似锦的园地。什么精神分析美学、自然主义美学、现象学美学、新实证主义美学、符号论美学、分析美学、表现论美学、实用主义美学、完形心理学美学、接受美学等，令人眼花缭乱。至于具体的美学理论，如游戏论、快乐论、移情论、实验论等，就更令人目不暇接了。你究竟怎么看呢？

黎明：有不少学者主张，古往今来的美学大致上可分为三大派：主观派（美在于对象表现了人的主观意识和情感）、客观派（美在物质对象中，或客观的理念、精神中）、主客观统一派（美表现在审美主体和审美对象的统一中）。

大卫：你倾向于哪一派呢？

黎明：我觉得，这种划分本身就是不科学的。任何人的美学思想，不管表达得如何艰深，归根结底总承认审美主体和审美对象的存在，并在这两者的关系中寻求对美的理解。在这个意义上可以说，所有的美学学派都是主客观统一派。

问题是，统一主客观有三个不同的角度；一是从主观意识、情感的角度来统一；二是从实践、劳动的角度来统一；三是从客观事物的角度

---

① 《马克思恩格斯全集》第 1 卷，人民出版社 1956 年版，第 87 页。
② 《马克思恩格斯全集》第 42 卷，人民出版社 1979 年版，第 93 页。
③ 同上书，第 126 页。

来统一。

　　大卫：那么，在这三个不同的角度中，你更倾向于哪一个呢？

　　黎明：我的天平同时倒向第一、第二个角度。我认为，第一个角度是表层的，第二个角度是深层的。

　　大卫：使我感兴趣的是，为什么你更倾向于从主观方面来探讨美学问题，特别是审美问题呢？你使我想起了《阿尔托纳的隐居者》中的一段有趣的对话：

> 　　父亲：今后你想怎么样？
> 　　弗朗茨：回到楼上去。
> 　　父亲：什么时候再下楼？
> 　　弗朗茨：永远也不下来啦。①

　　黎明：我之所以像弗朗茨一样，喜欢站在主观性的"楼上"看问题，有两个原因。一是我国美学界过去受极"左"思潮的影响，忽视了主体在审美过程中的能动的、创造性的作用，从而把美学变成了一个无生气的园地。这种局面必须改观。二是从当代西方美学发展的主要趋势来看，学者们愈来愈注重从主观方面、从心理学方面来探索美的问题。审美心理学成了当代美学研究的中心课题。

　　大卫：在这样的研究方向上，你比较倾向于哪种理论呢？

　　黎明：各种学说都有自己的长处和短处。如果一定要我做出选择的话，那我更倾向于德国心理学家和美学家里普斯的"移情说"。

　　大卫：真是不谋而合。我也朦朦胧胧地感觉到自己的思想更接近于"移情说"，但却说不出一个所以然来。所以，很想听听你的高见。

　　黎明：其实，我的了解并不比你更多。记得里普斯说过："移情作

---

① 《萨特戏剧集》，袁树仁译，人民文学出版社 1985 年版，第 952 页。

用所指的不是一种身体感觉，而是把自己'感'到审美对象里面去。"①这就是说，当我们对周围世界进行审美观照时，有一种自发的向外投射的作用。不仅是从审美对象上感受到美，而且把自己的情感投射并覆盖到审美对象上去，从而使对象带上明显的拟人的、感情的色彩。当移情完成时，主体的人格就与对象完全融合一致了。

大卫：就如阿都尼所承认的：即便用二十把锁，把"美"牢牢地锁在密室，"爱"也照旧能把锁个个打开而斩关直入。②

黎明：德国哲学家洛采在《小宇宙》一书中，有一段说明移情的精彩的话："我们不仅进入自然界那个和我们相接近的具有特殊生命感情的领域——进入到歌唱着的小鸟欢乐的飞翔中，或者进入到小羚羊优雅的奔驰中；我们不仅把我们精神的触觉收缩起来，进入到最微小的生物中，陶醉于一只贻贝狭小的生存天地及其一张一合的那种单调的幸福中；我们不仅伸展到树枝的由于优雅的低垂和摇曳的快乐所形成的婀娜的姿态中；不仅如此，甚至在没有生命的东西之中，我们也移入了这些可以解释的感情，并通过这些感情，把建筑物的那种死气沉沉的重量和支撑物转化成许许多多活的肢体，而它们的那种内在的力量也传染到了我们自己身上。"③

大卫：写得真有抒情味。我有一个感觉，审美过程中的"移情"现象在文学艺术作品中是非常普遍的。肖邦梦幻曲中移注的思乡的忧郁、舒曼短歌中移注的喜悦和失望、瓦格纳歌剧中移注的巨大的热情、巴赫圣乐中移注的虔诚都可清晰地感受出来。尤其在诗歌中，"移情"表现得尤为典型。比如，雪莱在《含羞草》中这样描写玫瑰花：

---

① 伍蠡甫主编：《现代西方文论选》，朱光潜译，上海译文出版社1983年版，第13页。

② 参见莎士比亚戏剧《维纳斯与阿都尼》，见《莎士比亚全集》第11卷，张谷若译，人民文学出版社1978年版，第30页。

③ ［英］李斯特威尔：《近代美学史评述》，蒋孔阳译，上海译文出版社1980年版，第40—41页。

还有玫瑰，象一位入浴的水仙女，

解着衣衫，袒露出红艳艳的胸脯，

向着那沉醉的空气，一层又一层，

完全展现出她那美与爱的灵魂。①

通过这些火一样燃烧着的诗句，作者把自己炽热的情感投射到玫瑰花上。这是美与爱的真正交融。

黎明：陆游的《卜算子·咏梅》的味道就更浓了。

驿外断桥边，

寂寞开无主。

已是黄昏独自愁，

更著风和雨。

无意苦争春，

一任群芳妒。

零落成泥碾作尘，

只有香如故。②

在这首词中，陆游把自己在政治上受打击但又不气馁的孤高自许的情绪移注到梅花身上。张先的名句"沙上并禽池上暝，云破月来花弄影"③，岂但把情，连整个身心都融入了审美对象中。

大卫：我们上面谈到的审美对象都是物。其实，当人们把人作为审美对象时，这种"移情"现象表现得更为突出。拜伦在咏威莫特·霍顿夫人的一首诗中写道：

---

① 《雪莱抒情诗选》，查良铮译，人民文学出版社 1958 年版，第 103 页。

② 胡云翼选注：《宋词选》，上海古籍出版社 1982 年版，第 254—255 页。

③ 同上书，第 21 页。

她走在美的光影里，好像
无云的夜空，繁星闪烁；
明与暗的最美的形象
交会于她的容颜和眼波，
融成一片恬淡的清光——
浓艳的白天得不到的恩泽。①

在这些灼人的诗句中，倾注着作者对霍顿夫人的爱慕。

黎明：这样的例子实在太多了。所以中国古来就有"情人眼里出西施"的说法。热恋中的青年马克思在给父亲的信中这样写道："艺术也不如燕妮那样美。"②

大卫：眼光的变化使一切都变化。无论如何，人类不是美的消极的感受者，而是它的积极的创造者。

黎明：如果我们把"移情"理论牢牢地奠立在马克思的实践学说的基础上，摈弃其中的非科学的成分，它一定会焕发出更夺目的光辉。

大卫：你认为，在当前的美学研究中，哪种方法最值得重视？

黎明：审美发生学的方法。它的研究对象是儿童和原始人类审美观的形成和发展。正如杜威所说："为了能使我们在一种最远但最有效的形式上去了解美，我们必须从它的未成熟的阶段开始。"③可以预言，审美发生学的研究必将对美学的未来产生重大的影响。

大卫：记得席勒说过，要把感性的人变为理性的人，唯一的途径是促使他成为审美的人。学会审美，懂得爱美，努力地去创造美，这与其说是对有志于哲学的青年人的最高要求，毋宁说是最低要求。正如狄德罗所说：

---

① 《拜伦抒情诗七十首》，杨德豫译，湖南人民出版社 1981 年版，第 53 页。
② 《马克思恩格斯全集》第 40 卷，人民出版社 1982 年版，第 9 页。
③ 《艺术即经验》，1958 年英文本，第 4 页（John Dewey, *Art as Experience*, New York: Capricorn Books, 1958, p. 4. ——编者注）。

你就占有莱依丝吧，只要你不为她所占有。①

K 普鲁克拉斯提斯的启示
——哲学与价值

　　思想活跃而又怀着务实的目的去进行最现实的任务，就是世界上最有价值的事情。

——［德］歌德

　　大卫：在《伊索寓言》中有一个有趣的故事，题目叫"鹿和狮子"。

　　黎明：你能把它的梗概讲一下吗？

　　大卫：鹿在喝水时，望着水里的影子。看见自己的角长而优美，它洋洋得意；看见自己的腿细而无力，它又闷闷不乐。鹿正思量着，一头狮子突然向它扑来。它转身就逃。在空旷的平原上，鹿一直跑在前头，保住了性命。到了丛林地带，它的角被树枝绊住了，终于在狮子的利爪下丧了命。在临死时，鹿才意识到，它的腿比它的角更有价值。但一切都已经晚了。②

　　黎明：你的意思是不是说，这只鹿的先前的价值观是近视的，甚至是错误的？

　　大卫：正是这样。

　　黎明：请原谅，我并不赞成你的观点。我认为，这只鹿始终是正确的。

　　大卫：你的见解真令我吃惊。

　　黎明：不要激动，大卫，请听我慢慢说下去。当鹿在水中看到自己

---

① 《狄德罗哲学选集》，陈修斋等译，生活·读书·新知三联书店1956年版，第67页。
② 《伊索寓言》，周启明译，人民文学出版社1955年版，第37页。

的影子时，之所以认为它的角比它的腿更有价值，因为它是从审美的角度进行评价的。从这个角度看，它的角确实比它的腿更有价值。在临死时，它是从有用的角度进行评价的，从这个角度看，自然它的腿是更有价值的。所以，我不认为，鹿有什么可以悔恨的。它是死于自己力量上的软弱，而不是死于评价上的失误。

大卫：那你认为这个故事的寓意是什么呢？

黎明：我认为，这个故事的真正寓意在于，人和鹿一样，无时无刻不在进行价值评价。当然，要说明这样的意思，最好借用另一个更有趣的故事。

大卫：你又把我推入黑暗中了。能告诉我是什么故事吗？

黎明：在希腊神话中，有一个非常有趣的故事。讲的是一个名叫普鲁克拉斯提斯的强盗。他老是守在路边，强迫每个过路的人都躺到他设置的一张床上。如果这个过路人的身体比床长，就把他的脚砍掉，如果比床短，就把他的身体拉长。

大卫：这真是古怪而又离奇的嗜好，蛮横而又残忍的游戏。不过，我不明白，这个故事和我们这里讨论的价值问题又有什么关系呢？

黎明：要发现地下的珍宝，必须进行艰巨的发掘。一开头谈到这个故事，我也仅止于认为，普鲁克拉斯提斯是一个别出心裁的人物。但在深入思考之后，我突然发现，这个故事包含着极为深刻的哲理。事实上，我们每个人都是普鲁克拉斯提斯。说得委婉一点，每个人的心中都有一个普鲁克拉斯提斯。问题是，我们自己通常感觉不到。

大卫：说得具体一点，你的意思是不是——在我们每个人心中都有一张普鲁克拉斯提斯之床？

黎明：对，对，我正是这个意思。我认为，我们和普鲁克拉斯提斯的区别仅在于：他用一张物质的床去度量别人，而我们则用一张看不见的精神的床去度量别人乃至整个世界。

大卫：你说的"精神的床"究竟指什么呢？

黎明：指每个人都无法摆脱、无法超越的价值观念或价值尺度。

大卫： 从这个故事中引申出价值问题，既新鲜，又有趣。

黎明： 请不要打断我，大卫。我坚持认为，人们在生活中所从事的一切都不能不经过他头脑中的精神之床，即价值尺度的度量。

举例来说，我手里有一百元钱，如果我不买收音机而去买了一架照相机，这就表明，在我目前的生活中，照相机具有更大的价值。再举个例子，假如有十个不同的人去读同一部小说，他们就会对这部小说的价值作出迥然不同的评价。谁会怀疑这样的事实呢？它们不是清楚地表明，在每个人的心中都有着一个普鲁克拉斯提斯吗？

大卫： 你举的这两个例子，我都赞成。但这种赞成是以某种程度上的担忧为代价的。如果人人都是普鲁克拉斯提斯的话，在他们的眼中还会有真理吗？

> 判断任何事物，不能过于自信，
>
> 犹如有人不等麦子成熟，
>
> 就在麦田里估计长多少麦穗一样。①

黎明： 也许，很可能你还会问，如果人们承认有真理的话，除了实用主义态度，他们还可能用其他的态度去对待真理吗？

大卫： 你确实说出了我想说而没有说出来的话。

黎明： 我承认，你的担忧并不是没有根据的。有的人夸大了价值的主观性和随意性，从而否定了真理的存在。屠格涅夫笔下的毕加索夫就说过："我看，世界上根本就没有什么真理存在，那就是说，这个字眼是有的，但是它本身并不存在。"②还有的人则用实用主义的态度来对待真理。歌德说过一段非常有意思的话："人在真理对他有用的时候，他才利用真理，只消谬误有一时的用处，人也会一厢情愿地为他热衷于

---

① ［意］但丁：《神曲·天堂篇》，朱维基译，上海文艺出版社 1984 年版，第 109 页。

② ［俄］屠格涅夫：《罗亭》，陆蠡译，人民文学出版社 1957 年版，第 37 页。

谬误的行径辩护，或者是把它作为只有一半的真理来炫耀于人，或者是将其作为一种代用品，用来把已经脱榫的事物在表面上加以弥合。"①

大卫：记得列宁曾经说过：几何公理要是触犯了人们的利益，也是会被推翻的。这表明，当人们的价值观与真理发生冲突时，常常会牺牲真理去迎合自己的价值观。这不是实用主义态度又是什么呢？

黎明：尽管有这样的现象存在，我们还是得承认，真理不能超越价值而存在。真理必须通过价值的桥梁，犹如恺撒在返回罗马时必须通过卢比康河一样。我们过去的哲学教科书片面地夸大了真理的客观性，从而把价值逐出了真理的寓所。真理之排斥价值，犹如米尔佛特之排斥公爵一样："只要我能够摆脱他们一个钟头，我情愿为这样的每一个钟头拿一颗金刚石来交换。"②

这样一来，真理就被凝固为化石了，它保留了刚性，却失去了韧性。实际上，真理作为人们对客观世界的一种认识，永远只是主观和客观的统一。而只要有主观方面在，也就有价值因素在。不管你承认与否，你实际上总是把价值的"斗篷"覆盖到对真理的发现、解释、选择和运用上。

大卫：照你这样的说法，实用主义的价值观和真理观就是天经地义的了。

黎明：不，承认真理的价值特征和用实用主义的价值观去看待真理并不是一码事。在实用主义者看来，有用的就是真理，而在马克思主义者看来，真理是有用的，但有用的并不都是真理。比如，就宗教而言，实用主义者奉之为真理，而马克思主义者则斥之为谬误。真理具有价值特性，然而价值特性并不是真理的唯一特性。

---

① 《歌德的格言和感想集》，程代熙等译，中国社会科学出版社 1982 年版，第 106—107 页。

② ［德］席勒：《阴谋与爱情》，廖辅叔译，人民文学出版社 1955 年版，第 26—27 页。

大卫：这个问题我基本上搞清楚了。接下去我想了解的是：价值的一般特征是什么？

黎明：这个问题必须分两步来讨论。第一步，我们必须明白，价值总是具体的，价值观总是因人而异的。讲到这里，我不禁记起了《克雷洛夫寓言》中的一个有趣的故事。

大卫：你的联想能力真丰富。什么故事呢？

黎明：如果我没有记错的话，这只故事的名称好像叫《公鸡与珍珠》。公鸡在肥料堆里觅食，找到了一颗小珍珠。"这又有什么了不起？"它说道，"简直毫无用处。人类把它看得那么珍贵，好不愚蠢！依我看来，老实说，搜到一粒大麦，我要高兴得多：大麦虽然不如珍珠好看，然而可以吃饱肚子。"按照克雷洛夫的观点，公鸡的头脑是简单的，因为它不懂得珍珠的价值。

大卫：我也有同感。我觉得，这只公鸡的头脑确实是太简单、太迂腐了。

黎明：我的看法正好和你相反。简单的不是公鸡，而是克雷洛夫；同样的，迂腐的也不是公鸡，而是克雷洛夫。

大卫：你在讲笑话吗？

黎明：如果你真这样想的话，那简单和迂腐的桂冠就是属于你的了。我认为，公鸡不仅是智慧的，而且简直是一位思路敏捷的哲学家。毋庸讳言，从公鸡的立场来看，有价值的只能是大麦粒而不是珍珠。公鸡既不能用珍珠填饱自己的肚子，也不能用它来装饰自己，它要珍珠何用呢？如果它取珍珠而弃麦粒，也许它早就饿死了。克雷洛夫把他自己，即一个人的价值观套用到公鸡的身上，岂不是太简单、太迂腐了吗？

大卫：你的见解总是和人们的常识唱反调，这使我不禁想起英国的一个古怪的俱乐部，里面的一切陈设都是和常规相反的，甚至连时钟都是倒过来走的。

黎明：遗憾的是，这个俱乐部的成员对常规的叛逆并不是彻底的。

否则，他们都得头足倒置，用手走路了。

大卫： 让我们回到正题上来吧。我相信，你对这个寓言的分析不过是序幕，真正的戏还在后面。

黎明： 当然，我提到这个寓言，并不仅仅是为了替不幸的公鸡翻案，我想说明的问题是，价值总是具体的、相对的。不仅公鸡的价值观不同于克雷洛夫的价值观，而且，克雷洛夫的价值观和其他人的价值观也是不同的。比如，戈培尔在他的遗嘱中这样写道："如果我不能生活在元首的身边并为他服务，生命对我个人来说是没有任何价值的。"

大卫： 这样的价值观真令人啼笑皆非，仿佛是从另一个星球上传来的声音。

黎明： 这有什么可奇怪的，封德内尔的玫瑰不是说过，"在玫瑰的记忆中，没有见过一个园丁死去吗?"① 你是什么样的人，就会有什么样的价值观。

价值的具体性和相对性不仅是因人而异的，而且对同一个人来说，也会起变化。当一个人的年龄和生活阅历变化时，或当一个人处在不同的场合和文化背景下时，他的价值观就会相应地起变化。

大卫： 我真担心，我们是不是走到相对主义价值论的死胡同中去了。我记得，在宾克莱的《理想的冲突》中，有一段描绘相对主义价值观的非常精彩的话；

> 全看你在什么地点，
> 全看你在什么时间，
> 全看你感觉到什么，
> 全看你感觉如何。
> 全看你得到什么培养，

---

① 《狄德罗哲学选集》，陈修斋等译，生活·读书·新知三联书店 1956 年版，第 145 页。

全看是什么东西受到赞赏，

今日为是，明日为非，

法国之乐，英国之悲。

一切看观点如何，

不管来自澳大利亚还是廷巴克图，

在罗马你就得遵从罗马人的习俗。

假如正巧情调相合，

那么你就算有了道德。

那里有许多思潮互相对抗，

一切都得看情况，一切都得看情况……①

黎明：这正是相对主义价值观的一幅绝妙的漫画。然而这里也有一条界线：说价值是具体的、相对的，并不等于相对主义的价值论。正如拿破仑是军事家，但军事家不一定是拿破仑一样。

根据马克思主义的观点，价值的相对性本身也是相对的，也就是说，价值有其稳定性的一面。讲到这里，我们实际上已跨入价值特征讨论的第二步了。价值既是具体的、相对的，又是抽象的、绝对的。如果没有后一方面的特征，人们的理性怎么去理解它、把握它呢？我们今天又怎么可能讨论它呢？同样的，人们的价值观既有差异的一面，也有共同的或比较接近的一面。一言以蔽之，价值有其两重性。犹如格茨说的："我，生下来就有两重性。"②

大卫：我承认，你的见解是全面的。相对主义价值论由于片面地夸大了价值的前一个特征，从而把一切都看作是偶然的、变幻的、非理性的，把一切都推入了硫酸池。如同海因里希说的："我什么也没有了！

---

① ［美］宾克莱：《理想的冲突：西方社会中变化着的价值观念》，马元德译，商务印书馆 1988 年版，第 9—10 页。

② 《萨特戏剧集》，袁树仁译，人民文学出版社 1985 年版，第 542 页。

什么也没有了！什么也没有了！"①现在，我们暂且把这种偏谬之见撇开吧。我感兴趣的是，在形形色色的价值理论中，你最反感的是什么，最推崇的是什么？

黎明：这个问题很难用几句话来回答。价值最初是个经济范畴，在近代西方文化的发展中，它逐步融入伦理、美学、哲学等学科。20 世纪初，经法国哲学家拉皮埃和德国哲学家哈特曼的努力，创立了价值哲学。此后，形形色色的价值理论应运而生。如果要对这许多价值理论逐一进行评价的话，那就太不自量力了。

> 广阔的天地，伟大的空间，
> 短短的两臂休想包揽，
> 谁若不问高低贪无厌，
> 谁就一无所得空白叹。②

从马克思主义的唯物主义的立场看来，价值理论或价值观大致上可以分为两大类：一类是利己主义的，另一类是利他主义的。我最厌恶的是那种从一己私利出发的，庸俗的、近视的价值观。马克思曾经辛辣地嘲讽过这种价值观："愚蠢庸俗、斤斤计较、贪图私利的人总是看到自以为吃亏的事情；譬如，一个毫无教养的粗人常常只是因为一个过路人踩了他的鸡眼，就把这个人看做世界上最可恶和最卑鄙的坏蛋。他把自己的鸡眼当做评价人的行为的标准。"③

大卫：也就是说，鸡眼就是这个粗人衡量世界万物的价值尺度。这使我想起了莎士比亚的一句名言："头眩的人以为世界在旋转。"④

---

① 《萨特戏剧集》，袁树仁译，人民文学出版社 1985 年版，第 428 页。
② 《乔叟文集》，方重译，上海文艺出版社 1962 年版，第 787 页。
③ 《马克思恩格斯全集》第 1 卷，人民出版社 1956 年版，第 148 页。
④ 参见莎士比亚的戏剧《驯悍记》，见《莎士比亚全集》第 3 卷，朱生豪译，人民文学出版社 1978 年版，第 292 页。

黎明： 这种短视的、庸俗的价值观是一种可怕的瘟疫。孟德斯鸠在《波斯人信札》中谈到穴居人的生活时，也谴责过这种价值观，认为不限制它的话，就会把整个人类拖向毁灭的深渊。

大卫： 那就是说，你最赞成的是利他主义的价值观啰。

黎明： 不能笼统地回答你的问题。一般比较开明的资产阶级学者，如孔德、斯宾塞、费尔巴哈等，也都讲利他主义，但他们都主张把利他主义建基于利己主义的基础之上。我们过去讲利他主义，由于受到"左"的思想的干扰，光强调集体，把个人给淹没了。我认为，这样讲利他主义也违背了马克思的初衷。我赞成的利他主义是建基于集体主义（社会主义）之上而又充分顾及个人利益和价值的利他主义。当我们站在这样的价值观的巅峰上，以博大的胸襟去审视千姿百态的价值理论时，一定会油然而生"会当凌绝顶，一览众山小"的感触。

不过，请原谅，大卫，我们不能再纠缠在这类问题上了。从价值哲学的角度来看，更为重要的问题是价值评价的问题。

大卫： 为什么呢？

黎明： 因为价值评价涵盖人们的全部生活。它不仅贯穿于各种不同的学科之中，而且也渗入生活的每个细胞之中。犹如加缪笔下的克拉芒斯说的："我要告诉您一桩大秘密，亲爱的。别等末日审判了。它每天都在进行。"①

大卫： 仔细想来，人确实生活在评价之中。从早晨到晚上，人只要一开口讲话，他不是在评价人，就是在评价物或某一事件。比如，评定职称、评选先进人物、评论某一改革措施、挑选干部等，无不都有一个价值评价的问题。这个问题确实太重要了，你能谈得深入一点吗？

黎明： 我试试吧。我认为，价值评价的表现形式是无限多样的，但其主要表现形式有以下四种：政治评价、经济评价、历史评价和道德评价。所谓政治评价，是指政治倾向上的革命与反动，先进与落后；所谓

---

① 《加缪中短篇小说集》，郭宏安译，外国文学出版社1985年版，第158页。

经济评价，是指得利或失利的问题；所谓历史评价，是指人或事件与历史的关系，即促进历史的发展，还是拖历史的后腿；所谓道德评价，主要解决善恶的问题。在这些评价中，无不活跃着价值尺度的倩影。

大卫：这四种评价确实是每日每时都要碰到的。你能告诉我它们各自的作用及相互间的关系吗？

黎明：在过去，由于"左"的思想的干扰，这四大评价所起的作用是非常不平衡的。尤其是在十年浩劫中，政治评价吞没了其他三大评价。当时讲政治，也就是讲"以阶级斗争为纲"。粉碎"四人帮"后，特别是从党的十一届三中全会以来，"阶级斗争为纲"的口号不提了，于是，政治评价的作用开始逐渐降低，恢复到它应有的高度上。同时，随着经济体制的改革，科学技术的发展，人才的起用及由此带来的种种观念的变化，经济评价、历史评价、道德评价的作用显得愈来愈重要。在这三大评价中，特别涉及对人的评价的是道德评价和历史评价。

大卫：我承认，你的分析是有道理的。从党的十一届三中全会以来，不少报纸杂志上都增设了"道德法庭"或"道德问题"的栏目，许多文学作品也都注意反映这方面的主题。这确实表明，道德评价的作用大大提高了。另一方面，在改革中涌现出一大批能人，为了反映这些能人在历史上的积极的作用，许多报告文学及其他形式的作品也应运而生。这也表明，历史评价得到了人们的空前的重视。问题是，道德评价与历史评价是和谐一致的呢，还是相互冲突的呢？请原谅，黎明，在一些复杂的问题上，我有点像歌德笔下的伊菲革涅亚："我不能进行深究，我只能感知。"①

黎明：从理论上看，两者应该是一致的，但在生活中却经常发生冲突。

大卫：为什么会出现这种情况呢？

黎明：因为道德评价和历史评价都是非常灵活的。道德评价有一个你究竟以何种道德观念去评价具体人物的问题。在有的场合，人们自以为是在用无产阶级的道德观评价人物，实际上用的却是封建阶级的道德

---

① 《歌德戏剧集》，钱春绮等译，人民文学出版社 1984 年版，第 332 页。

观。比如，有的人看了电视剧《安娜·卡列尼娜》以后，不是把他的同情倾注到反抗封建婚姻、追求自由恋爱的安娜身上，而是倾注到她的丈夫卡列宁的身上。你说，他坚持的究竟是哪一种道德评价标准呢？又如，有些人不是把贞操理解为爱情上的诚实和坚贞，而是理解为男子对女子的一种封建式的绝对的占有。一位年轻的妇女在下班回家的路上被可恶的流氓奸污了。当她跌跌撞撞地回到家中向丈夫哭诉时，她的丈夫不但不同情她，安慰她，反而冷冷地把她推开了。孤立无援而不幸的她终于投河自尽。在这出悲剧中，不仅是年轻的妻子，而且连同年轻的丈夫在内都成了封建的贞操观的牺牲品。这表明，抽象地谈论道德评价是很容易的，但要正确地实践它并非易事。

同样，历史评价也有一个究竟以何种历史观去评价具体人物的问题。在历史评价中，人们的思想特别倾向于以成败论英雄的传统观点。一个改革型人物在实践中受到了挫折甚至失败，人们应该诅咒他呢，还是鼓励他呢？这就取决于你究竟从属于哪种历史评价标准了。

大卫：请允许我打断你，你还没有谈到历史评价和道德评价的关系呢？

黎明：我正打算谈这个问题。从马克思主义的立场看来，历史评价是第一位的，道德评价则是第二位的。比如，资产阶级的原始掠夺和剥削，从无产阶级道德观上看，是该诅咒的。然而，从无产阶级的历史观上看，它又是进步的。马克思在《共产党宣言》中告诉我们，资产阶级在历史上起过非常革命的作用。在马克思主义的学说中，道德评价和历史评价之间的关系特别集中地表现在恶与历史发展的关系中。这一见解最早发端于黑格尔，正如恩格斯所说："在黑格尔那里，恶是历史发展的动力的表现形式。这里有双重意思，一方面，每一种新的进步都必然表现为对某一神圣事物的亵渎，表现为对陈旧的、日渐衰亡的、但为习惯所崇奉的秩序的叛逆，另一方面，自从阶级对立产生以来，正是人的恶劣的情欲——贪欲和权势欲成了历史发展的杠杆……"[1]恩格斯的这一

---

① 《马克思恩格斯选集》第 4 卷，人民出版社 1995 年版，第 237 页。

精湛的论述为我们正确地处理历史评价和道德评价之间的关系提供了钥匙。

大卫：还有经济评价和政治评价呢？我们简直把它们给忘了。

黎明：根据马克思主义的观点，当我们坚持历史标准高于道德标准的时候，实际上已肯定了经济评价的更深层的基础的作用。因为历史上的进步与否，正是以经济上的发展与否来度量的。至于政治评价，则必须与经济评价和历史评价和谐起来。在我国当前的形势下，搞好"四化"建设，这本身就是最大的政治。我们的政治评价决不能与这一事实相冲突。最后，我们还必须提到道德评价。在人们的整个价值评价系统中，道德评价的作用也是不可或缺的。我们应该在马克思主义基本观点的基础上，形成一个合理的、和谐的价值评价结构。

在推动历史前进的艰难的行程中，让我们始终保持人类的价值和尊严吧。对维纳的思想我尽管有某种保留，但他下面这段话毕竟是感人肺腑的：

坦率地说，我们是注定要灭亡的行星上遇难船只中的旅客。然而即使在行将沉没的船上，人类的庄严和人类的价值不一定消失，相反必须得到更多的重视。我们将走向深渊，但即使在临死的时刻我们也应保持人类的尊严。①

L　冰山下的扰动
——哲学与无意识

不要压住你的欲望的火焰，让它带着正确的内心的烙印射发出来吧！

——［意］但丁

---

① 《维纳著作选》，钟韧译，上海译文出版社1978年版，第26页。

大卫：一提起"无意识"的概念，我就有一种预感，我们要讨论弗洛伊德的学说了。

　　黎明：一点也不错。你熟悉他吗？

　　大卫：谈不上熟悉。偶尔读到他著作的一些片断，但都是鸡零狗碎的东西。我很希望，你能给我塑造一个完整的弗洛伊德的形象。

　　黎明：你总爱夸大自己的希望。其实，希望愈多，失望也就愈多。我对弗洛伊德的理解也是很肤浅的，我读过他的《梦的分析》《性学三论》《精神分析引论》《文明与它的不满者》《图腾与禁忌》等著作，但总有一种不甚了了的感觉。当然，我力图按自己的理解方式把他的思想串起来，我不知道这样做是否成功，但我想，这对你理解弗洛伊德或许会有一点帮助。

　　　　太阳如已经不再照耀我们，
　　　　今后便只好用自己的火光来照耀。①

　　大卫：让我们开始吧。据说法拉第演讲的秘诀是假定他的听众"一无所知"。你可以用同样的方式讲弗洛伊德，而我则从我的角度提出问题。这样行吗？

　　黎明：恭敬不如从命。让我们先从一部电影谈起吧。你看过《冰海沉船》吗？

　　大卫：看过。但这和我们讨论的问题又有什么关系呢？

　　黎明：假如你是"泰坦尼克"号上的一名乘客，当你在北冰洋上航行的时候，你会看到什么呢？

　　大卫：除了冰山以外，我还能见到什么呢？

　　黎明：当你见到冰山的时候，你会产生什么样的联想呢？

---

　　① ［德］席勒：《华伦斯坦》，郭沫若译，人民文学出版社 1955 年版，第 111 页。此为华伦斯坦的台词。

大卫：这得看我的心情。要是我当时很高兴，我也许会把它想象成一位冰肌玉肤的美人；如果不高兴，也许会把它想象成一个狰狞可怖的怪物。

黎明：要是弗洛伊德也在船上的话，他会告诉你完全不同的东西，就像玛甘泪对浮士德说的一样。

> 你看！在这儿的阶梯底下，
> 在这儿的门限底下
> 地狱正在沸腾！
> 恶魔，恶狠狠的怨恨，
> 正在狂暴地呻吟。①

他会嘲笑你的想象力过于狭隘，因为你的目光只停留在海面上。他将告诉你，海面上的冰山只是整座冰山的极小一部分。在海面下，冰山还有一个巨大得多的基础部分。揭开冰山下部的奥秘，这就是弗洛伊德的使命。

大卫：说得真离奇。

黎明：一点也不离奇。你生活在社会中，每天你都会看到人们彬彬有礼地相互问候，温文尔雅地一起谈吐，你会听到人们非常理智地在讨论某一个学术问题，你也会听到一个演说家的充满逻辑力量的演说辞。于是，你会断然得出结论说："一切都是理智的，有条理的。"

大卫：除了疯子，难道普通人不都是这样的吗？

黎明：那你就犯了和刚才一样的错误。人类的精神生活和冰山一样，露在海面上的只是很小的一部分。这一部分是充满逻辑、理智和条理的。但在海面下的那个巨大的基础上，却充满着种种非理智的扰动和不安。

---

① 参见［德］歌德：《浮士德》第 1 部，郭沫若译，群益出版社 1947 年版。

在冰雪下面，

好像一座火山容纳下更多的熔岩。①

　　这块神秘的领地就是无意识。在某种意义上，弗洛伊德比哥伦布更伟大，因为他发现的是人类心灵的新大陆。弗洛伊德震惊了全世界，使整个西方文明的发展为之改观，以致美国当代哲学家威尔·赫尔贝尔格干脆主张，把整个西方文化史的发展划分为"前弗洛伊德期"和"后弗洛伊德期"。② 20世纪的另一个巨人爱因斯坦曾在弗洛伊德八十诞辰的时候，写信表示祝贺："我感到很高兴的是，我们这一代有机会向你这位最伟大的导师表示敬意和祝贺。毫无疑问，你已经轻而易举地使那些具有怀疑思想的普通人获得一个独立的判断。迄今为止，我只能崇奉你的素有教养的思想的思辨力量，以及这一思想给这个时代的世界观所带来的巨大影响。"③弗洛伊德凭借自己的惊世骇俗的理论，终于实现了他在《梦的解析》的扉页上引证的古代诗人维吉尔的两句诗：

假如我不能上撼天堂，

我将下震地狱。④

　　大卫：弗洛伊德是如何发现无意识这块新大陆的呢？

　　黎明：这里既有传统的巨大的影响，又有弗洛伊德本人的孜孜不倦的探索。弗洛伊德年轻的时候，以叔本华、哈特曼、尼采为代表的唯意志主义正在德国和奥地利盛极一时。这一思潮注重的正是人的本能、情感、欲望和意志。弗洛伊德受到了这一时代精神的感染，自然而然地把目光投向人的理智或理性之外的区域。另一方面，作为医生，弗洛伊德

---

① ［英］拜伦：《唐璜》，朱维基译，上海译文出版社1983年版，第808页。
② 高宣扬编译：《弗洛伊德传》，作家出版社1986年版，第14页。
③ 同上书，第299页。
④ 同上书，第119—120页。

研究的重点是精神病理学。在与精神病患者的大量接触中，他发现，无意识心理过程的存在是一个无可辩驳的事实。"心理过程主要是潜意识的，至于意识的心理过程则仅仅是整个心灵的分离的部分和动作。"①

大卫：那么，弗洛伊德的"无意识"理论究竟有哪些内容呢？它和我们通常说的意识又有哪些区别和联系呢？

黎明：弗洛伊德把人的心理结构分为三个层次：意识、前意识和无意识。意识是人的诸心理机能中的最高形式和统帅者。它支配和协调着人的各项精神活动，使之达到统一性、连贯性和和谐性。

大卫：什么叫前意识呢？

黎明：前意识也叫下意识，指记忆中保留的东西，它一度属于意识，因与目前的实际状况无关，被逐出意识之外，居留在意识的近处。意识活动的时候，它常常会溜出来，加入意识的活动。比如，我正在看小说，妻子突然闯进来问我一个电话号码。这个电话号码原来储存在我的前意识中，现在突然被唤出，进入意识之中。当我重新看小说时，它又退回到前意识之中。

大卫：那么，无意识的含义究竟是什么呢？

黎明：无意识也叫潜意识，它居于心理结构的最底层。它最不安分守己，表现为人类社会的法律、宗教和伦理所不容的种种原始的、动物般的本能、欲望和冲动。弗洛伊德认为，在各种各样的欲望中，最根本的是性欲。如同物体可以用重来量度一样，性欲可以用"里比多"（libido，意即性力或性欲的能量）来量度。

大卫：你先给我说说，意识、前意识、无意识这三者的关系到底如何？

黎明：这三者好像一幢三层的楼房。三层楼上住的是最高尚的分子——意识，第二层上住的是前意识，即比较遵纪守法的分子，底层住的是无意识，是最骚动、最富于叛逆性的一伙。这伙人千方百计想溜到

---

① S. Freud，*A General Introduction to Psychoanalysis*，New York：Horace Liveright，1922，p. 16.——编者注

三层楼上去。可是，在楼梯上站着一个"检察官"，他的职责就是把这伙捣乱分子重新遣送回去。于是，这伙人就始终处在被监禁、被压抑的状态下。顺便问一下，你读过《简·爱》吗？

大卫：这还用问吗？

黎明：罗契斯特尔把一个疯女人囚禁在一个小房间中。如果这个疯女人可以比做无意识中潜藏着的种种原始的、疯狂的冲动的话，那么也就是说，我们每个人都是罗契斯特尔。

大卫：这个比喻精彩极了。不过，我还想问，人们一提到弗洛伊德，总会提到他的超我、自我和原我的学说。这一学说和你刚才讲的心理结构说到底是什么关系呢？

黎明：这个问题提得好极了。回避这个问题，也就是回避弗洛伊德。心理结构说是较早提出来的，它更多地带有心理学的气息；"三我说"则是较晚提出来的，它更多地带有哲学的气息，显示了弗洛伊德晚期思想的更高的立足点和他对宗教、伦理、法律等诸学科的融会贯通。

"三我说"也就是弗洛伊德的人格理论。根据这一理论，人格是由原我、自我、超我三部分组成的。原我是人格中最原始的、最底层的部分，它是由种种本能和欲望构成的。它像一口沸腾的大锅，始终是不安宁的。它只受"快乐原则"的支配，盲目地、不加任何掩饰地追求享乐和满足。正如《堕落》中的克拉芒斯所宣称的："在我的态度中，本能说话清清楚楚，毫不拐弯抹角。"①

大卫：自我与超我呢？

黎明：自我是人格中已受教化的部分，最初是从原我中分化出来的。它像一个冷静的现实主义者，只受"现实原则"的支配，非常理智地追求享乐，力求达到既满足，又避免痛苦。自我与原我的关系，如同骑士和马的关系，马提供运动的力量，骑士则决定运动的方向。骑士驾驭马，并满足马的一部分欲望。然而，当这匹狂暴的马失去控制的时候，

---

① 《加缪中短篇小说集》，郭宏安译，外国文学出版社 1985 年版，第 130 页。

自我之于原我，就如同夏娃之于亚当了：

> 我因你而有，我由你而成，
> 你是我的头，你是我的导引。①

超我是从自我中分化出来的道德化的自我，亦即我们通常讲的"良心"。它是人格中最后形成的最文明的部分，是社会上的道德、法、宗教在人心中的代理人：它始终对原我起监督和压抑的作用。

原我、自我、超我的关系是：自我是超我与原我的协调者，自我在超我的督导下控制原我的活动。只有当这三者的关系协调时，人格才是健康的、正常的。

大卫：超我、自我、原我与意识、前意识、无意识是严格地一一对应的吗？

黎明：不能这么说。它们是从不同的角度去透视人的精神或心理的。大致上，原我对应于无意识，指称人的精神中的非理性的部分，超我与自我约略对应于意识与前意识，指称人的精神中的理性的部分。于是，人的精神便被归结为无意识（本能和欲望）与意识（理智和理性）这两大对峙的部分。正如雨果说的："我们有一只光明的耳朵，在那儿讲话的是理智，另外还有一只黑暗的耳朵，在那儿讲话的是本能。"②这两大部分的关系是造反和镇压的关系。在无意识中，最重要、最隐蔽的造反者是性欲：

> 那是如此黑暗幽深，烟雾弥漫，
> 我定神向那底下望去时，
> 我在那里什么东西都看不见。③

---

① ［英］弥尔顿：《失乐园》，傅东华译，人民文学出版社 1958 年版，第 175 页。
② ［法］雨果：《笑面人》下册，郑永慧译，人民文学出版社 1979 年版，第 403 页。
③ ［意］但丁：《神曲·地狱篇》，朱维基译，上海文艺出版社 1984 年版，第 26 页。

大卫：我明白你的意思了。在弗洛伊德的全部学说中，无意识的理论是基础，而在无意识的理论中，性欲观又是核心。

黎明：你的理解力使我惊叹。

大卫：你的评价使我不无忧虑地感到，我终生只能与哲学为伴了。

黎明：智慧是不会贬值的。哲学虽然暂时会蒙受歧视，但灰尘遮不住钻石的光芒，哲学的光荣和骄傲是永恒的。

好吧，让我们继续下去。弗洛伊德的性欲理论是遭人误解最深、攻击最激烈的部分。普通人都把"性欲的"（sexual）和"生殖的"（genital）等同起来。这一等同直接蕴含着一个错误的结论，即一个人在具有生殖能力以前（儿童阶段）是没有性欲的。针对这一成见，弗洛伊德提出了"婴儿性欲"说。

大卫：乍听起来，真像"天方夜谭"。

黎明：然而，你别忘了，赫拉克利特早就说过："如果对意外的东西不作希望，也就不会找到它。"①在好多场合下，惊奇是思维惰性的一种表现。请原谅，我扯得太远了。

弗洛伊德把儿童的性欲分为四个时期。第一个时期叫"前生殖期"。婴儿刚出世时，最大的生理需要是吸乳，吸吮手指是吸乳的一种变形。这种寻求口腔快感的自然倾向，弗洛伊德称之为性欲的雏形。吸吮之外，儿童最感兴趣的是排泄。排泄也是性欲的最初表现之一。第二个时期叫"自恋期"……

大卫："自恋"是什么意思？

黎明：婴儿稍大时，性欲渐由口腔、肛门等处转移到身体的各部分，特别是生殖器，通过触摸而获得快感。这就是自恋。自恋也叫"纳西斯癖"。纳西斯是希腊神话中的一个美男子，他爱自己的美貌，整天在水中欣赏自己的影子，后来不小心掉进水里，成了水仙花，现在英文中的水仙花就叫"纳西斯"（narcissus）。

---

① 《古希腊罗马哲学》，生活·读书·新知三联书店 1957 年版，第 20 页。

大卫：真有趣。第三个时期呢？

黎明：第三个时期叫乱伦期，是婴儿性欲中的最重要的阶段，在这个阶段中，婴儿渐渐把自己的性欲转移到别人身上。男婴是恋母嫉父，看见父亲和母亲亲近时，便对父亲心怀忌恨。弗洛伊德称此为"俄狄浦斯情结"（Oedipus Complex）。俄狄浦斯是希腊神话中的一个王子，从小被父母遗弃，他长大后，无意中弑父娶母。相反，女婴的特点是恋父嫉母，弗洛伊德称之为"爱兰克拉情结"（Electra Complex）。爱兰克拉是希腊神话中的一个公主，她的父亲被母亲谋害，她非常爱父亲，怂恿她的兄弟杀死了她母亲。

大卫：这真是名副其实的乱伦期。第四个时期呢？

黎明：上面三个时期都发生在六岁之前。第四个时期是从六岁到十五六岁，弗洛伊德称之为"潜伏期"。在六岁之前，儿童的生活完全是本能的，只受"快乐原则"的支配，而不受任何道德感的约束。六岁以后，儿童知识渐增，"现实原则"开始起作用了，儿童感到自恋、乱伦等种种念头都是不道德的，于是，性欲被牢牢地压抑在无意识中，深深地潜伏在儿童的心中。

从青春期起，随着身体发育的成熟，受压抑的性欲再也不甘寂寞了，它开始寻找自己的出路，用弗洛伊德的话来说，"里比多"开始寻找"投资对象"了。

大卫：这种性欲的"里比多"究竟是通过哪些途径转移和释放出去的呢？

黎明：大致上有五种途径。第一种途径是正常的途径，那就是通过对异性的追求释放"里比多"。第二种途径是把"里比多"转移到社会所许可的文学艺术创作、科学研究、宗教信仰等道路上去，通过这种转移和升华，把原始的动物般的性欲冲动改造并提升为高尚的灵感。第三种途径是日常生活中的心理变态，如口误、笔误、误读、遗忘等。如一个店伙站在柜台里正盯视着前面路上走过的一个漂亮女子，突然旁边冒出一个男主顾向他问路，他不假思索地说："打这儿走，太太。"这里发生的口误就是无意识中欲望的一种流露。

大卫：第四条途径是什么呢？

黎明：性变态。当"里比多"遇到障碍，不能正常地释放和发泄时，就会出现种种性变态的症状，甚至回复到婴儿期的性状态中间去。比如，同性恋就是婴儿自恋期的一种回复。

大卫：性变态会导致精神病吗？

黎明：有可能，但并非一定。如此第五种途径是梦。不管是正常的人，还是有心理变态的人或精神病患者都会做梦。梦是无意识中的扰动、尤其是性欲扰动的轨迹。在弗洛伊德之前，人们几乎都把梦看作一种虚幻的、荒诞不经的现象。弗洛伊德告诉我们，任何梦都是有意义的，都是受压抑的欲望的满足。

梦有两种。一种是"白日梦"，也就是我们通常说的想入非非。这里有一个大家熟悉的故事：一个女佣人头上顶着一罐牛奶到市场上去卖，她边走边想，卖掉这罐牛奶，可以买进一只母鸡。母鸡生下许多蛋，再卖掉这些蛋，就可买一顶花帽子和一件漂亮的衣服。当她穿上新衣服、戴上新帽子的时候，美少年们就会争着邀请她去跳舞。那时她就摇摇头，不去睬他们。想到这里，她真的摇起头来，结果把头上的牛奶罐摔破了。这个白日梦非常典型地表现出女佣人心中受压抑的"里比多"所寻求的满足。还有一种是"夜梦"，即晚上做的梦。比如，一个小伙子热恋着一个姑娘，这个姑娘并不愿意搭理他。晚上，在睡梦中，他梦见自己和她在一起交谈。这个梦也是受压抑的"里比多"的一种宣泄和满足。

大卫：如果人们在晚上做了一个噩梦呢？难道噩梦也是无意识中的欲望的满足和宣泄吗？

黎明：这个问题提得好。在人们晚上做的许许多多梦中，有的受到超我的较大的压抑，有的受到较少的压抑。较大的压抑常常把好梦导向噩梦。然而，只要深入地分析下去，你就会发现，噩梦归根结底仍然是欲望的满足，不过是一种失败的变形的满足罢了。

大卫：你提到了对梦的分析，这到底是怎么一回事呢？

黎明：梦像谜语一样，有许多象征和隐喻。分析梦，就是要透过这些表象，揭示出梦所隐藏着的真正的含义。一提到分析，我们就触及弗洛伊德学说的根本方法——精神分析方法了。

大卫：这是我最感兴趣的问题。你能谈得详细一点吗？

黎明：精神分析方法有两种：一种是狭义的，另一种是广义的。狭义的精神分析方法指对精神病患者的治疗。精神病的实质就是与道德习俗不相容的种种欲望，特别是性欲，长期被压抑而得不到宣泄的结果。精神分析的宗旨就是通过和患者的交谈，通过对患者的梦，日常变态心理和种种其他症候的剖析、窥探，透视其整个无意识域，找到致病原因，从而诱导病人把淤积在无意识域中的"里比多"宣泄出来：

> 一条河流完全壅障，水就流得更猖狂，
> 一只闷炉丝毫不通气，火就着得更旺，
> 密不告人的愁烦，也正是同样的情况，
> 自由畅谈，可以使"爱"的烈焰稍稍低降。①

患者的病根消除后，就会逐渐康复。这种方法已被世界各国广泛地应用到精神病治疗中。

大卫：广义的精神分析方法又是指什么呢？

黎明：那就是把精神分析方法运用到对各种文化现象的分析中去。你知道弗洛伊德是如何通过对无意识域的分析来阐明哲学认识论、社会历史、文学艺术及道德和宗教的起源吗？

大卫：很惭愧，我在什么问题上都是浅尝辄止，不甚了了。这些议题都是我关心的，希望你谈得透彻一点。先从哲学认识论开始好吗？

黎明：好。传统认识论只讨论意识和前意识层次内的问题，对无意

---

① 参见莎士比亚戏剧《维纳斯与阿都尼》，见《莎士比亚全集》第 11 卷，张谷若译，人民文学出版社 1978 年版，第 19 页。

识几乎从不涉及。根据弗洛伊德的精神分析理论，无意识是全部前意识和意识的基础。弗洛伊德的学说之所以被人们称为"深度心理学"，是因为它揭示了被前意识和意识的厚层所覆盖起来的无意识域中的秘密。许多在前意识和意识域中难以推断和下结论的现象，一深入无意识域，便迎刃而解，或至少获得了某种新的有价值的解释。

在传统认识论中，一些唯心主义学派虽然也十分重视认识主体的能动作用，但他们对能动性的理解，一般都局限在意识域中，特别局限在认识主体的理性上。其实，理性并不是能动性的最初的投射者，真正的投射者是深藏在无意识域中的情感。比如，卢梭就公开宣称："人家以为我也和所有别的文人一样，为谋生而写作，而实际上我是永远只晓得凭热情而写作的。"卢梭还坦率地说："我知道，我的全部才华都来自对我要处理的题材的热爱，只有对伟大、对真、对美的爱，才能激发我的天才。"①

大卫：确实，历史上的伟大成就都是热情创造的。狄德罗说："情感淡泊使人平庸。"他又说："情感衰退使杰出的人失色。"②情感，是一个活生生的人存在的一种确证。

黎明：对认识主体的能动性的追溯，只有深入到无意识域之中，才能获得完整的透视。弗洛伊德告诉我们，不仅人们在认识中获致的成就是能动的，而且在认识中犯下的错误也是能动的。人们通常注意的是错误的社会原因、时代原因。歌德就主张："真理属于个人，谬误属于他的时代。"③当然也有人同时从认识主体方面去寻找原因，但也只停留在意识域的水平中。弗洛伊德则强调，错误是无意识域中各种盲目的本能和欲望的投射。这就是说，无意识域是主体的创造性或谬误的最深层的内源因素。

传统的哲学认识论只注重对成年人认识规律的研究，而弗洛伊德的

---

① ［法］卢梭：《忏悔录》第 2 部，范希衡译，商务印书馆 1986 年版，第 634 页。

② 《狄德罗哲学选集》，陈修斋等译，生活·读书·新知三联书店 1956 年版，第 1—2 页。

③ 《歌德的格言和感想集》，程代熙等译，中国社会科学出版社 1982 年版，第 21 页。

精神分析方法则引导人们去研究儿童的认识规律。因为在儿童的精神生活中，无意识域起着特别重要的作用。尤其是儿童在六岁之前的阶段，几乎完全受本能或欲望的驱使。这就为哲学认识论的研究开拓出一个新的重要的方向。皮亚杰创立的发生认识论就是在弗洛伊德和容格学说的影响下形成的。

大卫： 太有启发了，黎明。我愈来愈觉得，对于哲学认识论来说，心理学太重要了。不过，真奇怪，为什么在当前西方会流行反心理主义思潮呢？

黎明： 那是因为学者们普遍认为，心理学所研究的东西总是模糊的，缺乏普遍性、必然性。其实，生活也好，人的心理也好，在许多场合下都是模糊的，绝对地驱逐模糊性，也就同时驱逐了严格性和清晰性。所谓反心理主义，本身也不过是一种心理现象。历史的进展最终会消除人们的偏颇之见。心理学，永远是人类文化之林中的一棵繁茂的大树。

大卫： 我们在哲学上停留得太久了，现在该谈谈社会历史了。

黎明： 这正是我所希望的。弗洛伊德用精神分析方法解释社会历史的发展，焦点是在无意识域中的"本能"上。在早期著作中，他主张人有两种基本的本能：一是自我保存的本能（饥饿时觅食、危险时自卫等），二是性本能（繁殖后代）。经历了第一次世界大战的巨大破坏后，他修改了自己的本能说。在晚期著作中，他把上面两种本能合起来，称之为"生之本能"，另外又提出了"死之本能"，与之对立起来。他认为，在人的无意识域中同时潜伏着这两种对立的本能。这两种本能的冲突构成了个体的生命史。广而言之，也构成了社会历史发展的线索。侵略战争、破坏、毁灭，正是人类无意识域中的"死之本能"的宣泄和实现。"我是我自己最可怕的敌人"[1]，尤哈娜无意间说出的这句话也道出了历史本身的幽默和讽刺。

大卫： 弗洛伊德是悲观主义者吗？

黎明： 不是。他对人类社会发展的前景仍然是有信心的，他相信，

---

① 《萨特戏剧集》，袁树仁译，人民文学出版社 1985 年版，第 892 页。

美好的东西最终会战胜丑恶的东西。他慷慨激昂地说："我们对未来的最美好的希望是，理智——科学精神、理性——随时间的进展可能在人的精神生活中建立独裁统治。"①

大卫： 从唯物史观的立场来看，弗洛伊德用本能来解释历史是偏谬的，甚至有点荒诞不经。但他毕竟为人们审视历史提供了一个新的视角，而这个视角也拥有片面的真理性。犹如泰戈尔说的："小草呀，你的足步虽小，但是你拥有你足下的土地。"②

请你继续说下去，黎明。现在你该谈谈弗洛伊德是如何运用精神分析的方法来研究文学艺术的了。

黎明： 对于弗洛伊德说来，这是最卓越的一个话题。他主张，创作家或艺术家与精神病患者一样富于幻想。区别在于，后者的"里比多"淤积起来，找不到宣泄的地方，而前者的"里比多"则被导向幻想中，作者在虚构的生活中释放自己的能量。这种努力的结果，炽热的情欲就被升华为文学艺术作品。这使我们很容易记起老黑格尔的一句名言："假如没有热情，世界上一切伟大的事业都不会成功。"

比如，歌德年轻时在法官布扶家中攻读法律，爱上了法官的女儿夏洛蒂。不久，当他听说她已和另一个男青年格斯特订婚后，痛不欲生。恰好在这个时候，他的一位好友因爱上上司的太太而自杀，自杀的手枪是向格斯特借的。正是这两个事件的刺激点燃了歌德的灵感，使他写出了《少年维特之烦恼》这部不朽的名作。在维特这个虚构的人物身上，歌德宣泄了自己的情欲和哀怨之情。

大卫： 弗洛伊德也用同样的方法来分析艺术作品吗？

黎明： 正是。他认为美的观念根植于性刺激的土壤之中。比如，《蒙娜丽莎》就蕴含着达·芬奇对他母亲的深深的爱恋。

大卫： 难道我们能用精神分析的方法合理地去解释一切文学艺术作

---

① ［奥］弗洛伊德：《文明和它的不满者》，1962 年英文本，第 171 页（S. Freud, *Civilization and Its Discontents*, New York：W. W. Norton, 1961, p. 171.——编者注）。
② ［印度］泰戈尔：《飞鸟集》，郑振铎译，上海译文出版社 1981 年版，第 11 页。

品吗?

黎明：弗洛伊德的过失就是追求精神分析方法的绝对的解释权。他的固执使他成功，同时也把他推入失败之中。作为惠灵顿，滑铁卢是他的成功之处；作为拿破仑，滑铁卢则是他的毁灭之所。"里比多"转移说可以成功地解释文学艺术作品中的一些现象，但它的覆盖面毕竟是有限的，否则，它就像尼禄王一样，成了不可能的追求者了。然而，我们必须看到，这一方法对繁荣我们的文学艺术创作和评论是有一定借鉴作用的。以前，在极"左"路线的禁锢下，我们的一些文学艺术作品完全忽略了精神生活中起着巨大作用的无意识域，以致一个个都成了玛甘泪眼中的面目可憎的靡菲斯特：

> 只要他一踏进门来
> 面孔总带着嘲笑
> 并且有一半的懊恼；
> 我看他对别人全不关心；
> 他是不爱任何人的，
> 他的额头上写得分明。[①]

我觉得，文学艺术作品只有着力刻画出人格中本能与理智之间的尖锐的冲突，才能多层次地展现出丰富的真实的生活。

大卫：现在只剩下道德与宗教的起源问题了。难道弗洛伊德的精神分析之舟竟敢于驶入这个神秘的"百慕大三角区"吗？

黎明：泛化自己学说的价值，是每个思想家的宿命。我们不必对弗洛伊德投以过多的贬词。他主张，道德和宗教都导源于原始人类的"俄狄浦斯情结"。

在古时候的原始部落中，一位有权威的父亲统治着整个部落，他把

---

① 参见〔德〕歌德：《浮士德》第 1 部，郭沫若译，群益出版社 1947 年版。

所有的妇女都据为己有。他的儿子们既爱他，仰慕他，又恨他，嫉妒他。他们长大后由于追求部落中的异性而遭到父亲的驱逐。于是，他们联合起来杀死了父亲，并把他吃掉了。这种恨的欲望满足后，对父亲的爱重又产生，从而升起一种犯罪感。这种犯罪感就是道德的起源和雏形。为了消除这种感觉，他们找到了一种图腾，把它作为父亲的替身进行膜拜。这样一来，宗教也就随之而萌芽了。

大卫：听起来真像神话！

黎明：许多学者都称弗洛伊德的这种解释为"科学的神话"，因为它过于任意、过于武断了。从唯物史观看来，道德和宗教起源于原始经济的落后，原始部落中的集体的约束和人们对自然力的崇拜。

大卫：尽管弗洛伊德的学说由于过分强调性欲的作用而显得偏谬，但他对无意识域的发现和开拓永远在人类文化史上占有不朽的地位。现在我明白了，我们对主观世界的反思，对理解、价值、审美问题的讨论，只有深入到无意识域中间，才能获得透彻的见解。哲学的触角必须深入到这个刚刚开启的领域之中。康德能写出《纯粹理性批判》，为什么他的后人不能写出一部《纯粹非理性批判》呢?!

黎明：真是快人快语。曾几何时，弗洛伊德的心理学被讥为与手相学、骨相学同类的伪科学，但历史扬弃了这种误解和扭曲，以致美国著名心理学家 E. G. 波林这样写道："谁想在今后三个世纪内写出一部心理学史，而不提弗洛伊德的姓名，那就不可能自诩是一部心理学通史了。"①这种历史上常见的兴衰起落的现象，不禁使我记起《浮士德》中的两行著名的诗句：

> 浮光只图炫耀一时，
> 真品才能传诸后世。②

---

① ［美］E. G. 波林：《实验心理学史》，高觉敷译，商务印书馆 1981 年版，第 814 页。
② ［德］歌德：《浮士德》，董问樵译，复旦大学出版社 1982 年版，第 5 页。

四、哲学与行动世界

M 众里寻他千百度
——哲学与方法

> 天才并不比任何正派人有更多的光——
> 但是他有一个能聚集光至燃点的特殊透镜。
>
> ——[英]维特根斯坦

黎明：一提起方法，我就有一种回到自己家园的亲切的感觉。多年来，在哲学探索的道路上，我留心最多、思考最多的是方法问题。记得培根说过：跛足而不迷路能赶过虽健步如飞但误入歧途的人。方法对头，虽形同跛足，走的却是成功之路。反之，如"误入歧途"，尽管看上去"健步如飞"，实际上却一无所得。

大卫：你说到我心里去了。对于我来说，再没有比方法更迫切、更重要的问题了。刚接触哲学时，我迷恋于哲人们含义隽永的格言，花了许多时间去搜集它们。在这许许多多的格言中，既有对大自然的不倦的探询，又有对人生的深邃的思考。它们如同一个神秘的、深不可测的洞穴。然而，当我在哲学的王国中漫游了几年之后，这种最初的热情渐渐消退了。我突然发觉，这些名言警句不过是过眼烟云。当我伸手去捕捉它们的时候，它们顷刻间消失得无影无踪了。于是，我又回到了先前的空虚的状态中。就像《渔夫与金鱼》中的那个贪婪的老太婆重新面对着一只破木盆一样。

黎明：Why?（为什么？）

大卫：因为当我把这些格言连贯起来思考时，发现它们相互之间充满了矛盾：一个哲学家慷慨地许诺你，你能用自己的感官和思维把握整个世界，另一个哲学家则严肃地警告你，你不可能知道世界上的任何东西；一个哲学家诱导你去热爱生活，追求生活中的享乐，另一个哲学家则告诫你，生活是荒诞的，人生是悲观的；一个哲学家希望你真诚地对待周围的人，另一个哲学家则提醒你，诚实是无能的别名。我突然觉得，在这个用无数诱人的格言编织起来的五彩缤纷的知识世界中，我仍然是一个无产者，仍然处在无所适从的窘境中。

黎明：如果你不反对的话，让我替你说下去。这时候，你开始醒悟到，停留在这些华丽的格言上是多么近视，多么失策。其实，狄德罗早就看到了格言的弊端，他说过："哲学家将严格地考察所有这些通俗智慧的格言。"①在哲学研究中，重要的不是格言，而是方法。于是，你再也不愿做站在岸边的弄潮儿了，你决心潜入哲学的大海中去，寻觅一种行之有效的方法，以便借它的力量，打开一个新的未知的世界。

记得康德对他的学生说过，他并不教他们哲学，只教他们如何哲学地思考。研究哲学而无切实可行的方法，就和想航行而没有舵的船一样，不过是向不可能挑战。

大卫：说得好极了，黎明。你的眼神告诉我，你在学哲学时，有过与我类似的经历。

黎明：一点不错。当格言主宰我的思想时，我曾像桑丘一样高傲地

---

① 《狄德罗哲学选集》，陈修斋等译，生活·读书·新知三联书店 1956 年版，第 102 页。

宣称："我没别的家当和本钱,只有成堆成串的成语。"①不久,我便感到厌倦了。我开始思考这样一个问题:哲学有许多分支学科,如哲学原理、中外哲学史、逻辑学、美学、伦理学等。在每个分支学科中,前人都留下了大量的著述,而今人的研究成果又在源源不断地涌现出来。在这样的态势下,如何选择有价值的课题?如何超越前人的见解而做出新的发现?所有这一切都涉及方法问题。只有凭借方法论的杠杆,创造性的思维才是可能的。

大卫:根据你的看法,哪些方法是行之有效的呢?

黎明:条条道路通罗马。哲学思维的方法是无限多样的。我比较感兴趣的有五种方法。如果你有兴趣的话,我可以由易到难,逐一介绍。不过我得先声明一下,这些想法难免有偏谬之处。反正我一股脑儿倒出来,对不对由你自己去判断。

大卫:马克思早就说过:"一切都是不完善的。"②向一种思想索取完善性,不过是愚人之举。你尽管讲吧!

黎明:第一种方法比较简单,我称它为"单向契入法",意即批判地汲取某一学派的方法论,导入我们的哲学研究中。

比如,在现代西方哲学中,流派纷呈,方法多样。其中如辩证法、现象学方法、精神分析方法、释义学方法、语言分析方法、结构主义方法、存在主义方法等,都是人们熟知的。至于个别哲学家的方法,就更复杂多样、纷然杂陈了。

大卫:你能谈得具体一点吗?

黎明:试以语言分析方法为例。这是当代英美最流行的哲学研究方法。有的著名的分析哲学家,如维特根斯坦,把全部哲学问题都归结为

---

① 参见[西]塞万提斯:《堂吉诃德》下册,杨绛译,人民文学出版社 1978 年版,第 309 页。

② 《马克思恩格斯全集》第 1 卷,人民出版社 1956 年版,第 70 页。

语言和逻辑的分析。他的名言是："当语言休息时,哲学问题便产生了。"①他主张,传统形而上学所探讨的问题都是模糊不清的,缺乏语言上逻辑上的明晰性和严格性,因而是无意义的。这种分析的方法虽有过甚其词之嫌,但却是值得借鉴的。

大卫:在哪个意义上进行借鉴呢?

黎明:它提供了哲学研究的新视角,即从语言分析出发去透视全部哲学问题。

你记得苏东坡咏庐山的两句名句吗?"横看成岭侧成峰,远近高低各不同。"这两句诗充分表明,当你选取不同的视角时,庐山就以不同的模样呈现在你的眼前。或者用另一种现象来比喻,当你戴上不同颜色的眼镜时,世界便以不同的色彩呈现在你的眼前。语言分析的功用正在于此。就拿语言分析中最简单的分析——语词意义的分析来说,就是一种非常有用的方法。比方说,我们不是常常讲"语言是思想交流的工具"吗?

大卫:难道这句话是错的吗?

黎明:当然不能说它是错的,否则,我们现在的讨论岂不是毫无意义了吗?然而,这句话只说出了一半的真理。

大卫:还有另一半呢?

黎明:"语言也是妨碍思想交流的工具。"

大卫:你真使我头晕,黎明。

黎明:不,使你头晕的并不是我,而是语言本身。希尔达说:"你在找一个人,而你找到的将是另一个人。"②这或许可以说是语言游戏的座右铭。

大卫:为什么呢?

黎明:因为语言的根本特征是抽象性。这种抽象性既蕴含着普遍性,又蕴含着模糊性。如果说,普遍性使人们相互理解,那么,模糊性

---

① 《哲学研究》,德英对照本,第 38 页(Ludwig Wittgenstein, *Philosophical Investigations*/*Philosophische Untersuchungen*, London: Macmillan, 1963, p. 38. ——编者注)。

② 《萨特戏剧集》,袁树仁译,人民文学出版社 1985 年版,第 562 页。

则使人们相互误解。误解永远是理解的影子。

让我们先从生活中的语言开始吧。当你跳上一辆公共汽车或电车，看到标有"老、弱、病、残、孕专座"的字样时，你会觉得一切都是顺理成章的。但从语言角度一思索，又会觉得茫然若失。因为"老、弱、病、残、孕"这些词的意义都是非常模糊的。比如，要老到多少年纪、弱到怎样的模样、病到怎样的程度才有资格坐这个"专座"呢？由于这种模糊性，坐在这些位置上的经常是一些体魄健壮的青年人。

大卫：像"老、弱、病、残、孕"这样意义模糊的词实在是太多了。我们经常说的"胖瘦、长短、高低、好坏、善恶"等，其意义也都是模糊的。

黎明：一点不错，大卫。不论翻开哪一个文种的字典，你都会发现，每个字（除专名外）都有许多种解释。这就告诉我们，一个字只有在特定的语境，即特定的上下文中才能获得确定的含义。

现在我们再来看一些复合词或词组，它们的意义同样是十分模糊的。比如，上海人习惯把天气凉快时穿在毛衣里面的领子叫做"假领头"。这是一种非常含混的叫法。其实，作为领头，它完全是真的，但作为衬衣，它倒确实是假的。所以，与其叫它"假领头"，毋宁叫它"假衬衫"。又如，中国人常讲的"恢复疲劳""打扫卫生"等词组，其意义都是非常模糊的。"恢复疲劳"究竟是什么意思呢？是叫我从疲劳中恢复过来，还是叫我重新回到疲劳的状态中去？"打扫卫生"这个词组，从字面上就更难解了。

大卫：好在这些词组和复合词的意义已约定俗成，大家都感到习惯，感到适应了。否则，当法官在法庭上宣布罪犯被判处"无期徒刑"时，这个罪犯一定会高兴得跳起来，因为他可以把"无期"理解为"无任何期"，这不等于立即释放了吗？

黎明：从生活上看，许多语词的意义都可以通过约定俗成的办法来解决。但在哲学上，问题就变得无比复杂了。

大卫：这又是为什么呢？

黎明：因为哲人的思考总是从打破常规、打破约定俗成的东西开始的。另外，哲学使用的范畴，如物质、精神、思维、存在、实践、理性、感觉、意志等，都是高度抽象的，因而其宽容度、模糊度比任何具体学科的概念都来得大。

纵观中外哲学史，哲人们在语词的意义、断句的方法上的争论从未中止过。比如《论语》中的"民可使由之不可使知之"，有人主张断为"民可使由之，不可使知之"，有人主张断为"民可使，由之；不可使，知之"。另外也有人主张断为"民可，使由之；不可，使知之"。断句不同，其意义也迥然不同。所以韩愈在《师说》中有"句读之不知，惑之不解"的说法。

大卫：这样看来，语言分析对于哲学说来，实在是太重要了。

黎明：语言是哲学的载体，哲学必须通过语言来表述自己。整个哲学史（不论是中国哲学史，还是外国哲学史）是由一系列典籍构成的。不仅这许许多多的典籍的作者常常赋予同一个概念以不同的含义，而且经过后人的注疏、翻译、解释，大量概念的意义都是模棱两可的，充满歧义的。不少哲学命题的意义都是含混的，后人的无数争论都起源于对语词、命题的不同的理解。

所以，语言分析方法在哲学中大有用武之地。一个人只要熟练地掌握这种方法，就能在一些重大哲学问题上提出自己独到的见解。

大卫：太有启发了，黎明。我希望你举一个具体的例子来说明，你是如何运用这种方法去选取研究课题的。

黎明：这样的例子实在太多了。比如，假定后人对亚里士多德的"实体"概念的含义有三种不同的解释。当你在潜心研读亚氏的原著时，你发现了它的第四种含义。只要你的立论有充分依据的话，你不是可以动手撰写研究论文了吗？

我一直觉得，在我们面前，有一条研究中国哲学的理想的道路。当然，这条道路也是非常艰难的。

大卫：什么道路？

黎明：先系统地研究中国的语言，从甲骨文、金文往下研究，掌握汉语语法的特点，了解各种语词意义的沿革和演变。然后，用语言分析的方法着手去研究中国哲学史。可以预言，有志于这方面研究的人，一定会在理论上有重大的建树。

大卫：这个想法太好了。我几乎已经被它俘虏了。

黎明：不要太激动。这不过是我前面提到的"单向契入法"中的一种方法。其他方法还多着呢。批判地引入这些方法，不仅可以用来研究哲学，还可以用来研究各种具体的科学。

大卫：你使我想起了天真汉对博学多识的老人高尔同的赞辞："要没有你，我在这里就陷入一片虚无了。"①你能详细地谈谈这方面的情形吗？

黎明：勉为其难。举例说来，用精神分析方法来研究中国的文化史，你就有可能提出不同凡响的新见解。光运用精神分析方法中的梦的分析的方法来研究中国浩如烟海的文献，特别是文学作品，你就已经置身于一片未经开垦的广大的研究领域中了。从《周易》的睽卦（描述奇谲怪诞的梦境）、黄帝的华胥梦、庄子的蝴蝶梦，到卢生的黄粱梦，特别是《红楼梦》中写到的三十二个梦以及其他小说，如《金瓶梅》《水浒》《三国演义》《聊斋志异》《儒林外史》等描写的大量的梦，为通过梦的分析去说明中国的文化现象，去追寻中国文化之根创造了无与伦比的良好的条件。我想，谁如果有志于写一部《中国梦寻》的话，很有可能像已出版的那本《美国梦寻》一样，获得国际性的声誉。

大卫：这个设想太迷人了。我补充一点，我们还可以用精神分析的方法来研究中国的太监制度。

黎明：你的设想同样是诱人的。当然，我们对方法论的借鉴是敞开的，并不偏袒精神分析的方法。我们还可以用结构主义的方法来研究中国的神话；用耗散结构的方法来研究中国社会的开放；用控制论的方法来研究历史或伦理学；用信息论的方法来研究美学；用系统论的方法来

---

① ［法］伏尔泰：《老实人》，傅雷译，人民文学出版社 1955 年版，第 217 页。

研究哲学认识论……总之，可供借鉴的方法是非常之多的，怕就怕你不去寻找它们。正像《堕落》中的克拉芒斯说的："是的，一切都悄悄地从我身上溜了。"①

大卫：在许多人的头脑里，辩证法是唯一的方法，其他方法似乎都不足取。西方对辩证法是如何看的呢？

黎明：辩证法本身就是西方哲学家率先提出来的。至今，西方仍有许多学者在研究、运用并解释这种方法。如克尔凯郭尔的"质的辩证法"，卢卡奇的"主客体辩证法"，葛兰西的"合理的辩证法"，萨特的"人学辩证法"，等等。但西方人本着一种开放的精神来研究辩证法，并没有把它绝对化、唯一化。西方称辩证法、现象学方法、分析的方法、释义学的方法为四大方法。

从马克思主义哲学的立场来看，辩证法，当然这里指的是经过马克思主义的创始人改造过的辩证法，拥有巨大的真理性和覆盖面，但我们没有必要把它绝对化，把它封闭起来。换言之，不能用非辩证法的方法去对待辩证法。列宁说过："辩证法是活生生的、多方面的（方面的数目永远增加着的）认识"②，必须本着发展的、敞开的精神来研究、解释并运用辩证法。

大卫：说得好极了。不过，我们不可能长长地停留在这个星球上。你说的第二种方法是什么呢？

黎明：我把它称为"寻找空白法"。

大卫：真是个新鲜的名字。它究竟是什么意思呢？

黎明：请允许我先问你。你读过卡夫卡的短篇小说《十一个儿子》吗？

大卫：没有。你问这个干吗？

黎明：在这篇小说中谈到的第九个儿子是一个风度翩翩的少年。卡

---

① 《加缪中短篇小说集》，郭宏安译，外国文学出版社1985年版，第121页。
② 《列宁全集》第55卷，人民出版社1990年版，第308页。

夫卡用下面这段话来描写他的特点："而这个孩子的特殊之处却在于，他丝毫也不想引诱人；能一辈子躺在沙发上，将他的目光虚掷在天花板上，或者最好是垂下眼皮闭目养神，他也就会心满意足了。他这样美滋滋躺着的时候，他便喜欢谈话，而且谈吐不俗，言简意赅；不过话题却只能限于狭窄的范围内；一越出这个范围，他说起话来便空空洞洞，而由于范围狭窄他又难免要越出范围。"①

大卫：我明白你的意思了。你是说，我们的有些学者也像卡夫卡笔下的"第九个儿子"一样，安于在狭窄的、陈旧的专业的范围内去探讨学术问题，忽略了对新问题的研究和新领域的开拓。

黎明：你说到点子上去了。所谓"寻找空白法"，就是要大胆地去研究前人还未涉足过的问题和领域，不安于一孔之见，一隅之尊。比如，当弗洛伊德把思维的触角伸入无意识的层次中去后，开拓出一个巨大的崭新的领域，不愧为精神世界的哥伦布。当皮亚杰把思维之箭射向儿童心理学的时候，他同样发现了一个智慧的新大陆。这种情形常使我想起席勒的名句：

> 在狭隘的环境中使精神狭隘，
> 人要有更大的标准才能大成。②

当然，话得说回来，有能力开辟新的领域的哲学家毕竟是少数。但坚持不懈地运用"寻找空白法"，至少可以在某些方面提出新问题或新见解。

大卫：记得老黑格尔说过，哲学最敌视抽象，它总是引导我们回到具体的东西上来。你能谈得具体一点吗？

黎明：就拿我国的马克思主义哲学史的研究来说，面显得比较窄，

---

① 孙坤荣选编：《卡夫卡短篇小说选》，外国文学出版社 1985 年版，第 240 页。
② ［德］席勒：《华伦斯坦》，郭沫若译，人民文学出版社 1955 年版，第 5 页。

兴奋点都集中在马克思、恩格斯、列宁、斯大林、毛泽东的学说上。很少有人去研究狄慈根、梅林、拉法格、普列汉诺夫、布哈林、托洛茨基、周恩来、朱德、刘少奇等人的思想。其实，不研究这些人物，能完整地描述出马克思主义哲学史发展的全貌吗？比如，谁若有志于普列汉诺夫的研究，不仅可以搞清楚普氏本人思想发展的脉络，而且通过对普氏思想与列宁思想关系的研究，也可以深化对列宁学说的理解，从而在对列宁的研究中阐发出新见解、新观点。这样一来，马哲史的研究也就获得了一个新的视角，即从无产阶级领袖的周围的人物的眼光中来透视并研究马哲史的发展线索。

大卫：真有意思，按照你的"寻找空白法"，哲学研究中的空白点实在太多了。比如，我们对外国哲学的研究，几乎都集中在西方哲学上，对西方哲学的研究又集中在其主要代表人物，如柏拉图、亚里士多德、休谟、康德、黑格尔等哲学家身上，研究的面非常狭窄。诚然，这些人物是重要的，应当重点加以研究，但也可以有相当数量的同志去研究阿拉伯哲学、印度哲学、日本哲学、南美洲哲学。即使在西方哲学的研究领域中，也有许多"飞地"，可以去开垦，去占领。

黎明：对中国哲学的研究也是如此。大家都挤着去研究孔孟、老庄、程朱、陆王，留下了许多空白，如魏晋玄学、佛道两教、"五四"以来的中国哲学等。在哲学的其他分支学科，如美学、逻辑学、伦理学中，未经开垦的处女地就更多了。塞涅卡说过："不要重蹈前人的覆辙，而要走你所应该走的路。"①这正是我们在运用"寻找空白法"研究哲学时所应该遵循的座右铭。

大卫：第三种方法呢？

黎明：我称之为"学科渗透法"。要讲清楚这种方法，得先从专业对口问题谈起。

---

① 引自［苏］阿尔森·古留加：《康德传》，贾泽林等译，商务印书馆 1981 年版，第 17 页。

大卫：这又是为什么呢？

黎明：中国的知识分子都把专业对口视为第一要事。其实，专业对口并非全是好事，使你获益的东西同时也会使你受损。专业对口了，你的精力集中起来了，这当然是好事；但同时，你的精力也被牢牢地约束或限制在本专业的范围内。在后一个意义上可以说，坐井观天不过是专业对口的别名。

大卫：你的意思是要把所有的专业都取消掉吗？

黎明：那我就成了历史的罪人了。我的意思是：第一，要有专业，第二，不要局限于本专业。因为我们讲的"专业"仍奠基于老的分类方法。21世纪以来，随着自然科学的飞速发展，学科之间的渗透愈益频繁地表现出来。一大批交叉学科（如物理化学、生物化学、历史地理等）从常规专业之间的"接合部"中生长出来，动摇、冲击着常规学科之间的壁垒。在这样的态势下，仍然固守常规的专业分类法，并在此基础上强调专业对口，势必把一大批富有创新能力的知识分子的积极性束缚在陈旧课题的教学和研究中，乃至耗完他们一生的精力。

大卫：我承认，你说的这种现象非常严重地存在着。只要回顾一下21世纪以来的科学发展进程，就会发现，自然科学和社会科学领域中的极大部分的交叉学科都是西方学者率先提出或创立的。这一事实本身就足以表明，我国大专院校和研究所中陈旧的、尚未更新的专业分类在多大程度上阻碍了科研工作者的积极性和创造性。

黎明：当然，旧的专业分类也有它的历史的合理性，它的改变也将是一个长期的过程。问题是，我们必须从战略上清醒地意识到，搞学科渗透是各门科学研究中的一个根本的方向。搞哲学研究当然也不能例外。

纵观近现代西方哲学中出现的历史哲学、法哲学、宗教哲学、艺术哲学、文化哲学、生物哲学、语言哲学、科学哲学、教育哲学、政治哲学、道德哲学、管理哲学等，无不都是哲学和某一门具体科学相互渗透的结果。学科渗透的结果，不仅有可能建立起新的交叉学科，而且至少可以解决单科研究中容易忽略的，甚至无法解决的问题。

大卫：你能谈得更具体一点吗？请原谅，我总是把你从抽象思维的云层中拉下来。

黎明：遗憾的是，我们永远停留在云层中。我们居住的地球不过是漂浮在天空中的一个小小的星球。汉语中把"天"与"地"分开来，其实大可不必。天在地上，而地也未尝不在天上。玩笑开到这里，下面言归正传。就拿哲学各分支学科之间的关系来说，也有一个相互渗透的问题。比如，学哲学原理的要懂外哲史，学外哲史的也要懂哲学原理。

举例来说，艾思奇同志主编的《辩证唯物主义与历史唯物主义》一书（人民出版社1978年修订版）的绪言部分有这样一段话："希腊古代唯物主义发展的最高形式，是德谟克利特的原子论学说。他认为，万物都是由微小不可分的原子构成的，不同形状和不同重量的原子构成不同的事物。"（见该书第9页）不懂外国哲学史的读者看了这段话以后，并不会产生什么疑问。但懂行的人一看就知道，这里有一个常识性的错误，即把德谟克利特的原子论和伊壁鸠鲁的原子论混同起来了。实际上，德谟克利特只注意到原子在大小和形状上的差异，至于原子在重量上的差异是伊壁鸠鲁才开始提出的。

大卫："学科渗透法"确实是研究哲学的一种重要方法，但实行起来还是比较困难的，它的前提是，研究者必须精通两门不同性质、不同方向的学科，并把它们按某种方式贯通起来。正如莎士比亚笔下的安所歌唱的：

> 去，去，往东的向东，往西的向西！
> 等到钟鸣一下，可不要忘了，
> 我们还要绕着赫恩橡树舞蹈。①

---

① 参见莎士比亚戏剧《温莎的风流娘儿们》，见《莎士比亚全集》第1卷，朱生豪译，人民文学出版社1978年版，第274—275页。

黎明：你说得完全正确。马克思早就说过："在科学上没有平坦的大道，只有不畏劳苦沿着陡峭山路攀登的人，才有希望达到光辉的顶点。"①"学科渗透法"的实施确实是艰难的，但一旦收获，其成果会远远大于按常规方法进行研究的人。

　　大卫：你的话使我想起了布莱克的名言："打破常规的道路指向智慧之宫。"②第四种方法呢？

　　黎明：那就是当前流行的"比较研究法"。通过比较的方法，从不同的文化传统中汲取有益的启发和创造性的灵感，这在文化史上是屡见不鲜的。莱布尼茨、康德、黑格尔、叔本华、海森堡、海德格尔、雅斯贝尔斯等人，对古老的东方文明都怀有浓厚的兴趣。从 20 世纪末到 21 世纪初以来，各种比较学科应运而生，如比较美学、比较文学、比较神话学、比较哲学等。美国的夏威夷是比较文化研究中心。许多西方学者热衷于研究中国的儒、佛、道各家及老庄、宋明理学等。不少中国的学者，如严复、康有为、梁启超、王国维、胡适、鲁迅、郭沫若、陈寅恪、金岳霖、冯友兰、钱锺书等，也热衷于译介、研讨西方的文化思潮，从比较中汲取有价值的东西。

　　大卫：对"比较研究法"，我也很感兴趣。你觉得它的主要优点是什么？

　　黎明：我觉得有两个优点：一是光研究中国的学问，对西方思想不问不闻，搞"国粹"，研究的视野就打不开，而且易使研究工作本身趋于僵化、封闭化，一进行比较，利弊得失就容易看清，评价起来，如高屋建瓴，给人以耳目一新的感觉。读胡适的《先秦名学史》、钱锺书的《管锥编》和《谈艺录》等作品时，就有这样的感受。二是唯有比较，中国的哲学研究才有可能走向国际舞台。

　　大卫：为什么呢？

---

① 《马克思恩格斯全集》第 44 卷，人民出版社 2001 年版，第 24 页。
② 《布莱克诗选》，查良铮等译，人民文学出版社 1957 年版，第 170 页。

黎明：打个比方，假设你是研究尼采的，你的目光如果光停留在尼采本人的学说及文化背景上，就很难写出能与德国研究尼采的第一流专家媲美的作品来，因为不管你对尼采多么熟悉，你很难超过德国的学者。他们从小受到西方文化传统的熏陶，而你则处在另一个文化传统中。要知道，跨越文化传统是非常困难的。但如果你立足于比较，写一部《尼采和鲁迅》这样的著作，你就可以扬长避短，做到德国学者所做不到或难以做到的事情。这样，你的专著就有可能打到国际上去，在整个尼采研究中占一席之地。同样，也可以写《严复和斯宾塞》《王国维和叔本华》《胡适和杜威》等专著。总之，比较研究的舞台是非常宽广的，有志于斯的青年人一定可以从中找到非常有价值的研究课题。现在有些青年人一味崇拜西方，视中国文化为蝉翼，视西方文化为泰山，这是非常近视的。金矿西方有，中国也有，而且就在你的脚下。中国老一辈的学者大多是学贯中西的。作为榜样，他们替我们指出了一条正确的治学的道路。

大卫：现在大家都在谈比较，我觉得有些太滥，至少是太浮泛了。不知你怎么看？

黎明：我也有同样的感觉。有的人搞比较，或牵强附会，或浮光掠影，或简单地罗列对象，或任意地改铸古人，这都不是科学的态度。布莱克说过："思想的伟大须以思想的谨严为基础。"[①]宏观的研究当然是需要的，不过应该更扎实一些，就像弗兰西斯·培根所要求的那样，在思想的翅膀上绑上重物。我主张，大部分有志于比较研究的人，切切实实地抓住某一个具体的课题，深入开掘下去。比如，我在上面提到的《王国维和叔本华》就是一个很好的课题。在这样的课题上几十年如一日地钻研下去，就有可能获得意外的成功。在这方面，需要一点瓦格纳式的固执。犹如浮士德所描绘的：

---

① 《布莱克诗选》，查良铮等译，人民文学出版社 1957 年版，第 174 页。

此人的脑中永留着一切的希望，

他永远固执着这世界的衣裳，

贪婪的两手向着宝藏深挖，

挖着一条蚯蚓也快活无量！①

如果中国能有一大批青年人在中老年学者的带领下去从事比较研究，中国的哲学跻身于世界行列的日子也就相去不远了。

大卫：第五种方法呢？

黎明：我称之为"发生学的方法"。这一方法的始作俑者是瑞士心理学家、哲学家皮亚杰。皮亚杰通过对儿童智慧发生发展的研究，创立了"发生认识论"，从而在传统的认识论研究中策动了一场革命。但也可以说，他的贡献的主要方面不在这里，重要的是他倡导了一种"发生学的方法"。可以预料，在不远的将来，这种方法将渗入哲学、文学、艺术、宗教、伦理、科学诸领域，产生广泛的影响。

"发生学的方法"具体表现为两条途径：一条是研究原始文化，即研究上述诸学科的史前史，从宏观上来探索诸学科的发生和起源。另一条是研究个体发生史，即研究上述诸学科的基本观点是如何在儿童的思想中发生和发展起来的。这两方面的研究将大大地拓展上述诸学科的领域，使人们对一些由来已久、争论已久的课题获得新的理解。

大卫：我承认，对"发生学的方法"我所知甚少。这种方法真有那么大的用处吗？

黎明：of course（当然）。比如，当代西方的一些语言哲学家和逻辑哲学家，片面地夸大了语言和逻辑的作用，把它们看作世界的最根本、最始初的东西。皮亚杰的发生认识论则告诉我们：婴儿并不是一生下来就懂语言，懂逻辑的，他有一个前语言、前逻辑的阶段。法国人类学家列维·布留尔对原始文化，尤其是原始思维的研究也表明，原始人的语

---

① 参见［德］歌德：《浮士德》第 1 部，郭沫若译，群益出版社 1947 年版。

言是在劳动中逐步形成起来的。在许多原始部落中都盛行"手势语言"，即用手的动作来讲话。有个居住在澳大利亚北部的土著妇女，已经习惯于用手势交谈，以致已经有二十五年多没说过一句话了。① 同样，原始人的思维受"集体表象"的支配，基本上是"前逻辑的"（prologique）。

这方面的发生学的研究表明，片面地夸大语言与逻辑的作用是不科学的，是与人类的实践经验相悖的。总之，"发生学的方法"替我们打开了一个新的世界，使我们获得了透视一般理论问题的一个新的特殊的视角。

大卫：你的神态和表情告诉我，你对"发生学的方法"怀有特别的好感。我猜得对吗？

黎明：完全对。我正考虑把这一方法引入哲学研究中，以便形成一门新的哲学分支学科——哲学发生学。哲学发生学可以分为两大部分。一部分叫宏观哲学发生学，主要研究原始思维的特征及向文明思维的过渡，由此揭示出哲学在宏观上的起源和发生。它的研究对象主要是原始人的生活方式、宗教巫术、神话传说等。另一部分叫微观哲学发生学，主要研究历史上各个哲学家和哲学流派形成和发生的过程。它的主要研究对象是哲学家早期著作、书信、日记、自传及未发表的手稿等。当我们对印度、中国、希腊等不同文明区域的哲学发生的特点进行比较研究时，又可引申出两门新的分支学科——比较宏观哲学发生学和比较微观哲学发生学。

哲学发生学的建立，将打破过去那种陈旧的、僵化的研究方法，大大拓宽哲学的视界。正如神之子所说的："我要用更好的思想来充饥。"②

大卫：这是一个很好的设想。我突然受到启发，我们能不能进一步泛化"发生学的方法"，开拓出"宗教发生学""美学发生学""伦理发生学"

① ［法］列维·布留尔：《原始思维》，丁由译，商务印书馆 1985 年版，第 151 页。
② ［英］弥尔顿：《复乐园》，朱维之译，人民文学出版社 1957 年版，第 63 页。

"语言发生学""科学发生学""数学发生学"等新领域来呢？

黎明：当然可以，不过极其艰难的是对新问题、新学科进行实证性的研究。让我们记住俾德丽采的告诫吧：在行动时，要慎重；不要像随风飘摇的羽毛。①

大卫：与君一席谈，胜读数年书。今天的收获真不小。

黎明："众里寻他千百度，蓦然回首，那人却在灯火阑珊处。""那人"就是方法，就是有志于哲学的堂吉诃德们心中的永恒的偶像——杜尔西内娅。

N　寓追求于发散中
——哲学与创造

每一瞬间都是一种创造，而我们则是创造这些瞬间的艺术家。

——［法］柏格森

大卫：一提起创造的概念，就有一种神秘莫测的感觉。它仿佛隐藏在一层厚厚的浓雾中，犹如雨果笔下的老姑娘巴狄斯丁："她的身躯，好像是阴影构成的；几乎没有足以显示性别的实体，只是一小撮透着微光的物质；秀气的眼睛老低垂着；我们可以说她是寄存在人间的仙女。"②

黎明：其实并不然。你读过哥伦布的传记吗？

大卫：读过。

黎明：那你一定会记得，里面有一个非常有趣的故事。

大卫：你真会打哑谜。什么故事？

---

①　［意］但丁：《神曲·天堂篇》，朱维基译，上海文艺出版社 1984 年版，第 7 页。

②　参见《悲惨世界》第 1 卷，李丹译，人民文学出版社 1978 年版。

黎明：哥伦布发现新大陆归来后，获得了巨大的声誉，这引起了贵族们的妒忌。在一次宴会上，哥伦布为了打击这些无耻小人的嚣张气焰，拿出了一只熟的鸡蛋，问他们是否有办法使它站起来。贵族们一个接一个地搞得满头大汗，鸡蛋始终躺在那儿。智慧的哥伦布拿过鸡蛋，磕破了它的一端，鸡蛋立即稳稳地站立在桌子上。贵族们马上报之以嘲笑声，说这样做未免太容易，太简单了。哥伦布回答道："不错，这是轻而易举的事，谁都会做。可是，在我没有做以前，各位怎么不知道这么去做呢？"

大卫：这个故事确实表明了哥伦布卓越的创造力。但哥伦布不正是全世界公认的伟人吗？在普通人的心目中，伟人的头上同样罩着一层神秘的灵光圈。你用伟人的故事来解释创造的奇迹，岂不是把我们正在讨论的问题推向更神秘的深处了吗？说得不客气一点，你不是要揭露被掩盖的东西，而是要掩盖被揭露的东西。

黎明：你的批评真够厉害，那我就举一个普通人的例子吧。不过，我得预先说明，这是一则外国的幽默故事，情节很可能是虚构的，但在生活中，类似的事情决不是不可能发生的。一个名叫汤姆的人前往一家古董店应聘面试。店主从地上拾起一块小木片，随手把它放到一块丝绒衬垫上，然后问他："这是什么？"聪明的汤姆不假思索地回答道："这是拿破仑用过的牙签。"店主立即高兴地说："好！你现在就可以在我这儿工作了。"汤姆的回答显示出他是一个有创造性灵感的人。

大卫：你承认汤姆是在说谎吗？

黎明：我承认。

大卫：那不是等于说，说谎就是创造了吗？

黎明：嗬，大卫，你总是和误解做伴。说谎是一种捏造，捏造当然也或多或少地包含着某种创造性，但这并不是我们这里所要讨论的问题。其实，这个店主决不会蠢到不知道汤姆在说谎，更不会蠢到真的把那块木片当作拿破仑的牙签而陈列在橱窗里。他不过是借此测试一下汤姆的智商和创造性罢了。

大卫：好吧，现在该结束形象思维了。我希望直接听到你对创造概念的见解。

黎明：近几年来，随着改革的深入，大家都在谈创造，其结果是反倒对创造这个概念缺乏创造性的理解了。我认为，创造有两种：一种是量的创造，指人在干劲上、热情上的迸发；另一种是质的创造，指人在智慧上的迸发，指科学技术上的新发明及对人类文化发展的大幅度推进。过去讲创造，实际上看到的只是量的创造，把质的创造给忽略掉了。现在更需要强调的是后者。我们今天讨论的也正是后者，即质的创造。

大卫：质的创造的根本特点是什么呢？

黎明：发散式思维。

大卫：真是一个古怪的名字。它到底是什么意思呢？

黎明：这可不是我的发明创造。这是西方科学哲学家常用的一个概念。科恩在《必要的张力》这部著作中，有一部分就是专讲这个问题的。所谓"发散式思维"（Divergent thinking）是相对于"收敛式思维"（Convergent thinking）而言的。前者意味着在科学研究中敢于打破常规，提出新见解、新课题，开辟新领域、新方向。后者意谓维护、坚持常规的科学理论，并在其指导下，持之以恒地开展研究。科恩主张，在科学研究中，这两种思维方式不可偏废，必须在它们之间建立必要的张力。

大卫：毋庸讳言，科恩的见解是全面的。为什么你只强调发散式思维呢？

黎明：那一切，对我是不移的橡树，对你却是柔软的柳枝。①

我之所以不遗余力地强调发散式思维，因为我不想把科恩的结论原封不动地搬过来。一方面，我这里讲的"发散式思维"具有更广泛的意义，它不仅适用于自然科学的研究，同样也适用于哲学社会科学的研

---

① 参见莎士比亚十四行诗中《爱情的礼赞》一诗，见《莎士比亚全集》第 11 卷，黄雨石译，人民文学出版社 1978 年版，第 334 页。

究；它不仅适用于科学发展的危机时代、变革时代，同样也适用于科学稳步发展的时代。即使在"收敛式思维"中，也应包括"发散"的成分、创造的成分。另一方面，在我国的哲学与科学的研究中，由于长期以来一直受到"左"的思想的禁锢，缺乏生动活泼的场面，显得拘谨有余而开拓不够，收敛过头而发散不足。要打破这种单调沉闷的空气，在当前就需要更多地强调发散式思维。

大卫： 为什么创造总是蕴含在发散式思维中呢？

黎明： 因为人们从小时候起开始接受的就是一种传统的、收敛式的教育。人们在获得知识的同时，也获得枷锁；在学会思维的同时，也屈从于常规和习惯。所以鲁迅先生有"人生识字糊涂始"的说法，巴尔扎克笔下的卡洛·埃雷拉神父甚至断言："一个人大半生时间都在清除少年时代种在脑子里的观念。"①吉弗斯尖锐地批判了传统的教育制度，认为它"强调在收敛式思维和评价方面的能力，往往是以牺牲发散式思维方面的发展为代价的"②。发散式思维就是要使人的思想冲出习惯的舒适的小河，去开拓一条新的河床。

大卫： 如果我没有理解错的话，你把习惯看做是创造的绊脚石。然而，休谟说过："习惯是人生的伟大指南"，这又如何理解呢？

黎明： 休谟的话并没错，习惯确实是有益于人生的，特别是有益于那种平静的、按部就班的生活的。康德的习惯之一是每天拄着藤手杖，外出散步。席勒的习惯之一是在写字台抽斗里放上烂苹果，用烂苹果的气息来刺激创造的灵感。谁都无权去指责这些哲学家的习惯。但我在上面谈到的习惯，指的是人们思维上的惰性。这种惰性无论如何是创造性思维的羁绊。

黑格尔说过："人死于习惯，这就是说，当他完全习惯于生活，精神和肉体都已变得迟钝，而且主观意识和精神活动之间的对立也已消失

---

① ［法］巴尔扎克：《幻灭》，傅雷译，人民文学出版社 1978 年版，第 605 页。
② ［美］科恩：《必要的张力》，福建人民出版社 1981 年版，第 225 页。

了，这时他就死了。因为一个人之所以在活动，是因为他还没有达到某种目的；而在争取达到目的时，他就要创造自己发挥自己。"①在黑格尔看来，习惯正是创造的消蚀剂。唯美主义的重要代表佩特也指出："养成习惯是我们的失败，因为习惯终究是与一个定型的世界有关的。"②

大卫：哪里有习惯，哪里就有惰性。

黎明：哪里有惰性，哪里就有摹仿。而摹仿正是无创造性的一种确证。黑格尔说过："一般地说，摹仿的熟练所生的乐趣总是有限的，对于人来说，从自己所创造的东西中得到乐趣，更适合于人的身份。"③黑格尔还提到一件有趣的轶事。有一次，一个学会了百无一失地把豆粒掷进小孔的人在亚历山大大帝面前献技，为了酬劳这种空洞的摹仿把戏，亚历山大大帝赏了他一斗豆子。

大卫：你认为创造的根本特征是发散式思维，我承认这是有道理的。这远比有些人把创造理解为神秘的直觉、灵感更有意义。我希望进一步知道的是：在哲学研究中，如何运用发散式思维？

黎明：发散式思维大致上有四种形式。第一种形式叫"导向事物"。

大卫：这是什么意思呢？

黎明：席勒说过："世界是狭隘，头脑是宽广。"④要回答你的问题，必须先从思维方式谈起。我们以往的哲学研究在思维方式上差不多只使用演绎法，即从某个高层次的原理出发，去理解、说明和规范事实。演绎法是一种收敛式的思维方式，它并不产生新的知识，因为结论早就蕴含在大前提中了。比如说，从"人都有死"这个大前提演绎出"张三有死"的结论，"张三"是蕴含在"人"之中的，所以，结论并没有提供大前提之外的知识。

仅仅运用演绎的方法，思维是不可能有创造性和开拓性的。试问，

---

① ［德］黑格尔：《法哲学原理》，范扬、张企泰译，商务印书馆 1979 年版，第 171 页。
② 伍蠡甫主编：《现代西方文论选》，朱光潜译，上海译文出版社 1983 年版，第 22 页。
③ ［德］黑格尔：《美学》第 1 卷，朱光潜译，商务印书馆 1981 年版，第 54 页。
④ ［德］席勒：《华伦斯坦》，郭沫若译，人民文学出版社 1955 年版，第 271 页。

列宁关于社会主义革命有可能在一国或几个国家中率先取得胜利的理论能从马克思的学说中演绎出来吗？试问，毛泽东关于农村包围城市的理论能从马克思、列宁的革命学说中演绎出来吗？试问，邓小平关于"一国两制"的构想能从列宁的《国家与革命》中演绎出来吗？

大卫：你的意思是不是说，创造性包含在归纳法之中？

黎明：完全正确。正是归纳法，不停息地把我们导向事物，导向生活。它要求我们的思维不断向外扩张，去接触和研究新的事实，从中提炼和概括出一般的原理。上面我们提到的新观点，都是在接触实际、研究新事实的基础上提出的。歌德早就说过，理论是灰色的，而生活之树是常青的。从事哲学研究的人只有不断地把自己的思维发散、浸润到生活中去，才能获得创造性的灵感。事实上，哲学研究如果光使用演绎法，就会不可避免地导致教条主义。

大卫：我觉得，你对演绎法的贬抑太过分了。其实，演绎法在人们的思维中也是须臾不可分离的。应当把归纳法与演绎法紧密地结合起来。这样，我们才又回到了买尔祖旺树起的警语牌之前：

> 当朋友遗弃知心，
> 彼此南辕北辙，
> 距离越来越远的时候，
> 我要奔走，斡旋，
> 把两者挽回过来联系在一起，
> 让自己做剪刀上的一颗铆钉。①

黎明：我完全赞同你的意见。然而，我必须申明两点；第一，单纯的演绎方法对任何研究工作说来，都是无益的。因为它必然把对生活的探讨转换成对经典作品的注释，从而把研究工作导向死胡同。第二，在

---

① 《一千零一夜》第2册，纳训译，人民文学出版社1979年版，第30页。

演绎法与归纳法的结合中，归纳法必须占主导地位。没有这一条，就不可能有发散式思维，不可能有创造性和开拓性。当然，归纳法也有自己的弱点。它不但导不出普遍必然的结论，而且运用得不好，还可能引申出错误的结论。所以，必须本着同样严谨的态度来运用归纳法。

总之，只有不断地把思维导向事物，它才不至于成为常识与传统观念的"囚犯"，才有可能获得创造的不疲倦的驱动力。

大卫：运用发散式思维的第二种形式是什么呢？

黎明：我称之为"红杏出墙"。

大卫：真是一种古怪的表述，它的寓意究竟是什么呢？

黎明：你记得南宋诗人叶绍翁的名句吗？"春色满园关不住，一枝红杏出墙来。"我认为，哲学和各具体科学都有自己独特的研究领域，这些领域就像一个个花园一样紧紧地毗连在一起。当其中一个花园春色满园的时候，就会有一枝枝的红杏伸出墙外，伸展到邻近的花园中。于是，春色逐渐蔓延开来，终于使所有的花园都披上了新装。当然，这不过是一种象征性的说法。

这里的"红杏"，意谓某一门具体科学中概括出来的一个原则。善于进行发散式思维的人总会敏锐地抓住这枝"红杏"，把它引向墙外，引向另一门具体科学或哲学中，从而在其他领域中收获新的果实。采用这种方式进行思维发散，常常会把新出现的一个原则泛化为一种学说、一个学派。

大卫：按你这样的说法，"墙内开花墙外红"这句古老的格言不仅失去了贬义，而且成了创造性思维的同名词啰。

黎明：这没有什么可大惊小怪的，格言从来就绊不住真正的思维。据说巴尔扎克的手杖上刻着这样一句话："我粉碎了每一个障碍。"

哦，大卫，对了，你还记得《死魂灵》中的那个有趣的人物梭巴开维支吗？

大卫：当然记得。这是一个身材高大的莽撞的人物。他的特点是老踩着别人的脚。你提他干什么？

黎明：我觉得，进行发散式思维，就要像梭巴开维支一样，敢于把脚踩到其他的领域中去。这和"红杏出墙"的寓意是相同的。

一个新原则的发散或泛化，在有的场合，是由提出这一新原则的思想家本人来完成的，在其他的场合中，则是由一群学者来完成的。

比如，弗洛伊德在精神病研究的领域中培育出"无意识"这枝"红杏"。当他自己把这枝"红杏"引出墙外，让它伸展到哲学、历史、宗教、伦理、文学、美学等毗邻的领域中去时，他也就创立了一种新的学说——精神分析，造就了一个新的学派——精神分析学派。又如，索绪尔在语言学的研究中发现了"结构"这个原则。当这个原则被提升到哲学的高度，并被莱维·斯特劳斯、拉康、福柯、巴尔特等一大群学者作为主导性原则扩散并泛化到对人类学、社会学、心理学、史学、文学等研究领域中去的时候，就形成了一个阵容可观的结构主义学派。又如，达尔文在生物学研究中确立了"进化"的原则。当它被斯宾塞、斯宾格勒、杜威、泰依亚等一大批研究者发散到社会学、史学、教育学、宗教等各个领域中去的时候，也形成了一股巨大的进化论的潮流。

大卫：类似这样的"红杏出墙"的例子，确实可以举出好多。比如，有人已开始把普利高津在物理学研究中得出的"耗散结构"原则发散到社会学、经济学的研究中去。我想，你主张建立"哲学发生学"，大概也是从这种思维形式中受到启发，从而把皮亚杰在儿童心理学和认识论研究中提出的"发生"原则发散到对哲学本身的研究中去。经你这么一概括、一解释，"红杏出墙"倒成了创造性思维的一条极妙的途径。

黎明：请不要打断我，让我继续说下去。玛利娅说过："思想是无拘无束的。"[①]在人类文化的发展中，当一个原则被发散时，犹如一个国家的扩张，有一种无限膨胀的心理。这种心理必然超越这个原则本身所具有的力量和价值。于是，在发散中逐渐出现了这个原则所无法解释的

---

① 参见莎士比亚的戏剧《第十二夜》，见《莎士比亚全集》第4卷，朱生豪译，人民文学出版社1978年版，第11页。

现象。当一片片乌云汇合成满天阴霾的时候，一个与此不同的新原则又诞生了。它又以同样的方式走完了同样的旅程，被一个更新的原则所取代。人类思想史就在这些原则的跌宕起伏中向前发展。

大卫：你把原则比作"一枝红杏"，我觉得，也不妨把它比作"一颗石子"。当这颗石子被投进一个池塘的时候，它漾起的水波就会扩散到整个池塘。这使我突然领悟到一个道理：一种新学说的诞生并不是神秘的、不可企及的。当一个思想家选取了一个有价值的、还未被前人发散或泛化过的原则，深入进行研究，并逐步把它发散到邻近的领域中去的时候，他就渴望建立一种新的学说。比如，当我把"接受美学"中的"接受"的原则泛化到教育学中去的时候，我不是可以建立接受教育学这样的新学科了吗？犹如克拉芒斯说的："先生，任何意想不到的事都是可能发生的。"①

黎明：我同意你的结论，不过我要补充下面一句话：我们和前人的区别在于，前人是不自觉地运用发散式思维的，我们则是自觉地运用这一思维方式的。

大卫：你说的"红杏出墙"真是一个寓意深刻的比喻。现在该听你介绍运用发散式思维的第三种形式了。

黎明：第三种形式我称之为"问题域外的问题"。当一个有志于哲学的青年人一踏上哲学研究的道路时，在他面前就出现了一个"问题域"。所谓"问题域"也就是由哲学教科书和许多哲学杂志编织出来的当今哲学界争论的主要问题群。假设当前哲学界正在讨论十个重大的问题，这些问题就构成一个"问题域"，如同一张巨大的罗网一样笼罩着整个哲学界。当一个哲学研究者对这十个问题中的任何一个问题感兴趣，并加入讨论的时候，他也就失去了第一流的思维发散性和创造性。

大卫：为什么呢？

黎明：就像伽图对维吉尔说的：

---

① 《加缪中短篇小说集》，郭宏安译，外国文学出版社 1985 年版，第 98 页。

　　　　那么去吧，你要注意把此人的腰
　　　　用一根光滑柔嫩的灯芯草束住。①

　　谁一进入"问题域"，就像进入米诺斯迷宫一样，被拴在那里了，他的创造性被蒙蔽了，他已经看不到"问题域"外面存在的重大问题了。

　　大卫：这不见得吧。如果我提出了与"问题域"中某个问题的流行见解不同的甚至相反的见解，这难道不是创造性的一种表现吗？假设"问题域"中有一个问题，打个比方，就说杨献珍提出的"合二而一"吧，我不同意他的见解，这不是超越了他所提出的问题了吗？

　　黎明：不，天使仍然在针尖上跳舞。你提出不同的见解，或多或少有某种创造性，但不要忘了，你的创造性始终在杨献珍提供的地基上蠕动。这个重大的问题无论如何是他率先提出的。所以，在这个方面，他的创造性永远高于你。正如俾德丽采所说：

　　　　你的思想，
　　　　还没有能切实地抓住真理，
　　　　却还像从前那样使你转向虚无之乡。②

　　大卫：我明白了，你的意思是要撇开这十个问题，以自己的努力来提出第十一个问题。这第十一个问题也就是"问题域"外的问题了。

　　黎明：正是这样。在我看来，第一流的思维发散性与创造性具有一种超越"问题域"的巨大的力量。无论如何，一个刚步入哲学研究道路的青年人是极难超越"问题域"的。这种发散性和超越性是在长期的研究实践中锻炼出来的。当雏鸡有力量啄破蛋壳的时候，它就会惊喜地发现，在外面有一个更大的世界。犹如俄瑞斯忒斯说的："这扇门后面，就是

---

　　①　[意]但丁：《神曲·炼狱篇》，朱维基译，上海文艺出版社 1984 年版，第 8 页。
　　②　[意]但丁：《神曲·天堂篇》，朱维基译，上海文艺出版社 1984 年版，第 20 页。

世界。"①

　　大卫：发现"问题域"外的问题要具备什么条件呢？

　　黎明：至少要有两个条件：（1）你必须熟悉"问题域"内正在争论的所有的问题。不然，你自以为提出了第十一个问题，后来突然发觉，它不过是十个问题中一个问题的一种变形。总之，要超越"问题域"，就得先熟悉"问题域"。（2）你提出的新问题必须是有重大发展前景的。如果提得很肤浅，就难免有高谈阔论之嫌：

　　　　在我们这个年代，
　　　　高谈阔论真够叫人厌烦。②

　　大卫：然而，提出重大的新问题，恐怕只有少数具有极高天赋的人才能办到。对于一般的研究者说来，又该怎么办呢？

　　黎明：那就只有在"问题域"中进行发散了，就像孙悟空在如来佛的手掌上翻筋斗一样。这里的发散就是第二流、第三流的发散了，但仍然是有价值的。比如，假定在"问题域"的十个问题中，有一个是关于真理的阶级性的问题。再假定在这个问题上已有三种不同的见解：一种主张真理有阶级性，另一种主张真理无阶级性，再有一种主张社会科学的真理有阶级性，自然科学的真理则没有阶级性。面对这种态势，不管你写文章赞同哪一种见解，你都是在摹仿而不是在创造。反之，如果你独立不倚地提出了第四种见解，即真理有没有阶级性这个问题本身就不能成立。这样，你就超越了这三种见解，这表明你的思维仍有一定的发散性。维特根斯坦早就说过："只有甚至比哲学家们还更加疯狂地进行思维，你才会解决他们的问题。"③

---

① 《萨特戏剧集》，袁树仁译，人民文学出版社 1985 年版，第 82 页。
② ［俄］普希金：《叶甫盖尼·奥涅金》，吕荧译，人民文学出版社 1954 年版，第 29 页。
③ ［英］维特根斯坦：《文化与价值》，黄正东等译，华中科技咨询公司 1984 年版，第 113 页。

大卫：你的话启发了我，现在我总算找到原因了，我过去写的东西之所以老是被编辑部退回来，显然是因为我的思维太缺乏发散性，缺乏标新立异的力量了。

黎明：你提到了标新立异这个词，真是太好了，这是对发散式思维的最恰当的解释。所谓"新"，就是提出新问题，所谓"异"，就是提出新见解。发散，无非是求"新"求"异"。没有"新"和"异"，思维的创造性就是一句空话，没有"新"和"异"，"双百"方针也就无从谈起。

纵观整个西方哲学史，凡是优秀的哲学家都敢于在学术上标新立异。一方面是大胆怀疑前人的结论和传统的见解，另一方面是敢于提出前人所没有提出的新问题。维特根斯坦一生创立了两种不同的哲学，这两种哲学都对西方学术界产生了重大的影响。维特根斯坦在哲学观点上的卓越的创造性正表明了他的思维的高度发散性和创造性。当然，在哲学上讲标新立异，总是要担一些风险的。在我国理论界，这样的事是屡见不鲜的：每当一个新的问题提出时，或每当一种新的观点出现时，总有人指责它离经叛道。

大卫：其实新观点所离之经，不过是教条主义之经；所叛之道，不过是教条主义之道。诚然，新观点中也可能会有错误，但如果大家都怕犯错误，都不敢去探索，那哲学岂不成了烦恼的同义词了吗？人们面对着哲学，就像亨利·威尔士亲王面对着王冠一样，一定会叹道："啊，光亮的烦恼，金色的忧虑！"①

我现在体会到，不善于去寻找"问题域"外问题的研究者是不可能成为第一流的学者的，他至多只是一个优秀的摹仿者。正如希尔达批评格茨的时候所说的："你是一只停了的钟，老是指着同一个时刻。"②

黎明：现在我们该讨论运用发散式思维的第四种形式——"向未来震荡"了。从时间上看，哲学研究的领域可划分为历史、现实、未来这

---

① 参见莎士比亚的戏剧《亨利四世》下篇，见《莎士比亚全集》第 5 卷，朱生豪译，人民文学出版社 1978 年版，第 206 页。

② 《萨特戏剧集》，袁树仁译，人民文学出版社 1985 年版，第 564 页。

三大部分。在以往的哲学研究中，思维震荡的幅度很小，大多局限在历史的范围内，即对以前的思想资料进行注释、介绍或研究。研究者的思维很少震荡到现实中去。至于未来，就更少有人问津了。犹如斐迪南说的："我的将来只是空虚、混乱、阴郁。"①

大卫：为什么会出现这样的局面呢？

黎明：主要有两个原因：一是我们对哲学功能的理解不够全面。一般的哲学教科书都认为，哲学的功能就是对自然科学和社会科学的成果进行概括和总结。众所周知，概括和总结总是面对过去的，或者说面对已存在的东西的。因为人们不可能概括将来的、尚未存在的东西。对哲学功能的这一理解本身就排斥了哲学对未来的思考和探索。这很容易使我们联想起黑格尔关于哲学是黄昏到来时才起飞的密纳发的猫头鹰的著名比喻。根据这一比喻，哲学的功能或使命就是回首白天已发生的事情，进行事后的理论概括和总结。二是研究未来比研究历史更困难。因为研究未来，不仅要有对历史和现实的深刻的洞察力，而且更需要卓越的想象力。

大卫：你的意思是说，思维向未来的震荡和发散，只能依托于想象力的翅膀吗？

黎明：完全正确。想象力是人类最奇特的一种力量。拿破仑说过："想象统治着人类。"②没有想象力，不要说思维的发散，就连思维本身也是不可能的。列宁告诉我们，就连"桌子"这样的观念中，也已包含某种幻想的成分在内。当然更不用说把思维震荡到未来的领域中去了。

大卫：你说，想象是不是脑子里各种观念的随意组合和颠倒？

黎明：你这个观点基本上是休谟的观点。不过他表述得更为严密。他说："世上再没有东西比人的想象更为自由；它虽然不能超出内外感官所供给的那些原始的观念，可是它有无限的能力可以按照虚构和幻象

---

① 《歌德戏剧集》，袁树仁译，人民文学出版社1985年版，第232页。
② 伍蠡甫主编：《现代西方文论选》，朱光潜译，上海译文出版社1983年版，第233页。

的各种方式来混杂、组合、分离、分割这些观念。"①许多其他的哲学家，如康德、黑格尔、萨特等都研究过想象力的问题。如果你有兴趣的话，这正是一个非常好的研究课题。

大卫：真是一个好主意。有趣的是，一提到想象力，我就会想起司芬克斯的形象。我觉得，司芬克斯就是人类想象力的一种确证。

黎明：我完全赞同。有人喜欢用司芬克斯来说明唯物主义的反映论：司芬克斯的上身是人，下身是狮子，人和狮子都是存在的，这不是人的思想对客观世界的反映吗？我觉得，这种见解是非常肤浅的。在司芬克斯的形象上，应该看到的是人类伟大的想象力和创造力的萌芽。是的，把半个人和半只狮子结合在一起，是非常简单的创造，但人类全部复杂的高级的创造活动正是从这样简单的碰撞和结合中萌发出来的。在这个意义上，我建议把司芬克斯的雕像和宇宙飞船的模型陈列在同一个展览窗里。

大卫：你关于想象力的想象可真丰富。我们还是回到你所说的"向未来震荡"的问题上来吧。

黎明：我接受你的建议。其实，一接触西方哲学史，你立即就会发现，未来从来就是哲学的神圣的属地。柏拉图的《理想国》、莫尔的《乌托邦》、培根的《新大西岛》、康帕内拉的《太阳城》无不都是向未来震荡的杰作。作为马克思主义的三个来源之一的法国空想社会主义也非常注重对未来的研究。尽管这些研究具有很多空想的成分，但是得到了马克思的高度的评价。马克思本人也非常重视对未来的研究。你读过他的《路易·波拿巴的雾月十八日》吗？

大卫：读过，而且不止读过一遍。马克思的许多精辟的分析和论述至今犹历历在目。

黎明：那你一定会记得它的最后一句话："如果皇袍终于落在路

---

① ［英］休谟：《人类理解研究》，关文运译，商务印书馆 1981 年版，第 45 页。

易·波拿巴身上，那么拿破仑的铜像就将从旺多姆圆柱顶上倒塌下来。"①马克思的这个预言是在1851年做出的。20年后，在巴黎公社起义的炮火中，拿破仑的铜像果然被公社社员们推了下来。

大卫：这是何等卓越、何等伟大的洞察力呀。

黎明：这不过是从一滴水中窥见的太阳光。马克思主义创始人关于未来共产主义的大量论述表明，他们的思维始终是向未来开放，向未来发散的。邓小平同志关于"三个面向"的指示也蕴含着同样的意思。

在当今世界，对未来的研究和预测已蔚然成风。各国纷纷建立未来学学会，美国已拥有数万名未来学会员。这种变化值得引起我们的高度重视。总之，不研究现实的哲学是胆怯的，不探索未来的哲学是近视的。坚定不移地把思维震荡、发散到未来的领域中去，不满足于在历史的尘埃中蠕动，正是我们青年理论工作者的责任和使命。

大卫：我赞成你的意见，思维应该向未来震荡，但我又觉得，未来是一个深不可测的陷阱。弄得不好，会给别人戴上"想入非非"的帽子。

黎明：你的担忧并不是空穴来风。问题是，当有人给你戴上"想入非非"的荆冠时，你何必害怕呢？中国的《山海经》《淮南子》《西游记》《封神榜》无不都是想入非非的杰作。你在读它们的时候，会产生一种厌恶乃至害怕的感觉吗？

斯威夫特在《格列佛游记》中，写到想入非非的巴尔尼巴比人。他们有的研究从黄瓜中提取出阳光；有的研究用猪耕地、用秕糠种地；更有人研究把粪便还原为食物。巴尔尼巴比人还有一个"政治设计家学院"，主张对爱情征税，对妇女按漂亮程度征税，等等。尽管这一切都是虚构的，但你会讨厌它们吗？其实，每个人的心中都有一个"幻想角"，在这个意义上，每个人都是斯威夫特笔下的"巴尔尼巴比人"。

大卫：难道能作这样的比附吗？

黎明：那就请你去读一读意大利作家、未来派的创始人马里内蒂写

---

① 《马克思恩格斯选集》第1卷，人民出版社1995年版，第580页。

的《未来主义宣言》吧。请听下面的话：

> 我们今天以此创造了未来主义，因为我们将要把意大利从教授、考古学家、导游者和古玩家的溃疡里挽救出来。
>
> 崇拜一张古画，等于是把我们的感受全部倾注到骨灰瓮里，而不是将它投进创造和行动的猛烈进发中去。
>
> 把图书馆的书架子点上火！……改变河道，让博物馆的地下室淹在洪水里吧！……抓住鹤嘴锄和榔头！去破坏那些古老神圣的城市的地基！①

大卫：真令人震惊。这简直是来自另一个星球的语言。

黎明："惊吓有时候是治得好瘫痪症的。"②未来派的语言尽管充满历史虚无主义的味道，但它反对把文学艺术淹没在历史的尘埃中，主张向未来发散，毕竟开拓出一块新的领地。苏联的马雅可夫斯基也是一个著名的未来派诗人。

大卫：然而，你上面谈的都是文学艺术呀。在哲学上，向未来震荡肯定会艰难得多。

黎明：也许我们不能像泰戈尔一样，轻描淡写地说：

> 真理穿了衣裳觉得事实太拘束了，
>
> 在想象中，她却转动得很舒畅。③

但只要我们深入地了解历史和现实，我们还是有资格预测未来的。正如赫尔岑所说："充分意识过去，我们才可以认清现在；深深地沉思

---

① 参见伍蠡甫主编：《现代西方文论选》，朱光潜译，上海译文出版社1983年版。
② ［法］拉·梅特利：《人是机器》，王太庆译，商务印书馆1991年版，第19页。
③ ［印度］泰戈尔：《飞鸟集》，郑振铎译，上海译文出版社1981年版，第23页。

往事的意义，我们才能发现未来的意义"。①

大卫：你刚才谈的关于运用发散式思维的四种形式是值得好好回味的。我还有一个问题需要解答：这种创造性的发散式思维究竟是怎么培养出来的呢？

黎明：撒旦在诱惑神之子的时候，随口说出下面的真理："伟大的作为，要有伟大的进取条件。"②我认为，创造性的思维并不是轻而易举地获得的。要培植它，必须具备以下两方面的条件。第一方面的条件是社会环境(政治、经济、文化、地理等因素的综合)。马克思早就说过："人创造环境，同样环境也创造人。"③人的创造性的勃发，常常是和社会环境的优劣密切结合在一起的。我们现在正生活在一个积极向上的改革的时代，创造性正是生活本身所竭力鼓励的东西，我们的环境是好的。进而言之，如果我们有条件接触到一些思想活跃、富于创造性的良师益友，那就更容易引发我们身上潜伏着的创造力之泉。海涅说得好，有才华的人之间的思想交流，如同钻石之间的摩擦一样，彼此都向对方传导热电，从而双方都焕发出更大的光泽。

大卫：第二方面的条件呢？

黎明：这是主观方面的条件，那就是要珍惜脑袋里迸发出来的任何一颗思想的火花，哪怕它像萤火虫的光一样，是非常微弱的，转瞬即逝的，我们也要无限地珍惜它，爱护它。康德总是随手记下自己脑子里冒出来的有价值的思想，有时甚至记录在发货单上或任何可以找到的破纸片上。黑格尔从小时候起，在读书时，就坚持做卡片，这使他有可能在几十年的阅读和思考中积累了大量的知识，从而创立了至今还使后人惊叹的包罗万象的哲学体系。总之，最有天赋的人也不能自然而然地获得创造力，思维的发散性和创造性是在长期学习、思考中逐步培养起来的。如果有什么捷径的话，那就如恩格斯说的，系统地去学习人类的思

---

① ［俄］赫尔岑：《科学中华而不实的作风》，李原译，商务印书馆 1981 年版，第 23 页。
② ［英］弥尔顿：《复乐园》，朱维之译，人民文学出版社 1957 年版，第 76 页。
③ 《马克思恩格斯全集》第 3 卷，人民出版社 1960 年版，第 43 页。

想史。无数哲人的闪闪发光的思想将为你的思维插上发散性的翅膀。去创造吧，世界的惰性唯有在创造中才会得到改造。厌恶创造，也就是厌恶生命。热爱创造，也就是热爱生命。于是，我们又回到了靡菲斯特的箴言之前：

> 不经过迷惑，你总不会聪明！
> 要成长，你总要独创才行。①

大卫：记得维特根斯坦曾经说过："探讨哲学的人渴望思想平静。"②我今天却分外激动。也许我有权利希望，我的创造力之泉已经开始流动了。

O 人在世就是决断
——哲学与选择

> 王国在上，地狱在下，人类必须作出自己的抉择。
>
> ——[法]雅克·莫诺

黎明：不知为什么，一讨论到选择的问题，我就自然而然地联想起莎士比亚笔下的亨利六世。

大卫：为什么你对亨利六世这么有兴趣？

黎明：他是一个性格软弱、优柔寡断的人。他说："我在精神上是个国王，其实那也很够了。"又说："我的王冠不戴在头上，是藏在心中。

---

① 参见[德]歌德：《浮士德》第 2 部，郭沫若译，群益出版社 1947 年版。
② [英]维特根斯坦：《文化与价值》，黄正东等译，华中科技咨询公司 1984 年版，第 64 页。

我的王冠不镶珠宝，肉眼看不见它，我的王冠就是'听天由命'，这是许多国王享受不到的一项王冠。"①

大卫：你也信奉"听天由命"吗？

黎明：不，我并不相信。正如特克拉所说的："这儿决不是希望所栖息的舞台。"②我主张，一个人在生活中必须敢于决断，敏于选择。把一切都推诿给命运的人就像屠格涅夫笔下的"活骸"，充其量不过是一个无灵魂的躯壳。③

大卫：你的开场白正像一道神秘的帷幕。现在我们该拉开它，看看梅杜莎的头究竟是什么模样的了。④

当代西方的哲学家，尤其是人本主义哲学家，都喜欢谈论自由和选择的问题。你对这个问题究竟怎么看呢？

黎明：我认为，这是一个十分重大的课题，值得花力气深入探讨。在人们的生活中，无论是在精神生活中，还是在物质生活中，都充满了选择。从英语考试中的"choice"到人生道路的选择；从对朋友、恋人的选择到对人才的起用；从战争的发动到历史性的改革，人类的一切活动都包含着选择。从每个人的人生到每个民族、国家发展的历史，都是由一连串的选择和决断构成的。人类的文明越是发展，选择的问题就越显得突出。

大卫：这又是为什么呢？

黎明：随着人类文明的发展，势必出现信息泛滥、信息爆炸的局面。而人的生命是短暂的，人的能力是有限的。于是，人的有限的存在和信息的无限的膨胀就构成了越来越尖锐的矛盾。解决这个矛盾的唯一出路就是选择。汤因比说："对人类事务的任何研究都必然带有选择性。

---

① 参见莎士比亚戏剧《亨利六世》下篇，见《莎士比亚全集》第6卷，章益译，人民文学出版社1978年版，第271页。

② ［德］席勒：《华伦斯坦》，郭沫若译，人民文学出版社1955年版，第175页。

③ 参见屠格涅夫的短篇小说《活骸》。

④ 梅杜莎，希腊神话中的复仇女神，头上缠满了蛇。

假若某个人手头拥有一天内在全世界出版的所有的报纸，又假若他得到保证说这里报道的每个字都是地道的真理。即使如此，他又拿这些报纸怎么办呢？……他只得进行选择，而且，即使他把所有的事实都复制出来，他也只得突出某些事实，贬抑另一些事实。"①科学哲学家波普尔也大声疾呼说，"我们必须有所省略，有所选择。"②

另一方面，信息越泛滥，人们在生活中就越需要自主性，而这种自主性也就是选择中的判断力。美国文艺批评家欧文·白璧德说过："在现在这样的时代，任何事情，从选择一种宗教信仰一直到选择一种香烟都处在川流不息的宣传之中，因此，一般性的判断力就显得更加需要了。"③事实上，在当代世界中，一个人，尤其是一个拥有一定决策权的人，如果在选择中缺乏敏锐的判断力，就会一事无成。正如伊罗对华伦斯坦说的：

> 果断便是你的金星，
> 危害你的唯一罪魁是疑怠。④

大卫：从哲学上看，对选择问题论述得最多的是不是就是存在主义思潮？

黎明：我想，可以这么看。

大卫：那你又怎么看待存在主义哲学家，尤其是我们比较熟悉的萨特对选择问题的见解呢？

黎明：这个问题就像彼特拉克提出的"什么是真理"的问题一样大。然而，这个问题是非常有意思的，而且在它上面还蒙着种种误解，亟需

① 田汝康等选编：《现代西方史学流派文选》，上海人民出版社 1982 年版，第 133—134 页。
② 同上书，第 157 页。
③ 伍蠡甫主编：《现代西方文论选》，朱光潜译，上海译文出版社 1983 年版，第 231 页。
④ ［德］席勒：《华伦斯坦》，郭沫若译，人民文学出版社 1955 年版，第 125 页。

加以澄清。

最早从哲学上提出选择问题的是存在主义的先驱之一克尔凯郭尔。克尔凯郭尔是黑格尔哲学的最激烈的抨击者之一。黑格尔关心的是现实性、必然性、总体性，克尔凯郭尔关心的则是可能性、偶然性、选择性。黑格尔的口号是 Both(两者，即综合、合题的意思)，克尔凯郭尔的口号则是 either…or…(或者……或者……即打破综合，非此即彼地进行选择)。克尔凯郭尔还写了一部书名为 *either…or…* 的著作来阐发自己的思想。这部著作在丹麦产生了相当的影响，以致当他在哥本哈根的街上行走时，不少小孩跟在后面叫道："either … or …"克尔凯郭尔的全部学说都是从孤独的个人出发的。他主张，个人的生活道路完全是自己选择的，而这种非此即彼式的选择又是充满偶然性的，没有任何理由的。正如克拉芒斯说的："我生活在我的角色中。"①在克尔凯郭尔之后，"选择"成了一个哲学范畴，对当代西方文化的发展产生了重大的影响。

大卫：存在主义的哲学家都受过他的影响吗？

黎明：雅斯贝尔斯、海德格尔都受过他的影响，特别是萨特的学说，受到他极大的影响。

大卫：我希望你能够比较详细地谈谈萨特关于选择的观点，这是我最感困惑的问题之一。

黎明：这得先从萨特的基本哲学观点开始。萨特的基本观点是：存在先于本质。这完全继承了克尔凯郭尔的观点。克尔凯郭尔和萨特都坚持从个人的活生生的存在出发。这是对传统哲学的巨大冲击。

大卫：为什么呢？

传统哲学热衷于探索世界的本质，精神或灵魂的本质，乃至人的本质，而遗忘掉的恰恰是活生生地存在着的个人。费尔巴哈谈到自己在黑格尔逻辑学面前发抖时说："这是彩蝶在蛹虫面前的战栗"，"生命在死

---

① 《加缪中短篇小说集》，郭宏安译，外国文学出版社 1985 年版，第 128 页。

亡前发抖"①。总之，在萨特的目光中，传统哲学的基本观点正好相反，是"本质先于存在"。这就好像好兵帅克的远征一样，是沿着相反的方向行进的。他走得越远，离开目的地就越远。所以，传统哲学尽管建立了无数形而上学的大厦，但有血有肉的个人却在其中淹没了，窒息了。鲍西娅说："我这小小的身体已经厌倦这个广大的世界了。"②存在主义哲学家则说："这个广大的世界已经厌倦我这小小的身体了。"

大卫：你认为，在我国的理论研究中存在这种"本质先于存在"的现象吗？

黎明：毫无疑问是存在的。不论是在哲学研究、文学评价还是现实生活中，当人们简单地以人的本质（社会性、阶级性）去分析、评价、断言一个活生生的人时，就是按照"本质先于存在"的观点来思考的。其实，马克思主义的创始人也是反对这样做的。恩格斯说过："给现代资产阶级统治打下基础的人物，决不受资产阶级的局限。"③恩格斯在批判杜林的先验主义时还强调指出："原则不是研究的出发点，而是它的最终结果。"④显然，简单地用阶级性、本质和原则去规范人、存在和事实是不行的。就像贺德雷对雨果说的："雨果，你爱的不是人，你爱的只不过是一些原则。"⑤

大卫：我明白了。虽然我对萨特的学说有许多保留，但我知道他为什么要提出"存在先于本质"的命题来了。你能进一步阐明这个命题和选择的关系吗？

黎明：在萨特看来，人首先存在着，在存在的过程中，他不得不不断地作出选择，在选择中，他确定了自己的本质。你读过《萨特戏剧集》吗？

---

① 苗力田译编：《黑格尔通信百封》，上海人民出版社 1981 年版，第 305 页。

② 参见莎士比亚的戏剧《威尼斯商人》，见《莎士比亚戏剧全集》第 3 卷，朱生豪译，人民文学出版社 1978 年版，第 11 页。

③ 《马克思恩格斯全集》第 20 卷，人民出版社 1971 年版，第 361 页。

④ 同上书，第 38 页。

⑤ 《萨特戏剧集》，袁树仁译，人民文学出版社 1985 年版，第 388 页。

大卫：读过，而且几乎是一口气读完的。

黎明：萨特的戏剧和莎士比亚、莫里哀、易卜生等人比较起来，有自己的特点。尤其是它的洗练的语言、深邃的哲理，在我脑袋里留下了深刻的印象。我有一种奇特的想法，我觉得，萨特的全部戏剧实际上只用一个词就可以概括。

大卫：让我猜猜，是不是"选择"这个词？

黎明：完全正确，我们想到一块儿去了。萨特的全部剧本都把剧中的主角置于非此即彼的选择中。从《苍蝇》中的俄瑞斯忒斯、《禁闭》中的加尔散到《死无葬身之地》中的一群被捕者，从《恭顺的妓女》中的丽瑟、《脏手》中的雨果、《魔鬼与上帝》中的格茨到《涅克拉索夫》中的乔治和《阿尔托纳的隐居者》中的弗朗茨，无不都处在选择中。《禁闭》中的加尔散就说过一句非常有代表性的话："我们不是一起完蛋，就是一起摆脱困境。选择吧！"①《阿尔托纳的隐居者》中的尤哈娜在劝弗朗茨就自杀或复活进行选择时，直截了当地说："非此即彼。"②尽管后来萨特也承认，人并不是在任何场合下都有选择自由的，但在一般情况下，自由选择是可能的，这始终是萨特的基本思想。

大卫：为什么萨特那么强调选择的作用呢？

黎明：强调选择也就是强调自由。对于萨特来说，自由是选择的前提，而选择则是自由的确证。为什么人是自由的呢？因为人的意识是自由的，它能支配自己的肉体去做他想做的事情。所以，萨特说："人总是做自己想做的人。"③

大卫：这使我想起了哲学史上的一件轶事。莱布尼茨说，如果磁石有意识的话，它就会认为自己指向北方是自由的。黑格尔反驳道：不，那时磁石会知道空间的一切方向，并且会认为仅仅一个方向乃是自己的自由的界限。黑格尔的驳斥不是也包含着意识具有自由选择的自然倾

---

① 《萨特戏剧集》，袁树仁译，人民文学出版社 1985 年版，第 133 页。
② 同上书，第 868 页。
③ 同上书，第 150 页。

向吗？

黎明：黑格尔对自由与选择的看法是很深刻的。他写道："我既然可以选择，我就具有任性，这一点就是人们通常所称的自由。"①其实，这种自由是一种空洞的虚幻的自由，是为所欲为的同名词，是缺乏思想教养的一种表现。黑格尔认为，真正的自由不是停留在可能的选择中，而是在理解必然性的基础上迅速地作出决断，"人唯有通过决断，才投入现实，不论作出决定对他说来是怎样的艰苦"②。恩格斯从唯物主义立场上批判地继承了黑格尔的观点。他对自由与选择问题的思考更为深入，他指出："意志自由只是借助于对事物的认识来作出决定的能力。因此，人对一定问题的判断越是自由，这个判断的内容所具有的必然性就越大；而犹豫不决是以不知为基础的，它看来好像是在许多不同的和相互矛盾的可能的决定中任意进行选择，但恰好由此证明它的不自由，证明它被正好应该由它支配的对象所支配。"③

大卫：你一提起恩格斯的这段话，我就记起来了，我们国内的许多学者在批评萨特关于选择和自由的见解时，都喜欢引证这段话。你对此有什么看法？

黎明：我也注意到了这个问题。我觉得，对萨特的批评，存在着简单化的倾向，也存在着种种误解，有必要加以澄清。其实，无论是黑格尔也好，恩格斯也好，他们论述自由和选择问题的角度都是和萨特不同的。看不到这种差异，简单地搬用恩格斯的这段话去批评萨特，就会不可避免地造成误解，从而忽略了萨特学说中有价值的东西。

大卫：你说角度不同，究竟不同在什么地方呢？

黎明：黑格尔和恩格斯主要是从认识论和科学的角度来谈论自由与选择问题的，而萨特主要是从伦理和道德责任感的角度，从人学本体论的角度来谈论自由与选择问题的。从认识论与科学的角度出发去探索自

---

① ［德］黑格尔：《法哲学原理》，范扬、张企泰译，商务印书馆 1979 年版，第 26 页。
② 同上书，第 24—25 页。
③ 《马克思恩格斯选集》第 3 卷，人民出版社 1995 年版，第 455—456 页。

由与选择的问题，不可避免地会把自由、选择与必然的关系作为主要探索对象。恩格斯上面讲到的"犹豫不决是以不知为基础的"，其中的"知"也就是了解或把握必然性的问题。其实，萨特并不否认，自由与选择是建立在必然性基础上的。一个不会游泳的人如果跳到深水里去寻找什么"自由"，这种"自由"准是虚幻的，他会服从自然规律，会马上被淹死。包括萨特在内，谁都不会怀疑这一点。

大卫：你的意思是不是说，萨特并没有把自由、选择与必然性对立起来。

黎明：正是这样。萨特还进一步告诉人们，认识并把握了必然性，并不等于说自由与选择的问题统统已经解决了。自由与选择是内涵极为丰富的概念，其中不仅有科学与认识论的问题，还有价值与道德责任感的问题。在许多场合下，当人们处在犹豫不决的状态下时，并不是出于对客观规律的无知，而是出于一种非常复杂的心理，出于某种道德责任感方面的冲突。无知可以使人犹豫不决，知同样可以使人犹豫不决。比如，我们可以假设，一个革命者被捕了，他完全懂得社会发展规律，而敌人给他一个小时的时间，叫他在革命和他个人的死亡与变节和他个人的生存之间进行选择。在这一小时的选择中，假设他一直处在犹豫不决的状态中，我们能说这种犹豫不决是出于他的无知吗？不，他对一切都知道得清清楚楚，他还会犹豫不决。因为这里的问题远远超出了科学和认识论的范围，它涉及生存、生命、价值和道德责任感等重大问题。记得加缪在小说《堕落》中也提到这样一件轶事：在德军占领法国期间，有一次德军进行残酷的镇压，一个德国军官彬彬有礼地请一位法国老太太在两个儿子中选择一个作为人质去枪毙。你说这个老太太该如何选择呢？对于世界和人生，她可以有许多知识，但这些知识能帮助她进行选择吗？能使她从痛苦中超拔出来吗？

大卫：你的分析是有道理的。我甚至觉得，在日常生活中，人们的选择也受到科学和认识论以外的许多因素的影响。比如，我们假设一个男子必须在两个女子中间进行选择。一个女子长得很美，但比较轻浮，与她结合，今后或许会带来精神上的痛苦；另一个女子比较稳重，但不美丽，与她结合，今后的生活会很温暖。这个男子对一切都知道得清清楚楚，但还是免不了犹豫不决。最后，如果他选择了前一个女子，那就是说，在他的选择中，占优势的是审美因素；如果选择了后一个女子，占优势的就是道德责任感了。

黎明：说得好极了，大卫。如果你仔细地读一读萨特的戏剧的话，你就会发现，他描绘的选择常常是在不同的道德责任感之间的冲突中发生的。比如，在《恭顺的妓女》中，丽瑟必须在讲假话从而维护一个白人的利益和讲真话从而保护那个黑人的生命之间作出选择。在剧中，那个肇事的白人的表弟弗莱特找到了丽瑟：

> 弗莱特：无论如何，你反正得出卖一个。由你选择吧。
> 丽瑟：……我现在掉在牛屎堆里了，一直陷到脖子。①

丽瑟之所以感到选择与决断的困难，因为这里涉及一个道德责任感的问题，甚至还涉及她个人的生命的安危问题。至于《魔鬼与上帝》一剧中格茨的选择，更体现了一个道德责任感的问题，因为格茨的选择是在恶和善两个极端中进行的。

大卫：你说的意思我明白了，不能把科学和认识论意义上谈论的自由和选择与价值、道德的意义上谈论的自由与选择不加分析地混同起来。

黎明：应该把这两个不同的角度综合起来，再加上你刚才提到的审美因素。真善美或知情意才真正构成人的自由选择的整体上的内驱力。但当一个人处在选择的关键时刻时，知、情、意三者常会处在激烈的冲突中，那就得看选择者把哪个部分放在最高的位置上了。

这是我要谈的一个差异。另一个差异是，黑格尔和恩格斯是更多的从客观上来透视自由和选择问题的，而萨特则更多的是从主观上来透视

---

① 《萨特戏剧集》，袁树仁译，人民文学出版社 1985 年版，第 247 页。

自由和选择问题的。这里的差异和他们各自所处的历史背景及所要解决的问题有关。黑格尔和恩格斯主要要解决那种把自由和选择看作可以离开客观必然性而为所欲为地进行的错误倾向，而萨特的理论使命是唤醒在德寇统治下的法国人民，起来自由地选择自己的道路和命运。因此，萨特强调的重点是人的主观能动性方面，是人的自由、价值和力量。

大卫：你以为黑格尔和恩格斯不重视人的主观能动性吗？

黎明：我绝对没有这个意思。我只是强调他们看问题的角度不同，但引申出来的结论却有共同之处。黑格尔说："规律不会行动，只有现实的人才会行动。"①恩格斯也主张人们不要停留在可能的选择中，而是要在实践中，现实地进行选择。萨特强调的也正是人的行动。在行动中，人才获得自己的价值和本质。《禁闭》中的伊内丝对加尔散说："你的生活就是你自己。"又说："只有行动才能判断人们的愿望。"②

大卫：我承认，你的分析有许多合理之处，但我总觉得，你对萨特的自由和选择观点的评价显得过高了。

黎明：我并不故意用玫瑰色来描绘萨特，我只是想找出萨特理论的真正弱点和真正价值之所在。他的真正弱点在于，他没有沿着不同的个人在自由选择中的关系这一线索深入地探究下去，从而揭示出人们进行自由选择的真正有效的道路。这样的道路是伟大的马克思显示给我们的。事实上，萨特也承认，马克思主义是不可超越的。

萨特学说的真正价值在于，它高扬了人的创造性、开拓性和尝试性。用《苍蝇》中的俄瑞斯忒斯的话来说，就是："每个人都应该开创自己的路。"③我们应该借鉴萨特学说中的合理的东西，摈弃其消极的因素。这才是一个真正马克思主义者的伟大胸怀。

大卫：你认为，萨特关于自由和选择的观点会对我们青年人产生怎样的影响，是积极的，还是消极的？

---

① ［德］黑格尔：《法哲学原理》，范扬、张企泰译，商务印书馆1979年版，第154页。
② 《萨特戏剧集》，袁树仁译，人民文学出版社1985年版，第150页。
③ 同上书，第92页。

黎明： 我觉得，总的影响是积极的。因为我们正处在一场意义深远的伟大改革中。改革需要的正是人们的创造性、开拓性和尝试性，因为改革本身也正是一种选择和创造，一种开拓和尝试。现在在一部分青年人中间出现了一种"新宿命论"的思潮，我觉得，强调自由选择和尝试正是这种不健康思潮的解毒剂。

大卫： 你说的"新宿命论"到底指什么？

黎明： 有些青年人，接触哲学不多，却学到了一句口头禅，叫"不以人的意志为转移"。如果把这句话用到自然规律上，那当然是对的，然而，如果简单地搬用到社会生活中，那就成问题了。

大卫： 为什么呢？马克思主义的经典作家不是告诉我们，社会发展也是一个自然历史的过程吗？

黎明： 但社会发展规律与自然发展规律有很大的差别。人的意志并不加入到自然规律中，但却加入到社会规律中。社会发展的总方向，也就是所有人意志的合力所指的方向。一个普通人的意志的力量是绵薄的，但他毕竟是一份力量。"新宿命论"的特点在于把官僚主义、不正之风（如开后门、请客送礼、经济犯罪等）都看作"不以人的主观意志为转移"的东西，从而放弃了同它们作斗争的努力。其实，如果大家的"主观意志"都不去"转移"，都不去付诸实践，那官僚主义与不正之风怎么消灭呢？正是这种"新宿命论"（俗话也叫"看穿了"）助长了青年人思想的惰性，束缚了他们的创造性。相反，马克思的实践哲学的口号则是："战场在这儿，仗就在这儿打。"①

大卫： 不久前，我读到一个女青年写的文章，其中谈到"男子的退化"（即缺乏大胆进取、大胆决断的男子汉气概），现在看来，与我们讨论的题目也不无关系。

黎明： 据说，现在不少女青年都喜欢像杜丘这样坚定且有决断的性格的人。因为唯唯诺诺或踌躇不决的人在性格上总是优柔寡断的。黑格

---

① 《易卜生戏剧四种》，潘家洵译，人民文学出版社 1978 年版，第 391 页。

尔早已说过："不作什么决定的意志不是现实的意志，无性格的人从来不作出决定。"①

特别有趣的是，中国人对性格也抱着一种宿命的观点，总认为它是自然的赠物。其实，性格更多的是在行动中、在选择中形成的，萨特说："性格只是选择的凝固、选择的硬化"②。

大卫：我们必须离开萨特了。我觉得，我们应该讨论一下，选择的观念对我们的哲学研究工作究竟有何影响？

黎明：这个影响太大了，它不仅使我们在理解哲学和哲学史的过程中获得新的视角，甚至它还可以启迪我们在哲学上作出重大的创新。

大卫：你的话总是使我振奋。

黎明：任何一个富于创造性的哲学家都有自己独特的知识结构。你注意到这个问题了吗？

大卫：我坦率承认，我没有注意。

黎明：这并不奇怪，因为我们过去研究一个哲学家的思想，总是把它作为一个点、一种结果来研究，而没有把它作为一条线、一个过程来研究。当你用发生的方法去追溯一种哲学的形成史时，必然会触及哲学家的知识结构。

大卫：这和选择又有什么关系呢？

黎明：任何哲学家的知识结构都是在选择中形成的。一个哲学家，不管他的学识如何广博，也不可能涉足人类全部知识领域，他必须从现有的思想资料(各种哲学理论、各门自然科学和社会科学理论、各种数学理论)中作出自己的选择。

叔本华选择了柏拉图、康德、奥义书，形成了唯意志主义学说；波普尔选择了爱因斯坦、马克思、弗洛伊德和容格，形成了证伪主义学说；弗洛伊德选择了精神病理学、唯意志主义和物理学中的能量理论，

---

① [德]黑格尔：《法哲学原理》，范扬、张企泰译，商务印书馆1979年版，第24页。
② 《萨特戏剧集》，袁树仁译，人民文学出版社1985年版，第1013页。

从而建立了精神分析的学说。就拿马克思的伟大学说来说，也主要是在批判地选择德国古典哲学、英国古典政治经济学和法国空想社会主义的基础上形成和发展起来的。

大卫：你的意思是不是说，哲学理论的形成并不是神秘的，它不过是哲学家对浩如烟海的思想资料进行选择的结果。

黎明：正是这样。假设在人类的思想库中存储着很多种理论，只要我们从中挑出若干种(其中至少有一种是哲学)，而它们又有某种可组合性的话，就可望形成一种新的哲学学说。过去我们完全根据客观历史条件来解释各种哲学理论的产生和发展，这容易淹没或忽略哲学家本人的主观努力和创造性。如果从主观选择的角度来透视各种哲学理论的发生，不但能更多地看到哲学家本人的创造性劳动，而且也能启迪我们自己的创造性。

大卫：太有启发了。你使我想起了狄德罗的名言："每一个心灵都有它的望远镜。"①

黎明：选择的观念不仅有利于触发我们在理论研究中的创造性，而且也使我们认识到，理论工作者的庄严的道德责任感。那种把人格上的过失也一起推诿给社会条件的畸形的观点早已应该被抛弃了。哲学工作者也有一个自律的问题。讲到这里，我不禁想起了维纳的一句箴言："时间已经很晚了，对善恶的选择已经在敲我们的门了。"②

P　真理永远高于我
——哲学与品格

吾爱吾师，吾更爱真理。

——[古希腊]亚里士多德

---

① 《狄德罗哲学选集》，陈修斋等译，生活·读书·新知三联书店1956年版，第13页。
② 《维纳著作选》，钟韧译，上海译文出版社1978年版，第175页。

黎明：如果说，爱情有被遗忘的角落的话，那么，哲学同样也有被遗忘的角落。

大卫：这个角落在哪里呢？

黎明：在每个哲学研究者的心中。哲学研究者们张着满满的思维之帆，到处航行，去追求永恒的真理，追求他们理想中的"金羊毛"。然而，他们很少把探索之舟驶回到自己的内心世界中，像格茨一样无畏地喊道："来吧，搜查我吧，一直搜索到我的内心世界。"①

大卫：你说的"内心世界"是不是指哲学研究者的思想品格和道德情操呢？

黎明：你理解得完全正确。如果哲学研究者们的思想品格可以比作微观世界的话，那么它们的复杂丝毫也不逊于宏观的物质世界。

大卫：我也有同感。这个问题太重要了，我们决不能漠然视之：

连斯基心不在焉，竟然会用卒子去吃自己的堡垒。②

记得歌德曾经说过，一个作家的人格比他的才能和作品更重要，更能感染人、影响人。拿破仑虽然没有读过高乃依的作品，但非常推崇他的人格。他谈到高乃依时说："假如他还活着，我要封他为王！"③同样，哲学家们的品格也常常比他们的学说更能震撼人、俘虏人。

黎明：在品格中，我们还能发现更多的东西。哲学家的品格和他的学说并不是互不关联的两极。品格滋养学说，学说显示品格。正如费希特说的："你是什么样的人，你便选择什么样的哲学。"④

大卫：根据你的看法，一个哲学家或哲学研究者应该具有哪些品格呢？

①《萨特戏剧集》，袁树仁译，人民文学出版社1985年版，第572页。
②［俄］普希金：《叶甫盖尼·奥涅金》，吕荧译，人民文学出版社1954年版，第117页。
③《歌德谈话录》，朱光潜译，人民文学出版社1982年版，第38页。
④［苏］阿尔森·古留加：《康德传》，贾泽林等译，商务印书馆1981年版，第45页。

黎明：应该在生活中，在对真理的追求中，表现出勇敢、诚实、热情、宽容和执着。我认为，这就是一个哲学研究者的理想的人格。

大卫：真遗憾，你给了我一大堆空洞的字眼，你简直是一个罗亭。① 我们能逐一对这些品格进行一番讨论吗？

黎明：讨论无禁区。尽管维特根斯坦告诫说："不要玩弄深埋在他人心底的东西。"②但不进入这个领域，哲学是不会进步的，哲学研究也不会变得高尚。如果给我一个小时谈哲学，难道我就不能花五分钟的时间来谈哲学家的品格吗？

大卫：我们先从"勇敢"开始讨论吧。你说，哲学研究上的"勇敢"究竟意味着什么呢？

黎明：意味着大胆地探索各种理论问题，尊重自己的研究所引申出来的一切结论，不管这些结论与传统见解多么矛盾，也不管它们与名人权威的见解多么格格不入。一个哲学研究者如果缺乏理论上的勇气，他就会一事无成。如同威廉·退尔所说的："一个人要是顾虑太多，就做不出什么事情。"③

大卫：如果这就是"勇敢"的话，那在实际生活中是太难做到了。在生活中，常常可以见到这样的现象：当一个青年学者在学术上提出了和老专家不同的见解时，就有人批评他"骄傲""不谦逊"，甚至指责他"狂妄"。仿佛一个青年学者在学术上的进取必须以道德上的贬损为条件似的。

黎明：你提到了"谦逊"，真是太好了。谁不拿这把尺子去衡量别人呢，但又有谁真正理解它呢？难道探讨真理、追求真理也要讲谦逊吗？真是咄咄怪事。歌德说过，只有叫花子才是谦逊的。马克思说得更透彻，他以嘲讽的口吻说，真理像光一样，它很难谦逊，而且叫它对谁谦

---

① 参见[俄]屠格涅夫：《罗亭》，罗亭是一个光讲空话不行动的人。

② [英]维特根斯坦：《文化与价值》，黄正东等译，华中科技咨询公司1984年版，第33页。

③ [德]席勒：《威廉·退尔》，钱春绮译，人民文学出版社1956年版，第92页。

逊呢？"如果谦逊是探讨的特征，那么，这与其说是害怕谬误的标志，不如说是害怕真理的标志。谦逊是使我寸步难行的绊脚石。"①

大卫：真是入木三分。然而，我觉得，歌德和马克思说的谦逊不同于我们平时经常讲到的那种谦逊。通常讲到的谦逊是指一个人的虚心和审慎。在这方面，法国思想家蒙田的一段话最好地说明了这种谦逊。蒙田说："真正有学问的人就像麦穗一样：只要它们是空的，它们就苗长挺立，昂首睥视，但当它们臻于成熟，饱含膨胀的麦粒时，它们便谦逊地低垂着头，不露锋芒。"遗憾的是，我忘记这段话是从哪里引来的了。

黎明：这里确乎有两种不同类型的谦逊。一种是追求真理上的谦逊，另一种是待人接物上的谦逊。然而，这两种谦逊也不乏其相近之处。不管是哪一种，只要不流于虚伪或伪善，总是要使事物本身突出。正如马克思说的："天才的谦逊是要忘掉谦逊和不谦逊，使事物本身突现出来。精神的谦逊总的说来就是理性，就是按照事物的本质特征去对待各种事物的那种普遍的思想自由。"②如果用不适宜的谦逊去迁就一种早该被生活抛弃的旧的伦理观念，去迎合或奉承你完全不赞成的理论观点，那就成了最大的滑稽和最辛辣的讽刺，就与但丁笔下专事欺诈的怪兽基利翁无异了：

> 他的脸孔是一个正人君子的脸孔，
>
> 在外表上有着那么和善的面貌；
>
> 其余的部分全是蛇的身体。③

即使从社交观念上看，那种一味迁就的、无原则的谦逊也是可憎的。犹如格茨说的："我不会谦虚的，随便怎么低下都可以，但我不会

---

① 《马克思恩格斯全集》第 1 卷，人民出版社 1995 年版，第 110 页。

② 同上书，第 112 页。

③ 参见[意]但丁：《神曲·地狱篇》，朱维基译，上海文艺出版社 1984 年版。

谦虚，谦虚是那种意志薄弱者的品德。"①更何况，在有些人那里，谦逊成了一种装饰品，对名家权威的谦逊常常以对默默无闻者的傲慢为补充。就像桑丘批评堂吉诃德时说的那样："哎，你对骄傲的人谦虚，对谦虚的人骄傲。"②那就更令人厌恶了。

大卫：尽管你关于谦逊的谈论给我一种振聋发聩的感觉，然而，我还是愿意说出我的惊奇：为什么在谈论"勇敢"的地方，你要花那么多时间来谈论谦逊呢？

黎明：因为谦逊成了勇敢的绊脚石。一旦我把这块绊脚石踢开了，勇敢还会被绊倒吗？长期以来，人们把谦逊这个沉重的包袱扛在肩上，艰难地行走着，如同力士参孙扛着整个世界一样。我们再也不能用世俗的、封建伦理的目光来看待谦逊了。旧世界是属于惰性气体的，新世界的原则，就像"鹦鹉螺号"上的题铭一样，叫"动中之动"。也就是说，新世界推崇的是创造、进取、尝试和探索。当你这样去做的时候，你才真正是谦逊的。当然，勇敢不同于傲岸，大胆不同于鲁莽。傲岸与鲁莽是与浮躁和轻率为伍的，大胆和勇敢则是与深思和决断为伍的。

大卫：现在我们该讨论"诚实"了。你认为，诚实的主要表现是什么呢？

黎明：应该说，诚实的最起码的表现是讲真话。我怎么想，就怎么讲。就像卢梭说的："我要说真话，我会毫无保留地这样做，我将说出一切，好事，坏事，总之一切都说。"③

大卫：假如客观条件不允许你这样做呢？比如，在十年浩劫时期，你又怎么办呢？

黎明：那我就 keep silence（"保持沉默"）。如果我不能讲我想讲的

---

① 《萨特戏剧集》，袁树仁译，人民文学出版社 1985 年版，第 499 页。

② 参见[西]塞万提斯：《堂吉诃德》上册，杨绛译，人民文学出版社 1978 年版，第 473 页。

③ [法]卢梭：《忏悔录》第 2 部，范希衡译，商务印书馆 1986 年版，第 819 页。

话，那么我至少可以不讲我不想讲的话。就像康德对待腓特烈·威廉二世一样。沉默是诚实的最后一道屏障。如果连这道屏障也守不住，那你就永远与诚实绝缘了。你至多只能像希比洛一样替自己辩白说："我是个不老实的老实人，而不是不老实的人！"①这样的辩白是何等苍白啊。

大卫：在马克思以前的哲学家中，你认为哪一位最配享有"诚实"的美名？

黎明：卢梭。《忏悔录》就是卢梭为自己建立的不朽的丰碑。在《忏悔录》中，卢梭开宗明义地说："我现在要做一项既无先例、将来也不会有人仿效的艰巨工作。我要把一个人的真实面目赤裸裸地暴露在世人面前。这个人就是我。"②在《忏悔录》中，卢梭既写自己道德高尚的地方，又写自己卑鄙龌龊的地方，像一个冷静的外科医生一样，毫不留情地解剖自己。在理性法庭上，他一身而三任。既是原告，又是被告，最后还是法官。他是那么诚实，那么坦率，以致休谟竟称他为"没有皮肤的人"。

大卫：你能谈谈卢梭这方面的轶事吗？

黎明：当然能够。这方面的印象实在太深了。当卢梭在罗克伯爵家做仆人时，有一次偷了一条旧的丝带子，没有藏好，被人发觉了。这时，卢梭一口咬定，丝带是另一个仆人——名叫玛丽永的姑娘给他的。这个诚实而善良的姑娘被辞退了，但一种良心上的有罪感从此占据了卢梭的心，这种感觉成了卢梭撰写《忏悔录》的直接动因之一。卢梭带着深深自责的口气写道："我大胆地说，如果这件罪行可以弥补的话，那么，我在晚年所受的那么多的不幸和我四十年来在最困难的情况下始终保持着的诚实和正直，就是对它的弥补。"③另一件有趣的轶事是，卢梭成名以后，孔蒂亲王有一次拜访他，与他下棋。周围旁观的人都拼命向卢梭递眼色，做鬼脸，叫卢梭故意输给亲王。卢梭假装没看见，把两盘棋都下赢了。在收场时，他对亲王说："大人，我太崇敬殿下了，以致不允

---

① 《萨特戏剧集》，袁树仁译，人民文学出版社 1985 年版，第 703 页。
② ［法］卢梭：《忏悔录》第 1 部，范希衡译，商务印书馆 1986 年版，第 1 页。
③ 同上书，第 103—104 页。

许我不总是在棋上赢你。"①说真话，做真事，这就是卢梭《忏悔录》的主题。正如毛勃雷说的："正直者的胸襟永远是安定的。"②

大卫：我不知道你见过这样的评论没有，有人竟指责卢梭是"假装诚实的人"。

黎明：更有甚者，把他的《忏悔录》称作一部"骗子冒险小说"，认为卢梭的忏悔完全是虚假的。对这样貌似高雅的评论家，我们只能用朱庇特的话来回敬他："瞧瞧吧，你都发臭了，自己还不知道呢！"③其实，卢梭似乎也已预感到有人会以这样的方式来诋毁他，因此，他留下了这样的伏笔："万能的上帝啊！……请你把那无数的众生叫到我跟前来！让他们听听我的忏悔，让他们为我的种种堕落而叹息，让他们为我的种种恶行而羞愧。然后，让他们每个人在您的宝座面前，同样真诚地披露自己的心灵，看看有谁敢于对您说：'我比这个人好！'"④

大卫：卢梭说得多好啊。人们生来都喜欢苛求别人，或者在别人身上主持公道，或者表现出高尚的义愤，可是一临到自己，就只有原谅和掩饰了。

黎明：这还是最低限度的不诚实。更严重的不诚实是理论上的无原则。这样的人从来没有自己确定的见解和立场，他们永远热衷于为流行的观点作论证，不管这种观点多么偏颇，和马克思主义的学说多么格格不入。这种理论上的无原则使我们很容易想起斯多葛派哲学家克利西浦斯的名言："给我一个学说，我将为它找到论证。"

大卫：我对这样的人毫无好感。他们的观点老是变来变去，在任何时候他们都是正确的。正如狄德罗在批评"拉摩的侄儿"时所说的："没

---

① ［法］卢梭：《忏悔录》第 2 部，范希衡译，商务印书馆 1986 年版，第 669 页。
② 参见莎士比亚的戏剧《理查二世》，见《莎士比亚全集》第 4 卷，朱生豪译，人民文学出版社 1978 年版，第 317 页。
③ 《萨特戏剧集》，袁树仁译，人民文学出版社 1985 年版，第 36 页。
④ ［法］卢梭：《忏悔录》第 1 部，范希衡译，商务印书馆 1986 年版，第 2 页。

有比他自己更不像他自己的了。"①

黎明：我认为，最严重最不能容忍的不诚实就是虚伪了。当然，这种人在哲学研究者中只占极小的一部分。他们颇像《镜花缘》中的两面人，看上去非常诚实，但在浩然巾下却藏着一张丑恶的脸。"四人帮"的理论帮办，几乎都是这样的人。表面上高喊学术民主，背地里却拼命打小报告，扣帽子，欲置与自己见解不同的同志于死地而后快；表面上高喊尊重真理，背地里剽窃、歪曲，搞学术上的小宗派，简直无所不用其极。这样的人，正如大德洛米奥在评价露丝时所说的："她的龌龊是在她的皮肤里面的，挪亚时代的洪水都不能把她冲干净。"②

大卫：虚伪确实是学术研究的大忌。这种"四人帮"时期的遗风至今仍有一定的市场，它像酵母一样传播开来，浸染着学术界的空气。在某些场合下，"文如其人"的旧谚语已经被"文不如其人"的新谚语所取代了。作者和作品之间的疏远，人格及语言的两重化，并不是发生在"云中鹁鸪国"中的奇迹③，而是在现实生活中可以见到的现象。尤哈娜在批评她公公时说过："两种语言，两种生活，两种真理，您不觉得这对一个人来说负担太重了吗？"④伪善真是一种可怕的疾病。

黎明：同这种丑恶的品格作斗争的最好办法是揭露它们。马克思早已说过："只要光明出现，黑暗就会消失。"⑤如果大家都去附和黑暗，那就要漆黑一团了。诚实、坦白是马克思最崇仰的品格，如果有人连这一点也抛弃了，他可能去坚持和发展马克思的学说吗？

大卫：说得真痛快。现在，我们该讨论第三种品格——"热情"了。

黎明：你觉得，我们许许多多哲学研究的作品，从论文到专著，有

---

① 《狄德罗哲学选集》，陈修斋等译，生活·读书·新知三联书店1956年版，第200页。
② 参见莎士比亚的戏剧《错误的喜剧》，见《莎士比亚全集》第2卷，朱生豪译，人民文学出版社1978年版，第35页。
③ 参见阿里斯托芬喜剧《鸟》，罗念生等译，人民文学出版社1954年版，"云中鹁鸪国"系岛国。
④ 《萨特戏剧集》，袁树仁译，人民文学出版社1985年版，第891页。
⑤ 《马克思恩格斯全集》第1卷，人民出版社1995年版，第129页。

什么通病吗?

大卫: 缺乏热情, 严肃得像一个个小老头似的。不过, 许多从事哲学研究的人都认为, 热情是文学的宠儿, 哲学是理智的活动, 严肃是它唯一合适的外套。海涅告诉我们, 德国人的一个迷信就是: 谁写好文章, 谁就不是哲学家。以致连黑格尔也感叹道, 要读懂一部德国的哲学著作比自己写一部更困难。

黎明: 你记得马克思引证的特利斯屈兰·善第关于严肃所下的定义吗?

大卫: 记得。他说:"严肃是掩盖灵魂缺陷的一种伪装。"①

黎明: 好极了。为什么哲学一定要把热情逐出自己的大门之外, 就像柏拉图把诗人逐出理想国一样呢? 难道哲学永远只能穿灰色的外套吗? 难道严肃是哲学的唯一风格吗? 如果你去读一读伏尔泰的《哲学通信》、卢梭的《人类不平等的起源和基础》、狄德罗的《拉摩的侄儿》、费尔巴哈的《未来哲学的原理》、马克思和恩格斯的《共产党宣言》, 特别是马克思的《路易·波拿巴的雾月十八日》, 你还会否定热情在哲学研究中的作用吗?

卢梭说过:"我知道, 我的全部才华都来自对我要处理的题材的热爱, 只有对伟大、对真、对美的爱, 才能激发我的天才……人家以为我也和所有别的文人一样, 为谋生而写作, 而实际上我是永远只晓得凭热情而写作的。"②可以想象, 一个哲学研究者如果把自己的理论研究只看作是一项任务, 一件工作, 对它缺乏伟大的热情和真挚的爱, 他能写出好的作品来吗? 他的作品只能是干瘪的, 故意咬文嚼字的, 缺乏生气的。无激情的作品永远是无激情的作者的确证。

大卫: 我觉得, 把热情注入哲学研究中, 还表现在哲学作品的多种多样的形式上。为什么非得用严肃的论文的方式来表述自己的哲学见解

---

① 《马克思恩格斯全集》第 1 卷, 人民出版社 1956 年版, 第 8 页。
② 〔法〕卢梭:《忏悔录》第 2 部, 范希衡译, 商务印书馆 1986 年版, 第 635 页。

呢？为什么就不能采用通信、对话、哲理小说、哲理剧、哲理诗、散记、随笔、日记等多种形式进行哲学探讨呢？哲学应该通过各种各样的渠道来宣泄自己的热情。

黎明：总之，哲学要把自己从理论家的书斋中解放出来，要成为千百万群众手里的武器，它就不能没有热情。

大卫：那么，对第四种品格——"宽容"又该怎么理解呢？

黎明：宽容是哲学研究的不可缺少的前提。谁如果缺乏宽容精神，一踏进理论界，就像基督山伯爵一样宣称："我到这个世界上是为惩罚而来的"①，那就只能给理论界带来灾难。当然，宽容并不等于放纵，它丝毫不排斥批评和争鸣，相反，批评和争鸣正是宽容的一种表现。

大卫：为什么你那么注重宽容这种品格呢？

黎明：因为真理只适合于生长在宽容的土壤上。黑格尔说过："真理就是所有的参加者都为之酩酊大醉的一席豪饮。"②谁如果逐走了这些参加者，谁也就逐走了真理。"百花齐放，百家争鸣"的方针讲的就是学术上的宽容。真理有点像中世纪欧洲的城堡主人，见到远道而来的骑士时，总是热情好客地说，"请卸下你的甲胄吧，高贵的爵爷，您到了朋友家里啦"。事实上，心胸狭窄的庸人是无法占有真理的。

大卫：然而，我发现，在社会科学的研究中，尤其是在哲学研究中，宽容的品格似乎是难以形成的。在自然科学的研究中，人们会允许你失败一百次、一千次，但在哲学社会科学的领域中，你失败一次也会显得太多。在有些人的脑子里，有一种奇怪的逻辑，那就是：哲学社会科学是应该以无谬误的方式进行研究的。

黎明：当然，在宽容问题上，我们不能要求过高。我主张，先从我们自己身上做起。在这方面，休谟和卢梭是很好的榜样。华莱士曾就古代人口问题写文章攻击休谟。他的作品付印时，人不在，休谟就负责替

---

① ［法］大仲马：《基督山恩仇记》，蒋学模译，人民文学出版社 1978 年版，第 1586 页。
② ［德］黑格尔：《精神现象学》上卷，贺麟等译，商务印书馆 1981 年版，第 30 页。

他看校样，并监督印行。同样，有人曾写一首歌攻击卢梭。卢梭就替人家卖这首歌，六个苏一份。① 如果大家都严以律己，宽以待人，那就容易形成学术宽容的心理环境。歌德说过："品格唤来品格。"②宽容是互赠的礼品。一个人如果只索取而不赐予，别人也会变得不宽容起来。当然，提倡宽容，并不是要人们去做学术研究上的谦谦君子。宽容的目的是追求真理，揭示真理，而不是掩盖真理，埋没真理。

大卫：你的话启发了我。我们不是希望我们国家也能出一些像爱因斯坦、海森堡、康德、歌德一样的伟大人物吗？那就先用宽容的犁去耕耘思想的土地吧。要知道，矮檐是容不下巨人的，狭窄的河床是掀不起巨浪的。要收获什么样的东西，就得播种什么样的东西。

黎明：好了，关于宽容我们谈得够多了。现在该谈谈最后一种品格——"执着"了。

大卫：你怎么理解这种品格？

黎明："执着"也就是坚持真理，始终不渝地坚持真理，甚至为真理而献身。苏格拉底、哥白尼、伽利略、布鲁诺、马克思，不都是这样的伟人吗？马克思主张，追求真理，必须目标始终如一，哪怕头破血流也不退缩。我们应该时时牢记马克思的这一教诲。

大卫：你认为，执着和固执的区别在哪里呢？

黎明：执着是坚定不移地追求真理，固执则是拘泥于错误的成见。卢梭说过："学者们固然有时比一般人的成见少，但是另一方面，他们对已有的成见却坚持得比一般人更厉害。"③因而，对学者们说来，贬抑固执，褒扬执着就显得特别重要。

大卫：执着这种品格是如何获得的呢？

黎明：忘记自己，把真理看得高于一切。在心胸狭窄、时时虑及自

---

① 参见［法］卢梭：《忏悔录》第 2 部，范希衡译，商务印书馆 1986 年版，第 776—777 页。
② 《歌德的格言和感想集》，程代熙等译，中国社会科学出版社 1982 年版，第 8 页。
③ ［法］卢梭：《忏悔录》第 2 部，范希衡译，商务印书馆 1986 年版，第 352 页。

己的人身上是找不到这种高贵的品格的。听听"拉摩的侄儿"的自白吧："我以为事物的最好的秩序就是需要我在里边的一个秩序，如果我不在里边，即令最完美的世界也是毫不足取的。我愿意存在，甚至做一个厚颜无耻的好辩者而存在，也不比不存在的好。"①再听听克拉芒斯的自白吧："我，我，我，这就是我宝贵的生命之歌，不管我说什么，都听得见它。"②一个研究者，只要把私利看得高于一切，他就不会去执着地追求和坚持真理。只有当他把真理看得比自己更高、更重要的时候，他才愿意为真理去赴汤蹈火。当人们把私利的萤光举在头顶时，真理便悄然隐去了。反之，只有当人们把真理的火炬高举在头顶的时候，他们的心灵才会获得净化、超越和提高。于是，我们又回到了德斐尔神庙的伟大的箴言之前："认识你自己。"

大卫：听你的口气，似乎我们的讨论该结束了。

黎明：没有，我们还缺乏一种整体上的透视。毕达哥拉斯说过："美德乃是一种和谐。"③我们上面讨论的勇敢、诚实、热情、宽容和执着只有融合成一个和谐的整体的时候，它们才不仅是有价值的，而且是完美的。

大卫：一个人怎样才能接近这种完美的性格呢？

黎明：狄德罗说过："一个伟大的性格总是由于好些相反的性质之间的自然的平衡作用所形成的。"④要接近伟大的完美的品格，就需要向伟大人物，特别是革命导师学习，在实践中不断地陶冶自己，省察自己，提高自己。让我们永远记住席勒的谆谆告诫吧：

> 不要为了那浮华，那虚荣，
> 就抛弃你那可贵的珍珠。⑤

---

① 《狄德罗哲学选集》，陈修斋等译，生活·读书·新知三联书店1956年版，第209页。
② 《加缪中短篇小说集》，郭宏安译，外国文学出版社1985年版，第120页。
③ 《古希腊罗马哲学》，生活·读书·新知三联书店1957年版，第36页。
④ 《狄德罗哲学选集》，陈修斋等译，生活·读书·新知三联书店1956年版，第266页。
⑤ ［德］席勒：《威廉·退尔》，钱春绮译，人民文学出版社1956年版，第56页。

结束语　把历史放到肩上

历史存在于我们每一个人身上。

——［意］克罗齐

黎明与大卫的对话终于结束了。然而，我可以预料，这些对话所掀起的思维浪花决不会很快地平息下去。哲学不过是闪电，它照亮人们的心灵，开启人们的思维之阀，但并不提供现成的处方。谁指望在这些对话中找到解决人生问题和其他问题的现成答案，我就要对他说。停止你的无谓之举吧！在有现成答案的地方是不会有哲学的。

狄德罗说过："人常常有机会提供的一个伟大的教训，就是承认自己的不足。"①我丝毫不否认，这些对话是粗陋的、肤浅的，甚至是幼稚的。但它毕竟是作者自己耕耘的收获物。在春天的田野上，既有惹人注目的野花，也会有默默无闻的小草。小草矮小而不低贱，杂乱而不轻浮，正如泰戈尔说的："绿草是无愧于它生长的伟大世界的。"②

亲爱的读者，当你读完这本对话录的时候，

---

① 《狄德罗哲学选集》，陈修斋等译，生活·读书·新知三联书店 1956 年版，第 58 页。
② ［印度］泰戈尔：《飞鸟集》，郑振铎译，上海译文出版社 1981 年版，第 18 页。

你会怎样想呢？也许你会觉得它们是非常乏味的，因为其中找不到《波斯人信札》中的阉奴和后院；也许你会觉得它们是非常迂腐的，因为其中找不到《哲学通信》中的机警和俏皮；也许你会觉得它们是非常苍白的，因为其中找不到《基督教的本质》中的大胆和泼辣。让我们暂且撇开这些问题吧，我所要了解的是：作为读者，你究竟是如何理解这本书的主题的？

如果有一个读者反问我：这本书的主题不是在它的书名《思考与超越》中表现出来了吗？那我一定会非常高兴。因为我要告诉读者的正是思考与超越的关系问题。换言之，我要提倡的正是超越性的思考。这种思考与常规思考的不同之处在于：常规思考是封闭的，它屈从于传统见解和常识，缺乏创新和开拓的精神，在哲学研究中满足于注经式的诠释和细节上的考据。相反，超越性的思考是开放的，它不但对传统和常识有深刻的批判力，不但不唯唯诺诺，人云亦云，成为流行见解或时髦观点的附庸，而且它又有一种博大的建设力，能使人的创造性在质的方面得到最好的发挥。超越性思考把哲学研究者的思维从繁琐芜杂的经院式争论中解放出来，使之投射到一些前人从未涉足过的领域中。这些由当代科学和社会生活的伟大进军所开启出来的崭新的领域，为哲学研究者想象力和创造力的自由驰骋提供了极为广阔的舞台。谁如果站在这样的舞台上还演不出优秀的剧目来，那只能归咎于自己的平庸了。

迄今为止，人们一直习惯于把天才人物和伟大的发明创造推入灵感和直觉的迷雾中。其实，一切伟大人物的秘密就是超越性思考。但这种思考并不是在一朝一夕中获得的，而是长期磨炼的结果。当然，这种磨炼是有条件的，它并不是单纯地在历史和传统的旧靴子中打转，它要求我们更多地去接触新的东西。超越性思考只有在不断接触新的思想资料时才能获得，并保持下去。因此，这把锋利的思维之剑永远属于那些愿意献身于哲学而又有顽强意志的人。

认识了这一点，是不是就够了呢？不，还远远不够。单纯的超越性思维能够使你成为一个学者，但不能使你成为一个思想家，特别是和人民群众共呼吸、同命运的思想家。要成为一个思想家，就要进一步把超越性思考奠基于历史责任感之上。

历史责任感是一种高尚的深沉的力量，它根源于一个思想家、实践家或革命家对人类、对未来、对真善美的伟大的真挚的爱。那些蜗居于书房中，生怕烧伤自己手指的学者是不会有这种伟大的爱和热情的。正如赫尔岑所说："学者只是为了学者而劳动、而著述；有教养的人则为社会、为人民大众而著述；引起巨大的影响，震动人民大众的大部分作家，如拜伦、瓦尔特·司各脱、伏尔泰、卢梭并不是学者。"①当一些学者在历史责任感的感召下，走出书斋，投入生活的激流中时，旧世界的辩护士们就会像对待叛徒和异教徒一样对待他们。从哥白尼、伽利略到布鲁诺，从哥伦布、黑格尔到达尔文无不都是如此。在这方面，最伟大的典范是马克思。马克思具有无比强烈的历史责任感。早在青年时期，他就把职业的选择和对人类的献身精神融合在一起。也正是这种强烈的历史责任感使马克思毅然决然地放弃了成为专业学者的愿望，积极地投入无产阶级的革命斗争中。马克思的伟大口号是"为人类工作"。尽管在各国反动分子的迫害下，马克思一生颠沛流离，挣扎在贫困和饥饿线上，但他的革命意志是那样坚强，永远令后人怀念和敬仰。

那么，我们这些青年人，这些在红旗下出生、在十年浩劫中成长起来的青年人的历史责任感又是什么呢？这个问题必须由历史本身来回答。我们正处在一场继往开来、革故鼎新的历史性变革中。不用说改革本身的路途有多么艰难，单是为了获得这样的机会，人民就付出了惨重的代价。从鸦片战争到五四运动，多少志士仁人，梦想通过改革的道路，把我们民族从腐朽衰败、水深火热中解救出来，但一个个都失败了。"风萧萧兮易水寒，壮士一去兮不复返"，留下了许许多多可歌可泣的故事和无穷无尽的遗恨。

---

① ［俄］赫尔岑：《科学中华而不实的作风》，李原译，商务印书馆 1981 年版，第 59 页。

五四运动以后，中国共产党成立了。在马克思列宁主义学说的指导下，中国共产党领导中国人民经过二十多年的浴血奋斗，终于扫除了旧社会的魑魅魍魉，建立了新中国。在某种意义上，新中国面临着更艰巨的道路和更艰难的使命。新中国并不是突然从宙斯的脑子里跳出来的雅典娜，在她富于生命力的肌体上，还残留着旧社会的种种病毒，这些病毒妨碍着她的健康成长。矛盾和冲突是不可避免的，解决的真正方法只有一个——改革。在新中国，我们党为了获得像今天这样的改革的机会，同样付出了巨大的代价。今天，我们终于赢得了这样的机会。这一宝贵的时刻再也不能丧失了。每一个富于历史责任感的青年人，都不会站在这一历史的浪潮之外。否则，我们就会无情地嘲笑他："这身体发霉了，这血液变酸了。"①

在今天，内心激荡着这种重大的历史责任感的青年理论工作者，都不会把自己关在发霉的房间里，去从事学究式的研究。他们一定会积极地投入到生活中去，扶植那些从改革中产生的、有重大价值的新观念和新思想，批判那些陈腐的、失去生命力的旧观念和旧思想。不用说，选择这样的道路总是要担风险的，但这又算得了什么呢?!

> 我已习惯于这样的思想，
> 我背起十字架，毫无怨尤，
> 这样的或是那样的惩罚?
> 都一样。②

也许有人会担心，对历史和现实的关注将会钝化他们在学术上的理解力和创造力。这种担心不仅是多余的，而且是天真的。结果正好相反，只有具有巨大历史责任感的思想家或理论家才可能把超越性思考引

---

① 《狄德罗哲学选集》，陈修斋等译，生活·读书·新知三联书店 1956 年版，第 40 页。
② 《莱蒙托夫诗选》，花山文艺出版社 1995 年版，第 265 页。

向有重大现实意义的课题。那些对生活和人民不屑一顾的学者是永远抓不住这些重大课题的。即使他们有某种超越性思考，那也至多只能获得低层次的、小小的成功。在总体上，他们永远只配和旧事物、旧问题、旧世界为伍。"让他们把旧衣裳慢慢穿破吧！"①

如果说，历史责任感使超越性思考获得真正的升华，那么，道德责任感则使它获得真正的净化。真正伟大的心灵和人格永远体现为真善美的统一，同样，真正伟大的作品也永远体现为真善美的和谐。这才是哲学研究者最难达到的境界。

把旧世界留给庸人和懒汉吧，新世界是属于创造者和开拓者的。犹如浮士德所坚信的：

> 是的！我完全献身于这种意趣，
> 这无疑是知识的最后断案；
> "要每天每日去开拓生活和自由，
> 然后才能够作自由与生活的享受。"②

---

① 《萨特戏剧集》，袁树仁译，人民文学出版社 1985 年版，第 88 页。
② 参见[德]歌德：《浮士德》第 2 部，郭沫若译，群益出版社 1947 年版，第 5 幕。

附 录①

C 游子回到母亲的炉边
——哲学与实践

> 思想根本不能实现什么东西。为了实现思想，就要有使用实践力量的人。
>
> ——马克思

大卫： 尽管我对哲学的探索还起步不久，但下面这个印象是极其深刻的。我发现，许多哲学家都十分重视"实践"这个概念。我想，在这一点上，我们不会有什么分歧吧。

黎明： 你使我想起了《尼伯龙根之歌》中哈根对克琳希德所说的话：

> 我什么也没有给你带来！
> 我带的很充分的东西只有我的盾牌
> 和我的锁甲；我腰间所带的宝剑，

---

① 本书第一版（上海人民出版社1986年版）的"哲学与实在世界"部分有"C 游子回到母亲的炉边——哲学与实践"的内容；在第二版（人民出版社2015年版）中，没有这部分内容；而在俞吾金先生电脑中保存的该书电子文档中，最后一部分还保留有"C 游子回到母亲的炉边——哲学与实践"这部分内容，但跟第一版的内容相比，文字表述和内容都有很大的变化。在此，我们将电子文档的内容校对后以附录形式保留于此。——编者注

以及这雪亮的头盔……①

大卫：你是说你不同意我的看法吗？你真有点像歌德笔下的魔鬼靡菲斯特菲勒斯：

和你共事每每莫名其妙，
你总是一切的障碍之父。②

黎明：没有障碍或摩擦力，人类就无法向前行走。同样地，没有不同的观点，我们也无法深入地探讨哲学问题。我们上面谈到过的哲学的独立性难道不正是通过每个哲学家思想的独立性而彰显出来的吗？确实，从表面上看，不少哲学家都喜欢谈论实践概念，但在我看来，在哲学史上遭到最多误解的也正是这个概念，以至于竟然造成了下面的奇观：

听你嗓子象雷鸣，看你样子很低微。③

或许可以说，这就是实践概念在哲学史上的实际地位。

大卫：你的根据呢？

黎明：让我们先从西方哲学史上广为人知的一个故事开始。古希腊埃利亚派哲学家芝诺曾经提出过"飞矢不动""运动场""二分法""阿基里斯追龟"四大难题。按照他的理论，任何运动都是不可能的。后来，犬儒派哲学家第欧根尼驳斥了他的诡辩。你知道他是怎么驳斥的吗？

大卫：当然知道。第欧根尼一言不发地站了起来，走来走去，用自

---

① 参见《尼伯龙根之歌》第 2 部，钱春绮译，人民文学出版社 1959 年版。
② 参见［德］歌德：《浮士德》第 2 部，郭沫若译，群益出版社 1947 年版。
③ 参见莎士比亚的戏剧《理查三世》中克莱伦斯的台词（对一个刺客讲的话），见《莎士比亚全集》第 6 卷，章益译，人民文学出版社 1978 年版，第 366 页。

己的运动（走路）驳斥了芝诺关于运动不可能的理论。

黎明：西方的哲学史家们几乎众口一词地批评第欧根尼对芝诺的驳斥（走来走去）太简单了，因而取不屑一顾的态度。我国出版的有些西哲史教科书也沿袭了这种传统的见解。令人费解的是，古怪的第欧根尼对自己的驳斥方法也采取了保留的态度，以至于当他的一个学生起来模仿他时，他狠狠地批评了这个学生。

诚然，我也承认，理论驳斥具有某种必要性，但我坚持认为，在所有对芝诺诡辩的驳斥中，第欧根尼的驳斥是最权威、最有力量的，因为他坚持的正是实践本身的驳斥。实际上，马克思也告诫我们：

> 理论的对立本身的解决，只有通过实践方式，只有借助于人的实践力量，才是可能的；因此，这种对立的解决决不只是认识的任务，而是一个现实生活的任务，而哲学未能解决这个任务，正因为哲学把这仅仅看作理论的任务。①

毋庸置疑，在单纯理论的范围内是不可能彻底地解决理论问题的。传统哲学的秘密之一就是追逐这样的幻觉。记得狄德罗曾经说过：

> 天平从来不是平的，要想不偏向我们认为最近乎真实的一边，是不可能的。②

有些西方哲学史的教科书之所以感染了这种传统的病症，从而对第欧根尼的驳斥取轻蔑的态度，是因为在那些作者的心灵天平上，真正为之倾斜的那一头始终是理论。

大卫：我不同意你的见解，黎明。在我看来，芝诺并不否定运动的

---

① 马克思：《1844 年经济学哲学手稿》，人民出版社 1985 年版，第 83—84 页。
② 《狄德罗哲学选集》，陈修斋等译，生活·读书·新知三联书店 1956 年版，第 132 页。

存在，他否定的，只是人们从理论上对运动做出准确描述的可能性。

黎明：当贝克莱说"物是感觉的复合"，王守仁说"心外无物"时，也未尝不承认外部世界的存在。问题是，为什么许多哲学家总是不顾实践的反对，顽固地去维护或追随一些显然错误的理论呢？要知道，单纯的理论讨论只能导致烦琐哲学。我们必须用实践的扫帚来打扫旧理论的奥吉亚斯牛圈。①

大卫：你的意思是说，当我们满足于理论之间的对峙和辩驳时，我们并没有离开旧哲学的弥诺斯迷宫，或者说，并没有对马克思实践学说的划时代的革命意义获得一个明晰的自我意识。

黎明：正是这样，大卫，你说得太好了。如果你不像萨特笔下的丽瑟那样跺着脚说：

腻烦死了！腻烦死了！腻烦死了！②

我倒愿意再举一个例子来说明这个问题。

大卫：我洗耳恭听。

黎明：关于数的观念的来源问题，一直是许多大哲学家乐此不疲地为之争论的问题。有的主张数的观念来自经验，也有的主张数的观念是人先天地具有的，见仁见智，莫衷一是。如果这一讨论限定在单纯理论的范围内，势必演绎成经院哲学式的讨论。与其像堂吉诃德那样，随着这架理论的"风车"一起旋转，不如走出发霉的书斋，到某个原始的土著部落去看看，最初的数的观念究竟是如何诞生出来的。你读过法国人类学家列维·布留尔的《原始思维》吗？

大卫：很遗憾，没有读过。

黎明：这是一部值得一读的好书。在这部著作中，我们可以看到，

---

① 在古希腊神话中，奥吉亚斯王拥有一个硕大无比的牛圈，里面养了三千只牛，三十年未打扫。此处比喻肮脏的地方。

② 《萨特戏剧集》上，袁树仁译，人民文学出版社1985年版，第261页。

原始人是怎样计数的。比如，英属新几内亚的土人在计数时，把数和自己身体上的各个部分一一对应起来。左手小指—1，无名指—2，中指—3，食指—4，拇指—5，腕—6，手肘之间—7，肘—8，肩—9，颈—10，等等。① 这种现象表明，数起源于原始人的实践活动。在恩格斯看来，数起源于人们丈量土地、测量容积、制造器皿等实践活动，并明确地指出：

> 数和形的概念不是从其他任何地方，而是从现实世界中得来的。人们用来学习计数，也就是作第一次算术运算的十个指头，可以是任何别的东西，但总不是知性的自由创造物。②

在这个意义上甚至可以说，任何一个头脑简单的土人都有资格成为高深的哲学家们讨论此类问题的公正的仲裁者。

大卫：问题是，现当代的哲学家们大多居住在都市里，接触不到这些朴素而单纯的土人。

黎明：不，大卫，我的看法正好相反。在我看来，我们周围到处都是这样的土人。

大卫：你不是在开玩笑吧。

黎明：一点也不。不过我说的是另一种土人——儿童。在知识的获得中，他们和未开化的土人有许多类似之处。儿童智慧的发生和发展表明，他们的许多观念（也包括数的观念）来源于他们的活动。关于这个方面，皮亚杰的发生认识论已经讲得很清楚了，我不想再在这里重复他的观点。我想从黑格尔的《美学》中引证一段饶有趣味的话：

> 儿童的最早的冲动就有要以这种实践活动去改变外在事物的意

---

① ［法］列维·布留尔：《原始思维》，丁由译，商务印书馆 1985 年版，第 180 页。
② 《马克思恩格斯选集》第 3 卷，人民出版社 1995 年版，第 377 页。

味。例如当一个小男孩把石头抛在河水里，以惊奇的神色去看水中所现的圆圈，觉得这是一个作品，在这个作品中他看出他自己活动的结果。①

实践不仅是人类获取知识的入场券，也是人类成长或进化的台阶。

大卫：你的话使我联想起史学研究中的一个有趣的现象：史学家们长期来为之争论不休的难题，常常是被考古学家们的锄头解决的。我想，这或许也是实践重要性的一种确证吧。

黎明：说得好极了，大卫。但在我看来，实际生活和人们的言谈之间永远是有距离的。在康德的影响下，尽管许多哲学家也高喊"实践高于理论"，但只要他们一开启自己的哲学思考，就把实践弃之于九霄云外了。这真是赠送给哲学家们的一幅最好的漫画，它使我记起了席勒笔下的华伦斯坦的妹妹对她的哥哥的批评：

> 你只在计划时是虎，
> 而实行时是鼠。②

大卫：我不否认，你说的那种轻视实践的倾向是存在的，但我还是要重申自己的见解：我们的哲学教科书是重视实践概念的。

黎明：不要过早地下结论，大卫。正如高尔斯华绥笔下的芙蕾对乔恩所说的：

> 人总是会向事实妥协的。③

---

① ［德］黑格尔：《美学》第 1 卷，朱光潜译，商务印书馆 1981 年版，第 39 页。
② ［德］席勒：《华伦斯坦》，郭沫若译，人民文学出版社 1955 年版，第 255 页。
③ ［英］高尔斯华绥：《福尔赛世家》，周煦良译，上海译文出版社 1993 年版，第三部，第 202 页。

我们还是把目光投向事实吧。

大卫，我想你不会轻易否认下面这一点，即在一般的哲学教科书中，实践概念是被放在认识论部分中进行论述的。我完全乐于承认，在认识论的"势力范围"内，哲学教科书的作者们确实使实践概念高踞于认识论的王座之上。然而，只要一离开认识论的王国，实践概念就会像莎士比亚笔下的亨利王一样发出沉重的叹息：

我的白昼已经昏暗了。①

说得尖锐一点，只要一离开认识论的基地，哲学教科书的作者们就会一反常态。他们几乎再也不提实践概念了。即使偶尔提到这个概念，也只是出于某种应酬式的热情。

大卫：按照你的意思，我们还应该在认识论以外的哪些部分中强调实践概念的作用呢？

黎明：在哲学机体的每一条血管中！因为实践概念作为哲学的灵魂和心脏，它理应搏动于哲学麾下的各个有机的组成部分——社会历史观、自然观、方法论、范畴论和认识论之中。提起实践概念在整个哲学体系中的地位和作用，自然而然会联想起莎士比亚笔下的薇奥拉。当她代表奥西诺公爵向奥丽维亚求婚时，与奥丽维亚之间展开了一段有趣的、睿智的对话：

奥丽维亚：你的经文呢？
薇奥拉：在奥西诺的心头。
奥丽维亚：在他的心头！在他的心头的哪一章？
薇奥拉：照目录上排起来，是他心头第一章。②

---

① 参见莎士比亚的戏剧《亨利四世》下篇，见《莎士比亚全集》第 5 卷，朱生豪译，人民文学出版社 1978 年版，第 208 页。

② 参见莎士比亚的戏剧《第十二夜》，见《莎士比亚全集》第 4 卷，朱生豪译，人民文学出版社 1978 年版，第 23 页。

大卫：你的意思恐怕连"一只蝙蝠在太阳光底下也能看得出来"①。你希望像马克思那样，把实践作为哲学理论的"第一章"，这我并不反对，但你得说服我，得挨次告诉我实践与自然观、社会历史观、方法论、范畴论的关系。至于实践与认识论之间的关系，你可以撇开不谈，因为我们已经达成了共识。

黎明：就按你的意见办吧。我们先来考察实践与自然观的关系。一般说来，哲学教科书的叙事总是从自然观开始的，而这些教科书的作者们又常常把自然观（conception of nature）与物质观（conception of matter）等同起来加以叙述。乍看起来，人们热衷于谈论自然、谈论物质，当然是在贯彻唯物主义精神了，但结果常常会与他们的愿望相反。假如他们谈论的自然或物质只是抽象的东西的话，就会百试不爽地落入唯心主义的陷阱中去。

大卫：你这里说的"抽象"（abstraction）到底是什么意思呢？

黎明：我这里所说的"抽象"是指哲学家们的思维活动总是脱离人和人的实践活动来展开的，他们在谈论"自然"或"物质"时，也会受制于同一种思维方式。马克思对这种思维方式做出了尖锐的批评。在《1844年经济学哲学手稿》中，马克思这样写道：

> 被抽象地理解的，孤立的，被认为与人分离的自然界，对人说来也是无。②

马克思还认为，如果自然科学坚持抽象的自然观而与人的生活相分离的话，那么它就坚持了"抽象物质的或者不如说是唯心主义的方向"③。

大卫：你认为这是哲学教科书中存在的普遍倾向吗？

黎明：正是。不少马克思主义哲学的教科书把"世界统一于物质"放在第一章中加以论述。其实，预先没有植入人的实践活动这一语境就来

---

① ［英］狄更斯：《老古玩店》，许君远译，上海文艺联合出版社1955年版，第85页。
② 马克思：《1844年经济学哲学手稿》，人民出版社1985年版，第135页。
③ 同上书，第85页。

谈论物质，这样的物质必定是抽象的，这样的物质观也必定是抽象的。其实，当哲学家们坚持这样的抽象的观点时，他们已经不自觉地退回到17、18世纪的机械唯物主义的立场上。

大卫：按照你的想法，应该在什么样的起点上来展开对自然观或物质观的论述呢？

黎明：当然是实践。在《评阿·瓦格纳的"政治经济学教科书"》中，马克思以非常明晰的、生动的语言叙述了人的实践活动在人与外界事物打交道的过程中的前提性的作用：

> 人们决不是首先"处在这种对外界物的理论关系中"。正如任何动物一样，他们首先是要吃、喝等等，也就是说，并不"处在"某一种关系中，而是积极地活动，通过活动来取得一定的外界物，从而满足自己的需要。（因而，他们是从生产开始的。）由于这一过程的重复，这些物能使人们"满足需要"这一属性，就铭记在他们的头脑中了，人和野兽也就学会"从理论上"把能满足他们需要的外界物同一切其他的外界物区别开来。①

在马克思看来，人总是首先以实践的态度，而不是以理论的态度去对待外界物的。恩格斯也强调：

> 人的思维的最本质和最切近的基础，正是人所引起的自然界的变化，而不单独是自然界本身。②

由此可见，无论是马克思，还是恩格斯，都把人的实践活动理解为他们的自然观或物质观的前提。

---

① 《马克思恩格斯全集》第19卷，人民出版社1963年版，第405页。
② 恩格斯：《自然辩证法》，人民出版社1971年版，第209页。

大卫：请恕我直言，黎明，科学实验，尤其是同位素衰变的检测已经告诉我们，自然界是先于人而存在的。也就是说，在地球上还没有人类时，自然界或物质世界早已存在了。因此，从哲学上叙述自然观或物质观时，难道不应该把自然或物质本身置于人类之先吗？

黎明：说得好，大卫。但你有没有想过，我们这里谈论的人的实践活动对自然或物质的优先性恰恰是在人类已经存在的基础上来谈论的。如果撇开人和人的实践活动去探索未受人的活动"污染"的自然或物质是怎样的，在某种意义上岂不是又退回到抽象的思维态度上去了。此外，即使是自然或物质世界先于人类而存在的结论，不也正是在人类的实践活动——科学实验的基础上提出来的吗？所以，只要我们不停留在抽象的思维态度中，实践始终优先于自然或物质。换言之，实践正是自然观或物质观的基础和出发点。

大卫：我开始明白你的观点了，这确实是一种吸引人的思维方式。我还想了解的是，把实践作为自然观的基础和出发点，会给我们的理论观念带来什么变化呢？

黎明：按照这样的思维方式，作为实践活动主体的人与自然界之间的二元对立被扬弃了，自然界不再是与人类的活动无关的抽象物，而是成了属人的自然界，即马克思所说的"人化的自然"。

大卫：那么，实践与社会历史观的关系呢？

黎明：大卫，对于你来说，就像席勒笔下的特克拉所说的：

这儿决不是希望所栖息的舞台。①

在我看来，实践同样是全部社会历史观的基础和出发点。事实上，马克思说得很明白：

---

① ［德］席勒：《华伦斯坦》，郭沫若译，人民文学出版社 1955 年版，第 175 页。

全部社会生活在本质上是实践的。凡是把理论引向神秘主义的神秘东西，都能在人的实践中以及对这个实践的理解中得到合理的解决。①

　　在马克思看来，全部社会生活都是在人的实践活动的基础上展开的。由于传统的唯物主义把感性活动理解为实践活动，所以至多也只能达到对单个人和市民社会的直观，而无法把握人与人之间的关系和社会现实整体的真相。

　　众所周知，在人的实践活动中，最基本的实践活动乃是生存实践活动，即生产劳动。正是通过这种劳动，即物质生活资料的生产，人才可能活下去，并创造社会历史和文化传统。正如马克思所说的：

　　这种活动、这种连续不断的感性劳动和创造、这种生产，是整个现存感性世界的非常深刻的基础，只要它哪怕只停顿一年，费尔巴哈就会看到，不仅在自然界将发生巨大的变化，而且整个人类世界以及他（费尔巴哈）的直观能力，甚至他本身的存在也就没有了。②

　　马克思的上述论断异常明确地启示我们，除了人的实践活动，根本不可能还有其他的因素能够充当社会历史观的基础和出发点。

　　大卫：黎明，你的滔滔雄辩几乎可以与古希腊雄辩家德谟斯特纳斯媲美了。现在该听听你对实践与方法论关系的阐释了。

　　黎明：尽管方法论是一个含义十分宽泛的概念，但哲学教科书对方法论的讨论一般都聚焦在辩证法上。因此，我在这里的说明将围绕实践与辩证法的关系而展开。众所周知，"辩证法"（dialectics）这个词源于古

---

① 《马克思恩格斯选集》第 1 卷，人民出版社 1995 年版，第 56 页。
② 《马克思恩格斯全集》第 3 卷，人民出版社 1960 年版，第 50 页。

希腊哲学家们之间的对话与论战。在康德那里，辩证法被理解为理性在其本性的驱迫下必定会陷入的困境，而黑格尔则对辩证法做了积极的理解，即把它视为绝对精神自我发展的内在动力。在可以与歌德的《浮士德》媲美的《精神现象学》中，黑格尔通过绝对精神的辩证运动，给我们描绘了一幅人和社会历史发展的巨幅画卷。尽管黑格尔以深邃的目光审视了一切现实问题，但所有这些都发生在绝对精神的厅堂里，它投向现实的光芒，就像远方星球上投来的光芒，显得微弱而苍白。在《黑格尔讽刺短诗》中，马克思无情地嘲弄了黑格尔的绝对精神辩证法：

> 我给你揭示一切，
> 我献给你的仍是一无所有！①

大卫： 那么，马克思后来又是怎样脱离黑格尔的绝对精神辩证法的呢？

黎明： 关键在于，马克思意识到，辩证法的载体不是绝对精神，而是现实的人的活动。在《神圣家族》中，马克思敏锐地发现：

> 在黑格尔的体系中有三个因素：斯宾诺莎的实体，费希特的自我意识以及前两个因素在黑格尔那里的必然的矛盾的统一，即绝对精神。第一个因素是形而上学地改了装的、脱离人的自然。第二个因素是形而上学地改了装的、脱离自然的精神。第三个因素是形而上学地改了装的以上两个因素的统一，即现实的人和现实的人类。②

也就是说，只要人们具体地，而不是抽象地理解辩证法，辩证法总

---

① 《马克思恩格斯全集》第 40 卷，人民出版社 1982 年版，第 651 页。
② 《马克思恩格斯全集》第 2 卷，人民出版社 1957 年版，第 177 页。

是与"现实的人和现实的人类"关联在一起的。其实，在《1844年经济学哲学手稿》中，马克思对这一点做了更明确的表述：

> 黑格尔的《现象学》及其最后成果——作为推动原则和创造原则的否定性的辩证法——的伟大之处首先在于，黑格尔把人的自我产生看作一个过程，把对象化看作失去对象，看作外化和这种外化的扬弃；因而，他抓住了劳动的本质，把对象性的人、现实的因而是真正的人理解为他自己的劳动的结果。①

在马克思看来，这种具体的辩证法正是以人的实践活动为载体的，它的基本形式就是劳动辩证法，即劳动的异化与异化劳动的扬弃；它的最高形式则是改变世界的革命活动。假如把辩证法比喻为风筝的话，就会发现，正是马克思抓住了风筝线，把它交到从事实践的人的手中。于是，辩证法的风筝再也不能随意飞翔了，实践成了它为之旋转的真正的太阳。

大卫：你的论证令我折服，也令我深思。好了，现在只剩下对实践与范畴论关系的叙述了。

黎明：请放心，大卫。正如雨果笔下的狄涅主教所说的：

> 金刚石是决不至于腐烂的。②

其实，我们刚才关于实践所讨论的一切同样适合于范畴论。时下流行的哲学教科书中的范畴论比较注重对一系列范畴关系，如可能与现实、现象与本质、偶然与必然、原因与结果等的论述，却忽略了对人的实践活动与逻辑范畴形成史关系的探讨。其实，后一个方面的问题才是

---

① 《马克思恩格斯全集》第42卷，人民出版社1979年版，第163页。
② 参见[法]雨果：《悲惨世界》第1卷，李丹译，人民文学出版社1978年版。

范畴论必须关注的基础性的、核心的问题。这个问题不解决好，前一个问题也无法解决。

列宁很早就开始关注这个重要的问题。在《哲学笔记》中，他这样写道：

> 如果黑格尔力求——有时甚至极力和竭尽全力——把人的合目的性的活动归入逻辑的范畴，说这种活动是"推理"，说主体（人）在逻辑"推理"的"格"中起着某一"项"的作用等等，——那末这不全是牵强附会，不全是游戏。这里有非常深刻的、纯粹唯物主义的内容。要倒过来说：人的实践活动必须亿万次地使人的意识去重复各种不同的逻辑的格，以便这些格能够获得公理的意义。①

在页边空白上，列宁又用下面的短语概括了上面这段话的核心意义：

> 逻辑的范畴和人的实践。②

列宁明确地告诉我们，逻辑范畴并不像康德等哲学家所认为的那样是先天的，即源于理性本身，而是通过人的实践活动的亿万次重复形成并发展起来的。毋庸置疑，人的实践活动也是范畴论的基础和出发点。

大卫：我终于明白你的意思了。你主张把人的实践活动作为一条红线，把哲学研究的各个部分——自然观、社会历史观、方法论、范畴论和认识论贯通起来，构建一个一元的、有机的哲学体系。

黎明：说得太好了，大卫。我认为，只有以实践概念作为基础和核心，才可能真正构筑起严格的、自洽的哲学体系。重返实践概念是我们走出传统的体系之争的沼泽地的唯一道路。然而，正如莎士比亚笔下的麦克德夫所担忧的：

---

① 列宁：《哲学笔记》，人民出版社 1960 年版，第 203 页。
② 同上书，第 203 页。

怕只怕我们的新衣服不及旧衣服舒服哩！①

    大卫：你刚才的一番话已经溶解了我对教科书的固执的盲从。我不得不承认，你的见解是更合乎逻辑，更符合马克思主义哲学的真谛的。现在，如果可能的话，我倒很想听你说说，当代西方哲学家们是如何看待实践问题的。

    黎明：请允许我打一个不很恰当的比方：如果把当代西方哲学家们比作游子，那么实践就是他们的慈母。在想象力的驱使下，不管这些游子漫游到多么远的地方，但他们的共同愿望是：回到慈母的炉边！

    大卫：你指的是像葛兰西这样的人物吗？

    黎明：葛兰西主张"实践一元论"（the mono-theory of praxis）当然包含在内。在更宽泛的范围内，南斯拉夫的"实践派"（the school of Praxis）哲学家也应包含在内。但我这里主要不是指他们。

    大卫：那你指的是哪些哲学家呢？

    黎明：我指的是那些产生重大思想影响的当代西方哲学家。比如，现象学的创始人胡塞尔，其前期哲学注重的是先验自我和现象学还原，并采取"中止判断"（epoche），把人们对意识外的世界的种种信念全都悬置起来。不用说，这种"中止判断"同时也中止了对现实生活的考察，因而遭到了同时代人（其中也包括胡塞尔哲学的追随者）的批评。或许是在海德格尔的影响下，或许是有感于那个动荡不安的时代，胡塞尔的后期哲学开始转而重视对前科学的"生活世界"（lifeworld）的研究。尽管胡塞尔所说的"生活世界"与普遍人理解的现实世界仍然有很大的距离，但明眼人一看就知道，一种深刻的变化已经出现在他的哲学思想中。正如萨特笔下的俄瑞斯忒斯说的：

---

    ① 参见莎士比亚的戏剧《麦克白》，见《莎士比亚全集》第 8 卷，朱生豪译，人民文学出版社 1978 年版，第 340 页。

这扇门后面，就是世界。那里有人世和清晨。外面，太阳在大路上升起。①

又如，当代分析哲学的代表人物维特根斯坦，在其早期代表作《逻辑哲学论》中试图建立一种理想语言，把语词与对象、句子（命题）与事态一一对应起来，并以为自己已经一劳永逸地解决了所有的哲学问题。然而，在其晚期代表作《哲学研究》中，维特根斯坦又否定了前期的哲学思想，从理想语言回到了日常语言。他认为，语词的意义是在语言游戏的具体的语境（context）中被确定的，而语言游戏又嵌入"生活形式"（lifeform）中。也就是说，晚期维特根斯坦也以某种方式返回到日常生活的实践活动中。

大卫： 为什么在这些伟大的哲学家身上都会发生这种现象呢？

黎明： 我认为，马克思在《1844 年经济学哲学手稿》中的一段话深刻地揭示出这些哲学家的秘密：

有一种神秘的感觉驱使哲学家从抽象思维转向直观，那就是厌烦，就是对内容的渴望。②

事实上，哲学家们的想象力的翅膀不论飞得多高、飞得多远，最后总得降下来，栖息在实践的树枝上。固然，这只哲学之鸟在养精蓄锐之后又能够再度起飞，但它仍然要回到实践的树枝上来。在这个意义上可以说，人类的实践活动永远是哲学的起点和归宿，永远是哲学发展方向的引导者和校正者。

大卫： 黎明，你的见解似乎给我留下了这样一个印象，即实践就是一切，其余都是微不足道的。我忍不住要像席勒笔下的唐·卡洛斯一

---

① 《萨特戏剧集》上，袁树仁译，人民文学出版社 1985 年版，第 82 页。
② 马克思：《1844 年经济学哲学手稿》，人民出版社 1985 年版，第 134 页。

样，对实践概念喊道：

> 我现在再也无所畏惧——和你手挽着手
> 我要挑战我的世纪。①

黎明：请原谅，大卫。假如你想得出上述结论，除非加上你自己的误解。诚然，我也承认，实践概念在哲学探讨中具有不可忽视的重要性，事实上，我刚才已经为这一点做出了尽可能充分的论证，但我愿意像狄德罗笔下的哲学家先生对拉摩的侄儿所说的那样，对实践概念喊道：

> 你尽管是最了不起的，总还有人能够代替你。②

大卫：你这是什么意思？

黎明：假如你现在感到太富裕了，过一会很可能会像拉摩的侄儿一样，陷入莫名的窘迫中。如果说，刚才我罗列的是实践的财富，那么，现在我要披露的就是实践的"阿基里斯之踵"了。③ 其实，列宁早已指出，实践不仅是一切其他的哲学理论的基础和出发点，也是检验任何理论正确与否的标准。但同时他又强调：

> 当然，在这里不要忘记：实践标准实质上决不能完全地证实或驳倒人类的任何表象。这个标准也是这样的"不确定"，以便不让人的知识变成"绝对"，同时它又是这样的确定，以便同唯心主义和不

---

① ［德］席勒：《唐·卡洛斯》，张玉书译，载《席勒文集》Ⅲ，人民文学出版社 2005 年版，第 63 页。

② 《狄德罗哲学选集》，陈修斋等译，生活·读书·新知三联书店 1956 年版，第 215 页。

③ 阿基里斯是《希腊神话》中的英雄人物，他出生时，被他母亲握住脚倒浸在冥河水中，他身上除了脚后跟外，其他地方都刀枪不入。所谓"阿基里斯水踵"指的是阿基里斯身上的弱点。

可知论的一切变种进行无情的斗争。①

　　这就深刻地启示我们，在重视实践概念的同时，决不能把它绝对化，必须看到实践作为感性的、经验性活动的某种不确定性。如果谁以为抓住了实践概念，也就等于抓住了全部真理，那就等于把自己逐出哲学思想的王国了。

　　大卫：真遗憾，黎明，我们仿佛又回到了讨论的起点上。我不禁想起了歌德笔下的哀格蒙特的一句名言：

　　　　我徒然说了这许多话，我激荡了空气，其他毫无所得。②

　　黎明：不要沮丧，大卫。我在探讨哲学时常常有这样一种感受，即当我对哲学感到厌倦时，我总是离哲学最近。不错，我们仿佛又回到了起点，但在现实生活中，哪一辆公共汽车的终点站不同时也是起点站呢？在德语中，Ausgang 这个词的意思既可解释为"终结"，又可解释为"出路"。有趣的是，如果把 Ausgang 这个名词与另一个名词 Punkt 组合起来，就会形成 Ausgangspunkt 这个新词，而它可以解释为"起点"或"出发点"。是的，我们似乎又回到了无知中，但这种无知颇有点像中世纪的哲学家库萨的尼古拉所说的"有学问的无知"（the learned igno-rance）。看起来一无所获，实际上非常充实。

　　大卫：你是对的，黎明。我们确实应该以正确的态度对待"实践"概念：既不能对它漠然置之，也不能对它顶礼膜拜，而是要准确地阐明它的意义、作用和局限性，从而使我们的哲学思考获得一个坚实的起点。

　　黎明：总而言之，即使不是对哲学家，而是对普通人来说，实践也始终是一个高贵的伴侣。让我们铭记住英国诗人布莱克的名言：

---

　　① 《列宁选集》第 2 卷，人民出版社 1995 年版，第 103 页。
　　② 《歌德戏剧集》，钱春绮等译，人民文学出版社 1984 年版，第 211 页。

仅有欲望而无行动的人只能产生瘟疫。①②

---

① 参见《布莱克诗选》，查良铮等译，人民文学出版社 1957 年版。
② （在俞吾金教授的电子文档的末尾还有几段话，它们似乎跟前面所讨论的问题似乎不是同一个主题，我们将其作为注释保留在此。——编者注）
正如雨果笔下的关伯仑所说的：

> 我是从深渊里来的（[法]雨果：《笑面人》下册，郑永慧译，人民文学出版社 1979
> 年版，第 635 页）。

贝克莱的命题、本体论、列宁的毒辣问题

> 假如你在你的脸上戴着一百个面具，你的思想无论怎样细微，也不能隐起来使我
> 不见。
> ——但丁

由此可见，某人是否具有哲学上的批判性的思维，乃是他是否真正拥有独立的自我意识的标志。在某种意义上，人类的真理就像原始森林中的地面，早已被一层层落叶严严实实地遮蔽起来了。批判性的思维所从事的工作就是把这些落叶清理掉，让被遮蔽的地面（真理本身）向我们显露出来，而这一工作同时也蕴含着思想者的自我批判和反思。换言之，思想者应该把自己出于防御的心理而自觉地或不自觉地戴上的面具卸下来，使思想按照自己的本来面目呈现出来。正如《社会支柱》中的楼纳·海斯尔小姐在批评卡斯腾·博尼克时所说的：

> 我这次回来不是想揭开你的假面具，我只想试一试能不能劝你自己把假面具揭下
> 来（[挪]易卜生：《易卜生戏剧四种》，潘家洵译，人民文学出版社 1978 年版，第 106
> 页）。

事实上，本书之所以更名为《卸去面具的思想》，就是为了强调这种批判性思维在哲学研究中的优先性和必要性。

"建设性思维"（the constructive thinking）。何谓"建设性思维"？从哲学上看，就是不使自己的思维停留在支离破碎的状态下，而是通过非凡的原创性和想象力，把自己的观念建构成一个严密的思想体系。众所周知，伟大的哲学家康德，经过 12 年的沉默，运用其思维的"建筑术"，构筑起《纯粹理性批判》的理论体系，其说理之缜密、论证之细致，令无数哲学的爱好者叹为观止。同样地，当代美国政治哲学家罗尔斯，经过 20 年的沉思，完成了煌煌巨著《正义论》，其结构之严谨、思想之缜密，无人能出其右。

从哲学上看，建设性思维首先肯定的是思想上的原创性，即自出机杼、发前人之所未发，坚决拒斥一切可能的低水平的重复。其次，建设性思维主张对研究对象的来龙去脉、本质特征、内在理路、结构关系和当代意义做刨根究底式的追问，无条件地拒斥任何意义上的浮躁情绪。最后，建设性思维强调思想体系内部各个观念之间的逻辑上的自洽性，拒斥各种游谈无根的思维态度和治学方法。

在我看来，真正伟大的哲学思想总是蕴含着上面两个基本元素。比较起来，批判性思维比建设性思维更为重要，中国传统智慧强调"不破不立"（No inception without destruction）、"破字当头，立在其中"（Put destruction first，and in the process you have construction），就是把"破"理解并阐释为"立"的基础和出发点。

编者说明

（一）本卷收入俞吾金先生的著作《思考与超越——哲学对话录》。

（二）《思考与超越——哲学对话录》有三个版本：1986 年由上海人民出版社出版了第一版；2015 年由人民出版社出版了第二版；另外还有俞吾金先生遗留在电脑中的该书 Word 文档，与前两个版本都不完全一致。第二版与第一版相比，结构基本一致，内容上有所扩充。第一版的"导论"题为"为了站起来"，第二版的"导论"题为"为思想而生"；第一版第一部分"哲学与实在世界"中的"C 游子回到母亲的炉边——哲学与实践"，在第二版被替换为"C 横看成岭侧成峰——哲学与历史"。电子文档与第二版基本一致。电子文档中插有许多字符；在"结束语"部分的后面是第二版中没有的"C 游子回到母亲的炉边——哲学与实践"。这部分内容跟第一版中的内容相比，文字表述上有很大的改变，电子文档中这一部分约有 11900 字，而第一版中的对应内容只有约 7300 字。

（三）本卷收入的是《思考与超越——哲学对话录》第二版，并将电子文档中的"C 游子回到母亲的炉边——哲学与实践"作为本卷附录。

（四）编者对原文文字进行了校订，并根据《俞吾金全集》的统一体例对注释格式进行了调整。

（五）由引文格式的时代差异等原因造成的引用文献版本信息不明确的注释，编者尽可能进行了查找和增补。

（六）在注释等方面进行的调整或增补，都以编者注的形式予以标注。

（七）本卷由文学平编校。

《俞吾金全集》编委会

2022 年 2 月

图书在版编目（CIP）数据

思考与超越——哲学对话录/俞吾金著 . —北京：北京师范
大学出版社，2024.9
　（俞吾金全集）
　ISBN 978-7-303-28639-3

Ⅰ. ①思… Ⅱ. ①俞… Ⅲ. ①哲学—研究 Ⅳ. ①B0

中国国家版本馆 CIP 数据核字（2023）第 020929 号

营　销　中　心　电　话　010-58805385
北 京 师 范 大 学 出 版 社
主题出版与重大项目策划部

SIKAO YU CHAOYUE

出版发行：北京师范大学出版社　www.bnupg.com
　　　　　北京市西城区新街口外大街 12-3 号
　　　　　邮政编码：100088
印　　刷：北京盛通印刷股份有限公司
经　　销：全国新华书店
开　　本：730 mm×980 mm　1/16
印　　张：28
字　　数：390 千字
版　　次：2024 年 9 月第 1 版
印　　次：2024 年 9 月第 1 次印刷
定　　价：128.00 元

策划编辑：祁传华　　　　　　责任编辑：祁传华
美术编辑：王齐云　　　　　　装帧设计：王齐云
责任校对：段立超　陶　涛　　责任印制：马　洁　赵　龙